JN270935

Minerva
BE

Minervaベイシック・エコノミクス

財政学

Public Finance

Yoshimasa Muroyama
室山義正 著

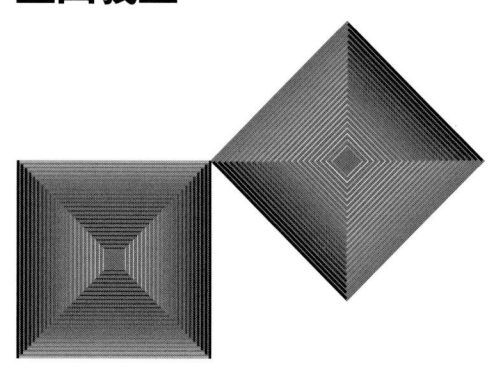

ミネルヴァ書房

はしがき

　本書は，財政学を初めて学ぶ読者が，特別な経済学の予備知識のない状態から出発して，大学専門課程レベルにまで無理なく到達できることを目指している。経済学の基礎から財政学の専門領域へとスムーズに接続するように構成と内容を工夫し，重要なポイントを丁寧に説明し，「どうしてそうなるのか」という道筋を丹念に追跡することに努めた。

　また基礎概念についての補足や細部の説明を必要とする読者のために，その場で直ちに参照できるよう，必要な内容をまとめた *check* や * をもうけて説明を行った。これらの説明を不要とする読者は，読み飛ばして進めば，自然の流れを損なうことなく学習を進めることができる。

　本書とじっくり取組むことによって，経済分野の読者はもとより，経済以外の分野の読者や社会人の読者，また各種の試験を目指して財政学全般の学習を一からやり直したいと考えている読者も，財政学の標準的な内容を無理なく修得することができるはずである。

　財政学の課題は，政府の活動とその機能を分析することである。政府の財政活動は，予算を通じて行われる。予算は，政府が徴収する租税や公債と財政支出のすべてを記載したものであり，政府活動がマクロ経済にどのような経済的効果を及ぼし，企業や家計の経済行動をどのように変化させるかについての知見や予測に基づいて作成されている。したがって，政府の財政活動の意味を理解し，予算の効果を判断するためには，まず予算作成や租税設計にあたって活用される理論的アプローチについての基本的理解が不可欠となる。

　ただし財政活動の経済的効果については，理論的に明快な結論が得られることもあれば，全く別の見方が対立する場合もあり，また理論的に確定できない場合もある。しかし理論的に明確な結論が出るまで，現実の政策課題を回避することはできない。

　政府は，時々の政策課題に対処し，政策目的を達成するために，毎年予算を編成し，議会の審議・議決を経て，具体的な政策行動をとる。ところが，政治

過程で行われる意思決定は，必ずしも経済的合理性に基づくものではない。多数決という方法で，社会全体としての望ましさや必要性を判断し，意思決定が行われるからである。

政府の財政活動を評価する難しさは，市場を通じた財・サーヴィスとは異なり，価格をシグナルとした自由な選択の結果ではないため，経済効率性が満たされる保障がなく，また政治的意思決定が必ずしも人々の意思を反映した公正な決定になるとは限らないところにある。したがって，人々の選好と判断を選挙の度に「投票」によって繰り返し意思表示することが，財政活動の効率性と公平性を確保する上で，欠かせない要素となる。

政府の活動範囲は，外交・防衛から，司法・警察，消防・救急，教育・研究，社会保障サーヴィス，社会資本整備，教育研究の促進，経済安定，食品安全，ゴミ処理，対外援助，エネルギー対策，環境保全などに至るまで広範であり，人々の生活や活動の隅々にまで及んでいる。また日本の財政を取り巻く状況は，グローバル経済への対応，少子・高齢化社会の進展と年金・医療費の膨張，所得格差の拡大，財政赤字の累積，地方分権と地域振興への取り組みなどの重要課題が山積し，その一つひとつが国民生活の帰趨を左右する先送りのきかない問題となっている。

財政問題を考え，意思表示するということは，政府の役割や自身の選好について，意思表示することである。それは，公共サーヴィスや租税負担を適正な水準に導くためのシグナルを，政府（議会）に送るということにほかならない。

財政学は，実践的な学問である。財政活動を理論，制度，実際面から有機的に捉え，財政の機能や役割を把握し，財政課題の社会的意味とその財政負担や経済負担を分析できる能力を身につけることが目標となる。それが，各人の意思決定に生かされれば，政府活動を効率的かつ公正に運営する動力になる。財政学の実践性がそこにあるといってよい。

本書が，財政学に関する基本知識と基幹的な分析力を身につけるための案内人として，また財政学という学問分野が持っている問題の広がりや面白さへの道案内として役立つことを，心から期待している。

財 政 学

目　次

はしがき

| 序　章 | 財政をどう捉えるか………………………………………… i |

　　1　財政の仕組みと財政学の課題……1
　　2　財政活動の特徴……3
　　3　本書の構成……4

| 第 1 章 | 財政と市場経済………………………………………… 9 |

　1.1　国家活動と市場経済……9
　　　1.1.1　国家と市場　　1.1.2　国家目的と財政機能
　1.2　市場機能と効率性……13
　　　1.2.1　需要と供給　　1.2.2　市場均衡と効率性
　　　1.2.3　市場機能と政府活動

| 第 2 章 | 財政の主要機能………………………………………… 39 |

　2.1　財政機能の進化……39
　2.2　財政の三大機能……44
　　　2.2.1　資源配分機能　　2.2.2　所得再分配機能
　　　2.2.3　経済安定機能　　2.2.4　財政機能の改革へ向けた動き

| 第 3 章 | 財政制度…………………………………………………… 65 |

　3.1　財政制度の基本理念……65
　　　3.1.1　予算制度と財政民主主義　　3.1.2　予算原則
　3.2　日本の財政運営原則……68
　3.3　日本の予算制度の実際……69
　　　3.3.1　会計年度　　3.3.2　予算の構成　　3.3.3　予算の種類
　　　3.3.4　予算編成・執行・決算
　3.4　財政投融資……79

3.4.1　財政投融資の意義　　3.4.2　制度の仕組みと変革

第4章　財政政策の基本理論……………………………………………87

4.1　国民経済と財政……87
4.2　財政政策の理論と効果……91
　　4.2.1　ケインズ政策の基本モデル　　4.2.2　ビルト・イン・スタビライザー　　4.2.3　IS-LM分析　　4.2.4　マンデル＝フレミング・モデル　　4.2.5　ポリシー・ミックス

第5章　財政政策の有効性と評価……………………………………125

5.1　総需要-総供給（AD-AS）分析……125
　　5.1.1　ケインズの世界と古典派の世界　　5.1.2　総需要曲線
　　5.1.3　総供給（AS）曲線　　5.1.4　財政政策・金融政策の効果
　　5.1.5　短期均衡と長期均衡　　5.1.6　短期総供給（AS）曲線と期待の調整
5.2　裁量的財政政策に対する評価……135
　　5.2.1　対立する視点　　5.2.2　財政政策へのアプローチ
　　5.2.3　裁量的政策を選択する基準　　5.2.4　裁量政策の実行条件

第6章　財政支出と公共財…………………………………………145

6.1　財政支出の役割……145
6.2　公共財の性質と効率的供給メカニズム……146
　　6.2.1　公共財の基本的性質　　6.2.2　公共財供給の効率的条件
　　6.2.3　効率的供給水準の決定メカニズム　　6.2.4　費用―便益分析
6.3　政治的意思決定と官僚行動……159
　　6.3.1　多数決原理　　6.3.2　投票のパラドックス
　　6.3.3　官僚の予算最大化行動

第7章　政府支出と政府活動……………………………………………… 165

7.1　政府支出の構造……165
　7.1.1　政府経費の分類　7.1.2　政府支出の構造変化
7.2　政府活動の現状と課題……169
　7.2.1　社会保障と医療改革　7.2.2　公共事業と社会資本整備
　7.2.3　文教及び科学技術の振興　7.2.4　防衛政策と防衛関係費
　7.2.5　その他の主要活動と経費の動向
7.3　国民経済に占める政府支出の国際比較……201

第8章　租税原則と租税体系……………………………………………… 205

8.1　租税の根拠と租税原則……205
　8.1.1　租税の根拠　8.1.2　租税原則　8.1.3　日本の租税原則
8.2　日本の租税体系と税制……213
　8.2.1　租税の種類と構成　8.2.2　租税の転嫁と帰着
　8.2.3　直接税と間接税の性格　8.2.4　税率，税額，負担率
　8.2.5　租税体系の国際的相違　8.2.6　日本の税制の推移
8.3　主要な国税の仕組みと国際比較……224
　8.3.1　所得税　8.3.2　法人税　8.3.3　相続税・贈与税と地価税　8.3.4　消費税

第9章　課税の経済効果と税制改革……………………………………… 239

9.1　課税の経済効果……239
　9.1.1　課税と税負担の転嫁・帰着　9.1.2　課税の誘因効果
9.2　税制の設計と改革の視点……271
　9.2.1　課税ベースの選択問題　9.2.2　所得税と消費課税
　9.2.3　税制改革論　9.2.4　税制改革の方向性

目　次

第10章　財政赤字と公債 …………………………………………… 283

 10.1　財政バランスの悪化……283
 10.2　財政赤字恒常化の問題点……286
 10.3　財政再建とプライマリー・バランスの均衡……288
 10.4　公債原則と公債発行の問題点……290
 10.5　公債と租税……293
  10.5.1　租税との比較　　10.5.2　公債の中立命題
  10.5.3　公債の負担に関する諸説
 10.6　公債の種類と公債管理政策……299
  10.6.1　公債の種類　　10.6.2　公債の発行と償還資金の調達
  10.6.3　公債管理
 10.7　財政赤字削減論の根拠……302

第11章　地方財政 …………………………………………………… 309

 11.1　国と地方の財政関係……309
  11.1.1　地方財政の役割と視点　　11.1.2　財政調整と財源移転
 11.2　地方財政の制度と内容……317
  11.2.1　地方の予算制度　　11.2.2　地方財政支出
  11.2.3　地方財政収入　　11.2.4　財政赤字と地方債
 11.3　地方財政の効率性と公平性……329
 11.4　地方分権と構造改革……334

練習問題解答のポイント……339
主要参考文献……351
あとがき……355
索　引……357

序章 財政をどう捉えるか

1 財政の仕組みと財政学の課題

　財政学の課題は，政府の活動とその機能を分析することである。政府は，幅広い公共活動を行い，国民が安全で公正で安定した社会生活を営み，経済活動を行うことができる環境を整えている。政府の活動に必要な資金は，国民から徴収する租税や公債によって調達される。そこで資金の調達と使用が恣意的にならないように，政府は，年々の活動に必要なすべての支出と収入を記載した**予算**を作成し，国会（国民）の承認を得る。**財政**とは簡単にいえば，政府が，予算に基づいて，国家活動（財政支出）を行い，所要資金を租税として徴収するシステムのことである。財政の仕組みと機能は，図序 - 1のように示すことができる。

　政府の活動領域は，広範である。例えば，外交・防衛・司法・警察活動によって国の安全や秩序を維持し，教育・科学技術を促進し，汚染や地球温暖化の防止などの環境保全に取り組み，道路・公園・上下水道などの社会資本を供給し，医療・年金・介護・福祉・失業保険などの社会保障サーヴィスを提供する。そして主権を守り領土と国民を統合するための国家組織を維持し発展させるための活動を行う。このような国家活動のために支出される経費が**財政支出**である。

　財政支出を賄うためには，**財政収入**が必要である。財政とは，元来，国家活動を支えるための資金調達（Public Finance）のことを意味していた。国家の主要な収入が，国民から徴収する**租税**である。租税は，国民の所得や消費や資産に対して，一定の基準で課税される。しかし，景気が停滞して税収が不足する場合，経済安定化のために公共事業や減税が必要になった場合，戦争や大災害

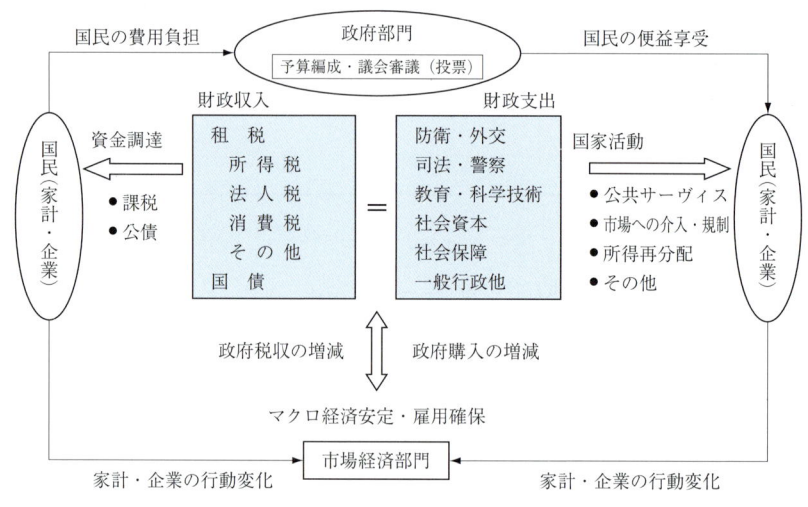

```
           国民の費用負担          政府部門           国民の便益享受
        ┌─────────────┐  予算編成・議会審議（投票）  ┌─────────────┐
        │                                                    │
        │         財政収入        財政支出                     │
   国   │  資金調達 ┌─────┐ ┌─────┐ 国家活動              国
   民   │ ⇐      │租  税│ │防衛・外交│ ⇒               民
  （家   │ ●課税   │所得税│ │司法・警察│  ●公共サーヴィス   （家
   計    │ ●公債   │法人税│=│教育・科学技術│ ●市場への介入・規制 計
   ・    │         │消費税│ │社会資本  │ ●所得再分配        ・
   企    │         │その他│ │社会保障  │ ●その他           企
   業    │         │国 債 │ │一般行政他│                   業
  ）    │         └─────┘ └─────┘                    ）
        │            政府税収の増減 政府購入の増減
        │               ⇅
        │         マクロ経済安定・雇用確保
        │         ┌───────────┐
        └────────│  市場経済部門  │────────┘
          家計・企業の行動変化 └───────────┘ 家計・企業の行動変化
```

図序 -1 財政の仕組みと機能

のように一時に大量の支出が必要になる場合などには，財政支出が租税収入を上回る事態が生じ，**財政赤字**が発生する。このような場合，政府は国民から資金を借り入れて財源を調達する。それが**公債**（**国債**）である。公債の償還（返済）は，租税によって行われる。

　政府の財政活動は，民間（市場）の活動に大小様々な影響を及ぼす。政府の支出規模の増減や税収の増減は，**経済安定**や**雇用確保**など一国全体のマクロ経済パフォーマンスに大きな影響を与える。また政府の公共活動や課税は，市場の資源配分を補完し，所得を再分配する機能を果たすとともに，ミクロの経済主体レベルで，家計の消費活動や労働意欲，企業の投資行動などに様々な影響を及ぼす。こうして政府財政は，マクロ・ミクロの両面で，市場経済部門の活動に影響を与えることになる。

　したがって，財政学の主な課題は，具体的には，財政の主要機能を検討し，予算制度の仕組みを把握し，マクロ経済への影響を分析し，財政支出の目的と機能，租税のあるべき姿や課税の影響，公債の機能などについて理論と実際の両面から接近して，政府の活動と役割を解明することにあるということができる。

2 財政活動の特徴

　政府の活動は，民間部門の活動と大きく異なる特徴を持っている。**民間部門**では，人々が市場で価格に基づいて行動する結果，均衡価格と均衡生産量が決定され，経済活動が円滑に運営される。競争市場は，**価格のシグナル**を介して，資源の効率的配分を自動的に達成するよう機能する。人々は，処分可能な所得の中で，**自発的な意思**に基づいて，望ましいと思う財・サーヴィスを選択し，望ましいと思うだけ購入して消費する。民間部門では，意思決定が，価格をシグナルとして個別的に行われるため，**受益（財から受ける便益）と負担（支払価格）の関係が明確に現れる**。ただし価格メカニズムがうまく働かない場合（市場の失敗）には，政府の活動が要請されることになる。

　これに対して，**政府部門**の活動は，社会全体の利益を目的とした活動であり，**公権力**を背景にした活動である。政府は，市場原理とは異なる方法で，資金を調達し，サーヴィスを提供する。公共部門では，政府が行政的に公共サーヴィスを供給し，その費用を租税として徴収する。そのため，各人が支払う租税額と，各人が受け取る政府サーヴィスの便益とは，直接的に結びつかない。人々が政府サーヴィスに直面する場合，価格のシグナルが働かないため，**受益（行政サーヴィス）と負担（租税支払）との関係が明確に現れない**。人々は，自分が支払った租税の額は確認できるが，自分が受け取った政府サーヴィスの価値（価格）を確認することはできない。したがって，資源配分の観点から見れば，政府活動が効率的に行われる保証はない。そのため，政府活動に大きな無駄が発生することもある（政府の失敗）。

　財政は，国家の権力を背景にして，社会全体としての利益を行政的に実現していこうとする公的活動を基本としている。政府部門では，国民が合意した正統な手続きに従って，社会全体として望ましい（必要である）と考えられることを，多数決という政治的方法で，集団的に意思決定する。民主制社会では，国民の意思を反映させるために，政府活動に要する収入と支出の決定は，政府による予算編成と議会による予算の審議・議決（投票）という政治プロセスを

通じて行われる。

　政府部門では，一国全体としての租税負担額（所要経費）と一国全体としての政府サーヴィス供給量（便益）が，政治プロセスの中で，多数決によって集団的に意思決定されるのである。この点が，市場において，価格シグナルに基づき，個別的な自発的交換を基本として運営される民間部門とは，根本的に異なる特徴である。各個人は，租税支払額を自由に決定することはできないし，公共サーヴィスの内容や消費水準を自由に選択することもできない。税負担や公共サーヴィスの内容や水準についての意思決定は，政治過程（予算の編成・議会審議・議決）を通じて行われる。それは，政府部門のサーヴィス供給が，行政活動として行われることを反映している。

3　本書の構成

　したがって，財政を理解するためには，あらかじめ市場経済と政府活動との性格の違いを確認し，市場部門と政府部門の関係を把握しておく必要がある。市場メカニズムがどのようにして社会に必要な財・サーヴィスを生産し，資源配分を行うか，市場メカニズムはどのような特色をもち，そしてどのような問題点を抱えているかを整理し，それを踏まえて，政府財政の役割を把握する必要がある。

　財政の主要な経済的役割は，市場では供給できない公共サーヴィスを供給し（**財政の資源配分機能**），経済や雇用を安定化させ（**経済安定化機能**），所得分配を変更して公正な社会の実現を図る（**所得再分配機能**）ことにある。しかし，財政がこのような機能を備えるようになったのは，比較的最近のことである。

　財政は，経済社会の構造変化とともに，歴史的に大きな変貌を遂げてきた。軍費調達や重商主義政策が最優先された近代初期から，市場経済の発展に重点が置かれ必要最小限の政府機能への限定が主流となった時代，長期の大不況脱出に全力が傾けられた1930年代を経て，社会保障の充実が社会的要望となった第二次大戦後の時代へ，さらには経済効率の上昇が重視されるグローバル経済時代へと，政治・経済・社会状況に応じて大きく変貌してきた。したがって，

序章　財政をどう捉えるか

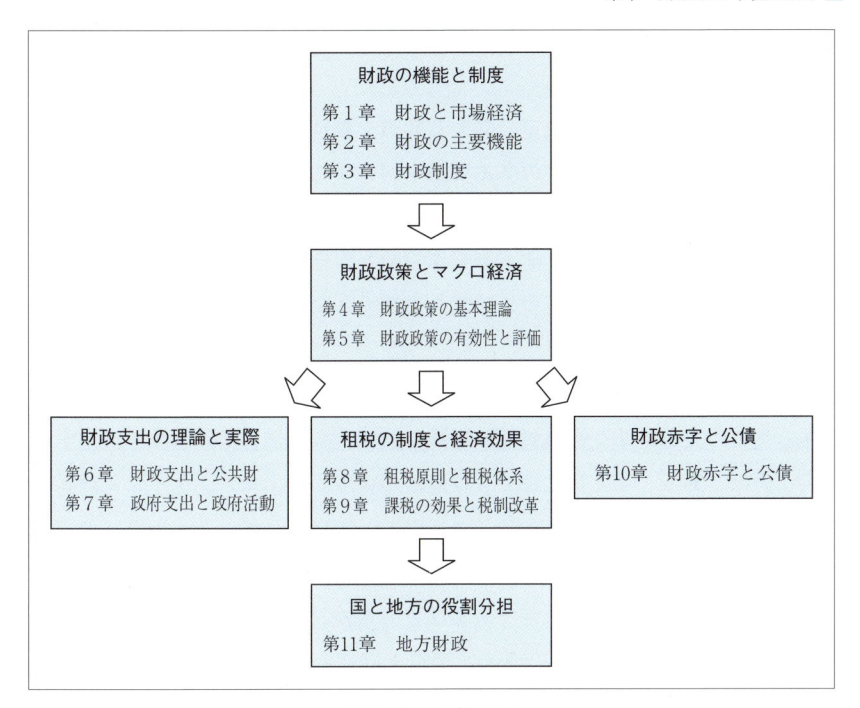

```
┌─────────────────────────────────────────────────────────┐
│                  財政の機能と制度                          │
│              第1章　財政と市場経済                         │
│              第2章　財政の主要機能                         │
│              第3章　財政制度                               │
│                         ⇩                                │
│                財政政策とマクロ経済                        │
│            第4章　財政政策の基本理論                       │
│            第5章　財政政策の有効性と評価                   │
│              ⇙          ⇩          ⇘                     │
│  財政支出の理論と実際  租税の制度と経済効果   財政赤字と公債 │
│  第6章 財政支出と公共財  第8章 租税原則と租税体系  第10章 財政赤字と公債│
│  第7章 政府支出と政府活動  第9章 課税の効果と税制改革       │
│                         ⇩                                │
│                国と地方の役割分担                          │
│              第11章　地方財政                              │
└─────────────────────────────────────────────────────────┘
```

図序-2　本書の流れ

今後の新たな機能を展望するには，財政機能の進化の様相を把握し，歴史的な進化を踏まえて，財政の基本機能を理解することが必要となる。

そこでまず，第1章で**市場経済と政府活動**の基本的相違を明確にし，第2章で財政機能の歴史的進化の過程を跡付け，現在の**財政の基本的機能**を整理する。

ところで，財政に関する意思決定は，法律に定められた手続きに基づき，議会（国会）における審議・投票によって行われる。このため財政上の意思決定は，個々人の日常の意思決定からは乖離し，選挙で選ばれた議員や政党に委ねられる。また財政は，国家の経済活動であるため，法律に基づく複雑な財政制度によって運営されている。財政は，公権力を背景とした活動であるから，国家権力と国家意思決定のあり方に大きく左右される。そこで権力の乱用を防ぎ，国民の意思を財政に反映させるために，厳格な財政統制の仕組みが整備されてきた。公正な財政運営を保障することを目的とした特有の仕組みが，**予算制度**

である。財政を理解するためには，予算制度の仕組みを理解することが必要となる。

　第3章では，政府の意思決定に関する知識を整理し，財政固有の仕組みである予算を中心とする**財政制度の基本知識**を習得する。

　これらの基礎的な財政機能と制度の理解を踏まえて，以下の諸章で，まず政府財政全体がマクロ経済に与える影響を検討し，その上で財政支出の側面，租税収入の側面，政府支出と租税の差額を調整する公債（財政赤字）の側面に分解して検討を加える。

　第4-5章では，**マクロ経済に対する財政政策の影響**を検討する。政府財政全体としての支出水準や租税負担の増減は，マクロ経済の活動水準を決定する重要な要因である。第4章ではマクロ経済の循環から出発し，ケインズ理論の基本的な乗数分析，$IS-LM$ 分析，マンデル・フレミング・モデルなどの主要な分析枠組みを整理し，第5章では，$AD-AS$ 分析を取り上げ，それを踏まえて財政政策の有効性に関するさまざまな見方を検討する。

　第6-7章では，**財政支出の理論と実際**を取り上げ，**効率的資源配分の側面**と，経費支出の実際に即した**政策的側面**から検討を行う。政府は，財政支出を行い，様々な公共サーヴィスを提供している。政府が供給するサーヴィスは，市場で供給されるサーヴィスとは異なる経済的性質を備えている。一般に，政府が供給する財を，市場で取引される私的財と区別して，公共財という。そこで第6章で，**公共財の性質や政府の適切な活動範囲**をどのように考えるべきか，望ましい公共サーヴィスを効率的に提供するにはどのような条件が必要かなどについて，経済的な資源配分の観点からアプローチする。しかし，現実の財政支出は，経済効率性に配慮しつつ，具体的な政策目的を達成するための継続的な政府活動を前提として行われている。したがって，財政支出が果たしている実際の機能を把握し理解するためには，現実の財政支出を，具体的な政策目的に照らして検討し，政府支出が実際社会の中で果している役割を確認し，今後の課題を認識することが重要となる。第7章では，政策目的に照らした財政支出として，**政府支出の分析**を行う。

　第8-9章では，政府収入面の租税に焦点を合わせ，**租税の性格や原則**，主

要租税の仕組み，課税が経済に与える影響を検討する。第8章で，政府が税を徴収する際に依るべき租税原則と税体系を検討し，日本の主要な租税の仕組みや機能を明らかにする。第9章では，課税が民間経済の効率的活動にどのような影響をあたえるかを理解することが主要な目的となる。現実の税制を理解し，課税の際に留意すべき経済活動への影響を理解することで，今後の**税制改革**の方向性を吟味するための基本的視点を獲得することが目標となる。

現在，日本を初め主要先進国は，深刻な財政赤字を抱え，その解消が大きな課題と認識されている。第10章では，**財政赤字や公債**は，どのような経済的作用を果しているのか，その経済的負担をどのように考えるか，租税と公債とはどこが異なるのか，そして大量に発行された公債残高をどのように管理すべきかなどを，総合的に検討する。

以上の諸章では，政府財政をひとまとめにして扱うが，実際には，中央政府と地方政府とが一定の財政機能の役割分担を行っている。第11章では，**地方財政**を取り上げ，国と地方の財政機能に関する**役割分担**や地方財政の独立（**地方自治**），**地方財政の仕組み**と実際などを検討し，財政機能と財政制度の全体像についての理解を完結させる。

第1章　財政と市場経済

1.1　国家活動と市場経済

1.1.1　国家と市場

　近代社会の成立以降，国家と市場は，権力の行使と富の生産・配分において主要な役割を果たしてきた。現在でも，国家と市場は，互いに影響を与え合いながら併存している。このことは，国家と市場が，権力の行使と富の生産・配分にとって，効率的な組織であることを物語っている。国家と市場は，基本的に異なる論理と仕組みによって動く。しかし両者は，互いに完全に独立した存在ではない。国家は市場の富と生産の配分に影響を与え，市場は国家の権力や国家間の競争に影響を与えながら，相互に依存し，補完しあう関係にある。

　国家（政府）は，軍事・警察権を独占し，国際社会では，自立した主体として，最大限の国益を実現するために行動する。また国内では，すべての国民や企業・団体が守るべき**規則**や**ルール**を定め，**私有財産制度**や人々の**創造的活動**を守り，国民の社会生活や市場活動が円滑に行われる環境を整え，違反者に対しては，**強制力**を行使する。このように政府は，社会の全体利益や社会生活を守り，円滑な経済活動を保障する役割を果たすが，他面では，市場経済や人々の生活が伝統的価値や自然環境に与える負荷を緩和するためにも行動する。

　これに対して**市場**は，社会を構成する様々な要素を，**価格**で評価し，売買可能にすることによって成り立つ。市場は，価格をシグナルとして売り手の費用と買い手の評価を一致させ，資源配分を効率化するため，経済的な富と便益を増大させる上で，極めて優れたメカニズムを備えている。また市場経済に内在する**競争**は，生産技術の革新を促し，経済活動を活性化させ，経済規模を急速

に拡大していく。市場経済は，生産性と収益性が最も高い分野や地域に資源を配分し，効率的な経済活動を行うよう誘導するため，国境を超えたグローバル経済が形成されていく。

　市場は，**完全競争**や**完全情報**などの一定の条件が与えられれば，価格をシグナルとする売り手と買い手の自由な交換を通じて，**効率的な資源配分**を自動的に達成するメカニズムを備えている。しかし，取引を媒介する市場価格に，取引に伴うすべての経済的・社会的なコストが織り込まれているとは限らない。市場経済は，**公害**や**環境破壊**などを生み出し，人々の生活を脅かす事態を引き起こすこともある。また市場メカニズムが十分に機能している場合でも，伝統的な生活や価値観を分解し，経済的勝者と敗者を生み出し，**所得格差**や**富の偏在**をもたらして，社会を不安定化させる傾向も持っている。

　したがって，国民に安全で安心な生活を保障するためには，市場の効率的な資源配分機能を生かしながら，市場のもたらす負の効果を緩和する必要が生じる。そのため政府は，市場機能を補完する政策や規制を実行する一方，所得再分配を行って社会的公平を実現し，社会を安定化させる役割を担うことになる。議会民主制のもとでは，政府は，国民の意思を代表する主体であり，国民全体の福利の向上を実現するために，法的強制力を行使することができる。

　対外的には，政府は，他国からの侵略を**防衛**し，国家間の安全保障をめぐる利益とコストの配分をめぐって争う。自国の脆弱性を是正するために他国への依存を少なくし，自国の国益を拡大するために他国に対する影響力を拡大しようとする。自国の安全が確保され周辺地域が安定すれば，貿易は拡大し，投資リスクが低下して，経済活動を活性化する効果を生み出す。反対に国際的な争いに敗れれば，自国の経済環境は悪化し，国民の生活水準は低下する。

　また国際貿易は，財生産の**比較優位**に基づく交換を通じて，各国の利益を高めるが，各国の資源の賦与状況が異なるため，貿易による利益が平等に配分されるわけではない。このため各国は，自国利益の拡大を目指し，比較優位構造を変化させ，国際分業の中で付加価値を多く生み出す「戦略的産業」を育成しようと行動する。さらに各国は，自国の優位性を高めるため，貿易・投資・通貨などの国際ルール，商品サーヴィス・基礎的インフラの規格や標準について，

自国の主張を通そうとする。自国の企業が最高の効率で活動できる国際環境を整備することに成功すれば，自国の経済力や国際的権威は増大する。各国は，政治的影響力の行使はもとより，インフラ整備や研究開発投資で競い合い，他国より租税面や産業立地面で有利な経済環境を作り出し，自国の投資や貿易を拡大し，海外の投資や人材を吸引しようとして競争する。

　しかし他面，国際競争とそれに伴う経済のグローバル化は，最高の収益を求める資本の海外移動を引き起こし，国内の労働者の所得を抑制し，所得格差を生み出すように作用する。それは，政府が資本などの可動的な要素に課税することを困難にし，所得税収の低迷をもたらす。このため，政府の公共サーヴィスを供給する能力は下方圧力を受ける。こうして経済のグローバル化が進展するにつれ，「小さな政府」への動きが活発化し，重い社会保障負担のあり方が問い直されることにもなる。

　政府は，自国に有利な国際条件や国内環境を整備し，自国の繁栄と安定を確保するために活動している。国民が安全で安心して生活し活動できる環境を整備するためには，対外的にも国内的にも，絶えず既存の政策や財政の役割を見直し，必要な機能を強化し，不要な部分を切り捨てるスクラップ・アンド・ビルドを実行しなければならない。教育・科学・訓練支出や研究・開発投資に重点的に財政資源を配分して，国民が新しいスキルを身につける手助けを行い，新技術の開発を支援して生産性を高める措置を実行し，あるいは社会保障制度を効率化して，民間部門の貯蓄＝投資を促進し，少子・高齢化社会における世代間の負担公平化を図る措置を追求する。また国際社会での存在意義を明確にするため，自国独自の文化や歴史的遺産を擁護する。他方，国際社会の協調を保ち，地球規模の人類共通課題に対処するために，地球環境保全や開発途上国に対する支援活動を行い，国際安全保障環境を良好に保つために多国間の軍事外交活動にも取り組んでいる。

　各国の国益が競合する現実の国際社会では，国家活動の優劣が，一国の経済力や生活水準をはじめ，総合国力の優劣を決定する重大な要因になる。グローバル経済が急速に進行する現在の社会では，国家の活動とそれを支える財政の機能は，大きな変化を伴わざるをえない。グローバル経済（市場）の深化が財

政機能（国家）に与えるインパクトは極めて大きく，また国家が市場に与える影響も深化している。

現在の財政改革のうねりは，グローバル経済化，深刻な地球環境悪化，国際安全保障流動化などの外部環境変化と，少子・高齢化社会の到来や地域社会活性化の必要性などの内部要因変化に対応して，新たな国家機能を模索する動きであり，国家と市場の相互依存関係の動態を映しだすものに他ならない。

1.1.2　国家目的と財政機能

国家は，一定の領域（領土）に定住する人々（国民）が作る政治的共同体であり，主権を持ち，領土，国民を統治し統合する歴史的存在である。したがって国家は，経済的価値に留まらず，政治的価値や社会的価値や文化的価値，歴史的伝統や名誉，自然保護など，広範な守るべき**国家価値（国家目的）**を保有している。国家は，国際社会において，独立と安全を守り，国際的な尊敬を獲得し，国益を拡大しようと行動する。国内的には，一国の全体利益や社会正義の実現を目指して，法的・経済的な基礎インフラを整備し，「市場の失敗」を補正し，機会平等と社会的公正を保障し，国土保全や環境保護，さらには国家の歴史的な伝統・文化を保存する活動を行う。そのため国家は，多岐にわたる巨大な国家機関を必要とする。

このような国家活動と国家機関を全体として維持し運営することが，**財政の役割**である。財政は，**市場の補完機能**を果たすことはもちろん，その他の多くの国家的価値（国家目的）を実現するための基盤を提供する役割を果たしている。その反面，国家目的を実現するための多岐にわたる政府活動は，国家組織や既得権を増殖させる温床となり，**予算膨張**，**財政肥大化**の大きな原因ともなる。

財政の機能は，資源配分機能，経済安定機能，所得再分配機能に集約されて理解されている。しかし現実の財政機能と政府活動は，経済的アプローチから導かれた機能よりも，はるかに広汎な政治・社会・文化・歴史にわたる諸機能を包含しており，同時に，財政規模や国家組織を肥大化させ，**非効率**を生み出す強力な契機をも内包している。さらに現在では，グローバル経済化に対応する国際ルールの整備，グローバル・地域両面での有効な安全保障機能創出，地

球環境保全に向けた具体的な政策目標達成などの諸課題が，一国の枠を越えた緊密な国際協力の下で，国家が担うべき新たな重要機能として浮上している。財政の機能を把握する上では，このような国家活動の広がりと内包される諸課題を念頭に置くことも必要である。

1.2 市場機能と効率性

市場とは異なる原理で行動する政府部門の機能や役割を理解し，政府の政策が市場経済に及ぼす影響を理解するためには，まず市場経済の基本機能を確認しておくことが必要である。最も一般的で単純な完全競争モデルによって，市場経済の仕組みと，経済効率性の基本的意味を確認しておこう。市場で取引される財は同質であり，多数の市場参加者が，取引に関する情報を完全に持ち，市場で決定された価格を与えられたものとして取引し，自由に参入・退出する世界である。

1.2.1 需要と供給

市場は，消費者の需要と生産者の供給によって構成され，価格のシグナルによって財の生産と配分が決定されるシステムである。需要は，消費者が，様々な価格水準で，その財を買いたいと思いかつ実際に買うことができる量を意味している。他の条件（所得水準や嗜好や代替財の価格など）が一定の下では，財の需要量は，価格が低下すれば増加し，価格が上昇すれば減少する。個々の需要をすべて合計すれば，市場の需要となる。縦軸に価格をとり，横軸に需要量をとれば，財の価格 P と需要量 Q との関係は，右下がりの市場需要曲線として示される。需要曲線は，様々な価格水準において，人々が選択する財の需要量を示している。需要曲線上の価格は，財1単位に対する消費者の便益評価あるいは支払意思を表している。消費によって消費者が受け取る満足が，効用である。ここでは，消費者の便益評価（支払意思）が，消費者の効用を測かる尺度として機能すると考えることにする。

需要曲線は，消費者の便益評価を示す価格 P_D が需要量 Q の変化に応じてど

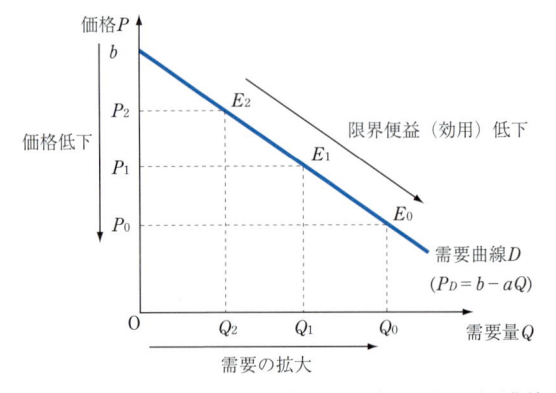

図1-1　右下がりの需要曲線

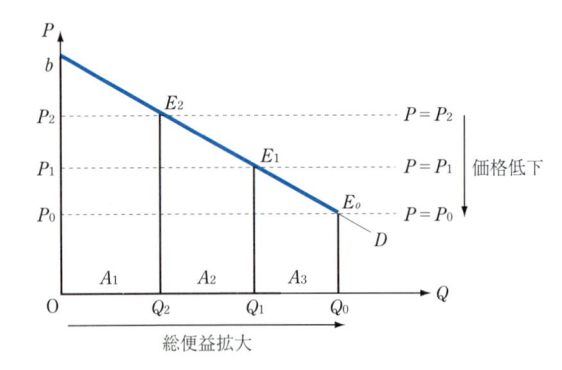

需要曲線は，他の条件が不変で**価格**だけが変化する時の需要量の変化を示す。価格 b では需要がないが，価格が低下するにつれて需要量は増加していく。そして需要量の増加につれて，消費者の**限界便益（効用）は低下**する。

図1-2　消費者の総便益

消費者の**総便益**は，需要曲線 D の下方の面積で示される。市場価格が P_2 の場合，総便益は A_1 である。価格が P_1 に低下すると消費者の便益は (A_1+A_2) へと増大し，P_0 では総便益は $(A_1+A_2+A_3)$ となる。

のように変化するかという形か，需要量 Q_D が価格 P の変化によってどのように変化するかという形の，どちらでも表すことができる。単純な線形として考えれば，$P_D=b-aQ\,(a>0,\,b\geqq 0)$ あるいは $Q_D=b'-a'P\,(a'>0,\,b\geqq 0)$ として表すことができる。P_D 式の b は，それ以上の価格ではその財を買いたいという消費者がいないという価格を示している。

通常，消費者の**総便益**は，財の消費量が増大するにつれて大きくなるが，追加的な1単位の消費から得られる**限界便益 MB**（便益で測った限界効用 MU）は減少していく。1個目のケーキは非常においしいが，2個目，3個目となるに従って，便益（効用）は減少していく。したがって需要量が増大するにつれ

て，消費者の総便益は増大するが，財1単位当りの限界便益は次第に減少していく。消費者は，自分の便益（効用）が最大になるように行動する。このため，限界便益が支払価格（＝市場価格）を上回る限り消費を増やすが，限界便益が支払価格を下回れば消費を減らす。便益が最大になるのは，限界便益と支払価格が一致する点である。したがって，限界便益 MB＝市場価格 P が，便益を最大化する条件となる。

---

check 限界概念と関数の増減について

「限界 marginal」という概念は，限界効用 MU（marginal utility），限界便益 MB（marginal benefit），限界費用 MC（marginal cost），限界収入 MR（marginal revenue），限界生産物 MP（marginal product），限界代替率 MRS（marginal rate of substitution），限界変形率 MRT（marginal rate of transformation）など幅広く使用される。限界とは，ある財を微小単位変化させたときに生じる，追加単位あたりの変化分のことを指す。例えば，限界効用とは，ある財を微小単位増加したときの効用の増加分のことである。通常，ある財（例えばケーキ）を追加的に1単位消費したときに得られる効用の増加分のことを指す。限界概念は，効用や費用などを表す関数 $f(x)$ の微分係数として定義される。

関数 $y=f(x)$ において，x がある値 a に限りなく近づく（$x \to a$）とき，関数 $f(x)$ の値がある値 A に限りなく近づく（$f(x) \to A$）場合，
$$\lim_{x \to a} f(x) = A$$
と表し，A を，$x \to a$ のときの，$f(x)$ の極限値という。

いま，x が a から Δx だけ変化すれば，それに応じて $f(x)$ は $f(a)$ から $f(a+\Delta x)$ へと $\Delta y = f(a+\Delta x) - f(a)$ だけ変化する。この場合，x の変化に対する $f(x)$ の平均変化率は，$\dfrac{\Delta f(a+\Delta x) - f(a)}{\Delta x} = \dfrac{\Delta y}{\Delta x}$ となる。この分母 Δx を限りなく0に近づけた時，極限値が存在する場合，$f(x)$ は $x=a$ において微分可能といい，その極限値を微分係数という。微分係数は，$f'(a)$ と表され，$x=a$ における $f(x)$ の変化率を示す。

$$f'(a) = \lim_{\Delta x \to 0} \frac{\Delta y}{\Delta x} = \lim_{\Delta x \to 0} \frac{f(a+\Delta x) - f(a)}{\Delta x}$$

微分係数 $f'(a)$ を，幾何学的に考えると，図①のように，関数 $f(x)$ 上の点 $A(a, f(a))$ における接線の傾きと等しくなる。A 点から Δx 離れた点を B とすると，直線 AB の傾きは $\dfrac{f(a+\Delta x) - f(a)}{\Delta x}$ である。Δx を限りなく0に近づけていくと，点 B は次第に点 A に近づいていく。この時，直線 AB は次第に接線 AT に接近し，極限では重なる。したがって，$x=a$ における $f(x)$ の変化率をあらわす $f'(a)$ は，接線

AT の傾きと等しくなる。

微分係数と限界概念との関係を示したものが，図②である。限界概念は，追加的1単位当たりの変化分を示す。x が a から $a+1$ へと1単位増加すれば，$f(x)$ は，$f(a)$ から $f(a+1)$ へと Δy だけ，C_1C_2 分増加する。これに対して微分係数は，接線 AT の傾きであるから，x が1単位増加すれば $f'(a)$ だけ，C_1C_3 分増加する。このように Δy と $f'(a)$ には差があるが，微小な1単位では，ほぼ同じであると考えてよい。

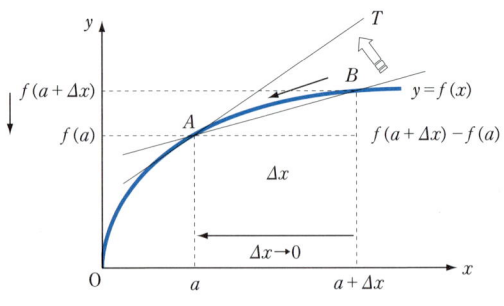

図①　微分係数と接線の傾き

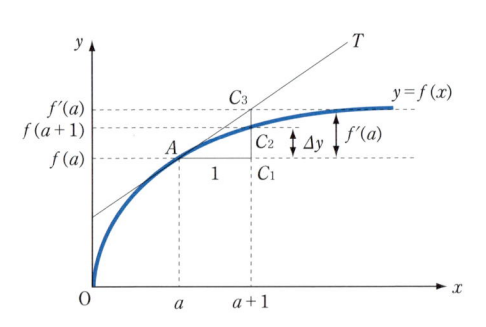

図②　微分係数と限界概念

$f'(a)$ の値は，a が変化すると変化する。したがって a を変化記号 x で表した $f'(x)$ は，関数の変化率を表す関数であり $f(x)$ の導関数という。関数 $y=f(x)$ の導関数は，y'，$\dfrac{dy}{dx}$，$\dfrac{df(x)}{dx}$ などの記号で表される。関数の導関数を求めることを，微分するという。

したがって，限界効用 MU や限界費用 MC は，効用関数や総費用関数を微分することによって求めることができる。MU, MC は，効用曲線と総費用曲線の接線の傾きの大きさに等しい。例えば，ある財の効用 U が，その消費量 X に依存して大きくなるとすれば，効用 U は X の関数として，$U=U(X)$ のように書ける。この財の限界効用 MU は，追加的1単位の消費から生まれる効用の増加分であるか

ら，$MU=U'(X)=\dfrac{dU}{dX}\approx\dfrac{\Delta U}{\Delta X}$ となる。同様に，ある財の総生産費用 TC は，財の生産量 Q の増加とともに大きくなる。総生産費用は生産量の関数として，$TC=TC(Q)$ のように書ける。この場合の財1単位当たりの限界費用 MC は，$MC=TC'(Q)=\dfrac{dTC}{dQ}\approx\dfrac{\Delta TC}{\Delta Q}$ となる。

一般に，$y=f(x)=x^n$ の微分は，$y'=\dfrac{df(x)}{dx}=nx^{n-1}$ となる。例えば，$n=4$ の場合，すなわち $y=f(x)=x^4$ を微分すれば，$y'=4x^{4-1}=4x^3$ となる。$y=x^3$ の場合，$y'=3x^{3-1}=3x^2$，$y=x^2$ の場合には $y'=2x^{2-1}=2x^1=2x$，$y=x$ の場合には $y'=1\cdot x^{1-1}=x^0=1$ となる。関数が定数 $y=c$ の場合には，Δy が0となるので，$y'=0$ となる。微分に関しては，以下の公式がしばしば活用される。

$$(f(x)+g(x))'=f'(x)+g'(x)$$
$$(mf(x))=mf'(x)\quad(m\text{ は定数})$$
$$(f(x)g(x))'=f'(x)g(x)+f(x)g'(x)$$
$$\left(\dfrac{g(x)}{f(x)}\right)'=\dfrac{f(x)g'(x)-f(x)g'(x)}{(f(x^2))}$$

例えば，関数 $y=f(x)=x^2-6x+11$ の導関数は，次のようになる。

$$y'=(x^2)'-(6x)'+(11)'=2x-6$$

限界概念は，多変数の関数 $z=f(x,y)$ の場合にも，同様に定義できる。この場合，x の微小量の変化が z に及ぼす影響を考えるには，y を定数とみて，z を x だけの関数とみなして，x について微分すればよい。このような微分を偏微分といい，d に変えて ∂（ラウンド）を用い，$\dfrac{\partial z}{\partial x}$ と書く。また z を y について微分する場合には，$\dfrac{\partial z}{\partial y}$ とかく。効用 U が，x 財と y 財の消費量によって決まる場合，効用関数は $U=U(x,y)$ のようにかける。この場合，x 財1単位の増加によって得られる効用の増加分は $\dfrac{\partial U}{\partial x}$ であり，y 財1単位の増加によって得られる効用の増加分は $\dfrac{\partial U}{\partial y}$ である。

例えば，関数が，$z=f(x,y)=x^2+xy+y^3$ である場合。z を x について微分するには，y を定数とみればよい。x^2 の微分は $2x$，xy の微分は y，y^3 の微分はゼロとなるので，$\dfrac{\partial z}{\partial x}=2x+y$ となる。同様に，z を y について微分するには，x を定数とみると，x^2 の微分はゼロ，xy の微分は x，y^3 の微分は $3y^2$ であるから，$\dfrac{\partial z}{\partial y}=x+3y^2$ となる。

ところで，関数 $y=f(x)$ において，$\dfrac{\Delta y}{\Delta x}>0$ の場合は，x の変化の方向と y の変化の方向は同じである。x が増加すれば y も増加し，x が減少すれば y も減少するので，y は x の増加関数である。ここで，$\Delta x\to 0$ とした $\dfrac{\Delta y}{\Delta x}$ の極限値 $f'(a)$ が，$f'(a)>0$ の場合には，関数 $f(x)$ は $x=a$ で増加の状態にあり，$f'(a)<0$ の場合には，$x=a$ において減少の状態にある。したがって，一般に，ある区間内において，$f'(x)>0$ の場合には，関数 $f(x)$ は右上がりに増加し，$f'(x)<0$ の場合は，$f(x)$ は

右下がりに減少する。$f'(x)=0$ の場合には，関数は増加も減少もしない（x 軸と平行）状態にあり，通常は，極大か極小の状態にある。$f(x)$ が，$x=a$ で極値をとる場合には，$f'(a)=0$ となるが，$f'(x)$ の値が，$x=a$ の前後で負から正に変わる時には，$f(a)$ は極小値となり，正から負に変わる時には，$f(a)$ は極大値である。しかし，符号が変化しない場合には，極値は存在しない。

関数 $y=f(x)=x^2-6x+11$ で考えてみよう。この 2 次関数は，下に凸型の形状をしている。x が増加するにつれ，はじめ y は減少し，ある点で最小（極小）値をとり，その後は増加に転じる。関数が最小になる点は，微分して $y'=\dfrac{dy}{dx}=0$ になる点である。したがって，$y'=\dfrac{dy}{dx}=2x-6=0$ すなわち $x=3$ のとき，関数は最小となり，y の値は 2 となる。また $y'=\dfrac{dy}{dx}<0$（すなわち $x<3$）の時には関数 $y=f(x)$ は減少し，逆に $y'=\dfrac{dy}{dx}>0$（すなわち $x>3$）の場合には関数 $y=f(x)$ は増加する。

これに対して関数 $f(x)$ が上に凸型の形状をしている場合には，はじめは右上がりに増加し（$y'>0$），ある点で最大値をとり（$y'=0$），その後は右下がりの減少に転じる（$y'<0$）。この場合，微分して $y'=\dfrac{dy}{dx}=0$ になる点を求めれば，最大（極大）値を知ることができる。

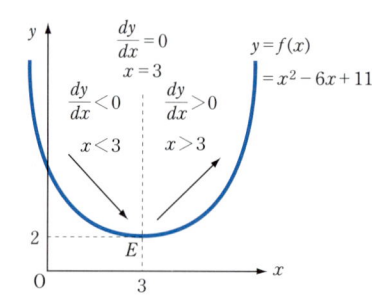

図③　関数の増減

財の市場価格が P_0 である場合，消費者の総便益は，需要曲線で表される便益評価（支払意思）額の合計（$A_1+A_2+A_3=A+B$）である。しかし，消費者が実際に支払う額は，（市場価格 P_0×需要量 Q_0）であるから，四角形 B である。消費者は，総便益と実際に支払った額との差額分（三角形 A）だけ余剰の便益（消費者余剰）を得る。

ところで，需要曲線は，所得水準や嗜好などの他の条件を一定とした場合，価格の変化と消費量の変化の関係を示したものであった。したがって，所得水

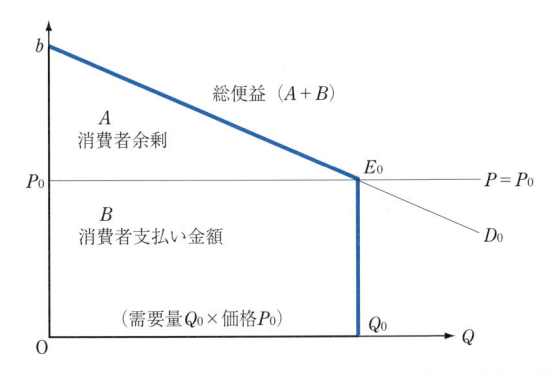

図1-3 総便益と消費者余剰

価格が P_0 の時，消費者の需要量は Q_0 となり，総便益は，四角形 OQ_0E_0b の面積（$A+B$）となる。この内，消費者が実際に支払う額は，四角形 B（需要量 Q_0 ×価格 P_0）であるから，消費者は，三角形 A の余剰便益（**消費者余剰**）を得る。

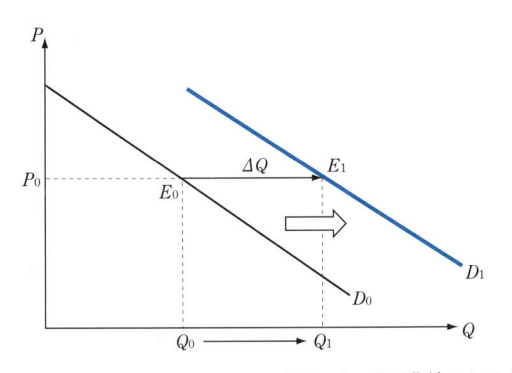

図1-4 需要曲線のシフト

価格以外の他の条件が変化すると，需要曲線自体がシフトする。例えば所得水準が増大して，同じ価格 P_0 での消費量が Q_1 へと増大する場合，需要曲線は消費量増大分 ΔQ だけ右方にシフトして D_1 となる。逆に所得が減少すれば，需要曲線は左方にシフトする。

準などの他の条件が変化すれば，需要曲線も変化する。いま消費者の所得水準が増大したとすれば，所与の価格水準において，買いたいと思い買うことができる量は増加し，需要量も増加する。その結果，需要曲線は右方へとシフトする。

　他方，供給は，様々な価格水準に応じて，生産者がその財を生産しようと思い生産できる能力を意味しており，生産者の生産費用を表している。生産者が，追加的に財1単位を生産するのに要する費用が**限界費用 MC** である。一般に，短期的には生産設備が一定であるため，生産を拡大しようとして労働を増加させても，それに比例して生産量は増加しない。このため財1単位を生産するのに必要な限界費用は次第に増大していく。原料・労働コストや技術水準などの他の条件を一定とすれば，供給量 Q_S は，財の価格 P が上昇するにつれ増加し，

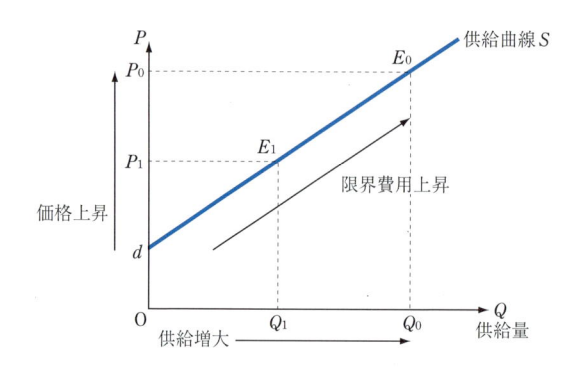

図1-5　右上がりの供給曲線

（図中テキスト）
供給曲線 S
価格上昇
供給増大
限界費用上昇
他の条件が不変で、価格だけが変化したときの供給量の変化を表したものが供給曲線である。価格が低く d の時には、生産量はゼロだが、価格が P_1, P_0 と上昇するにつれ、供給量は Q_1, Q_0 と拡大する。供給量が増大するにつれ、生産費用も増大し、限界費用も上昇する。

価格が低下すれば減少する。個々の生産者の供給を合計すれば、市場の供給となる。財の価格 P と供給量 Q の関係は、右上がりの市場供給曲線となる。**供給曲線は、その財の限界費用を表す曲線である。**

供給曲線は、生産量 Q の増加につれて限界費用 P_S が上昇する関係を示す形か、生産量 Q_S が価格 P の上昇につれて増加する関係を示す形か、どちらの形でも表すことができる。単純な線形で表せば、$P_S = d + cQ$ $(d>0, c>0)$ あるいは $Q_S = d' + c'P$ $(d'>0, c'>0)$ と表すことができる。P_S 式の d は、生産者がそれ以下では生産しない価格を示している。

生産者は、利潤を最大にしようと行動する。限界費用 MC が販売価格 P （＝追加1単位の販売から得られる**限界収入 MR**）を下回る間は利益を生み出す。このため、販売価格（＝市場価格）P が限界費用 MC と等しくなるまで、生産を増加させることで、利潤は最大となる。したがって、利益を最大にする条件は、限界収入 MR＝市場価格 P＝限界費用 MC となる。いま市場価格が P_0 であったとすれば、図のように、供給量は Q_0 となる。生産者の販売収入は、（供給量 Q_0 ×市場価格 P_0）となり、四角形 $OQ_0E_0P_0$ (B_1+B_2) で表される。生産者の販売収入 (B_1+B_2) は、消費者の支払い額 B と一致する。生産に要する費用は、供給曲線 S の下方の四角形の面積 B_2 $(OQ_0E_0P_2)$ である。したがって、生産者には、販売収入 (B_1+B_2) から生産費用 (B_2) を除いた、三角形 B_1 (dE_0P_0) 分の**生産者余剰**（粗利潤）がもたらされる。

第1章 財政と市場経済

図1-6 販売収入と利潤

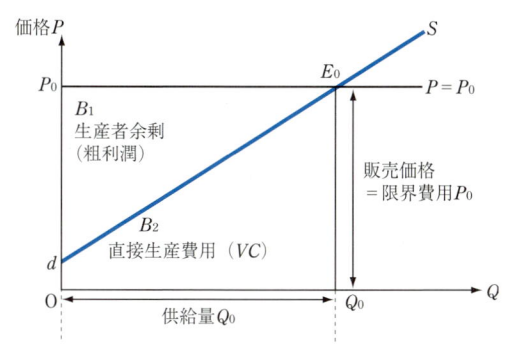

市場価格が P_0 の場合，供給量は Q_0 となる。生産者の販売収入は，（供給量 Q_0 ×市場価格 P_0）であるから，四角形 $OQ_0E_0P_0$ の面積（B_1+B_2）となる。生産費用は，供給曲線 S の下方の B_2（四角形 OQ_0E_0d）の面積であるから，生産者には三角形 B_1 分（dE_0P_0）の**生産者余剰**（粗利潤）がもたらされる。

供給曲線は，原料・労働コストや技術水準など他の条件を一定として，財の価格変化に応じて生産量がどのように変化するかを示したものであるから，他の条件が変化すれば，供給曲線も変化する。いま石油価格などの原材料の価格が上昇したとすれば，その財1単位当たりの生産費用は上昇するため，供給曲線は左上方へシフトする。

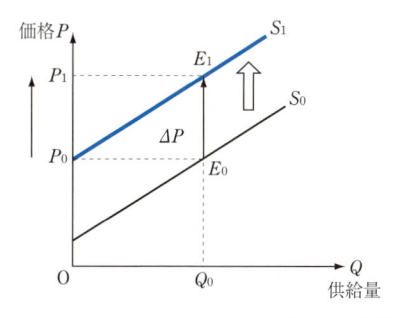

価格以外の他の条件が変化すると，供給曲線自体がシフトする。例えば原料コストが ΔP 上昇すれば，一定の生産量 Q_0 を生産するためのコストは P_1 へ上昇する。このため供給曲線は，左上方へとシフトする。逆に，原料コストが低下すれば，供給曲線は右下方へシフトする。

図1-7 供給曲線のシフト

check 生産費用と利潤について

生産者余剰は，粗利潤を表している。**利潤 π は，生産者余剰から固定費用 FC を控除した値となる**。ここで簡単に，生産費用と利潤について整理しておこう。企業は，与えられた市場価格 P のもとで，Q の生産を行っているとする。生産量 Q は，限界費用 MC と価格 P（＝限界収入 MR）が等しいところで決まる。

$$P = MR = MC \tag{1}$$

企業の生産費用は，生産量の大小に関係なく必要な固定費用 FC（建物機械設備

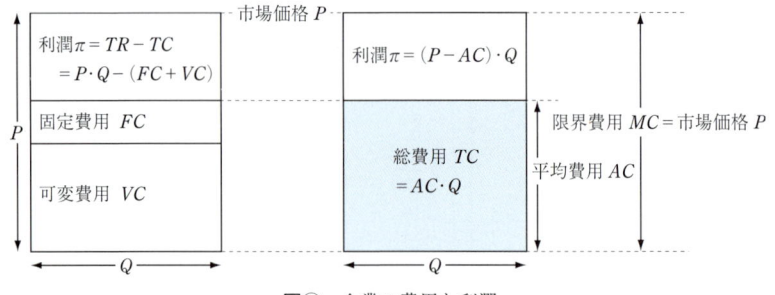

図① 企業の費用と利潤

の減価償却費などの間接費用）と，生産量に応じて変化する可変費用 VC（原材料や労働など生産増大に伴って増加する直接費用）とに分けられ，生産に要する総費用 TC は，$TC=FC+VC$ となる。また生産した財1単位当たりの平均費用 AC は，総費用 TC を生産量 Q で割った値となるので，$AC=\dfrac{TC}{Q}$ となる。したがって，

$$TC=FC+VC=AC \cdot Q \tag{2}$$

また，限界費用 MC は，追加的1単位を生産するのに必要となる費用の増加分であるから，総費用曲線 TC の傾きの大きさであり，TC を微分した値となる。したがって，

$$MC=TC' \tag{3}$$

一方，総収入 TR は，市場価格 P と生産量 Q の積であるから，

$$TR=P \cdot Q \tag{4}$$

企業の利潤 π は，総収入 TR から総費用 TC を差し引いた額であるから

$$\pi=TR-TC=P \cdot Q-AC \cdot Q=(P-AC)Q \tag{5}$$

したがって，利潤 π は，価格 P と平均費用 AC の差額に生産量 Q を掛けた額となる。ところで，（1）より $P=MC$ であるから，（5）は

$$\boldsymbol{\pi=(MC-AC) \cdot Q} \tag{6}$$

となり，利潤 π は，限界費用 MC と平均費用 AC との差額に，生産量 Q を掛けたものに等しくなる。したがって，限界費用と平均費用が等しい $MC=AC$ の場合には，利潤はゼロとなる。平均費用 AC が限界費用 MC を上回る $MC<AC$ の場合は損失が発生し，逆に平均費用が限界費用を下回る場合 $MC>AC$ には，利潤が発生する。$MC=AC$ の点は，利潤がゼロとなる企業の**損益分岐点**である。ただし，企業は操業を停止しても固定費用分は負担しなければならない。そこで，損益分岐点を下回っても直ちに操業を停止せず，固定費用が回収できる限り操業を継続する。しかし固定費用分だけ損益分岐点を下回る点（FC を除く平均可変費用 AVC と限界費用 MC が一致する点）を下回れば，操業することにより損失が拡大するので

操業を停止する。したがって，通常，供給曲線は，操業停止点以上の，右上がりの限界費用曲線部分となる。供給曲線 $Ps=d+cQ$ の d は，それ以下では生産しないという操業停止点の財の価格を意味している。

企業利潤を最大にする生産点を確認してみよう。利潤 π を最大にする条件は，（5）を微分した $\frac{d\pi}{dQ}=P-TC'=0$ であるから，$P=TC'$ となる。（3）より $TC'=MC$ であるから，$P=MC$ となる。利潤を最大にする生産量は，価格 $P=$ 限界費用 MC となる点で決定される。このときの企業利潤は，価格と平均費用の差額に生産量を掛けた額 $(P-AC)\times Q$ となる。つまり価格 P の下で，生産量は限界費用 MC により決定され，利潤は平均費用 AC によって決定される。限界費用と平均費用との関係は，次のようになる。

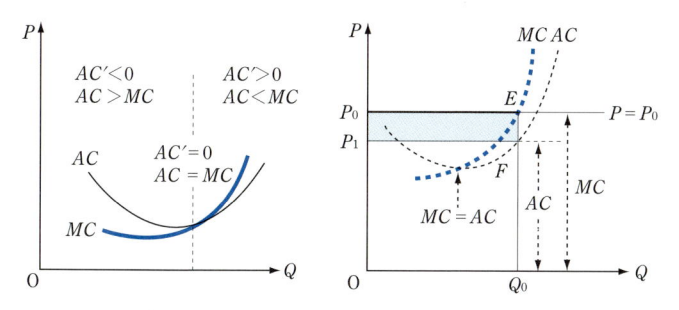

限界費用線 MC は，U字型の平均費用線 AC を最低点で上抜ける。
価格 P_0 と限界費用 MC が等しい点 E で生産量 Q_0 が決定され，利潤 π は斜線部分の $(P_0-AC)Q_0=(P_0-P_1)Q_0$ となる。

図② 平均費用と限界費用

固定費用は生産量とは関係なく一定額であるので，財1単位あたりの固定費用は，生産量が少ないときには大きいが，生産増大と共に減少していく。可変費用は，生産量の増大とともに増大する。このため，両者を合計した**平均費用** AC は，生産拡大に伴い，初めは減少するがやがて増加に転じ，**U字型**の形状になる。他方，限界費用 MC は，生産増加とともに増加していく。したがって，通常，限界費用曲線は，ある点で平均費用と交わる。

限界費用と平均費用との関係は，（2）式の総費用曲線 $TC=AC\cdot Q$ を微分することによって知ることができる。

$TC'=AC+AC'Q$ であり，$MC=TC'$ であるから，

$$MC=AC+AC'\cdot Q$$
$$MC-AC=AC'\cdot Q \tag{7}$$

(7)式において，AC'は，平均費用曲線の傾きである。平均費用が減少している$AC'<0$の時は，右辺はマイナスとなるので$MC-AC<0$，したがって限界費用$MC<$平均費用ACとなる。平均費用が増加している$AC'>0$の時は，右辺がプラスになるので限界費用$MC>$平均費用ACとなる。$AC'=0$の時は，平均費用が最小となり，限界費用$MC=$平均費用ACとなる。したがって，<u>限界費用曲線は，平均費用曲線の最小点を上抜ける。</u>

　ところで，企業が利潤を上げている分野には新規の企業参入が生じ，競争圧力によって価格が平均費用の最小水準にまで押し下げられ，長期的には，利潤は消滅する。図③のように，新しい企業が参入すると，市場への供給量が増大するので，供給曲線は右方へシフトし，価格はP_0から低下する。企業は，価格低下に直面し，利潤が低下するが，利潤が得られる限り，新規参入は続く。このような競争により，価格は限界費用$MC=$平均費用ACとなる水準P_1まで押し下げられ，利潤は消滅してしまう。その結果，$P=MC=AC$となり，企業には参入や退出の誘因がなくなり，市場は均衡する。

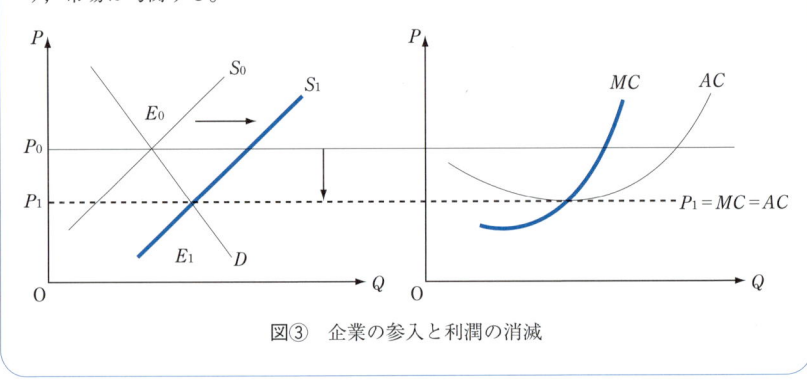

図③　企業の参入と利潤の消滅

　需要曲線と供給曲線は，需要量と供給量が一致する点E_0で交わり，**市場均衡価格**P_0と**均衡取引量**Q_0とが決まる（図1-8）。価格が均衡価格以上に上昇すれば，供給量が増え需要量を上回るため価格が押し下げられ，均衡価格に向かわせる力が働く。逆に，価格が均衡価格以下に低下すれば，需要量が供給量を上回るため価格は押し上げられ，均衡価格に向かわせる力が働く。こうして，価格のシグナルを通じて需要と供給の不均衡が自然に解消される。均衡価格が一旦形成されれば，買い手と売り手の圧力に変化が生じない限り，均衡は維持される。

　しかし，他の条件が変化し，需給の圧力が変化すれば，需要曲線や供給曲線

第 1 章 財政と市場経済

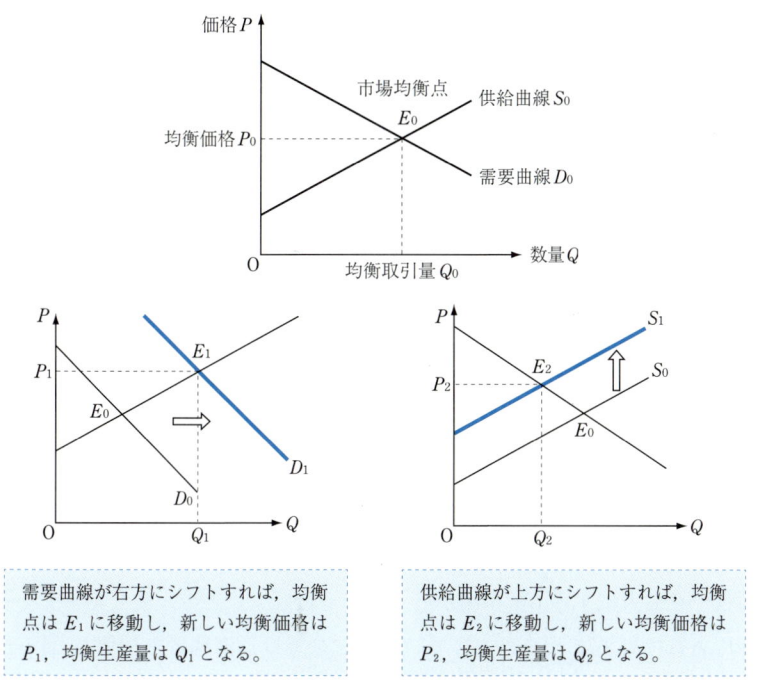

需要曲線が右方にシフトすれば，均衡点は E_1 に移動し，新しい均衡価格は P_1，均衡生産量は Q_1 となる。

供給曲線が上方にシフトすれば，均衡点は E_2 に移動し，新しい均衡価格は P_2，均衡生産量は Q_2 となる。

図 1-8 均衡価格の決定

は新しい水準にシフトし，均衡価格は変化する。例えば，消費者の所得水準が上昇すれば，需要圧力は増加し，需要曲線全体が右方にシフトする。また生産者側で原料価格や賃金などの生産コストが上昇すれば，供給曲線は左上方にシフトすることになる。逆の場合には，逆方向に需要曲線や供給曲線はシフトし，新しい均衡価格と均衡取引量が形成される。

1.2.2 市場均衡と効率性

完全な競争市場における需要と供給の均衡は，消費者と生産者が市場に参加することによって享受する便益（総余剰）を最大にする。消費者が市場に参加することによって得る余剰便益が消費者余剰であり，生産者が市場に参加することによって得る余剰便益が生産者余剰であるから，総余剰は消費者余剰と生産者余剰の合計となる。

25

消費者余剰は，需要曲線 D_0 と均衡価格線 $P=P_0$ と縦軸で囲まれた三角形 A で示される。消費者が支払ってもよいと考える財の限界便益の評価額は，需要曲線上の価格で示される。しかし消費者が実際に支払う金額は均衡価格 P_0 であるから，その差額分の余剰便益が消費者にもたらされる。消費者が受け取る総便益の大きさは $(A+B_1+B_2)$ であり，消費者が実際に支払う額は $B\,(=B_1+B_2)$ であるから，消費者の受け取る余剰便益は，三角形 A の部分となる。生産者余剰は，供給曲線 S_0 と均衡価格線 $P=P_0$ と縦軸で囲まれた三角形 E_0GP_0 (B_1) で示される。生産者の販売価格は均衡価格 P_0 であり，生産に要する費用は供給曲線上の限界費用である。生産者の販売収入総額は $B\,(=B_1+B_2)$ であるが，実際に生産に要した費用は B_2 であるから，生産者はその差額の三角形 B_1 の生産者余剰（粗利潤）を受け取る。

　市場は，価格のシグナル（均衡価格）によって，需要量と供給量とを一致させ，最適な生産水準（均衡生産量）を導いて，総余剰 A_1+B_1（三角形 E_0FG の面積）を最大にする。総余剰が最大になるということは，最も効率よく資源が活用されていることを意味している。総余剰は，消費者の総便益 $(A+B_1+B_2)$ から生産費用 (B_2) を差し引いたものである。

　かりに生産が均衡水準を離れ，Q_0 を超える水準の Q_1 で経済活動が行われたとすれば，図 1-10 のように，生産者の生産費用は P_s へと上昇し，消費者の限界便益は P_d へと低下する。均衡水準と比較すれば，生産者の費用は四角形 X_1 分増大するのに対して，消費者の便益増加分は四角形 Y_1 に留まる。その結果，均衡水準と比較して，差し引き Z_1 分だけ総余剰は縮小する。したがって Q_1 の水準で生産を行うことは，効率的ではない。Q_1 から Q_0 へと生産量が縮小するにつれ，順次総余剰は拡大し，効率性が改善されるからである。

　また，均衡水準以下の生産水準 Q_2 では，生産者の費用の減少分 X_2 より，消費者便益の減少分 Y_2 のほうが大きくなり，総余剰は Z_2 分だけ減少する。この生産点も，総余剰を最大にする点ではなく，効率的ではない。生産水準が，Q_2 から均衡水準 Q_0 へと拡大するにつれて，総余剰は拡大し，効率性が改善されるからである。

　したがって，需給が一致する均衡価格 P_0 と均衡生産水準 Q_0 において，総

第1章 財政と市場経済

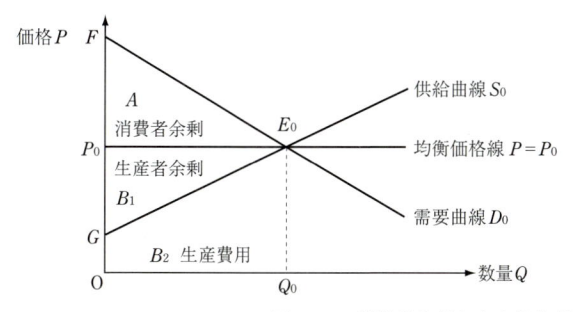

図1-9 消費者余剰と生産者余剰

人々が市場に参加することによって得る総余剰は，消費者余剰 A と生産者余剰 B_1 との合計となる。総余剰は，消費者の総便益から，生産者の生産費用を差し引いた大きさとなる。

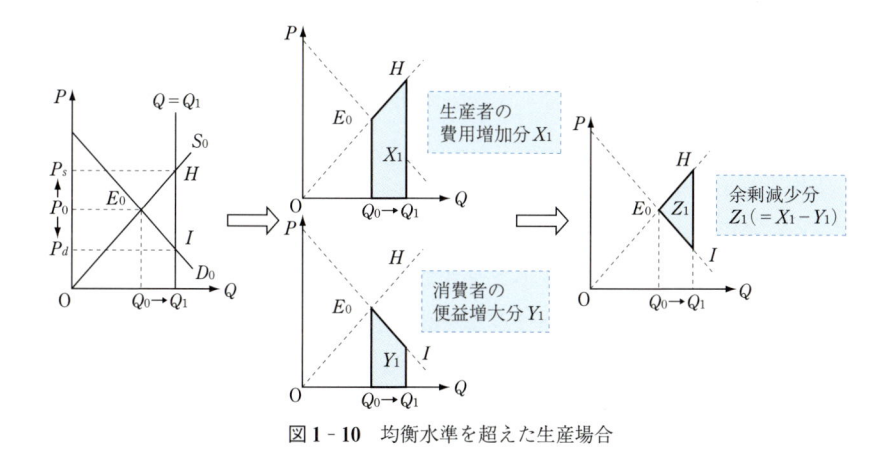

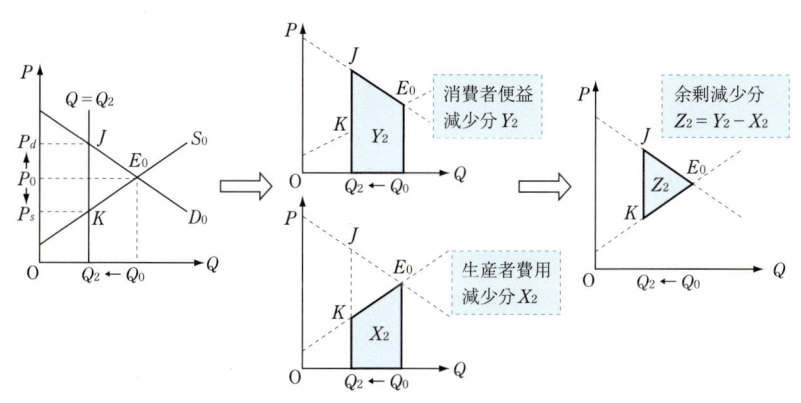

図1-10 均衡水準を超えた生産場合

図1-11 均衡水準以下の生産の場合

余剰は最大となる。このような完全競争市場で実現される効率的な経済状態を，**パレート効率的（最適）**という。そこでは，誰かの経済状態を引き上げようとすれば，誰かの経済状態を引き下げねばならないため，これ以上便益の改善が望めない**最も効率的な資源配分**の状態が実現されている。均衡では，消費者の限界便益（効用）は価格に等しく，また生産者の限界費用も価格に等しくなり，消費者にとっての価値と生産者にとっての費用とが一致する。完全競争市場では，価格のシグナルによって，効率的な資源配分が達成され

限界便益 MB（限界効用 MU）＝価格 P＝限界費用 MC

という関係が成立し，総余剰が最大になる。パレート効率性の概念は，財政活動や経済政策を経済効率の面から評価する場合の基準として活用される。総余剰の大きさに注目することによって，資源配分の効率性を判定することができるからである。

競争市場は，市場で取引されるすべての財・サーヴィスについて，価格のシグナルを通じて需要と供給の組合せを変化させ，均衡価格と均衡取引量を導きだし，利用可能な資源を競合するさまざまな用途に自動的に配分する機能を果たす。市場は，社会で必要なさまざまな財・サーヴィスを，誰がどれだけ生産し，誰がどれだけ獲得するかという社会的意思決定を，価格のシグナルのみによって自動的に効率よく行う。

---

check 複数の財市場における需給均衡と資源配分について

複数の財市場における，消費者と生産者の選択行動の特徴を整理しておこう。まず，財1と財2の二つの財からなる市場を取り上げ，ある消費者 A の選択行動を考えよう。財1，財2の価格が P_1, P_2，消費量を X_1, X_2 とし，A の所得が m であるとする。A は，所得 m の範囲内で，財1と財2の組合せを選ばなければならない。A の購入可能な最大量は，財1への支払額（$X_1×P_1$）と財2への支払額（$X_2×P_2$）との合計額が，所得 m と等しくなる点の集合で与えられる。これが消費者 A の**予算制約式**である。

$$P_1X_1+P_2X_2=m$$

この式で，財1の消費量 X_1 がゼロで，すべての所得を財2の消費に充てる場合には，財2の消費量 X_2 は $\frac{m}{P_2}$ であり，反対に財2の消費量 X_2 がゼロで，全ての所得を財1の消費に充てるときには，財1の消費量 X_1 が $\frac{m}{P_1}$ となる。したがって，

第1章　財政と市場経済

図①　消費者の予算制約線

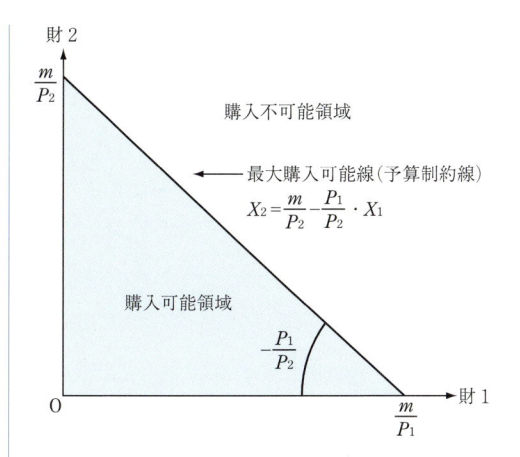

予算制約式を、X_2について解けば、
$$X_2 = \frac{m}{P_2} - \frac{P_1}{P_2} \cdot X_1$$
となり、切片が$\frac{m}{P_2}$、傾き$-\frac{P_1}{P_2}$の直線として示すことができる。消費者は、予算制約線上のいずれかの点を選ぶことで、最大の消費量の組合せを実現できる。
予算制約線は、所得mが増加（減少）すれば、上方（下方）に平行にシフトするが、傾き$-\frac{P_1}{P_2}$は変化しない。

財1を横軸に、財2を縦軸にして予算制約線を示せば、図①のようになる。予算制約線と財1軸、財2軸で囲まれた三角形が消費者の選択可能な領域となる。このうち最大の購入量を実現できるのは、予算制約線上のいずれかの点である。予算制約線を超える量を購入することはできない。

ところで、消費者Aは、消費から得られる効用（便益）を最大にするように、財1と財2の組合せを選択する。消費者の効用Uは、財1、財2の消費量に依存し、通常、消費量が増大するにつれ効用も増大する。

$$U = U(X_1, X_2)$$

消費者の選択は、図②-aのような無差別曲線で表すことができる。無差別曲線は、価格や予算とは関係なく、消費者が同じ効用（満足あるいは便益）を得ることができる財1と財2の組合せを示したものである。どの組合せを選んでも、効用が無差別になる財の組合せの集合である。例えば、消費者Aが甘党であり、財2（ケーキ）4個、財1（大福）1個のC点を選択していたとする。Aが、ケーキ1個を減らし大福1個を増やすD点（ケーキ3個、大福2個）を選択しても、同じ満足度であるとすれば、C点とD点とは無差別である。さらに大福の消費量を増加させるには、ケーキの消費量を減少しなければならない。無差別曲線上の各点の接線の傾き$\left(\frac{-\Delta X_2}{\Delta X_1}\right)$は、消費者が財1に対して財2を交換してもかまわないと思う比率を表している。この比率を**限界代替率 MRS**という。MRSは、Aが財1を1単位手にいれるためにどれだけの財2を手放してもよいと考えているかを示している。財1（大福）の限界効用は、その消費量が増大するにつれ次第に逓減すると考えられるので、CからD、DからEへと無差別曲線上を移動するに

29

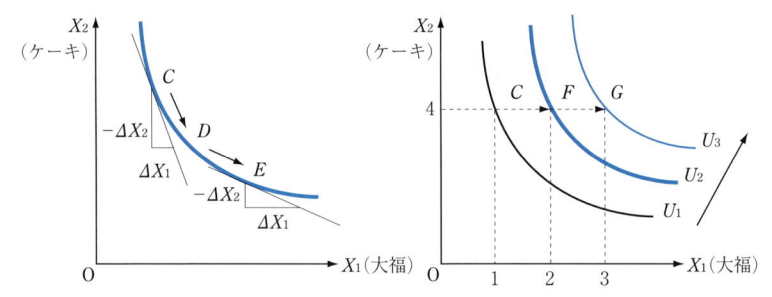

図②-a　無差別曲線と限界代替率MRS　　図②-b　消費者の効用水準と無差別曲線

つれて，MRSは逓減していく。したがって，無差別曲線は原点に対し凸型の形状をしている。

　消費者Aの効用水準の高低に応じて，多くの無差別曲線を描くことができる。効用水準は，消費量の水準が高ければ高くなるので，無差別曲線は，右上方へ移動し，原点から遠ざかる。例えば，図②-bのように，C点で，財2（ケーキ）の消費量を一定4個に保ちながら，財1（大福）の消費量を2個，3個と増加させれば，増大した消費財の組合せを示すF点，G点での効用水準は上昇し，無差別曲線は$U_1 \to U_2 \to U_3$へと右上方に移動して，原点から遠ざかる。これらの無差別曲線は，異なる水準の満足度を表すものであるから，互いに交わることはない。

　消費者は，mという所得制約の中で，自らの効用が最大になるような財1と財2の組合せを選択しようとする。したがって図③のように，消費者は，最大の消費量を可能にする予算制約線上の点で，かつ最も満足度の高い無差別曲線上の点，すなわち予算制約線と無差別曲線U_1が接する点Eを選択する。E点では，消費者Aの予算制約線の傾き$-\dfrac{P_1}{P_2}$が，Aの無差別曲線U_2の限界代替率MRSaと等しくなる。

$$MRSa = -\dfrac{P_1}{P_2}$$

つまり，二つの財の間の「**限界代替率＝価格比**」が，消費者の効用（便益）を最大にする最適条件となる。

　ところで限界代替率MRSは，財1の追加1単位当たりの効用（便益）と財2の追加1単位当たりの効用（便益）との交換比率を示したものである。効用水準が一定に保たれる場合，財1，財2それぞれの1単位から得られる限界効用をMU_1，MU_2とすれば，無差別曲線上では効用水準が一定に保たれるため，

$$MU_1 \cdot \Delta X_1 + MU_2 \cdot \Delta X_2 = 0$$

という関係が成立している。財1の増加から得られる効用と財2の減少で失われる

第1章 財政と市場経済

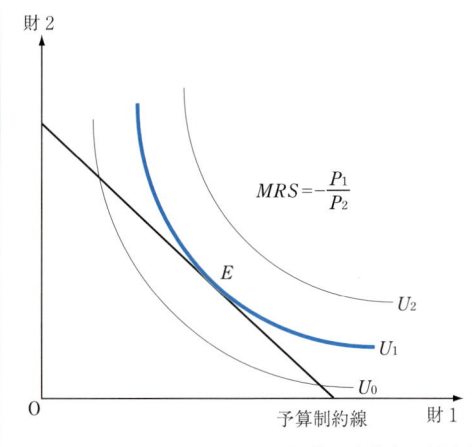

> 無差別曲線 U_0 上の点は，予算的に実現可能だが，効用水準が低いので，最適な選択ではない。逆に予算制約線を超える U_2 上の点は，消費者に高い効用水準をもたらすが，予算が許さないので実現不可能である。結局，予算制約線に接する U_2 上の点 E が，消費者の効用を最大にする最適点として選択される。そこでは，無差別曲線の限界代替率 MRS と予算制約線の傾き $-\frac{P_1}{P_2}$ とが一致する。

図③　消費者の最適選択点

効用の合計には変化がなく，ゼロとなる。したがって，$-\frac{\Delta X_2}{\Delta X_1}=\frac{MU_1}{MU_2}=MRS$ となり，

$$MRS=\frac{MU_1}{MU_2}=-\frac{P_1}{P_2}$$

すなわち最適均衡では，限界代替率は，各財の限界効用の比率に等しく，また価格比と等しくなる。これを微分で表せば，財1の微小な変化による効用の変化は $\frac{\partial U}{\partial X_1}$，財2の微小な変化による効用の変化は $\frac{\partial U}{\partial X_2}$ となるので，$MU_1=\frac{\partial U}{\partial X_1}$，$MU_2=\frac{\partial U}{\partial X_2}$ となる。したがって，消費者 A の限界代替率 $MRSa$ は，次のようになる。

$$MRSa=\frac{\frac{\partial U}{\partial X_1}}{\frac{\partial U}{\partial X_2}}=-\frac{P_1}{P_2}$$

別の消費者 B についても，全く同様のことが成立する。消費者 B と消費者 A とは，予算制約も異なり，効用曲線の形状も異なる。しかし，B の所得がいくらであろうが，予算制約線の傾きは，市場で決定される価格比 $-\frac{P_1}{P_2}$ となるので，すべての個人で等しい。また無差別曲線の形状も各人で当然異なるが，各人の効用を最大にする点は，無差別曲線が各人の予算制約線と接する点である。B の効用を最大にする予算制約線と無差別曲線の接点では，B の無差別曲線の接線の傾き（限界代替率 $MRSb$）は，必ず予算制約線の傾き $-\frac{P_1}{P_2}$ と一致する。したがって，

$$MRSa=MRSb=-\frac{P_1}{P_2}$$

このように，各人が予算制約の中で効用極大化行動をとる限り，各人の限界代替率は，$-\dfrac{P_1}{P_2}$ となり，等しくなる。一般に，「各人の限界代替率は価格比に等しい」という関係が成り立つ。

次に，財1と財2を，Y_1，Y_2 だけ生産する生産者の行動を考えてみよう。生産者は，与えられた技術水準のもとで，使用可能な一定の費用（資源）を配分して，2財をどのような組合せで生産すべきかを決定しなければならない。通常，財1から財2への生産転換を進めるにつれ，財2の追加生産にはより多くの費用がかかるようになり，生産（資源利用）効率が低下する。各財の生産について，費用逓増効果が働く場合，図④-a のような外側に凸型の生産可能曲線 GH として示すことができる。生産可能曲線は，次のような関数として表すことができる。

$$F(Y_1, Y_2) = 0$$

これは，技術的に最大限の産出量を生み出す生産物の組合せを示したものである。Y_1 の生産を増やすには，Y_2 の生産を減らさねばならず，Y_2 の生産を増やすには Y_1 の生産を減らさねばならない。Y_1 の生産には Y_2 を投入財として使い，Y_2 の生産には Y_1 を投入財として使う，という関係にある。

生産可能曲線と財1軸，財2軸とで囲まれた領域 OGH が生産可能領域である。生産者は，与えられた資源（生産費用）の中で，財1と財2の生産量の組合せを選択することができるが，最大の生産量を実現できるのは，生産可能曲線 GH 上のいずれかの点である。すべての資源を財1の生産に利用すれば，財2の生産はゼロとなり，生産点は G となる。反対にすべての資源を財2の生産に利用すれば，財1の生産はゼロとなり，生産点は H となる。生産可能曲線上では，与えられた生産費用の枠内で生産を行わなければならないので，1単位の財1を増加させるためには，財2をある量だけ減少させなければならない。この比率 $\left(-\dfrac{\Delta Y_2}{\Delta Y_1}\right)$ が，**限界変形率 MRT** である。MRT は，生産可能曲線上の各点における接線の傾きの大きさに等しい。

$$MRT = -\dfrac{\Delta Y_2}{\Delta Y_1}$$

ところで，生産者が，一定の生産費で，利潤最大化を実現するためには，売上収入 R を最大にする必要がある。売上収入 R は，

$$R = P_1 Y_1 + P_2 Y_2$$

と表すことができる。これを，Y_2 について解けば，

$$Y_2 = \dfrac{R}{P_2} - \dfrac{P_1}{P_2} \cdot Y_1$$

第1章 財政と市場経済

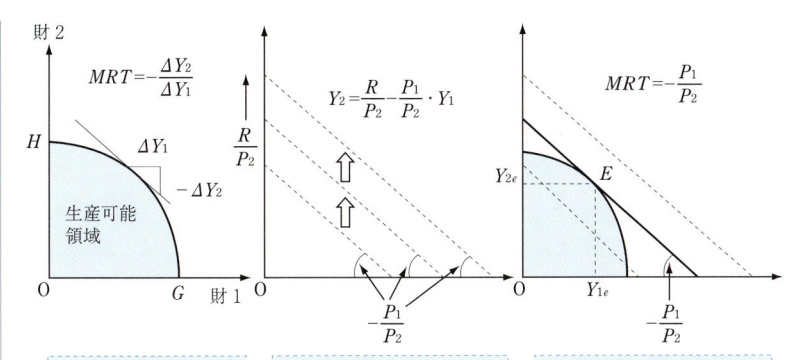

図④-a 生産可能曲線
生産可能曲線上の各点の限界変形率は，接線の傾きに等しい。

図④-b 売上（利潤）曲線
R が増大するにつれ，売上曲線は上方にシフトする。

図④-c 最適生産点
売上（利潤）曲線が生産可能曲線と接する点で，利潤最大化が実現する。

となり，図④-bのように，切片が $\frac{R}{P_2}$，傾きが $-\frac{P_1}{P_2}$ の直線となる。R が増加するにつれて，切片 $\frac{R}{P_2}$ は増大するので，売上（利潤）曲線は，上方に平行移動していく。生産者は利潤を最大にするため，生産可能領域の中で最も上位の売上（利潤）曲線を選択する。したがって，結局，図④-cのように，売上（利潤）曲線が生産可能曲線と接する E 点で生産を行うことになる。生産者の利潤を最大にする条件は，二つの財の限界変形率 MRT が，二つの財の価格比 $-\frac{P_1}{P_2}$ と等しくなることである。限界変形率は，財1の微小な生産拡大のために必要な財2の微小な減少（投入）分の比率であるから，$MRT = \frac{\partial F/\partial Y_1}{\partial F/\partial Y_2}$ となる。したがって，

$$MRT = -\frac{\Delta Y_2}{\Delta Y_1} = \frac{\partial F/\partial Y_1}{\partial F/\partial Y_2} = -\frac{P_1}{P_2}$$

となり，「限界変形率が価格比に等しくなること」が，利潤を最大にする最適生産条件となる。

　ここで，消費者と生産者との市場均衡の条件を考えることができる。ここでは必要最小限の知識を整理することが目的なので，簡単化のため，代表的な消費者1人と代表的な生産者1人からなる市場を取り上げ，市場均衡を考えることにとどめる。
　競争市場においては，代表的消費者と代表的生産者は，同じ価格に直面しているので，消費者の無差別曲線と生産者の生産可能曲線とを，同一座標上に描くことができる。代表的消費者は，企業の株主であると考えれば，利潤はすべて配当として代表的消費者に帰属するため，代表的消費者の所得 m には，利潤配当が含まれて

いる。代表的生産者は，価格 P_1，P_2 のもとで利潤最大化行動をとり，代表的消費者は予算制約式のなかで効用を最大にする消費決定を行う。この場合，消費者が選択する消費財消費量の組合せ (X_1, X_2) と，生産者の利潤最大行動から導かれる消費財生産の組合せ (Y_1, Y_2) は，価格のシグナルによって，需給が一致するように調整される。

したがって，図⑤のように，競争市場では，消費者の無差別曲線と生産者の生産可能曲線とが接する点 E で，均衡に達する。そして，この均衡点 E で，両曲線は，傾き $-\dfrac{P_1}{P_2}$ の接線（すなわち予算制約線）と接することになる。こうして競争均衡においては

$$\frac{\partial U/\partial X_1}{\partial U/\partial X_2} \text{ 消費者} \longrightarrow \text{ 市場 } \longleftarrow \text{ 生産者 } \frac{\partial F/\partial Y_1}{\partial F/\partial Y_2}$$

$$\text{限界代替率 } MRS = \text{価格比} \left(-\frac{P_1}{P_2}\right) = \text{限界変形率 } MRT$$

という関係が成立する。

完全競争市場では，各経済主体は，同じ相対価格に直面する。消費者は，効用最大化を目指して行動するため，財の望ましい交換比率である限界代替率 MRS がその価格比に等しくなるように調整される。生産者は利潤最大化を目指して，より高い価格の財に生産資源を移動しようとするため，財の生産上の代替比率である限界変形率 MRT が価格比に等しくなるように調整される。したがって，競争市場は，価格のパラメーター機能（市場の評価）を通じて，消費者の選択に合致する財の組合せを生産するように，生産要素（労働や資本）の配置を誘導する。このため，競争市場では，財の相対価格によって資源配分が調整され，すべての消費者の限界代

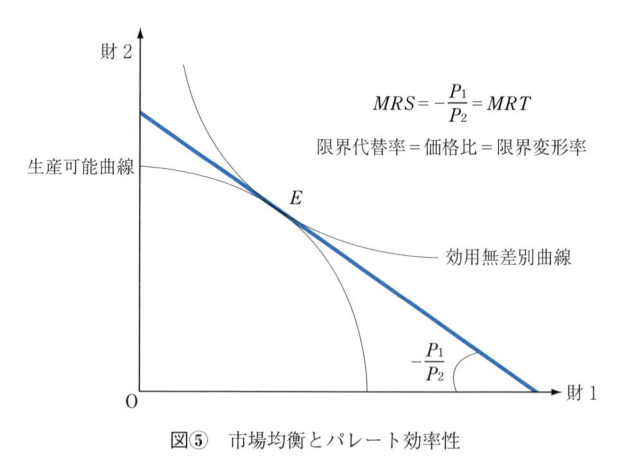

図⑤ 市場均衡とパレート効率性

替率は等しくなり，すべての生産者の限界変形率も等しくなり，そして限界代替率は限界変形率と等しくなる。そこでは，消費者の便益と生産者の利益とは最大となり，それ以上の改善の余地はない状況が作り出され，パレート効率的な資源配分が実現されることになる。

1.2.3　市場機能と政府活動

　市場は，価格をシグナルとして，自動的に効率的な資源配分を達成する。ただし市場が効率的に機能するためには，いくつかの条件が満たされなければならない。まず市場は完全に競争的でなければならない。少数の売り手や買い手が市場価格を支配する**独占**が存在すると，市場は効率的に作動しない。また市場取引が，取引に参加していない第三者に影響を及ぼす**外部性**を持つときには，市場は有効に作動しない。例えば，汚染などの公害が発生する場合には，すべての費用が市場価格に反映されず，市場当事者以外の人にコストを転嫁することになる。このような事態が発生することを**市場の失敗**という。市場の失敗が生じる場合には，社会の総余剰が低下し，資源の効率的配分が阻害されるため，政府の介入が必要とされる。政府は，独占企業の分割を行って競争を促進し，あるいは独占価格を規制して経済効率を高め，社会の総余剰を増大させることができる。公害に課税して，そのコストを生産費用に反映させるような措置をとることによって，社会の総余剰を増すこともできる。また，市場で取引されない安全保障や秩序維持などの公共サーヴィスの供給は，政府固有の役割である。

　市場の失敗が発生する場合，政府の役割は明確である。しかし，市場の失敗が発生せず，市場が完全に機能している場合にも，政府に大きな役割が求められる場合がある。市場システムによる資源の効率的な配分は，必ずしも人々に平等な所得分配をもたらすわけではないからである。所得格差や貧富の差が拡大し，それが固定されれば，社会的な公平感が失われ，社会が不安的化することになる。このような場合には，政府が所得の再分配を行い，社会的公平を実現する役割が求められる。

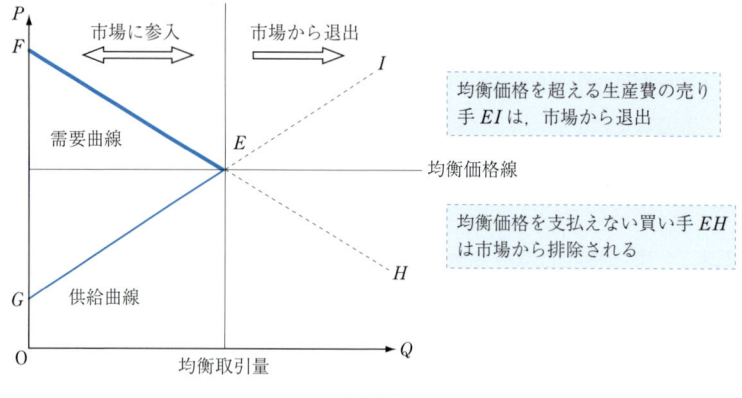

図1-12 均衡価格と市場参加

　また市場では，財・サーヴィスに対して，均衡価格以上に支払う意思と能力を持っている買い手は，欲する財をすべて入手できる。均衡価格以下で財を供給する意思と能力を持っている売り手は，彼らの財をすべて販売できる。しかし，所得が低く均衡価格より低い価格しか支払う能力のない者は，財を入手することはできず，市場から排除される。同様に，均衡価格を超える生産費でしか財を供給することができない売り手も，市場から排除される。つまり市場は，均衡価格という基準によって特定の人々が経済活動に参加することを排除する。市場システムは，自己調節的で効率的であるが，一定の所得のない人や市場から排除された人々から，財・サーヴィスの獲得やビジネスの機会を奪う。市場に参入する能力や機会に恵まれない人に，生産や消費に対する権利を認めないとすれば，市場から退出を余儀なくされた人々や社会的弱者は路頭に迷うことになる。逆に，多額の遺産を受け継いだ人は，自らは何の努力をすること無しに，産出物を獲得する権利がえられる。

　したがって市場が効率的に機能している場合にも，政府は何らかの**所得の再分配**を行って社会的な「公正」を実現し，社会的弱者に配慮するという重要な役割を果たす必要がある。また市場から一時的に退出した人々が敗者として固定されることがないように，つねに人々が市場に参入できる**機会の平等**を保障し，再挑戦できるような機会と環境を提供することが必要になるのである。

練習問題

1. 政府部門と民間部門の活動の相違について述べなさい。
2. ある財の需要曲線 P_D と供給曲線 P_S が次のように表される場合,均衡点における消費者余剰と生産者余剰はどのように表されるか,図示しなさい。また総余剰の大きさを求めなさい。　　$P_D=b-aQ$ $(a>0,\ b>0)$　　　$P_S=d+cQ$ $(c>0,\ d>0)$
3. ある財市場が均衡する条件とはなにか,また均衡点で社会的余剰が最大になることを確かめなさい。

第2章　財政の主要機能

2.1　財政機能の進化

近代国家形成期の財政機能

　財政の役割は，時代や経済社会構造の変化とともに変化する。近代国家の形成期には，王室を潤沢にし，必要な貨幣を調達するための財政術として，**官房学**が発達した。また国内産業を保護し貿易を振興するために，輸出奨励や保護関税を活用した**重商主義政策**が実行された。そして，財政の最大の仕事は，軍費の捻出であった。一国の富や権威は，強力な軍備を備え，豊かな領土を拡大することによってもたらされるという考えが普通であったからである。経済的な側面から見れば，国王の最大の仕事は，金銀を豊富に産出する土地や，豊かな財貨が生産される領土を獲得することであった。武力を背景とする帝国主義的な植民地政策や強権的な重商主義政策が，世界的規模で繰り広げられていった。

　しかし，**市民革命**をへて，**産業革命**が起こり，経済活動が拡大するにつれて，国家の役割は変化しはじめた。経済活動は，王室の経済から独立して，自立的な**市場経済**として飛躍的な成長を遂げていった。その中で，一国の富は，金銀や領土拡大によってもたらされるというよりは，一国の経済的な生産能力，経済競争力に左右されるという考え方が強く支持されるようになる。また**議会民主制**が確立されるにつれ，国家権力は，君主から国民へと移動し，国家の性格は，**絶対王政**から**近代民主主義国家**へと大きく変化していった。こうして，一国の財政は，国家活動に必要な租税を公平に負担し，市場機能を活用して，生産力や競争力を強め，国を富ますにはどうしたらよいか，という観点から見直されることになった。

「安価な政府」論の登場

このような新たな課題に対して，二通りの対応が出てくる。一つは，工業先進国イギリスの対応である。理論的には，私的経済活動への国家の干渉を排除すべきであるというアダム・スミスに代表される古典派の考え方であり，「安価な政府」という言葉に象徴される。

アダム・スミスは，私的利益を求める個人が自由な経済活動を行えば，「見えざる手」（価格メカニズム）に導かれて公共の利益が実現されるとして，「自由放任」主義（レッセフェール）を主張した。政府の活動は，有用であるが，経済的には「不生産的」であり，市場経済の効率的資源配分を損なう。したがって，必要最小限にとどめるべきである。具体的には，軍事費，司法費，公共土木費及び元首威厳維持費という四つの経費に限定されるべきである，と主張した。また政府の収入としては，公債を排除し，「国家の保護のもとに享受する収入に比例した」課税が望ましいとした。政府の公的サーヴィスから受ける便益（個人の評価）に基づいて租税を負担すべきであるという利益説的アプローチ（応益原則）である。市場の効率を重視する経済財政思想であった。古典派財政論のエッセンスは，政府の活動分野を必要最小限の公的サーヴィスの供給（資源配分機能）に制限し，経済活動を「見えざる手」に委ねて，市場経済の機能を最大限に発揮させ，効率性を追求することにあった。

「生産的」政府活動の膨張

これに対してドイツに代表される後進資本主義国は，国際競争力においてイギリスに立ち後れていた。イギリスに対抗して市場を拡大し，民間部門の競争力を強化するためには，国家の積極的な役割が必要であった。

ドイツで発達した正統派財政学（シュタイン，シェフレ，ワグナーに代表される）では，イギリス古典派とは反対に，政府の活動を「生産的」とみなし，それを支えるための公債発行も容認された。租税による国家の活動は，国民経済の生産力を増大させる。生産力が増大すれば，担税力が培養され，租税収入は増大する。租税収入の増大は，政府活動を強化する（シュタインの「租税再生産説」）。このように，政府と市場経済は有機的循環として把握された。また公的サーヴィスをどの程度供給するかは，個人の選好とは無関係な一般的利益

や社会的価値に基づいて国家が決定し、国家の財政支出を賄うための租税は、国民の義務であるとされた。伸縮性のある租税収入の確保という**財源調達機能**が、財政の中心課題に位置づけられた。そして、国内の労働運動を沈静化し社会の安定を確保するという**社会政策的要請**から、所得分配の「不公正」を是正する手段として、租税を活用しようとした。ドイツ財政学では、**応能原則**（負担能力に応じた負担）が支配し、「公正」の実現が重視された。

アドルフ・ワグナーは、国家は個人的な利己心を克服する道徳的存在であり最高の共同体であるとする**国家有機体説**に基づき、国家の役割は公衆衛生・医療・教育・福祉の実現など社会の進歩とともに拡大し、国家経費は外延的かつ内包的に膨張していくと考えていた。国家経費が絶対額だけではなく国民経済に対する相対的比率においても増加する傾向があることは、**経費膨張の法則**と呼ばれている。但し、この段階では、イギリス、ドイツともに、国家の役割や財政の役割は、まだ控えめなものにとどまっていた。

ケインズ革命と経済安定機能

しかし、二つの世界大戦により、財政の機能は画期的に変化する。総力戦に対応するため財政の規模が著しく拡大し、国民経済に対する影響力が格段に大きくなった。それは、財政部門が国民経済の動向を大きく左右するようになったことを意味する。

第一次世界大戦後の相対的安定期は、1929年の**アメリカ大恐慌**を契機として終焉し、世界経済は未曾有の景気後退を経験した。その結果1930年代の大不況期に、大量の失業を救済するため、フィスカル・ポリシーが導入され、景気回復さらには**経済安定機能**が財政の基本機能として位置づけられた。

これを理論的に定式化したのが J. M. ケインズである。それは、古典派経済学に対して、マクロ経済学を創設したことを意味していた（**ケインズ革命**）。大不況の継続は、価格や賃金が速やかに変化して需給を均衡化させるという、古典派理論が破綻したことを示していると判断された。価格や賃金が硬直的である場合には、需給ギャップは速やかには解消されず、**非自発的失業**が発生する。そこで、政府が財政赤字を拡大して需給ギャップを調整し、失業を解消すべきである、と主張した。

ケインズ革命以降，財政機能は，国防・外交などの「純粋公共財」供給を中心とする資源配分機能に加えて，経済安定機能が重視されるようになり，公共事業費や軍事費を中心に恒常的に財政規模が拡大する「大きな政府」が出現することになった。

第一次世界大戦や第二次世界大戦で飛躍的に拡大した財政規模は，大戦が終結しても大戦以前の水準に戻ることはなかった。大戦争などの特殊事情が発生すると，国家経費が飛躍的に膨張し，国民も高い租税負担を許容する。そして特殊な事情が消滅した後も，国家経費が高水準を維持し続けるという現象が生じた。ピーコックとワイズマンは，このような財政経費の不連続な段階的膨張を**転位効果**と呼んだ。

社会保障の充実と所得再分配機能の拡大

第二次世界大戦後には，東西冷戦が発生した。このため高水準の国防支出が維持されると同時に，西側先進各国において**社会保障**を充実し，**福祉国家**を建設するという政策課題が財政の重要課題として浮上する。その後，年金福祉制度の拡充と高齢化社会が進展するにつれて，社会保障関連支出が膨張し，財政の最大項目となり，福祉国家の充実・維持が財政に課せられた最大の課題となっていった。社会保障は，高額所得者に相対的に多くの負担を求め，低額所得者により多くのサーヴィスを移転するという機能を持っている。そのため財政は所得分配の不公平を是正する役割を担うことになり，**所得再分配機能**が財政機能の中に構造的に定着していくことになる。

財政学の体系化

このようにして，財政の担う経済的役割は飛躍的に拡大し，**資源配分機能，経済安定機能，所得再分配機能**が，財政の主要な三大機能として出揃うことになった。理論的な系譜から言えば，資源配分機能は古典派以来の応益説的アプローチと対応し，経済安定機能はケインズ型アプローチと対応し，所得再分配機能は正統派財政学を受け継ぐ応能説的アプローチと対応しているといえよう。

このような財政理論や財政機能の発展を踏まえて，政府部門が果すべき経済活動を体系的にまとめたのが，**R. A. マスグレイブ**である。マスグレイブは，厚生経済学の成果に沿ってケインジアンのフィスカル・ポリシー理論を取り入

れ，財政機能を資源配分機能，所得再分配機能，経済安定機能の3つに整理した。また公的欲求を，市場機構を通じては充足できない社会的欲求と，政府が消費者主権に介入して充足する価値欲求に分類し整理した（マスグレイブ[1961]）。

効率的財政機能への取り組み

ところで，財政機能が拡大した結果，財政支出は巨大化し，**財政赤字**が恒常化するようになった。財政赤字は，国民経済の貯蓄を吸収するため，中長期的には資本蓄積を抑制し，経済発展を損なうという危惧が生じた。また市場規律が働かない巨大な政府部門の出現は，経済的な**非効率**という不可避的な問題を深刻化させた。

こうして公的部門における支出の効率的な決定が重要な課題として登場し，**公共財の理論**が発展することになる。その基本的考え方は，公共財に対する個人の選好（便益評価）に基づいて租税負担を配分すれば，公共財の効率的な供給が達成可能であるという点にある。しかし，公共財は，対価を支払わない人も消費が可能であるため，**「ただ乗り」問題**が付随する。したがって，この方法によっては，公共財の効率的供給は困難である。

実際には，政府部門の効率化への動きは，政府の民間経済への介入を排除し，規制緩和を進め，公共部門をできるだけスリム化し，あるいは民営化して，経済効率を上昇させるべきであるという**構造改革論**へと傾斜していった。公共サーヴィスの供給問題は，民主制社会では，基本的には国民の意思を反映させる「民主的」政治過程に委ねられている。人々の選好は，**投票**によって計られる。しかし民主的な政治過程は，市場メカニズムのような効率的な資源配分機能を備えているわけではない。それは，民主主義制度の下で財政が肥大化し続け，非効率が蔓延し，**政府の失敗**が生じたことで示されている。

財政の基本的機能を効率的に達成するための政治的及び経済的な方法を工夫することが，現在及び将来の課題となっているのである。

2.2 財政の三大機能

2.2.1 資源配分機能

　市場経済のもとでは，個人や企業が自由に経済活動を行い，自らの満足度や利益を追求して競争する。その結果，パレート効率的な資源配分が達成される。しかし，市場メカニズムによって，国民生活に必要な財貨・サーヴィスのすべてが供給されているわけではない。そもそも市場で取引されない場合や，市場がうまく働かない事態が生じるからである。

　公共財の供給や，外部性が存在する場合，所有権（権利）が不明確な場合，独占などによる価格支配力が行使される場合，不確実性や情報の非対称性が存在する場合などには，価格シグナルによる市場の資源配分機能は有効には働かない。政府が公共財を供給し，あるいは政府が介入して資源配分の適正化を図る必要が生じる。このような機能が，**財政の資源配分機能**である。

公共財の供給

　一国の外交・防衛や治安・社会的ルールの維持などの活動は，国家の伝統的な統治機能である。私企業が市場を通じて提供することはできない。これらの活動は，人々が安全で安心して社会生活を営む上で不可欠であり，また円滑な市場経済活動の進行を法的に保障する機能を果たしている。国防・外交や司法・警察などに代表されるように，政府が国民全体に対して提供する公共サーヴィスのことを，一般に**公共財**と呼んでいる。

　公共財は，特定の人々を排除することなく，すべての人が集団で同時に消費できるように無差別に供給される財のことである。したがって，消費の排除不可能性と消費の非競合性という性格を持っている。消費の排除不可能性と消費の非競合性という二つの性質を完全に備えている公共財のことを**純粋公共財**という。

　市場において取引される**私的財**は，個人が自分の消費する量を自由に決定することができる。そして，対価を支払わない者を消費から排除することができ，

購入者がその財を消費すれば，その同じ財を他の者が消費することはできない。しかし，国防サーヴィスなどのような公共財は，国民に対して無差別に供給され，国民であれば誰でも同時に消費でき，排除されることはない。誰でも対価を支払わずにサーヴィスを享受できるため，価格をつけて販売して，その費用を回収することはできない。したがって，私企業にサーヴィス供給を委ねたとしても，経営は成り立たない。国民生活に必要不可欠な公共財を十分に提供するには，政府がサーヴィスを供給する以外にはない。公共財については，第6章において改めて取り扱う。

外部効果（外部性）の調整

ある経済主体の意思決定や行動が，取引当事者ではない第三者に対して影響を与えることを，**外部効果（外部性）**という。第三者にプラスの影響を与える場合には**外部経済**とよび，マイナスの影響を及ぼす場合には**外部不経済**という。

例えば，大気汚染，騒音，汚水の排出などの深刻な**環境問題**は，市場メカニズムがこれらの問題を適切に処理仕切れない現実を示している。市場取引において，経済活動の生み出す費用（損失）が価格に十分に反映されない場合，社会的な損失を生み出し，外部不経済を発生させる。このような場合には，政府が取引に介入し，企業にコストを負担させて社会的損失を軽減し，社会の総余剰を増加させることが必要になる。

逆に，教育や医療サーヴィスのような活動は，ある個人の消費が，それを直接消費しない人々にも便益（外部経済）を及ぼす。ある個人が，教育を受ければ社会の文化や技術水準の向上に貢献し，伝染病の予防接種を行えば感染が防止され社会的な便益を増加させるので，その便益は第三者にも及ぶ。しかし，これらの外部経済効果による便益は，価格には反映されない。したがって，市場メカニズムでは，これらのサーヴィスにより生み出される便益に見合うだけの収入を回収することができないため，社会的に適正なサーヴィス量を供給することができない。そこで社会的に適正な供給量を確保するために，政府が，直接サーヴィスを提供したり，サーヴィス供給に介入したりする必要性が生じる。

完全競争市場では，需要曲線と供給曲線が交わるところで均衡価格が決まる。このときの供給曲線は，企業が財を生産するときの限界費用を示している。し

図 2-1　社会的最適生産量

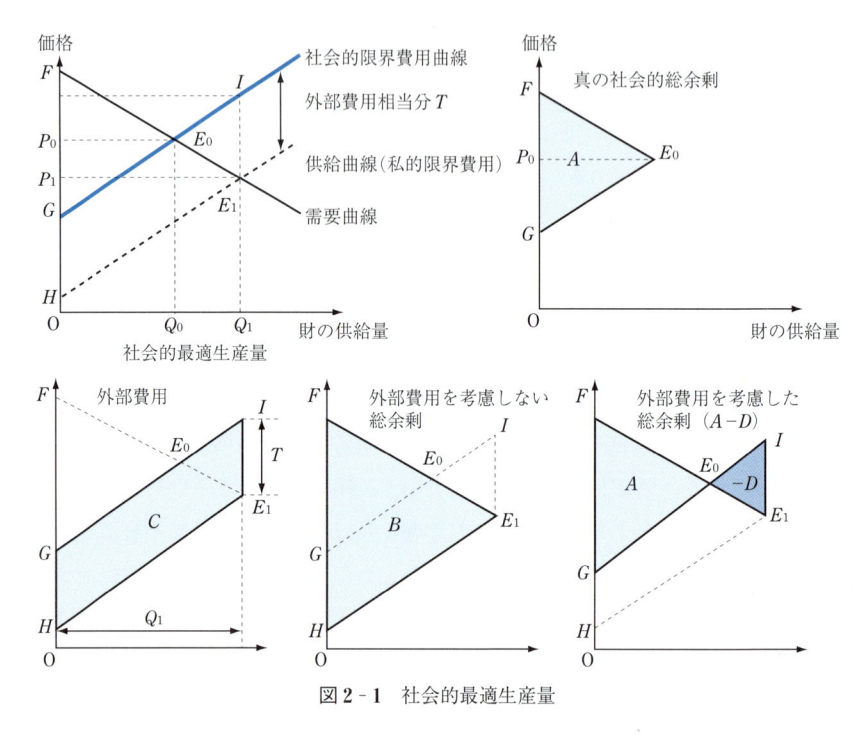

かし、外部不経済が存在すると、企業が実際に負担する限界費用 MC（私的限界費用 PMC）以外に、第三者の負担する**外部費用**が発生する。例えば公害が発生する場合には、その費用は企業が負担せず、地域住民などの第三者が迷惑という形でその費用を負担する。したがって、この財を生産するのに必要な真の費用（**社会的限界費用 SMC**）は、私的限界費用に第三者の被害による損失相当額（外部費用）T を加えたものになる。

したがって、図 2-1 のように、社会的に見た最適生産量は、需要曲線と社会的限界費用曲線の交点 E_0 によって決まる。真の社会的限界費用 SMC（私的限界費用 PMC ＋外部費用 T）に基づいて社会的な最適生産 Q_0 が行われる場合、社会的総余剰は、三角形 $A(E_0FG)$ である。

しかし、市場メカニズムに任せておけば、企業は私的限界費用に基づいて生産を行うため、市場均衡点は E_1 となり、価格 P_1 で、社会的に見て最適な生産量 Q_0 よりも過剰な生産 Q_1 を行う。この場合、外部費用は、財 1 単位当た

46

第2章　財政の主要機能

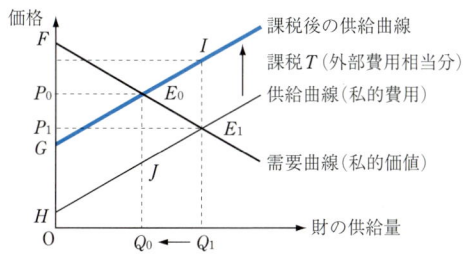

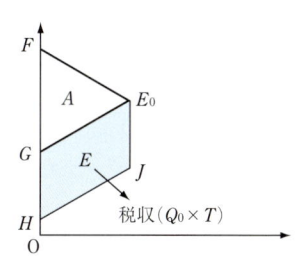

図2-2　外部不経済の内部化　　　図2-3　課税後の社会的総余剰

りの被害コスト T に生産量 Q_1 を掛けた $(T×Q_1)$ であり，図では四角形 C（E_1IGH）である。また外部費用を考慮しない総余剰は，三角形 B（E_1FH）となる。したがって，外部費用を考慮した総余剰は，次のようになる。

$$\text{外部費用を考慮した総余剰}=\text{三角形 }B-\text{四角形 }C$$
$$=\text{三角形 }A-\text{三角形 }D$$

　総余剰は，社会的最適生産水準の総余剰 A と比較すれば，三角形 D に相当する分だけ縮小し，**経済厚生の損失（死荷重）** が発生する。この状態を改善し，資源の効率的配分を達成するために，政府が被害コスト相当分 T の課税を行うことによって，社会的限界費用と私的限界費用を一致させ，社会的評価と市場の評価との乖離を是正し，社会にとって最適供給量を確保する，という介入方式が考えられる。これによって死加重 D が除去されれば，総余剰は増加する。外部不経済を発生させている企業に課税して，外部費用を強制的に企業の生産費用に算入するような措置をとれば，企業は社会的限界費用のもとで利潤を最大化する最適行動をとることになるため，過剰な生産は最適な水準にまで低下することになる。

　そこで，政府が財1単位当たり T の従量課税を行えば，外部費用が生産コストに織り込まれ，生産者の供給曲線は上方にシフトし，均衡生産量は減少する。政府の課税が適正に行われれば，需給均衡点は E_0 へ移動し，生産量は Q_1 から社会的に最適な均衡量 Q_0 に低下する。その結果，外部不経済効果は内部化され，課税後の供給曲線は社会的費用曲線と一致する。この場合，総余剰は，$(A-D)$ から A へと増加し，D（死荷重）が解消される。課税による政府の税収は，生産量 Q_0 に税額 T を掛けた四角形 E（JE_0GH）となるが，この部分は，

図2-4 外部経済の内部化

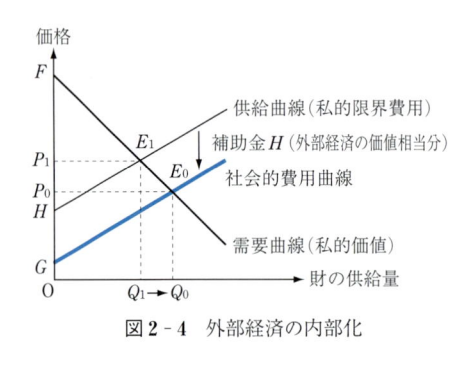

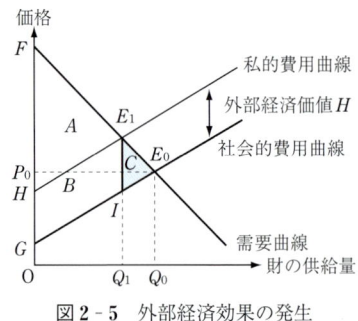

図2-5 外部経済効果の発生

公共サーヴィス（例えば公害削減など）に使用されて，社会的な便益として還元される。

反対に，外部経済が発生している場合には，社会的限界費用は私的限界費用を下回り，生産量は最適な水準 Q_0 より小さくなり，過少生産 Q_1 に陥る。社会的に最適な生産量 Q_0 では，社会的総余剰は，三角形 E_0FG（$A+B+C$）となるが，Q_1 では，総余剰は，三角形 A（E_1FH）と外部経済価値の四角形 B（E_1HGI＝財1単位当たり外部価値 $H×Q_1$）との和となる。社会的総余剰は，三角形 C（E_0E_1I）だけ小さくなり，**経済的厚生の損失（死荷重）**が生じる。

外部経済に対しては，政府が**補助金 H** を与えることによって，社会的評価と市場の評価との乖離を是正し，社会にとって最適供給量を確保するという介入方式が考えられる。外部経済相当分の補助金を交付すれば，供給コストは低下して，私的供給曲線は社会的費用曲線と一致するので，財の生産は最適水準へと拡大し，死荷重 C が除去される。

このように外部効果をもたらす経済主体に対して，政府が課税や補助金交付などを通じて市場に介入し，私的限界費用と社会的限界費用とを一致させることによって，資源配分を適正化する政策を**ピグー的政策**という。ただし，外部効果の経済価値についての情報は不完全であり，その金額評価には価値判断が入るため，実際に適正な課税額や補助金額を決定することは容易ではない。

ところで，政府が介入しなくとも，理論的には，当事者間の交渉などに伴う取引費用がゼロという条件が満たされれば，当事者間で自発的な交渉を行うこ

とにより，効率的な資源配分を実現することができる（コースの定理）。例えば，ある企業が公害を発生させ，住民に苦痛を与えている場合，双方が交渉し，企業が住民に賠償して損害を償うことで合意しても，あるいは住民が企業に公害排出量を許容できる水準に下げる（つまり生産を削減する）ように求め，生産減少分の損失を住民が補償することで合意しても，いずれの場合も効率的な資源配分を実現することができる。コースの定理によれば，加害者が損害賠償する場合でも，被害者が損失補償する場合でも，いずれも効率的な資源配分を実現できる。この場合，企業と住民のどちらに権利が認められるかによって，どちらが費用を負担するかが決まってくるので，被害者と加害者の所得水準には相違が生じる。住民がきれいな大気を呼吸する権利を持っているとすれば，企業が住民に損害賠償することになる。逆に，企業が自由に排気する権利を持っているとすれば，住民が企業に損失補償を行うことになるのである。したがって，政府の役割は，権利（所有権）と責任を明確にすることにあるが，コースの定理に従えば取引費用がゼロである限り，損害に関する法的責任の状況にかかわらず，資源配分は法的責任状況から独立になる。ただし実際には，自発的な交渉には取引費用がかかり，また所得分配の公平性を考慮する必要があるため，法が重要な役割を演じることになる。

費用逓減産業の規制

電力，ガス，水道，鉄道等の産業では，操業に巨大な固定設備投資が必要である。これらの産業では，1単位の追加生産に必要な限界費用は僅かであり，生産が増えるほど平均費用が低下する**費用逓減**状態が生じる。例えば鉄道では，乗客数が増えるほどサーヴィス供給の平均費用は低下し，1人乗客が増える場合の限界費用は極めて小さい。この場合，自由な競争に委ねておけば，**自然に独占状態**が生じ，資源配分上の非効率を生み出し，消費者余剰の損失（死荷重）を発生させる。これらの産業は，国民のライフラインとも言うべき重要なサーヴィスであるため，適切な価格で適切な供給量が確保されなければならない。そこで政府の介入が必要になる。

完全競争市場では，個々の企業は，価格支配力を持っておらず，市場で決められた価格 P のもとで生産を行う。企業の限界収入 MR は，販売価格であり，

企業は，利潤を最大にする点 E で操業するため，生産量は Q_0，価格は P_0 となる。しかし，パレート効率性を満たす操業点は，需要曲線と限界費用曲線が一致する C_1 であり，社会的な最適生産量は Q_1，価格は P_1 である。したがって，企業が E 点で操業すれば，三角形 EC_1C_0 分の経済厚生の損失（死荷重）が生じる。

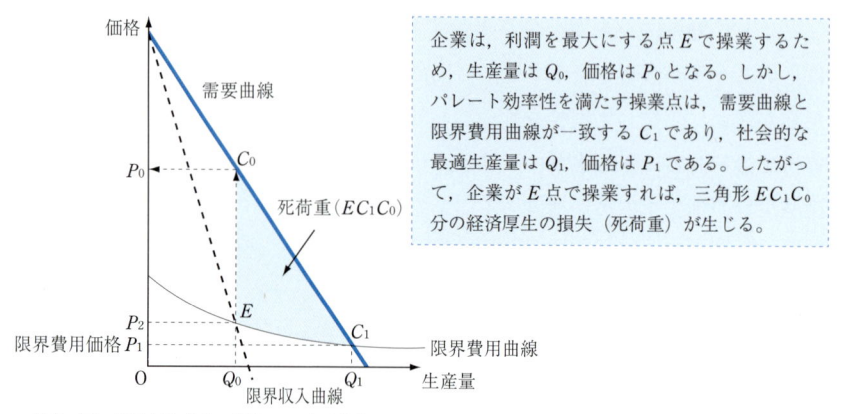

(注) 図の限界収入曲線の傾きは，需要曲線の2倍である。需要曲線が $P=b-aQ$ であるとすれば，企業収入 TR は，$TR=PQ=bQ-aQ^2$ であるから，限界収入 MR は，$MR=\dfrac{dTR}{dQ}=b-2aQ$ となり，限界収入曲線の傾きは $-2a$ となる。

図2-6　費用逓減産業の操業点と死荷重

市場価格 P となる。企業は，利潤最大化行動をとり，販売価格 P が限界費用 MC を上回る限り生産を拡大するため，結局，限界収入と限界費用とが等しくなる点で生産を行う。したがって，

市場価格 P ＝限界収入 MR ＝限界費用 MC

という条件が，利潤を最大にすると同時に，社会的な最適生産量をもたらす。

これに対して独占企業は，市場支配力を持っているので，競争に直面することがなく，自ら決定した価格が市場価格になる。また費用逓減企業では，規模の経済効果が作用するので，生産が増えるにつれ，1単位あたりの平均生産費用は低下し続け，限界費用 MC は平均費用 AC を下回り続ける。図2-6のように，独占企業が利潤最大化行動をとる場合，競争的企業と同様に，限界収入と限界費用が一致する点 E で生産量 Q_0 を決定する。販売価格は，生産量 Q_0 を売り切る需要に見合う，需要曲線上の点 C_0 における価格 P_0 となる。この場合，価格 P_0 は，限界費用（＝限界収入）P_2 を上回る。したがって，独占企業の利潤が最大になる点では，次の関係が成立している。

市場価格 P ＞限界収入 MR ＝限界費用 MC

費用逓減産業では，市場価格（販売価格）が限界費用を上回るため，社会的に望ましい財の最適供給水準は達成されない。その結果，三角形 EC_1C_0 の余

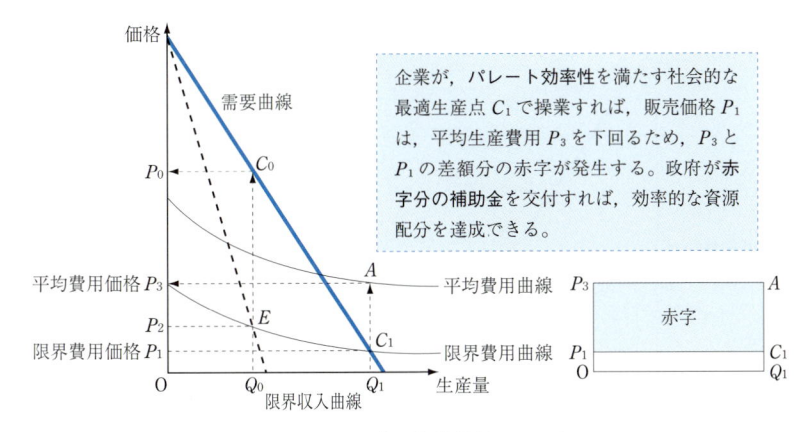

図2-7 限界費用価格規制のコスト

剰の損失（**死荷重**）が生じる。

　最適な資源配分を実現するには，需要曲線と限界費用曲線が一致する点 C_1（価格 P_1，生産量 Q_1）で操業する必要がある。C_1 点では，限界費用 MC と市場価格 P が一致するため，死荷重が発生せず，パレート効率性が実現される。しかし，企業が限界費用に一致する価格で生産を行えば，必ず赤字が発生する。平均費用 AC が限界費用 MC を常に上回る水準にあるからである。上の図2-6に平均費用曲線を加えると，図2-7のようになる。

　生産量 Q_1 を供給するのに必要な財1単位の平均費用は P_3 である。企業が生産量 Q_1 を平均費用 P_3 で供給すれば，限界費用 P_1 との差額相当分である四角形 $P_1C_1AP_3$ 分だけ赤字が発生する。したがって，社会的に望ましい水準の供給量 Q_1 を確保するためには，政府が，限界費用と一致する料金 P_1 を公共料金として設定し，限界費用と平均費用との差額の赤字分に相当する補助金 $(P_3-P_1)\times Q_1$ を交付することが必要になる。このように限界費用価格形成原理に基づく料金規制が，**限界費用価格規制**である。限界費用価格規制を実施すれば，効率的な資源配分（パレート効率性）が実現する。しかし実際に限界費用を正確に把握することは困難である。また赤字部分を政府が補償すれば，企業の経営努力（費用最小化）へのインセンティブを抑制し，補助金交付のために国民の税負担を増大させるというコストを発生させ，利用者が費用を負担す

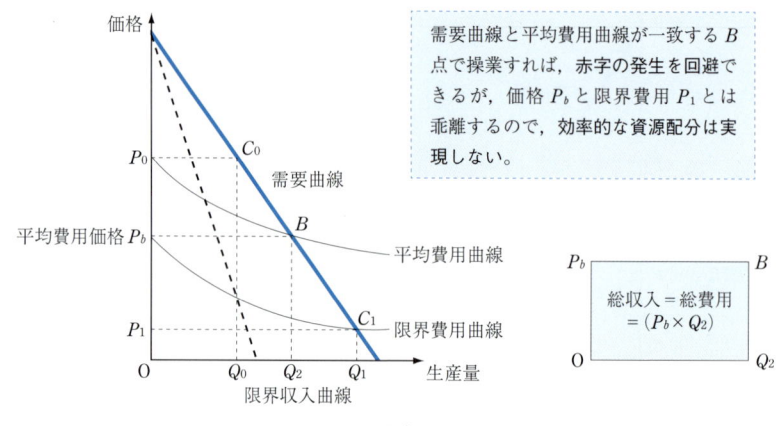

図2-8 平均費用価格規制

需要曲線と平均費用曲線が一致するB点で操業すれば，赤字の発生を回避できるが，価格P_bと限界費用P_1とは乖離するので，効率的な資源配分は実現しない。

総収入＝総費用
＝$(P_b \times Q_2)$

るという受益者負担の原則からも問題が生じる*。

このため次善の方法として，補助金なしでも赤字が発生しないように，企業が**独立採算**を維持するという原則の枠内で，総剰余を最大にする方法が考えられる。そのためには，需要曲線と平均費用曲線との交点Bの価格P_bを利用料金として設定し，Q_2のサーヴィスを供給することによって，企業の総費用と総収入（ともに$P_b \times Q_2$，四角形OQ_2BP_b）を一致させればよい。このように利用料金を平均費用に一致させる方法が，**平均費用価格規制**である。しかし，平均費用価格規制を行う場合には，価格が限界費用に一致するという条件が成立していないので，パレート効率性は実現されない。また生産費用を最小化しようとする企業の経営努力も抑制される。

このほかにも，情報の非対称性などが存在する場合や，新エネルギー開発のように私企業にとって投資資金やリスクがあまりにも大き過ぎると考えられるような場合にも，政府の介入が求められる場合がある。

---

* 同様の考え方を，**二部料金制**という方法で実行することもできる。単位当たり使用料金を限界費用に等しく設定し，平均費用と限界費用との差額分$(P_3 - P_1) \times Q_1$を基本料金として徴収するという方法である。電力・ガス・水道などの公共料金でこの方式が採用されている。企業の赤字分を利用者が負担するため，受益者負担の原則からは補助金方式より優れているが，やはり企業のコスト削減インセンティブは薄弱となる。限界費用を正確に把握できないという難点も解決されていない。

「市場の失敗」と「政府の失敗」

　市場メカニズムがうまく働かないことを「**市場の失敗**」(Market Failure)と言うが，まさに上記のような外部効果や独占が生じる場合などがその例である。経済的な資源配分の観点から言えば，公共部門が積極的役割を持つのは，市場の失敗が生じる場合である。

　ところで，社会全体として限られた資源を，どれだけ公共部門に配分すべきであろうか。公共部門が活動を拡大すれば，民間部門で使用できる資源が減少するため，民間部門の活動が断念されるという**機会費用**が生じる。したがって経済効率から見れば，公共部門の活動から生み出される利益が，この機会費用を上回るかどうかによって，公共部門への資源配分が適正か否かが判定されることになる。

　しかし，公共部門への資源配分は，実際には，議会の議決（投票）という政治過程を通じて決定される。通常，官僚機構によって政府予算原案が作成され，選挙民の投票で選ばれた議員や政党が，議会で予算案を審議し決定する。この場合，議会で決定された公共部門への資源配分が，経済効率から見た「最適」資源配分と一致する保障はない。

　政府活動は，ややもすると公共部門を拡大させ，資源配分の効率性を損ない，既得権益の肥大化をもたらす傾向を持っている。これを「**政府の失敗**」と言う。現在，政府の失敗を防止するために，公共部門の活動領域を政府にしか果たしえない領域に限定し，それ以外の領域には市場原理を導入してサーヴィスの効率化を図るべきであるという**構造改革論**が主張されている。**規制緩和**や政府部門の組織改革・スリム化が実施され，公共部門への**民間活力導入**が促進され，さらには官業の**民営化**への取り組みが進展しつつある。

　民主社会の基本原理は，国民の投票によって民意を政治的意思決定に反映させ，租税負担と財政支出を決定し，公共部門の資源配分を決定するという点にある。国民は，自己責任で政府が行うべきことについて明確な意思表示を行い，政府や政治家は，国民の意思表示を政策選択肢に集約して提示し，選挙や議会審議を通じて国民の意思が政策に適切に反映されるような，有効な資源配分システムを整備することが求められる。

この方式のもとで，公共部門への資源配分の効率性を上昇させるために，中央官僚主導の予算配分方式を内閣主導の予算編成方式へ改革し，市場原理に委ねることが可能な行政サーヴィスは「民営化」をすすめ，地方・地域に密着したサーヴィスは当該地域の意思決定に委ねるという制度上の改革（**地方分権化**）が進められている。それに加えて，国民の意思を政策に反映させ，投票行動の効率性を上昇させるために，徹底した「**情報の開示・透明化**」を図る必要がある。また国民の投票率を上げ民意を反映させるためには，政党が自己改革して有効な政策選択肢を提示し，互いに競争して，国民の創意とチャレンジ精神を喚起する政策を実現するよう，一層の努力が必要とされているといえよう。

2.2.2　所得再分配機能

公平の基準

　財貨・サーヴィスが市場機構を通じて効率的に提供されたとしても，それに基づいて決定される所得の分配が，社会的な見地から「公平」であるという保障はない。それは，資源配分の効率性と所得分配の公平性の基準が同一のものではないことに起因している。

　国によって，時代によって，所得分配が公平であるか否かの判断基準は異なる。公平には，客観的な基準はない。政治的な力学や社会的通念によって，「公平」の水準が決定される。そして現実の所得分配が公平ではないと判断された場合は，政治過程を通じて，分配構造が是正される。財政を通じて所得分配の公平をはかるのが，**所得再分配機能**である。

　一般に，ある社会の所得分配がどの程度平等であるかを測定する指標として，**ローレンツ曲線やジニ係数**が利用されている。ローレンツ曲線とは，横軸に人口（世帯）を所得の低い順から並べた累積度数の割合をとり，縦軸には所得の累積金額の割合をとって，両者の関係を見たものである。横軸，縦軸ともに，原点0％から100％までの目盛が，刻まれている。ローレンツ曲線を描くと，図2-9のようになる。

　原点を通る対角線 OY では，人口の累積度数と所得の累積金額とが比例するので，所得分布が平等になる。そしてローレンツ曲線が，対角線 OY から離れ

第2章 財政の主要機能

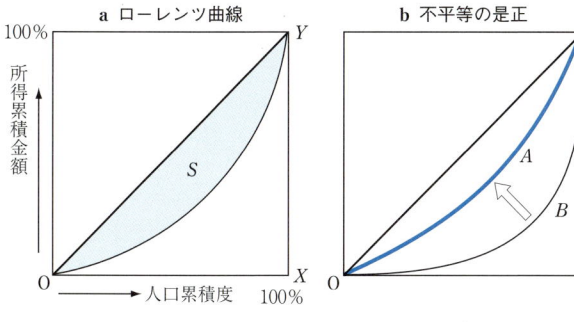

図2-9 ローレンツ曲線と所得配分

a ローレンツ曲線

b 不平等の是正

ある政策（課税や移転支出）の実行前が B，実行後が A であったとすれば，A では，所得配分はより平等になり，ジニ係数は低下する。

れば離れるほど所得分布は不平等になる。つまり，対角線とローレンツ曲線で囲まれた面積 S が大きくなればなるほど不平等の度合いは大きくなる。図bにおいて，ローレンツ曲線 A はローレンツ曲線 B に比べて，所得分布がより平等であることを示している。不平等の度合いは，S が直角三角形 OXY に占める割合の大小で量ることができる。この割合をジニ係数 g という。

$$g = \frac{S}{\Delta OXY} \qquad 0 \leq g \leq 1$$

S が0のときには，g は0となり，所得分配は完全に平等となる。そして S が次第に大きくなり1に近づくほど不平等の度合いは高まり，g が1では完全に不平等になる。

所得不平等の是正

所得分配の不平等を是正するために，**累進課税制度**や**社会保障制度**による再分配，最低賃金制度を設けて低所得階層の所得を保障する政策，教育における機会均等化の保障など種々の方策が採られている。例えば，歳入面では，直接税（所得税，相続税，贈与税など）に**累進税率**を採用することによって，高額所得者や高額資産家に高負担を課し，低額所得者には，税率を軽減することで負担を軽減する措置がとられる。また歳出面では，**公的扶助**などの社会福祉や，義務教育における**就学援助**，**低家賃住宅**の供給などによって，低所得者に相対的に多くの社会保障給付が割り振られる。

低所得者は，当人の負担する租税（課税最低限度以下の所得者には税金は免

除される）以上の公共サーヴィスの提供を受け，高額所得者は，提供される公共サーヴィスに対して，所得が高くなるほど大きな税負担を行う。このような累進課税と社会保障の組合せのもとで，高額所得者から低額所得者へ所得が移転され，所得の再分配が行われることになる。

ただし，人々が努力しようと努力しまいと，政府によって完全な「結果の平等」が保証されるとしたら，一生懸命働くインセンティブは失われる。したがって，不平等な所得が，業績を反映している場合，個々人の選好を反映している場合，あるいは社会全体の所得を拡大して究極的には全員に便益をもたらすと納得できる場合などには，不平等は容認されるであろう。結局，政府が政策判断（価値判断）を行って，完全に平等でも完全に不平等でもないような一定の所得再分配の程度を決定し，国民のコンセンサスを得るほかない。そして公平な社会を実現する上で重要なことは，常に「機会の平等」が保障されることである。

世代間不平等の是正

また近年では，急速な少子・高齢化の進展に伴い，現在時点での所得再分配の問題に加えて，年金・医療などの社会保障における世代間の所得再分配問題が重大化している。働く世代の人口が減少し，老齢退職世代が増大するため，社会保障負担を担う将来世代と社会保障給付を受ける退職世代の間での所得再分配の不公平が拡大していく。将来世代の過度の負担は，勤労意欲を阻害し，経済活力の低下をもたらす可能性を持っている。

公的年金の財政方式は，**積立方式**と**賦課方式**に大別される。**積立方式**は，現役期に積み立てた保険料が年金給付の財源となる制度であり，高齢化が進行しても世代間の所得移転は発生しない。ただし，予測しえないインフレなどの不確実性への対応に限界があるという弱点を持っている。**賦課方式**は，現役世代が保険料として拠出した資金を引退世代の年金給付に直接充当するという制度であり，高齢化の進行によって大規模な所得再分配が生じる。インフレなどの不確実性には強いが，世代間の負担の不公平が生じることになる。

公的年金の経済効果で重要な論点は，賦課方式の年金制度は，個人の老後に備えた私的貯蓄を減少させ，マクロの貯蓄水準を低下させる効果があるのではないかという点である。また世代間の不公平が巨大化すれば，現役世代の勤労

意欲が低下してしまうという大きなリスクを伴う。持続可能な年金制度へむけた制度改正が不可欠となっている。積立方式への移行問題や，給付額の見直しと並んで，退職世代も等しく租税負担を分け合う税制への変革が課題となる。所得課税は，主として現役の勤労世代が負担するのに対して，消費課税は退職世代も等しく負担するという点に着目すれば，消費課税に重点を移した税制への移行は有力な選択肢となる。また消費課税は，貯蓄を優遇するので，長期的な資本蓄積を促進し，経済成長率を押し上げて，生活水準自体を向上させることにも効果が期待できる。これらの問題については，あらためて第7章で検討することにしたい。

価格支持政策

このほかの所得再分配政策に，**価格政策**があり，代表的なものに農産物の価格支持政策（**二重価格制度**）がある。例えば，政府が，農家から高い価格で米を購入し，消費者に安い価格で提供することによって，農家の収入を引き上げ，家計の消費支出を軽減する政策が挙げられる。この場合，生産者余剰と消費者余剰はともに増大する。しかし，高い購入価格と低い販売価格との差額は，政府支出（補助金）で賄う必要があり，結局それは税負担という形で国民の負担となって跳ね返る。価格政策の純効果は，増大する消費者余剰・生産者余剰から，国民に帰着する税負担を差し引いて評価しなければならない。

図 2-10 のように，政府が介入しない状態では，市場は，価格 P_0，生産量 Q_0 で均衡し，

$$総余剰 = 三角形\ E_0GH = a+b+c$$

である。ここで，政府が，農産物を市場均衡価格 P_0 より高い価格 P_g で農家から買い入れ，均衡価格より低い価格 P_c で消費者に販売するとしよう。この場合，生産者余剰，消費者余剰，政府補助金負担は，次のようになる。

　　　　生産者余剰＝(供給曲線と政府買上価格 P_g 線で囲まれた)

$$三角形\ KP_gH = b+c+d$$

　　　　消費者余剰＝(需要曲線と消費者販売価格 P_c 線で囲まれた)

$$三角形\ JP_cG = a+b+e$$

　　　　政府補助金＝(補助金 H と生産額 Q_h の積である)

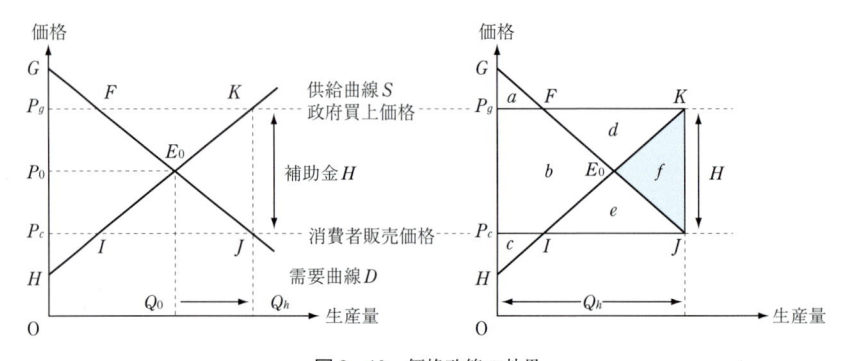

図2-10　価格政策の効果

$$四角形 P_gP_cJK = b+d+e+f$$

したがって，政府介入後の総余剰は，

政府介入後総余剰＝生産者余剰＋消費者余剰－政府補助金

$$= (b+c+d)+(a+b+e)-(b+d+e+f) = (a+b+c)-f$$

となる。価格政策によって，結局，総余剰は三角形 $f(E_0KJ)$ だけ減少する。政府の介入は，三角形 f に相当する経済的厚生の損失（死荷重）を生み出す。所得再分配政策は，市場の資源配分を変更するため，死荷重（超過負担）を生み出す効果を付随することが示されている。

2.2.3　経済安定機能

経済安定機能は，財政の景気調整機能とも呼ばれ，**自動安定化機能（ビルト・イン・スタビライザー）**と，**裁量的財政政策（フィスカル・ポリシー）**とに大別される。

ビルト・イン・スタビライザー（自動安定化機能）は，所得税や失業保険などによって財政の中に制度的に組み込まれている安定機能であり，景気の加熱や冷え込みを緩和して景気の振幅を小さくし，経済を安定化させるように，経済の変動に応じて自動的に機能する。

累進所得税や法人税の税収は，好況期には所得の増加を上回るスピードで増加する。租税支払額が増大すれば，自動的に個人の可処分所得や企業利益の増加の程度は抑制され，個人消費や企業投資が抑制される効果が働くため，総需

要を抑えるように機能する。逆に不況期には所得の減少以上のスピードで税収が縮小して，個人の可処分所得や法人利益の減少を緩和するように作用する。

名目所得 Y が1％増加したとき，税収がどれだけ変化するかを示すものが，**税収の所得弾力性（E_T）**である。E_T は，税収の変化率 $\left(\frac{\Delta T}{T}\right)$ を国民所得の変化率 $\left(\frac{\Delta Y}{Y}\right)$ で割ることによって求められる。限界税率 $t=\frac{\Delta T}{\Delta Y}$（微分で表せば $\frac{dT}{dY}$）であるから，

$$E_T=\frac{\left(\frac{\Delta T}{T}\right)}{\left(\frac{\Delta Y}{Y}\right)}=\frac{\Delta T}{\Delta Y}\cdot\frac{Y}{T}=\frac{dT}{dY}\cdot\frac{Y}{T}=t\cdot\frac{Y}{T}$$

と表すことができる。

税収の所得弾力性 E_T が大きければ大きいほど，好況期の税収は急速に拡大し，逆に不況期の税収は急速に縮小するので，経済安定効果は大きくなる。そして E_T は，限界税率 t が高いほど大きくなる。とくに累進所得税では，名目所得が増加すると，適用される税率区分（ブラケット）がより高い税率区分に押し上げられるブラケット・クリープが発生し，限界税率が上昇するため，自動安定化装置が強力に作用する。

また支出面では，好況期には失業者が減少して失業手当などの社会保障費の支出が減少し，不況期には失業者への給付が増加するので，景気の振幅を緩和するように作用する。

ただし，自動安定化装置としての租税制度は，失業率が高い（不況）にもかかわらず物価上昇が持続するようなスタグフレーションの世界では，景気下降を促進する「不安定」効果を持つことになる。実質産出量と雇用が減少しているにも拘わらず，物価が上昇して名目所得が増加するような世界では，平均税率が上昇して租税負担は加重され，経済は一層悪化していくという問題点を抱えている。このような難点を回避するためには，物価水準の変化に応じた税率の変更が必要となる（租税制度におけるインデクセーション）。

他方，政府は，財政政策を実行して経済安定化を目指すこともできる。不況期には，公共事業や減税で総需要を拡大して景気回復を図り，逆に景気が過熱した場合には，財政支出繰延べや増税を行うことによって，総需要の拡大を抑

える政策をとることができる。これは，政府が政策判断によって意図的に経済過程に介入することを意味するので，**裁量的財政政策**（フィスカル・ポリシー）と呼ばれる。

　裁量的財政政策が本格的に採用されるようになったのは，1930年代の大不況期以降のことであり，それは市場の経済調整能力に限界があると広く認識されるようになったことがきっかけとなっている。大不況期には，売れ残りの財・サーヴィスが大量に積みあがり，大規模な失業が継続し，供給能力の過剰状態が出現した。しかし価格メカニズムによる需給の調整は，迅速には行われなかった。このような状況では，経済の活動水準（国民所得）は，実際に発生する需要（**有効需要**）の水準に左右されるため，政府による需要創出が有効性を発揮する。従来国民経済に介入することを控え，**均衡予算主義**をとってきた各国政府は，財政出動を柱とする積極的な**景気安定化政策**を採用して不況から脱出しようと試みた。政府が，有効需要を拡大することによって，経済の完全雇用を達成できるとする見方が有力となった。いわゆる**ケインズ革命**である。

　米国では，ルーズベルト大統領が1933年に**ニューディール政策**をうちだし，拡張的な総需要管理政策を導入した。しかし当時は，従来の経済理念や財政理念が依然として強固であり，ケインズ型の裁量的財政政策は円滑には実行されなかった。そして実際に本格的な景気回復をもたらしたのは，ケインズ型の景気対策ではなく，急速な軍備拡張と第二次世界大戦による巨大な戦争需要であった。戦費調達のために膨大な公債が発行され，軍事支出が巨大な規模に膨張したことにより，各国の需給ギャップは急速に解消され，超完全雇用状態が実現した。

　世界大戦の経験によって，国家が公債を発行することによって需要を作り出し，完全雇用を達成する力を持っていることが，実際に証明された。また戦費調達の必要から，税収効果の大きい**所得税・法人税**が国の**基幹税**へと成長した。加えて第二次世界大戦後に，各国は**社会保障**を充実させていった。所得税の成長と社会保障制度の整備は，財政機能に，経済を安定化させる自動安定化装置を組み込むことになる。こうして，財政は，自動安定化装置と裁量的財政政策という経済安定化機能を備えることになった。財政政策がマクロ経済に及ぼす経済的効果やその評価については，第4-5章において検討する。

2.2.4　財政機能の改革へ向けた動き

　第二次世界大戦後,欧米先進諸国は,完全雇用と経済成長を達成し,福祉国家の実現を目指して,「**大きな政府**」への道を歩むことになった。しかし1970年代にはいると,石油危機が勃発し,インフレが進行する中で経済が停滞するという**スタグフレーション**が生じ,巨大な**財政赤字**が恒常化した。先進各国は,経済停滞を打開し,財政規律を回復する試みを開始することになる。この中で,ケインジアンの財政政策は,経済安定化政策として有効ではなく,また政府部門を肥大化させ経済効率を低下させたとする認識が広がり,市場機能を活性化させることが大きな課題とされるようになる。

　米国では1980年代以降,ニューディール以来拡大してきた政府機能が見直され,大規模な**減税**や**規制緩和**を実行して,米国経済を再生させようとする動きが本格化する。1981年に就任したレーガン大統領は,政府部門を縮小して「**小さな政府**」への動きを加速させ,市場機能を活性化するいわゆる「**レーガノミクス**」を実行した。

　また英国では,戦後,「揺りかごから墓場まで」という理念に基づくビバレッジ**報告**によって,失業・病気・老齢などによる所得喪失に対処するため,社会保険の導入を柱とする社会保障の基本原則が示され,福祉国家への道が目指された。その結果,政府部門が巨大化し,「英国病」といわれる経済停滞に見舞われた。このためサッチャー首相は,「**サッチャリズム**」(小さな政府,国営企業の民営化政策)を打ち出し,英国経済の再生を演出した。

　1990年代以降には,裁量的財政政策の有効性が疑問視され,むしろ長期的には経済成長を抑制するという考え方が強力になった。財政赤字の弊害が認識されるようになるとともに,先進各国で均衡予算を目指す動きが強まり,財政赤字削減が進んだ。1990年代後半には,欧米先進諸国では財政収支が顕著に改善され,経済は順調な成長軌道を描いた。

　経済のグローバル化が進むなかで対外競争力を維持するために,各国は,政府部門の財政赤字を削減して国民貯蓄を強化し,民間投資を活性化させる必要があると認識した。また先進各国では**高齢化**が急速に進行し,社会保障負担の

急増が予測されるようになり，これに備えて財政基盤を強化する必要に迫られた。さらには，従来行われてきた公共事業を中心とする裁量的財政政策の景気浮揚効果（乗数効果）は低下してきていると考えられ，そのマクロ経済的効果を疑問視する見方も強まってきた。その結果，先進各国では，「小さな政府」を実現して，財政の役割を縮小し，市場メカニズムを有効に働かせ，経済効率を高めることが最重要課題であるとする見方が有力になった。これらの動きは，戦後著しい発展を遂げ社会安定に寄与してきた福祉国家＝社会保障システムが，経済効率重視の市場経済と両立しがたい側面を明確にしつつある兆候と考えることができよう。

日本では，1990年代には，バブル経済崩壊の影響もあり，ケインズ型の**公共事業**や**減税**による**景気浮揚政策**が継続された。このため**財政赤字**は未曾有の規模に達し，**公債**が累積して，**財政硬直化**が進んだ。1990年代に財政赤字が拡大したのは，先進国では日本だけであった。しかし大規模な裁量的財政政策の発動にもかかわらず，景気の回復は遅れた。グローバル経済化が進行し，経済競争が激化するなかで，財政部門が大規模な赤字を継続して国民貯蓄を吸収するという事態が続けば，中長期的には民間投資を抑制し資本蓄積を低下させて経済活力を奪うという危惧が生まれた。財政を健全化して，経済成長を促進することが重要な政策課題となった。

またこの間，高齢者が急速に増大するのと平行して，少子化も急速に進行した。**少子・高齢化**によって，社会保障負担が増大し，世代間の負担の不均衡が深刻さを増すという事態が生じていた。こうして政府は，「小さくて効率的な政府」を目指す**財政構造改革**に取組むことになった。グローバル経済のなかで，国際的な経済競争に勝ち残り，経済成長と生活水準を維持するために，経済効率を重視した財政のあり方が求められ，「公平」から「効率」重視へと，財政に求められる機能の重点が変化した。また少子・高齢化時代に対応して「公平」の基準も，現世代の所得再分配問題から，勤労世代と退職世代の世代間の負担不均衡を是正することに重点が移行した。このような課題を達成しつつ，巨大な財政赤字を解消し，財政を健全化することが目指されている。

現在，財政は，グローバル経済化と少子・高齢化という外部環境の変化のな

第2章 財政の主要機能

かで，経済活力を活性化させるための「効率性の追求」と新たな公平を確保するための「世代間の不均衡是正」を主要な課題とする改革に取組んでいる。また所得格差の拡大，地域振興の必要性，地球環境問題の深刻化，テロ・大量破壊兵器の拡散など新たに取組むべき緊急課題に直面し，持続可能な社会の建設のため，財政機能は大きな変革が迫られているということができよう。

練習問題
1. 財政の三大機能をあげ，それぞれについて述べなさい。
2. スミスの安価な政府論，ワグナーの経費膨張の法則，ピーコック＝ワイズマンの転位効果について述べなさい。
3. 費用逓減産業の限界費用価格規制と平均費用価格規制の違いについて述べなさい。
4. 外部不経済を是正するためのピグー的政策について論じなさい。
5. 二重価格政策の経済効果について論じなさい。
6. 所得分布の平等性について，ローレンツ曲線とジニ係数を用いて説明しなさい。

第3章　財政制度

3.1 財政制度の基本理念

3.1.1 予算制度と財政民主主義

予算制度

　財政は，政府活動の基盤であり，公権力によって租税を徴収し，行政的に公共サーヴィスを供給するという基本的特徴を持っている。したがって，租税の徴収や使い方が恣意的にならないように統制し，納税者である国民の意思に沿った公正なものにする必要がある。このような要請に応え，主権者としての国民の権利・自由・財産を保護する手段として，法律に基づき厳格に運用される**予算**という形式が発達してきた。

　予算は，一定の期間（原則的に1年間）に，政府が，どのような目的のためにどれだけの資金を支出するか，その資金を賄うためにどのような種類の租税をどれだけ徴収するか，どのような公債をどれだけ発行するかについて，各項目別に具体的な数値を見積もり，積算したものである。

財政民主主義

　予算制度の中心にある考え方が，財政民主主義の原則である。簡単にいえば，租税の徴収と経費の支出については，国民あるいはその代表である議会が，最終的な権限を有するという原則である。したがって予算は，国民の代表である議会（国会あるいは地方議会）の審議と議決を経て成立し，実行されるという手続きがとられる。予算は，議会の政府に対する財政権限付与の形式として整備されてきた。

　近代の市民社会は，王の課税権に対して制限を課すことを契機として生まれ

た。「代表なくして課税なし」というスローガンは，このことをよく示している。財政民主主義の理念は，市民革命の宣言で定式化され，各国の憲法に明記されるようになる。その4大原則として挙げられるものは，**租税法律主義**（財政上の負担は議会が法律で定める），**予算事前承認原則**（歳入歳出予算は事前に議会に提出し承認されねばならない），**決算原則**（決算は議会の審議承認が必要である），**下院優越原則**（租税負担者の代表である下院が予算先議権や予算優越権を持つ）である。

日本の財政原則

このような財政統制の基本精神は日本国憲法にも取り入れられている。日本国憲法「第7章 財政」（第83条－第91条）において，「国の財政を処理する権限は，国会の議決に基づいて行使されなければならない」とする財政処理の基本原則が掲げられ，租税法律主義，予算事前承認原則，決算原則が条文に明記されている。また下院の優越原則に対応する「衆議院の優越」も，別の条項で規定されている。ただし決算は，国会で審議されるが，議決事項とはなっていない。

このほか，日本国憲法では，宗教や慈善及び教育事業に対する支出を禁止する規定（靖国神社への玉串料や私学助成金が憲法違反であるという議論の根拠がここにある）や，国会・国民への財政状況報告義務が明文化されている点などに特徴がある。

3.1.2　予算原則

予算制度は，国民が財政活動をコントロールするための仕組みであり，政府の財政活動は予算を通じて具体化される。予算が国民の要請を満たし，効率的な財政活動を保障するために，次のような古典的予算原則が歴史的に形成されてきた。

(1) **単一性の原則**　国家収入と国家支出は，すべて単一の予算に計上されるべきである。
(2) **完全性の原則**　国家の収入と支出の全額を予算に計上すべきである。国民がすべての財政活動を監視するための原則であり，**総計予算主義**ともよ

ばれる。

(3) **ノン・アフェクタシオンの原則**　特定の収入を特定の支出に充てることを禁じ，すべて一つの会計で処理すべきである。支出目的が特定されることにより，国民の意思に反した支出が行われることを回避するための原則である。

(4) **明瞭性の原則**　予算は，国民にとって明瞭で，あいまいさが残らないようにしなければならない。

(5) **厳密性の原則**　予算に計上される収入と支出は，厳密に作成されなければならない。

(6) **限定性の原則**　予算は，議定された目的以外に使用することを禁じ（質的限定性），議定された以上の予算外支出を禁じ（量的限定性），単年度主義・会計年度独立の原則（時間的限定性）を遵守すべきである。

(7) **事前性の原則**　予算は執行される前に，議会で事前に決議承認される必要がある。

(8) **公開性の原則**　予算の編成・審議・執行・決算に至る予算過程のすべてが，国民に公開されなければならない。国の財政状況についての報告もこれにあたる。

日本の予算原則

　予算原則は多岐にわたるが，日本の予算制度は，これらの原則を完全に満たしているわけではない。例えば，予算は一般会計，特別会計，政府関係機関に分けられて計上されるため，厳密には単一性の原則は満たされていない。行政上の効率性から一般の歳入歳出とは区別して特定の予算を経理する必要性が認められるからである。また受益者負担の見地などから，特定の用途に充てるための目的税などが徴収されているので，ノン・アフェクシタシオンの原則は厳密には満たされていない。限定性の原則についても，例外措置として，事業の完成に数年度の期間を要する場合に適用される継続費や国庫債務負担行為，明確な理由から翌年度以降に繰り越して支出する場合に適用する繰越明許費などの制度が設けられている。

　財政の健全性を確保するためには，年々の予算全体の均衡を図ることが重要

である。しかし，予算原則全般を厳格に適用すれば，円滑な財政運営が阻害されることも起こりうる。

予算原則の意義は，国民が政府活動を有効にコントロールできるようにすることにある。日本において現在重視されている予算原則は，**事前議決の原則**，**総計予算主義の原則**，国会及び国民に対する**公開性の原則**である。

3.2 日本の財政運営原則

財政制度の基本原則は，憲法「第7章 財政」において定められている。この基本原則を踏まえて，**財政運営の基本原則**を定めたものが**財政法**（1947年度施行）である。

第一の財政運営原則は，**公債の不発行主義**（非募債主義）である。財政法第4条は，原則として国の歳出は租税・税外収入によって賄わなければならない，と定めている。ただし，国民の資産として残る道路・港湾などの公共事業に要する支出の財源として公債を発行することは，認められている。これを**建設国債**または**4条公債**という。

しかし，1975（昭和50）年度補正予算以降，経常的な経費を賄うために，財政法によらない特別立法によって**特例公債**（**赤字公債**）が発行された（これより以前に，1965年不況で歳入補塡のために特例公債が発行されたことがある）。赤字公債は，財政法で定められた財政運営の基本原則に反する。したがって，財政赤字削減を目指す財政再建への努力が行われてきた。しかし財政再建論に対しては，機動的なマクロ経済安定化のために財政赤字は容認されるべきであるとする，フィスカル・ポリシーの立場からの厳しい批判が行われた。

また公債発行に対する制約として，財政法第5条は，原則として「公債の日本銀行引受けによる発行を禁止」し，**市中消化の原則**を定めている。戦前の日本銀行引受けによる大量の公債発行が，インフレや経済混乱を引き起こし，戦争拡大への引き金になったという反省から出ている。ただし，特別の事由がある場合には，国会の議決の範囲内で，日本銀行引き受けが認められている。

第二の運営原則は，会計年度を4月1日から3月31日までの1年単位とする，

財政単年度主義の原則である（第11条）。予算は，年度毎に作成し，次年度以降の予算を拘束すべきではない。継続費は，単年度主義の例外となり，一度議決されれば，継続期間中には議会の統制が及ばない。そのため憲法には継続費の規定がなかった。1952年の財政法改正によって，継続費の規定が新設された（第14条2）。継続費は，主として軍艦兵器の製造に使用されるため，戦争の放棄を定めた憲法に違反するとの批判が生じた。戦前の軍国主義の弊害に対する反省から出たものであった。ただし，単年度主義は，予算の**年度内消化**を強制し，不要になった経費の強制的支出を実行させる動力ともなっている。年度末に不要な公共事業が実施されるなど，濫費の原因ともなっている。

第三の運営原則は，各年度の歳出はその年度の歳入をもって支弁しなければならないという**会計年度独立の原則**である（第12条）。戦前「臨時軍事費特別会計」が設置され，戦争期間中を一会計年度とする多年度予算が組まれ，財政のコントロールが根本的に崩壊した経験が，このルールの厳格な規定となって現れている。

第四の運営原則は，歳入・歳出は，すべて予算に編入しなければならないとする**総計予算の原則**である（第14条）。歳入・歳出をすべて両建てで計上し，当該年度に支出すべき経費は例外なく計上することにすれば，予算に計上された経費はすべて議決の対象となるため，行政の裁量に歯止めをかけることができる。ただし，計上されても中身の審議が行われない経費の存在（機密費等）は，腐敗の温床ともなるので，計上するという行為が実効性を持つような審議体制が必要である。

3.3 日本の予算制度の実際

3.3.1 会計年度

予算は，一定期間（通常1年間）の収入と支出がどのように行われるのかを明示するものであり，この期間を**会計年度**という。日本の会計年度は，毎年4月1日に始まり翌年3月31日に終了する1カ年である。予算は，会計年度の開

始前においても，会計年度終了後においても，原則として使用できない。しかし，やむを得ない事情がある場合には，歳出予算繰越しが認められている。

また会計年度終了後の4月末まで，事務整理のために，過年度（前年度）に属する収入・支出の現金出納ができる出納整理期間が設けられており，前年度の歳入・歳出として処理される。出納整理期間が終了したあとに前年度に属する収入や支出が生じた場合は，新年度の歳入・歳出として処理される。会計年度独立原則の例外である。

なお各国の会計年度は様々であり，独国・仏国は1月‐12月の暦年，米国は10月‐翌年9月，英国・日本は4月‐翌年3月である。

3.3.2 予算の構成

日本の予算は，予算総則，歳入歳出予算，継続費，繰越明許費及び国庫債務負担行為という5つで構成されている（財政法第16条）。継続費，繰越明許費，国庫債務負担行為の3つは，予算単年度主義や会計年度独立原則の例外事項として，予算総則と歳入歳出予算から区別して計上される。

予算総則

予算総則は予算の総論であり，財政運営の基本的事項について国会の議決を求めるものである。この中で公債発行限度額や財務省証券・一時借入金の最高額なども定められる。

歳入歳出予算

歳入歳出予算は，予算の本体である。歳入予算は，表3‐1に示されるように，主管別に区分され，そのもとで性質別に「部」「款」「項」「目」に分かれる。これに対して，歳出予算は，所管及び組織別に区分され，さらに「項」「目」に区分される。「項」は何のために使うかという目的別の区分であり，「目」はどのように使うかという使途別区分である。このうち国会の議決の対象となるのは「項」までであって，「目」は議決の対象にならない。したがって「項」は議決科目（立法科目）と呼ばれ，「目」は行政科目と呼ばれる。

歳入予算と歳出予算とは，その性質が異なる。歳入予算は，法律にしたがって課税，徴収されるものを歳入科目に整理したもので，本質的に見積もりに過

第3章 財政制度

表 3-1 歳入・歳出の主管別，所管別区分の例

歳入

主管	部	款	項
財務省	租税及印紙収入		
		租税	
			所得税
			法人税

歳出

所管	組織	項
法務省		
	検察庁	
		検察官署
		検察費

ぎない。見積もりの基礎となる経済見通しと実際の経済動向が相違する場合には，税収は大きく変動する。したがって，歳入は，必ずしも議決された予算額に拘束されるものではない。これに対して歳出は，議会で議決された金額を超過して支出することはできず，また定められた目的以外に支出することは許されない。歳出は，議決された予算額に拘束される。ただし，予算執行のタイミングを調整することは，議会の議決なしで実行できる。例えば公共事業費では，行政の裁量で，経済状況に応じて上半期の執行比率（**前倒し比率**）の操作が行われる。

しかし予算成立後，予算どおりに執行することが不適切な場合や，変更することが合理的であると判断されるような事態が生じうる。そのような事態に円滑に対処するため，**移用・流用**という制度が整備されている。性質が類似する「項」と「項」の間の経費の融通が移用であり，事前に国会の議決を経て財務大臣の承認を必要とする。同一「項」内の「目」相互間の経費の融通が流用であり，財務大臣の承認を経て実行することができる。移用と流用は，限定性の原則（質的限定性）の例外規定である。

継続費

継続費は，艦船製造など完成まで長期間を要する場合，事前に，**経費総額**と**年割額**（毎年の支出額）を定めて国会の議決を受けるための制度である。対象経費は，「工事，製造その他の事業」に限定される。継続費は，予算単年度主義の例外規定であり，後年度にわたる支出権限が付与される。ただし，後年度の予算を拘束するので5年以内となっている。継続費は，支出が複数の会計年度にわたるため，会計年度独立原則の例外規定としても位置づけることが可能

である。

繰越明許費

繰越明許費は，公共事業費などの経費の性質上，当該年度内に支出が終了する見込みのないものについて，あらかじめ国会の議決を経て，翌年度に繰り越して使用できるようにする経費である。繰越には，**明許繰越**と**事故繰越**（自然災害などの事故のため）がある。繰越明許費は，会計年度独立原則の例外規定である。

国庫債務負担行為

国庫債務負担行為とは，法律・条約・歳出予算・継続費に基づく場合を除いて，国が当該年度以降の年度に歳出が発生するような契約等によって債務を負担する行為を意味する。この場合，総額を明示して，あらかじめ国会の議決を経なければならない。実際の支払いの全部もしくは一部が後年度に行われるが，契約については当該年度に行う必要がある場合に用いられる。継続費に似ているが，国庫債務負担行為の議決は，単に「**契約権能の賦与**」（総額の**債務負担権限のみ**）にとどまり，継続費とは異なり後年度にわたる支出権限は付与されない。したがって，実際に支出するときには，当該年度の歳出予算へ計上し，国会の議決を得ることが必要になる。ただし，年割額を弾力的に決めることが可能であり，対象経費には制限がない。防衛予算などにこの行為が多い。そのほかでは，災害復旧等の緊急の必要が認められる場合に，あらかじめ国会の議決を経た金額の範囲内で（具体的目的を定めることなく）債務負担を行うこともある。単年度主義の例外である。

3.3.3　予算の種類

予算は，一般会計，特別会計，政府関係機関の3種類に分けて計上され，一体として国会に提出され，その審議・議決を受ける。

一般会計と特別会計

一般会計は，租税等の歳入を受け入れ，社会保障，公共事業，教育，防衛などの国の基本的財政活動を網羅的に賄う会計であり，通常，予算という場合には一般会計をさす。

第 3 章　財政制度

他方，(A)国が特定の事業を行う場合，(B)特定の資金を保有してその運用を図る場合，(C)特定の歳入で特定の歳出を賄い一般会計と区分して経理する必要がある場合に限り，**特別会計**を設置できる（財政法第13条 2 項）。2005（平成17）年 4 月 1 日現在，特別会計は31存在する。(A)を**事業特別会計**といい，国有林野事業を行う企業特別会計 1，厚生保険・国民年金・地震保険・森林保険などの経理を行う保険事業特別会計 9，道路整備・港湾整備など公共事業を経理する公共事業特別会計 5，登記・特許・食料管理など行政事業を経理する行政事業特別会計 8，産業投資など特定貸付を経理する融資事業特別会計 2 からなる。また(B)は**資金運用特別会計**といい，財政融資資金・外国為替資金の 2 つがあり，その他の特別会計(C)には，交付税及び譲与税配布金・国債整理基金など 4 会計がある。

政府関係機関

政府関係機関とは，国家政策上の目的を達成するために，特別の法律で設立された政府全額出資の特殊法人であり，その予算については国会の議決を要する。経営に弾力性と能率性を持たせるため，別個の独立した機関としている。2005（平成17）年現在，国際協力銀行，日本政策投資銀行，国民生活金融公庫，住宅金融公庫，農林漁業金融公庫，中小企業金融公庫，公営企業金融公庫，沖縄振興開発金融公庫の 8 機関が存在する。

特殊法人・認可法人・独立行政法人

特殊法人とは，公共利益や国家政策上の必要から，法律によって設立され，その設立等に総務省が審査を行う法人である。政府関係機関や公団，日本放送協会（NHK），日本電信電話株式会社，日本たばこ産業株式会社などが含まれる。政府関係機関を除く特殊法人は，予算を国会に提出し議決を得る必要はないが，公団・事業団は，その予算について主務大臣の認可が必要である。ただし，ほとんどの公団や事業団は，特殊法人改革の過程で，独立行政法人に移行するか，民営化された。例えば，2004年7月都市基盤整備公団は，独立法人都市再生機構となり，2005年10月には日本道路公団が分割・民営化された。

認可法人は，本来民間が行う業務であるが，政府による特別の監督を行う必要から，主務大臣の認可を要するものであり，**日本銀行**，各省庁の**共済組合**な

どがある。総務省は，審査権限を持っていない。

　独立行政法人は，公共上必要であり民間では提供困難なサーヴィスや事業であるが，国が直接行う必要がない場合，独立行政法人通則法や個別法に基づいて設立される法人である。国際協力機構や国立印刷局，国立大学法人などがこれにあたる。予算は，**中期目標**期間全体（3－6年）の予算について主務大臣の認可を受け，各事業年度の予算を主務大臣に届け出る。予算については，国会の議決は必要ない。

予算の純計

　国家予算は，複雑に入り組んでいる。一般会計から特別会計や政府関係機関へ資金の繰入が行われ，逆に特別会計や政府関係機関からは事業収益などが一般会計に繰り入れられている。したがって国の実際の予算規模を知るためには，各会計間の重複を差し引いた総額を算出することが必要になる。これを**予算の純計**と呼ぶ。例えば2005年度の場合，一般会計，特別会計，政府関係機関の歳出予算総額を単純合計すれば499兆円となるが，そのうち重複分が約257兆円を占めており，これらを控除した歳出純計は241兆円となる。

本予算，暫定予算，補正予算

　一般会計，特別会計，政府関係機関の予算は，国会の審議・議決を経て，通常，当該年度開始以前に成立する。これを**本予算**とよんでいる。しかし，本予算が成立しない場合，本予算が成立するまでの間の必要な経費を賄う予算を，**暫定予算**という。本予算が成立すれば失効し，本予算に吸収される。年度が開始しても，国会で本予算も暫定予算も成立しないという状態（「予算の空白」）が生じることもある。

　また本予算の執行過程において，予測しがたい災害や経済情勢の変化などにより，予算の不足が生じることがある。そのため，国会の議決に基づいて一般会計予算に**予備費**が計上され，緊急事態に備えている。予備費の支出は，内閣の責任で行われ，国会の事後承認を得る。しかし，予備費によっては対処できない大災害や大きな景気変動などが生じた場合には，国会の議決を経て，本予算の内容を変更し，新たな追加予算を組むことがある。これを**補正予算**という。補正予算は，経済変動や災害の状況によっては，年に複数回組まれることもある。

3.3.4　予算の編成・執行・決算

予算編成

政府の各省庁が担当分野の予算見積もりを行い，財務省がこれらを取りまとめ，それをもとに内閣が政府原案を作成して，国会に提出するまでのプロセスを**予算の編成**という。通常の法案には議員提案権があるが，予算を編成し国会に提出できるのは内閣だけである（**内閣の予算提案権**）。

従来は，6月中旬頃に「概算要求基準」が閣議決定され，一般歳出は投資的経費と経常経費とに分けられて**シーリング**が課されるという方式がとられていた。概算要求基準の主旨は，一律に枠をはめることによって予算規模の膨張を阻止することにあるとされていた。しかしこの方式は，逆に省庁間の予算シェアを完全に固定化し，前年度とほぼ同様の予算を作成する傾向を強めた。その結果，**増分主義**が定着し，**予算配分の硬直化**が生じた。

このような予算編成プロセスは，2001（平成13）年度以降に，大幅に変更された。まず経済財政諮問会議が予算編成の基本方針について内閣に進言し，内閣はそれを踏まえて7月初めに「**概算要求にあたっての基本的方針**」（**概算要求基準**）を決定する。これに基づいて各省庁において8月に概算要求重点事項の検討が行われ，予算の見積りが行われる。こうして通常8月31日までに，各省庁は財務省に対して「**概算要求**」を行う。これが，次年度予算の基本枠組みを決定する。

財務省（主計局）は，この各省の概算要求を受けて9月から12月にかけて**査定**を行い，12月初頭の「**予算編成の基本方針**」の閣議決定を踏まえて，下旬に「**財務省原案**」を作成する。査定は，新規要求や政策的に問題となる項目について重点的に行われるが，査定結果の公表や説明義務は負っていない。査定権限が，「旧大蔵省」を他官庁の上位に位置づける意識を生む要因となってきた。

最後に，各官庁と財務省との間で復活折衝が行われ，微調整が行われる。このような過程を経て，財務大臣は最終案を閣議に提出し，**歳入歳出予算案**（**政府予算案**）を決定する。内閣は，政府予算案を1月の通常国会に提出する。

予算の編成作業は，「概算要求基準」（内閣）→「概算要求」（各省）→「査

定」・「財務省原案」（財務省）→「復活折衝」→「政府予算案」（内閣）という基本的ステップを踏んで行われる。

予算審議

政府予算案は，まず国会の衆議院に提出され審議をうける（**衆議院の予算先議権**）。財務大臣は，予算の編成方針や内容，財政政策の方針，現状などについて，**財政演説**を行う。同日，参議院においても同様の財政演説が行われる。その後，予算は**衆議院予算委員会**で審議され，**本会議**で審議・議決される。参議院でも同様の手続きを経て予算が成立する。なお政府案を修正する提案を行なうには，衆議院50名以上，参議院20名以上の賛成が必要である。両院の議決が異なった場合には**両院協議会**を開く。しかし，それでも意見が一致しない場合には，衆議院の議決が国会の議決となる。また参議院が，衆議院で可決された予算案を受け取ってから30日以内に議決しないときは，衆議院の議決が国会の議決となる（予算の自然成立）。予算審議における，衆議院の優越性が明確に現れている。

予算執行

予算が成立すると，内閣から各官庁の長に配賦される。**予算執行**は，各長の責任で行われるが，歳出は予算の目的と金額に拘束され，予算以上の支出はできない。歳出予算執行は，**契約段階（支出負担行為）**と**支払段階（支出行為）**とに区分される。支出負担行為の担当者と支出行為の担当者とが区分され，責任が明確化されている。

予算の執行にあたって，各長は，支出の段階ごとに**支払計画**を作成し，四半期ごとに分けて財務大臣の承認を受ける。また公共事業等の経費については，**支出負担行為実施計画**を作成し，財務大臣の承認を受ける。支払計画は，財務大臣から日本銀行に通知され，実際の支払いは支出官によって日本銀行を支払人とする小切手で行われる。

決算

予算の執行が完結すると，各省庁の長は**決算報告書**を作成し，翌年度の7月31日までに財務省に送付し，財務大臣はそれに基づき**決算**を作成する。決算は，閣議決定を経て，翌年度の11月30日までに各省決算報告書を添えて**会計検査院**

に送付される。会計検査院は，**検査報告書**を12月中旬までに内閣に返却する。最近は，財政監督上の効果を確保するため日程が迅速化され，9月下旬に決算が会計検査院に送付され，会計検査院は検査報告書を11月末に内閣に送付することが慣例となっている。

内閣は，決算に検査報告書を添付して国会に提出し，審議を受ける。しかし，決算は，国会の議決を要する議案ではないので，かりに予算執行上の不当な事実が判明した場合でも，予算執行そのものの効力や是非を問うことはできない。

決算の結果，歳計に剰余金が生じることがある。**歳計剰余金**は，翌年度の歳入に繰り入れられる。この歳計剰余金から歳出予算繰越額や地方交付税等財源充当額を除いた額を純剰余金という。純剰余金の2分の1を下回らない額が，剰余金が生じた年度の翌々年度までに，国債の償還財源に充当される。

一方，年度中に歳入不足が発生する場合には，補正予算を組むことになるが，年度終結間際や終結後にはその時間的余裕がない。そのため1978（昭和53）年度に**決算調整資金**が設置され，同資金から一般会計に財源を繰り入れることが可能となっている。1981，1993，1994，1997，2001の各年度決算などにおいてこの制度が活用されたが，決済調整資金が枯渇したため，実際は国債整理基金からの繰替えによって運営されている。

財政制度の効率性の向上

現在の財政制度は，日本国憲法と財政法の枠組みによって成立している。しかし財政が複雑化し巨大化するにつれ，透明性が阻害され，財政の現状についての情報が歪められるという問題が発生した。このため国民・国会が有効に財政をコントロールすることが次第に困難となり，法律の作成と運用の専門家である官僚の裁量権が増す結果，政府部門の効率性が低下するという認識が広まった。

財政の民主的運用に実効性を持たせるためには，財政制度を見直し，簡素で効率的な制度に建て直す作業が必要となる。予算策定過程での予算配分に関する政府の政策判断と優先順位を明確にし，各省予算の経費の単価や積算根拠，財務省での査定の根拠，そして予算の執行状況とその効果に関する政策評価データなどの**情報開示**を進め，国民の意見を適宜反映させるためにパブリック

コメントなどの制度充実を進め，予算編成・審議・執行について国民への報告義務を果たし，責任の所在を明確にする実効的な措置を講じる必要がある。

また予算執行が単なる**予算消化主義**に終わることがないように，所期の政策目的を有効に達成するための効率的な仕組みを工夫し，さらに決算を国会の議決を要する案件に改正して，資金の使途が適正に行われているかどうかを，徹底的に**事後点検評価**する制度に改めることなども考慮する必要があろう。

予算改革の具体的な技術的手法としては，予算編成にあたって，予算要求を対前年度の伸び率で規制する**シーリング方式**，前年度予算に拘束されずすべての予算項目を新規事業とみなし最小限の水準（ゼロ）から見直していく**ゼロ・ベース予算**，裁量的経費各項目に固定的な支出上限を定める**キャップ制**，すべての予算項目にあらかじめ業務期限を設け期限が来ると原則廃止し必要性が認定された予算項目のみが継続される**サンセット方式**，予算を政府の機能・事業・作業計画によって事業別に編成し行政目的の効果的達成を図る**事業別予算**，政府活動を目的・手段の対応関係に整理し複数の代替的政策の費用対効果分析を実施して効率的な予算編成を行う **PPBS**，企業会計の原理を導入し単年度均衡を求める経常予算と複数年度均衡を求める資本予算に分類して予算の効率的運営と景気調整に配慮することを意図した**複式予算**など，様々な試みが行われてきた。

このうちシーリング方式は，代表的な予算膨張抑制手段であるが，日本では，予算増分主義を助長し，各省の縦割り行政を固定化し，予算の硬直性を生み出した。米国では，1960年代後半から PPBS が導入されて予算の効率的使用が目指され，1970年代後半にはゼロ・ベース予算の手法が導入された。その後，1990年代にはさらに裁量的経費の上限を固定するキャップ制や，新たな財源を要する義務的プログラムや減税にはその財源調達の補償措置を求める「**pay-as-you-go**」原則が導入され，予算改革へ積極的に取組んできた。日本でも，財政再建論が高まる中で，**ゼロ・シーリング予算**が実行され，また1997（平成9）年の財政構造改革法ではキャップ制が導入され，予算改革の試みが行われている。日本では，ゼロ・ベース予算の導入は行われていない。

3.4 財政投融資

3.4.1 財政投融資の意義

財政投融資とは，国家の信用と制度を背景にして集められた公的資金を，国家の政策目的実現のために，政府が投資あるいは融資する活動のことである。財政投融資は，一般会計の3-4割と規模が大きく「**第2の予算**」と呼ばれている。財政投融資の原資は，**有償資金**であり，一定期間後に元利を償還しなければならない。このため，運用の対象は元利償還が確実な収益事業に限定される。無償資金である租税を財源とする一般的な政府活動とは，この点が基本的に異なる。

政府が財政投融資を実施するのは，有償資金を活用するほうが望ましく効率的であると考えられる政策分野が存在するからである。具体的には，有料道路事業のように**受益者負担**が望ましい分野，中小企業融資のように当該企業の**自助努力**が第一義的重要性を持つ分野，環境対策融資のように市場メカニズムでは**最適資源配分**が達成されない分野，公平性・中立性が高く政策的に**民間を奨励・補完**すべき分野，民間の金融機関では供給困難な長期・固定の資金を国家目的達成のために供給する**政策金融分野**などが挙げられる。

財政投融資には，民間に委ねておいたのでは資金が供給されにくい事業に資金を供給することによって**資源配分機能**を果たし，または民間融資の受けにくい中小企業に資金を供給して企業経営の安定を図り，経済情勢に対応して弾力的に資金供給を調整できる仕組みを活用して**経済安定機能**を果たすことが期待されている。財政投融資は，その実施段階で，国会で議決された授権を前提に，経済事情の変化などに応じて年度途中に当初計画の50％の範囲内で追加増額できる仕組みになっている。この**弾力条項**によって，経済安定機能を補完することができる。

したがって，国の予算編成にあたっては，一般の予算編成と財政投融資とが整合するように配慮して，**財政投融資計画**が策定され，国会に提出される。財

政投融資計画自体は，国会の議決の対象ではないが，財政投融資計画の中身は，個別の特別会計や政府保証債など各々の原資毎に予算に計上され，国会の審議・議決の対象となっている。

3.4.2　制度の仕組みと変革

旧制度

　財政投融資制度は，2000（平成12）年の資金運用部資金法等の改正によって，2001（平成13）年度から，大幅に変更された。旧制度では，政府が，郵便貯金・簡易保険料収入等の資金を，旧大蔵省（財務省）の**資金運用部**を介して，(1)民間企業では実施困難な大規模・超長期プロジェクト（例えば高速道路の建設）への投資や，(2)市場原理に基づく民間金融機関では実施困難な長期・固定金利の融資に運用する活動（例えば，個人住宅・中小企業への政策的低利融資や新技術開発・外国投資等ハイリスクの融資）に投融資していた。資金運用部は，郵便貯金・年金積立金などを，長期市場金利の代表的指標である10年国債金利を基準にして預かり（**預託金利**），同一金利（**財政投融資金利**）で公団・公庫に貸し付ける。日本道路公団等の事業実施機関は，それを事業資金として事業を行う。また，日本開発銀行等の政策金融機関は，その資金を民間金融機関の**長期プライムレート**と同一水準の金利で貸し出す。住宅金融公庫のように，政策的な優遇措置が必要な場合には，財政投融資金利と長期プライムレートの間の金利水準で貸し付ける，という仕組みであった。

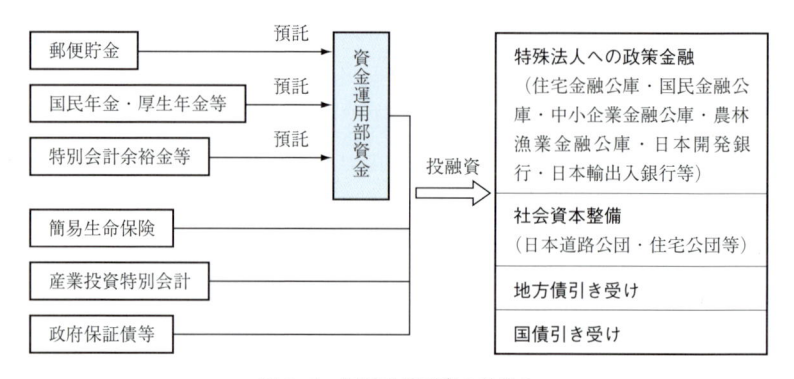

図3-1　旧財政投融資の仕組み

財政投融資の原資は，**資金運用部資金**（郵便貯金，国民年金，厚生年金及び回収金その他），**簡保資金**（簡易生命保険料），**産業投資特別会計資金**，**政府保証債・政府保証借入金**からなり，資金運用部資金と簡易保険資金が原資のほぼ9割を占めていた。産業投資特別会計は，1953年8月，**米国の対日援助見返り資金特別会計**の廃止によって，その資産を継承して発足し，産業開発や貿易振興などの目的で，日本輸出入銀行や日本開発銀行への出資等に支出されてきた。政府保証債は，原資が不足するとき市場から資金を調達するために発行された。

財政投融資資金の大部分は，政府特殊法人への投融資に運用された。特に**政策金融**が4割を占め，住宅金融公庫，国民金融公庫，中小企業金融公庫，農林漁業金融公庫，日本開発銀行，日本輸出入銀行などが大きな比重を占めた。長期の低利資金やリスクを伴う大規模基金の供給など，市場では十分供給されない資金需要を満たすものとされた。また公団等に2～3割程度の資金が運用され，道路・住宅等の**社会資本整備**に充てられた。そのほか15％程度が地方債の引き受けに運用され，これに国債引き受けが加わった。

財政投融資は，時代とともに，その重点領域を大きく変化させてきた。戦後の高度成長期には，運輸・通信などの**産業基盤**や産業・技術に対する投融資が主体であったが，1970年代以降の低成長期には，住宅や生活環境整備などの**生活基盤**に重点が移り，最近では住宅と並んで**中小企業対策**の比重が格段に高まっている。

発生した問題点

財政投融資は，有償資金を利用して国家財政の資源配分機能及び経済安定機能を補完する仕組みであったが，様々な問題点が浮上してきた。第一に，財政投融資を柱とする公的金融は，戦後の民間企業に対する融資資金の不足を補完する役割を担ったが，民間金融機関の資金供給力が充実してきたため，その存在意義が低下した。反面，郵便貯金による巨大な民間貯蓄の吸収や低利の個人住宅・中小企業融資によって，直接に民間金融機関を圧迫しているという批判が強まった。第二に，財政投融資は，**官業**（日本道路公団などの特殊法人）を肥大化させ，国民経済の実態や国民のニーズから乖離した非効率な経営を生み，官僚の天下りの温床となっているとの批判が高まった。郵便貯金等の原資が増

大すれば，資金運用部を通じて自動的に投融資が拡大する仕組みだったからである。特殊法人の非効率な赤字経営が温存され，財投機関に対する多くの融資が**不良債権化**していることが明らかになった。第三に，財政投融資は，巨額の国債や地方債の引き受けにより，政府の公債依存体質を促進し，財政規律を弱めた。また国鉄清算事業団，政府管掌保険，地方交付税特別会計等の負債（最終的に政府一般会計が返済義務を持つ「隠れ借金」）は，資金運用部からの短期借入金で調達されるため，財政赤字としては表面化しないが，事実上の赤字国債であった。

新制度の理念と仕組み

1998（平成10）年6月の**中央省庁等改革基本法**において，「財政投融資制度を抜本的に改革し，郵便貯金及び年金積立金の資金運用部への預託を廃止し，資金調達についても**市場原理**にたつ新たな仕組みを構築する」旨が明言された。財政政策のなかで有償資金の活用が適切な民業補完分野に限定し，償還確実性を精査して徹底的にスリム化する。資金を一元的に管理・運営している現状を見直し，融資及び資金調達にあたっては，市場金利を基準とし運用責任を明確にする。郵便貯金・年金積立金の資金運用部預託義務は廃止され，市場原理に基づいて**財投機関債**，財投債（財政融資資金特別会計国債）を発行して資金を調達する方針が示された。

こうして2001（平成13）年度より，**財政融資，産業投資，政府保証債**の3つを**原資**とする新たな財政投融資制度が発足した（財投機関の資金調達のうち財投機関債は，個別の財投機関が自己の活動資金を調達する手段であるから，国の直接活動である財政投融資の原資を構成しない）。このうち中核的な資金が財政融資である。資金運用部廃止とともに新たに設置された**財政融資資金特別会計**が財投債の発行によって金融市場から調達した資金と，各特別会計の余裕資金とが，その財源となる。改革の柱は，次の通りである。

（1）**郵便貯金**と**年金積立金**については，資金運用部に対する預託義務を廃止し，財政投融資機関に対する融資は行わず，金融市場を通じて**自主運用**する。また従来特殊法人等に融資されてきた簡保積立金の一部も自主運用する。自主運用とは，郵便貯金と簡易保険については日本郵政公社が，年金積立金につい

第3章　財政制度

図3-2　新財政投融資制度の概要

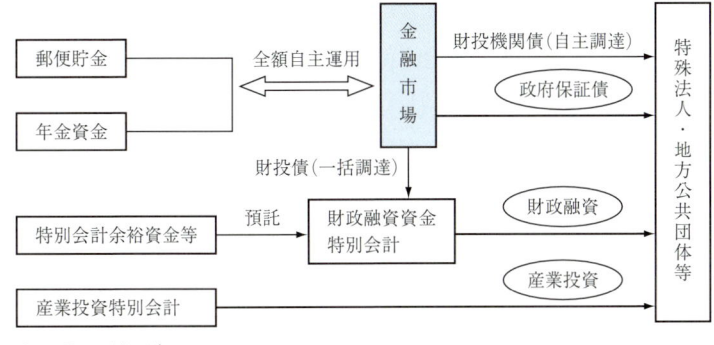

注：◯は財投原資。

ては厚生労働省が，自らの判断で運用することを意味する。ただし財政力の弱い地方公共団体の資金確保に配慮して，国会の議決した枠内に限り，郵便貯金・簡保積立金を地方公共団体に直接融資することが認められた。

(2) 資金運用部の廃止に伴い，特殊法人等の**財投機関**は，原則として事業資金を金融市場から市場原理に基づき自己責任で調達する。財投機関は，政府による債務保証のない**財投機関債**を発行して事業資金を調達する。財投機関は，資金調達にあたって市場の評価を受けねばならないため，事業運営面での効率性への誘因を高める。ただし財投機関債の発行困難な機関は，政府が債務保証する**政府保証債**を発行して資金調達できる措置が講じられた。さらに財投機関債や政府保証債を発行することが困難な財投機関に対しては，財投債の発行によって調達された資金（財政融資資金特別会計）から融資される仕組みになった。融資にあたっては，民間企業の活動を圧迫しないように，採算性が取れない業種であり民業を補完するために必要な事業であるかどうかを精査した上で，実行することとされた。しかし，非効率な運営を批判された社会的信用の低い財投機関が，市場の評価に依存する財投機関債を発行して自らの資金調達を図れる保証はない。実際には多くの財投機関が，**財政融資**に依存しており，金融市場を通すことで経営効率を上げるという目的は，かなり空洞化している。

(3) 財政投融資制度の改革に伴い，特殊法人や郵便局等の改革も実施された。特殊法人は，公認会計士による**外部監査**が義務づけられておらず，**情報公開法**

の対象からも外されてきた。主務官庁の監督下にありながら，責任の所在が不明確であり，放漫経営や民業圧迫，役員ポストへの官僚天下りなどから，批判が高まった。2001（平成13）年6月「**特殊法人等改革基本法**」が施行され，12月「**特殊法人等整理合理化計画**」が閣議決定されて，事業の見直しが進められた。その結果，国民生活センター，国際協力事業団，日本学術振興会など多くの特殊法人が廃止され，**独立行政法人**として生まれ変わった。独立行政法人の職員は**非公務員**となり，人数も縮減された。日本道路公団など道路関係4公団は**民営化**され，原則として新規道路建設を中止し，道路収益を巨額の債務44兆円の返済に充てる計画に乗り出した。また**政府系金融機関**（日本政策投資銀行，中小企業金融公庫など）は，金融市場の資源配分機能を歪めてきたという反省から，2007（平成19）年度までに特殊法人から脱却し，廃止・民営化を含めて組織のあり方を検討することとなった。

また情報開示・市場評価などの質的改革も進展した。民間準拠の**財務諸表**を作成し，将来にわたる国民負担（一般会計等から投入される補助金など）の割引現在価値総額を試算する**政策コスト分析**を実施して，事業の将来見通しを明らかにし，事業がもたらす社会的便益と比較して効率性を検討できる材料が提供された。各機関が財投機関債を発行する際に，投資家向けに開示され，市場の評価を反映させる手段として利用できる。政策コスト分析は，1999（平成11）年度から実施され，毎年30前後の機関が分析結果を公表している。

(4) 2001（平成13）年1月省庁再編で，郵政三事業は，総務省「郵政事業庁」に移管され，2003（平成15）年には日本郵政公社に移行した。郵便貯金は，小額貯蓄の奨励を目的として明治時代に創設されたが，その規模は2000（平成12）年末で，約255兆円に達し，個人貯蓄の約4割を占めている。簡易保険も，1999（平成11）年末で117兆円にのぼり，個人保険市場シェアの10％以上を占めていた。そのため，民業を圧迫し，個人金融資産の流動化や成長産業への資金提供を阻害し，また非効率な特殊法人を温存する資金源であるとの批判が高まった。郵政公社は，独立採算制をとるため，経営の自由度は格段に高まった。郵便業務の一部が民間企業に開放されたが，全国一律料金で配達する「**ユニバーサルサービス**」は維持された。また財投債の引き受けは2007（平成19）年

度で打ち切られ，民間法人と同様に法人税・事業税・固定資産税を納付することも日程にのぼった。一方，郵便貯金や簡易保険の全額保護は確認された。

　しかし，250兆円もの資金が国営で自主運用される必要性は，希薄である。巨額の資金を「公共性のある」目的に，採算性を確保しながら運用できる選択肢は多くない。結局，運用先は国債か地方債（地方貸付）以外には特殊法人ということになれば，改革に逆行する。リスク管理の視点からは，損失が発生した場合に政府保証（最終的には租税保証）で対応するとすれば，採算性の維持は非常に重要なポイントとなる。収益の将来展望や財務面での健全性確保が求められる。また郵便貯金や簡易保険は「絶対的な安全性が保証された資産」ということになり，リスクマネーへの供給がその分減少して経済活動に歪みを与えるという問題も残る。租税による最終的な保証を持つため，会計情報の徹底的な開示と，リスク予測，リスク管理手法の開示も民間金融機関以上の基準が必要となる。このような観点から言えば，郵政事業を国営として継続することは弊害が大きいという結論になる。

　一方，競争激化の時代には利益にならない利用者が切り捨てられるという現象が起こりやすい。このような人々にサーヴィスを提供し市場補完機能を果たすことが政府（国営の郵便貯金制度）の役割であるという議論が主張された（ある種の金融セーフティーネット論）。また利益優先の民営では，全国一律の「ユニバーサルサービス」が不可能になるとする反論も唱えられた。このような議論が戦わされる中，郵政民営化を争点とした衆議院選挙が行われ，小泉自民党が圧勝して，2005（平成17）年10月，**郵政民営化法案**が成立した。

　2001（平成13）年度に，「市場を迂回して」資金を調達するシステムから，「金融市場で直接調達する」仕組みに改められ，ついで郵政事業の民営化が決定されたことは，財政投融資の性格が根本的に変化しつつあることを示している。ちなみに1996（平成8）年に40兆5337億円であった財政投融資計画は，2005（平成17）年には17兆1518億円にまで縮小している。今後の財政投融資活動においては，真に必要な分野へ資金供給が行われるように，民業補完性と償還確実性を徹底し，事業分野を重点化して効率化を図ることが目指されている。

練習問題
1. 次の予算原則のうち，日本の現行予算制度が満たしていないものはどれか。
    単一性原則，完全性原則，明瞭性原則，厳密性原則，事前性原則，公開性原則
2. 次のうち，予算の単年度主義の原則と会計年度独立の原則の例外となるものはどれか。
    予算の流用，国庫債務負担行為，繰越明許費，予算の移用，暫定予算，継続費
3. 継続費と国庫債務負担行為の違いを説明しなさい。
4. 暫定予算と補正予算と予備費の違いはなにか。
5. 予算の内容について説明しなさい。
6. 予算過程について説明しなさい。
7. 財政投融資の制度改正について説明しなさい。
8. 次のうち，国会の議決を必要としないものはどれか。
    一般会計予算，特別会計予算，政府関係機関予算，独立行政法人予算，認可法人予算。

第4章　財政政策の基本理論

4.1　国民経済と財政

　市場経済では，企業がどのような生産技術を使用し，どれだけの労働と資本を雇用して，何をどれだけ生産するか，労働や資本がどれだけ報酬を受け取るか，生産物がどのような用途に支出されるかといった経済活動は，原則として自由裁量に任されている。競争的な市場経済では，価格シグナルによって，一国全体の需給が調整され経済均衡が達成される。

　一国の総生産 Y は，技術水準（全要素生産性）を A，資本ストックを K，労働量を L とすると，$Y=A \cdot F(K, L)$ という生産関数で表すことができる。利用可能な技術水準，資本ストック，労働量は，長期的にはすべて変化するが，短期的には余り変化しない。そこで短期的な分析を行うために，これらの要素を所与とみなせば，総生産は

$$Y = \bar{A} \cdot F(\bar{K}, \bar{L}) = \bar{Y}$$

（変数上の「バー」は一定量に固定されていることを表す）

となり，一定の水準に決まることになる。したがって，資源が完全に利用される状態では，完全雇用水準の総生産 $\bar{Y}_f$ が実現される。

　ここで，一国の経済が**企業**部門と**家計**部門と**政府**部門から構成され，企業は家計から労働と資本を調達すると考え，対外貿易を度外視すれば，国民経済は図4-1のような循環として把握することができる。

　企業は，要素市場で家計から資本と労働を調達して，財貨・サーヴィスの**生産 Y** を行う。家計は，提供した労働と資本の貢献度に応じて，企業から賃金所得と資本所得の支払いを受ける。そして**家計**は，受け取った**所得 Y** から政府に**租税 T** を支払い，残余の**可処分所得 $(Y-T)$** を，**消費資金 $C(Y-T)$** と貯

図4-1　国民経済の循環と財政

蓄 $S(Y-T)$ に振り分ける．

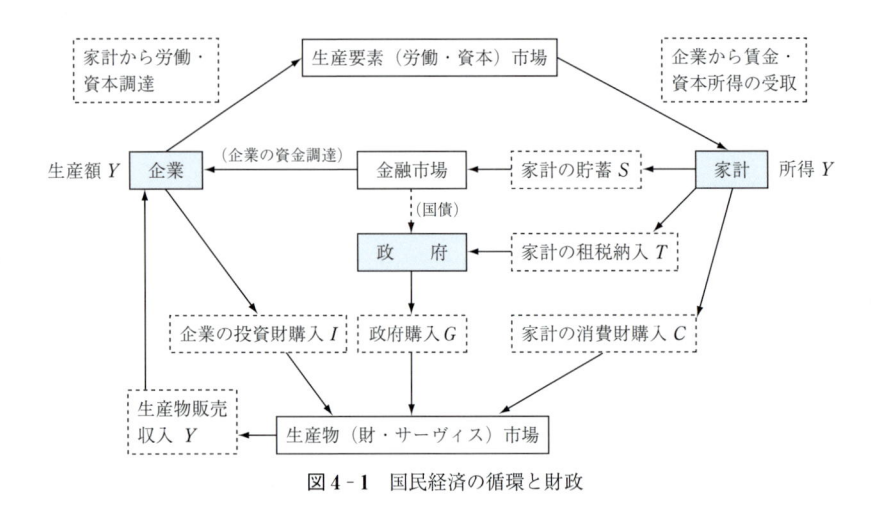

$$Y=C(Y-T)+S(Y-T)+T$$

一方，**財・サーヴィス市場**では，家計は，消費資金を使用して**消費財 C** を購入する．政府は，租税収入 T を財源として政府活動を支えるための**政府購入 G** を行う．企業は，金融市場を通じて家計の貯蓄 S を投資資金として調達し，**投資財 I** を購入する．したがって財・サーヴィスに対する**総需要 D** は，**消費 C と投資 I と政府購入 G** の合計からなる．

$$D=C+I+G$$

こうして，企業部門で**生産**された財・サーヴィス Y は，家計の所得として**分配**され，家計の消費財 C，企業の投資財 I，政府購入 G として**需要（支出）**され，企業収入として還流する．

総生産 $Y=C(Y-T)+S(Y-T)+T \iff C+I+G=D$ 総需要

経済が均衡するためには，総生産（国民所得）Y と総需要 D とが等しくならなければならない．したがって，経済が均衡する条件は，次のようになる．

$$Y=D=C+I+G$$
$$Y-C=I+G$$
$$S(Y-T)+T=I+G \qquad (4.1)$$

(4.1)は，総生産（国民所得）によって生み出された「**家計貯蓄 S と租税 T**

の合計」が，総需要側の「企業投資 I と政府購入 G の合計」に一致しなければならないことを意味している。

ところで，価格が伸縮的に動く**競争市場**では，労働と資本が効率的（完全）に使用されるため，総生産 Y は，**完全雇用水準** $\bar{Y}_f$ に維持される。

$$Y = \bar{Y}_f \tag{4.2}$$

また政府購入 G と租税 T は，市場の外部で政府によって決定される。政府の財政政策に変更がない場合には，一定の値をとる。

$$G = \bar{G}, \quad T = \bar{T} \tag{4.3}$$

貯蓄は，生産が $\bar{Y}_f$ に，租税が $\bar{T}$ に維持されれば，$S(\bar{Y}_f - \bar{T})$ となり，一定値をとる。

$$S = S(\bar{Y}_f - \bar{T}) \tag{4.4}$$

投資 I は，企業が金融市場から借り入れる資金コスト，すなわち実質利子率 r に依存して決まる。r が上昇すれば I は減少し，r が低下すれば I は増加する。したがって投資は利子率 r の減少関数となる。

$$I = I(r) \tag{4.5}$$

(4.2) (4.3) (4.4) (4.5) より，経済が均衡する条件(4.1)は，次のようになる。

$$S(\bar{Y}_f - \bar{T}) + \bar{T} = I(r) + \bar{G} \tag{4.6}$$

政府財政が均衡している（政府購入 $\bar{G}$ ＝租税 $\bar{T}$）場合には，均衡条件は次のように簡略化される。

$$S(\bar{Y}_f - \bar{T}) = I(r) \tag{4.7}$$

(4.7)式で，左辺の貯蓄 $S(\bar{Y}_f - \bar{T})$ は，一定値をとる。一方，右辺の投資 I は，実質金利 r の変動によって変化する。したがって(4.7)式は，一定の値をとる貯蓄 $S(\bar{Y}_f - \bar{T})$ と等しくなるように，投資 $I(r)$ が増減して，均衡が達成されることを意味している。貯蓄に対して投資が不足する場合には，利子率 r が低下して投資額を拡大させ，貯蓄に対して投資が超過する場合には，利子率が上昇して投資額を縮小させる。利子率は，投資額（企業の資金需要）と貯蓄額（家計の資金供給）を均衡させるように決定される（**貸付資金説**）。

このように価格が伸縮的な競争市場を前提とする世界が，**古典派の世界**である。そこでは，総生産 Y（総供給）が総需要 D を決定し，経済の規模を決定

することになる。総生産量は，経済内に存在する資本量と労働量と技術水準という実体的な変数によって決定される。貨幣は，資本量・労働量・技術水準には影響を及ぼさないので，総生産量にも影響を及ぼさない。貨幣は，単に名目価格（生産価額）に影響を及ぼすにすぎない（**貨幣の中立性**）。したがって，供給はそれ自身の需要を創出するという**セイの法則**が成り立ち，経済全体に総需要不足が発生するということは原理的にありえない。

古典派の経済像は，景気変動を繰り返す現実の経済とは相当に異なる印象を与えるが，さしあたり短期的な不均衡が調整された後に達成される「長期的」均衡状態（すべての価格が伸縮的に動く長期的世界）を表していると考えることができる。現実の経済では，財貨・サーヴィスの生産量と需要量とが，短期的に常に均衡するわけではない。民間の自由な経済活動の結果，あるいは急激な経済環境の変化によって，大規模な需給の不均衡が発生し，深刻な失業やインフレが生み出されることがある。このような大規模な需給不均衡が発生し，均衡回復に時間がかかり，社会的なコストが大きいと判断される場合には，政府部門（財政）が積極的な役割を果たすことが期待される。

マクロの**裁量的財政政策**は，理論的には，経済全体に需要不足が存在する時には政府支出を拡大（あるいは減税）して財政赤字を作り出し，需要超過が存在する時には支出を縮小（あるいは増税）して財政黒字を作り出すことによって，マクロ経済全体の需給均衡を図り，経済安定を達成するという単純なものである。

政府部門は，市場経済社会の中で，政府が直接その規模をコントロールできる唯一の部門である。他方，第二次世界大戦後，先進各国では，政府が「国民経済の安定」と「雇用の確保」に責任を持つべきであるという政治的合意が形成された。この二つの要因が，マクロ的財政政策の基礎にある考え方である。

---

check 古典派の世界における財政政策の効果

古典派の世界では，財政政策によって政府支出 G を増大させると，直ちに利子率が上昇し，G が増加した分だけ投資 I が減少する*完全なクラウディング・アウト*が生じる。需給の均衡条件(4.1)

$$S(Y-T)+T=I(r)+G$$

の中で，Y は完全雇用水準 $\bar{Y}_f$ で変化せず，T が政策的に $\bar{T}$ に固定されているとすれば，$S(\bar{Y}_f - \bar{T})$ は変化しないので，左辺は一定値となる。右辺も一定値とならなければならない。したがって，右辺の政府支出 G が増加すれば，その分投資 I が減少せざるを得ない。そのため利子率 r が上昇する。この場合，拡張的な財政政策の効果は，国民経済に占める政府支出の比率を拡大させる（政府支出が拡大した分だけ，投資を縮小させる）だけに終わり，国民所得を拡大させる効果は持たない。

　政府部門は，市場規律が働かない世界であるから，経済活動の効率性からいえば，財政支出拡大は望ましくない。必要最低限の「小さな政府」が望ましいということになる。

　古典派の世界では，価格の調整速度は迅速であり，市場機能が有効に働くため，貯蓄と投資は利子率の変動によって迅速に均衡し，不完全雇用の状態は継続しない。したがって，財政政策は，経済安定化政策としては無効であり，経済効率の面からも望ましくないという結論になる。

4.2　財政政策の理論と効果

4.2.1　ケインズ政策の基本モデル

　ケインズは，価格が迅速に需給を調整するという古典派的な経済像は現実的ではないとした。労働市場では，不況で雇用が減少しても，賃金は容易に下落しない（**賃金の下方硬直性**）。労働需給が短期的に調整されないため，**非自発的失業**が継続する。このため現実の労働需給を反映する国民所得水準は，完全雇用が実現される国民所得水準を下回る。そこで失業を解消するためには，政府の裁量的な経済安定化政策が必要になる。ケインズ政策の基本的な枠組みに沿って，国民所得の水準がどのようにして決定されるかを見ていこう。まず，海外取引がなく，利子率と物価が硬直的で変化しない，単純な世界から出発する。

45度線分析

　総需要 D は，各経済主体が購入したいと思いかつ購入することができる財・サービスの合計であり，個人の消費 C，企業の投資 I，政府の購入 G の合計

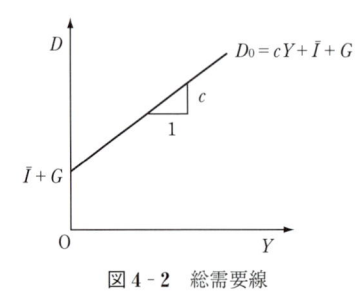

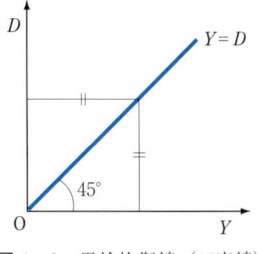

図 4-2　総需要線　　　　　　図 4-3　需給均衡線（45度線）

からなる。

$$D = C + I + G \tag{4.8}$$

家計の消費は，単純化のため，現在の所得 Y のみに依存すると仮定する。また所得が増加した場合，消費増加に充てる比率（**限界消費性向 MC**）を c で表す。例えば，増加所得 100 の内，70 を消費する（30 は貯蓄する）場合には，c は 0.7 となる。通常 c の値は，$0<c<1$ と想定される。この場合，消費は，所得の増加関数として，次のように表すことができる*。

$$C = cY \tag{4.9}$$

また利子率 r は一定で変化しないと仮定しているので，投資 $I(\bar{r})$ は一定値をとる。政府支出 G は，市場の外部で政策的（外生的）に決められる。この場合，総需要 D_0 は，次のようになる。

$$D_0 = cY + \bar{I} + G \tag{4.10}$$

(4.10)式を，横軸に国民所得（総生産），縦軸に需要項目をとって図示すれば，切片 $\bar{I}+G$，傾き c の右上がりの需要曲線 D_0 となる（図 4-2）。ところで，財・サーヴィス市場において均衡が成立するためには，総需要 D と総生産 Y とは等しくなければならない。

$$D = Y \tag{4.11}$$

＊　消費関数は，所得がゼロの場合の消費 C_0 を加えて，$C=C_0+cY$ とされる場合が多いが，ここでは簡単化のため，C_0 は政府の社会保障給付 T_R（マイナスの税金）で賄われると考える。乗数効果の分析では C_0 を除外して考えたほうが簡便である。限界消費性向 c は，所得の微小な増加がもたらす消費の増加分のことであるから，$c=MC=\dfrac{dC}{dY}$ と定義される。

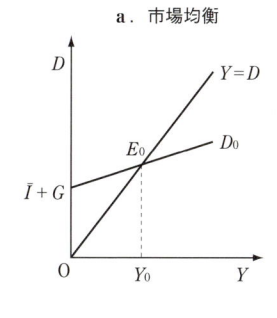

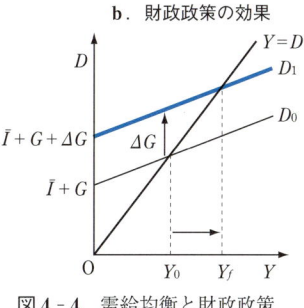

図 4-4 需給均衡と財政政策

　D と Y とが等しくなる均衡条件を図示すれば，原点 O を通る傾き45度の直線となる（図 4-3）。

　財・サーヴィス市場の需要と供給とは，図 4-4 の a のように，(4.10)式と(4.11)式との交点 E_0 で均衡し，**均衡国民所得**は Y_0 となる。しかし，価格が硬直的な世界では，Y_0 が完全雇用を保障する水準であるとは限らない。かりに，この時の完全雇用を保障する国民所得水準が Y_f であったとすれば，国民所得 Y_0 水準では非自発的失業が発生する。失業問題が深刻であり放置できないと判断される場合，政府は総需要を拡大し，国民所得を Y_0 から Y_f へと増大させ，完全雇用を達成するという政策を採用することができる。例えば，図 b のように，政府支出を拡大し，総需要曲線を D_0 から D_1 へとシフトさせることができれば，国民所得水準を Y_0 から Y_f へと引き上げることができ，政府は完全雇用を達成することができる。

政府支出乗数

　問題は，どの程度の政府支出拡大（ΔG）を行えば，完全雇用を達成することができるかという点にかかる。それに答える考え方が，**乗数効果**である。政府が，公債を発行して財源を調達し，政府支出を増加させる場合を考えよう。(4.10)(4.11)式より需給均衡の条件は，

$$Y = D = cY + \bar{I} + G$$
$$(1-c)Y = \bar{I} + G$$
$$Y = \frac{1}{1-c}(\bar{I} + G) \qquad (4.12)$$

となる。利子率rは一定としているので、民間投資$\bar{I}$は一定である。ここで、政府が政府支出Gを変化させた場合、国民所得Yがどのように変化するかを考えてみよう。政府支出の変化の量をΔGとし、国民所得の変化の量をΔYとすると、ΔYは、

$$\Delta Y = \frac{1}{1-c}\Delta G \tag{4.13}$$

となる。したがって、**政府支出の増大**が、どれだけ国民所得を増大させるかの割合は、

$$\frac{\Delta Y}{\Delta G} = \frac{1}{1-c} \tag{4.14}$$

となる。cは**限界消費性向**であり、1より小さい$0<c<1$の値をとるので、$\frac{1}{1-c}$は1以上の値となる。つまり、政府支出の増大は、政府支出増大額よりも大きな国民所得の増加をもたらす。これを政府支出の**乗数効果**といい、$\frac{1}{1-c}$を**政府支出乗数**という。限界消費性向cの値が大きければ大きいほど、乗数は大きくなり、cが小さくなれば乗数は小さくなる。

いま、限界消費性向cが0.8であり、現在の国民所得が完全雇用水準と比較して5兆円だけ低かったとしよう。政府は、完全雇用を達成するために、どれだけ政府支出を増大させればよいか。政府支出乗数がその答えを出してくれる。まず政府支出乗数を求めれば、

$$\frac{1}{1-c} = \frac{1}{1-0.8} = 5$$

となる。政府支出一単位の増加は、5倍の国民所得の増大をもたらす。したがって、5兆円の経済拡大を実現するためには、1兆円の財政支出を行えばよい。

> **check** 乗数効果について
>
> 政府支出ΔGの乗数効果は、数学的には、初項をΔG、公比をcとする無限級数の和として求められる。最初の政府支出額ΔGは、それと同額(ΔG)分の国民所得増大を生み出す。次に、その国民所得増加分のうち、$\Delta G \times c$部分が消費に支出されるので、$\Delta G \times c$の2次需要を生み出す。さらに、それが$(\Delta G \times c) \times c$の3次需要を生み、……というように公比$c$の無限の連鎖を作り出す。無限級数の和は、

$$\Delta D = \Delta G + c\Delta G + c^2 \Delta G + c^3 \Delta G + \cdots\cdots = \frac{1}{1-c} \cdot \Delta G$$

政府支出の増大 ΔG は，その $\frac{1}{1-c}$ 倍の総需要 ΔD を生み出し，それと等しい国民所得 ΔY の拡大をもたらす。政府支出乗数は，$\frac{\Delta Y}{\Delta G} = \frac{1}{1-c}$ である。政府支出乗数は，(4.12)の需給均衡式

$$Y = \frac{1}{1-c}(\bar{I} + G)$$

を直接微分することによって，導き出すこともできる。ここでは，投資 I は一定であり定数とみなすことができるので，Y は G の関数と考えることができる。したがって，Y を G で微分して，政府支出 G の増分に対する国民所得 Y の増分の割合を求めることができる。

$$\frac{dY}{dG} = \frac{1}{1-c}$$

ただし，投資 I も利子率 r が変化すれば変化するので，厳密にいえば，変数として扱わなければならない。G や I など複数の変数を扱う場合に，G や I の変化が Y に与える影響を調べるためには，各々の増分に対する Y の増分の影響を取り出さねばならない。この場合，G を微分するには他の変数 I を一定（定数）として，I を微分するときは G を一定として，偏微分すればよい。その場合には，「d」にかわって「∂」という記号を用いて

$$\frac{\partial Y}{\partial G} = \frac{1}{1-c} \qquad \frac{\partial Y}{\partial I} = \frac{1}{1-c}$$

ここでは投資 I が一定の場合を取り扱っているので，通常の微分で考えればよい。

租税乗数

乗数効果は，**減税政策**でも発生する。租税額を T とすれば，可処分所得は $(Y-T)$ となる。この場合，家計の消費 C は，可処分所得 $(Y-T)$ の増減によって決定される。

$$C = c(Y-T) \tag{4.15}$$

したがって，需給の均衡条件は，次のようになる。

$$Y = c(Y-T) + \bar{I} + \bar{G}$$
$$(1-c)Y = -cT + \bar{I} + G \tag{4.16}$$

ここで，減税 $(-\Delta T)$ の生産拡大効果を求めると，次のようになる。

$$(1-c)\Delta Y = -c\Delta T$$

$$\frac{\Delta Y}{-\Delta T} = \frac{c}{1-c} \qquad (4.17)$$

$\dfrac{c}{1-c}$ が，**租税乗数**である。ただし，1＞c＞0 であるから

$$\frac{1}{1-c} > \frac{c}{1-c} > 0 \qquad (4.18)$$

となる。つまり，政府支出の乗数効果のほうが，減税の乗数効果よりも大きい。減税では，減税によって生じた所得増加分のうち，家計が貯蓄に充てる分だけ消費支出が減少し，乗数効果が削減されるからである。先の例と同じく消費性向を 0.8 とすれば，租税乗数は，

$$\frac{c}{1-c} = \frac{0.8}{1-0.8} = 4$$

となる。減税1単位当たり4倍の国民所得拡大効果をもたらす。したがって，同じ規模の5兆円の生産拡大を実現するためには，1兆2500億円規模の減税が必要になる。

　家計の最低生活水準や老後を保障する政府の**社会保障給付**（**移転支出**）は，家計に対するマイナスの税金と考えることができる。したがって，移転支出の増加は，減税と同様の経済効果をもたらす。移転支出を T_R とし，移転支出がない場合の租税を T' とすれば，可処分所得は $(Y-T'+T_R)$ と表すことができる。所得 $Y=0$ の場合，租税 $T'=0$ となり，家計の可処分所得は T_R となる。移転支出の生産拡大効果を求めると

$$Y = c(Y - T' + T_R) + \bar{I} + G$$
$$(1-c)Y = -cT' + cT_R + \bar{I} + G \qquad (4.19)$$

$$\frac{\Delta Y}{\Delta T_R} = \frac{c}{1-c} \qquad (4.20)$$

となり，減税 $(-\Delta T)$ の乗数効果と移転支出増加 (ΔT_R) の乗数効果とは等しくなる*。

＊　租税乗数は，(4.16) の $Y = -\dfrac{c}{1-c}T + I + G$ を，投資 I と政府支出 G が一定という条件下で，租税 T で微分して，$\dfrac{dY}{dT} = -\dfrac{c}{1-c}$ となる。マイナス記号が付いている ↗

均衡予算乗数

政府が増税によって財源を調達し，それをそっくり政府支出の増加に充てるという拡大的な均衡予算政策をとった場合には，国民所得の変化はどのようになるだろうか。

政府支出を ΔG だけ増加させたときの国民所得増加 ΔY_G は，

$$\Delta Y_G = \frac{1}{1-c} \Delta G \tag{4.21}$$

となる。また政府が ΔT だけ増税したときの国民所得の変化 ΔY_T は，

$$\Delta Y_T = -\frac{c}{1-c} \Delta T \tag{4.22}$$

である。増税分全額を政府支出増額にまわす場合には，$\Delta T = \Delta G$ となるので，その国民所得への純効果 ΔY は，次のようになる。

$$\begin{aligned} \Delta Y &= \Delta Y_G + \Delta Y_T \\ &= \frac{1}{1-c} \Delta G - \frac{c}{1-c} \Delta T \\ &= \frac{1-c}{1-c} \Delta G \\ &= 1 \times \Delta G \end{aligned} \tag{4.23}$$

均衡予算の乗数は1となる。例えば，1兆円の増税と1兆円の政府支出拡大を同時に行った場合には，国民所得は1兆円増加する。ただし，この定理が成立するのは，増税額が国民所得の大きさにかかわらず一定値をとる**定額税**（一括固定税）によって実施される場合のみである。例えば，**比例所得税**の場合には，国民所得が増大すれば，それにつれて税額も増大するので，均衡予算乗数は1より小さくなる。（**限界**）**税率**を t とすれば，限界消費性向 c は，税率 t 分だけ低下して，$c \times (1-t)$ となる。この場合，政府支出を ΔG 増大させたときの国民所得の増加 ΔY_G と，ΔT だけ増税したときの国民所得の変化 ΔY_T を求めると，

↘のは，減税が国民所得の増加を生み出すからである。移転支出の乗数も，同様に (4.19) を微分して，$\dfrac{dY}{dT_R} = \dfrac{c}{1-c}$ と求めることができる。なお，マクロの政策効果一般の分析では，移転支出を差し引いた純額 ($T' - T_R$) として，租税 T を取扱う。

$$\Delta Y_G = \frac{1}{1-c(1-t)} \Delta G$$

$$\Delta Y_T = -\frac{c}{1-c(1-t)} \Delta T$$

となり，国民所得への純効果 ΔY は，

$$\Delta Y = \Delta Y_G + \Delta Y_T$$

$$= \frac{1}{1-c(1-t)} \Delta G - \frac{c}{1-c(1-t)} \Delta T$$

$$= \frac{1-c}{1-c(1-t)} \Delta G \tag{4.24}$$

となる。ここで，税率 t は，$0<t<1$ の値をとるから，均衡予算乗数は

$$0 < \frac{1-c}{1-c(1-t)} < 1 \tag{4.25}$$

となり，1より小さくなる。

　例えば，限界消費性向 c が0.8，税率 t が20%のとき，政府支出を1兆円増加させた場合の政府支出乗数は，次のようになる。

$$\frac{1-c}{1-c(1-t)} = \frac{1-0.8}{1-0.8(1-0.2)} \fallingdotseq 0.56$$

　つまり，比例所得税を1兆円増税して，政府支出を1兆円増加させると，国民所得は約0.56兆円増加する。これに対して定額税を1兆円増税して，1兆円政府支出を増加させた場合には，国民所得が1兆円増加する。両者の効果の違いは，明確であろう。

海外貿易の乗数効果に与える影響

　ここでは海外貿易を捨象しているが，実際の乗数効果を考える場合には，海外貿易の影響も考慮する必要がある。いま輸出を X，輸入を E，純輸出（輸出－輸入）を NX とする。外国為替相場を所与とすれば，輸出は外国の所得 Y^* に依存して決まり，輸入は国内所得 Y によって決まると考えることができる。外国の所得水準を所与 $\bar{Y}^*$ とすれば輸出は所与 $X(\bar{Y}^*)$ となる。輸入 $E(Y)$ は，国民所得の増加に応じて増加する輸入の割合（**限界輸入性向**）を m とすれば，$E(Y) = mY$ となる。したがって純輸出は，

$$NX = X(\bar{Y}^*) - E(Y)$$
$$= \bar{X} - mY \quad (1 > m > 0) \tag{4.26}$$

となる。海外貿易を考慮すると，総需要は，国内の消費・投資・政府支出に，輸出を加え，そこから輸入を控除した額になる。

$$D = C + \bar{I} + G + (\bar{X} - E)$$
$$= c(Y - T) + \bar{I} + G + NX \tag{4.27}$$

したがって，均衡国民所得及び，租税乗数，政府支出乗数は，次のようになる。

$$Y = c(Y - T) + \bar{I} + G + (\bar{X} - mY)$$
$$(1 - c + m)Y = -cT + \bar{I} + G + \bar{X} \tag{4.28}$$

$$\frac{\Delta Y}{-\Delta T} = \frac{c}{1 - c + m} \tag{4.29}$$

$$\frac{\Delta Y}{\Delta G} = \frac{1}{1 - c + m} \tag{4.30}$$

租税乗数，政府支出乗数は，限界輸入性向 m が分母に加わった分小さくなる。つまり，財政政策の拡大効果は，輸入増加によって所得が外国に漏れる分だけ低下するのである。

4.2.2 ビルト・イン・スタビライザー

ところで，現実の経済では，政府が裁量的な財政・金融政策を実施しない場合でも，財政制度自体に組み込まれた経済安定化機能が働いている。この機能をビルト・イン・スタビライザー（**自動安定装置**）という。例えば所得税が採用されている場合，景気が上昇すると名目所得が増加し，所得の増加率以上に税額の増加率が大きくなり，可処分所得の伸びを抑制する。それは消費を抑制し，景気過熱を抑制する作用を果たす。逆に，景気後退期には，所得の減少率以上に税額の減少率が高くなり，税収が抑制されて，可処分所得の落ち込みを抑制し，消費を下支えする。

ビルト・イン・スタビライザーの経済安定化効果の大きさは，マスグレイブ＝ミラーの指標（α）によって測定することができる（R. A. Musgrave and M.

H. Miller [1948], "Built-in Flexibility," *American Economic Review*, March 参照)。

$$\alpha = 1 - \frac{税収が所得に依存する場合の投資乗数効果}{税収が所得から独立な場合の投資乗数効果}$$

ここで，税収が所得に依存する場合とは，所得税が存在するため，ビルト・イン・スタビライザー効果が働く場合を示しており，税収が所得から独立な場合とは，定額税（固定税）しか存在せず，ビルト・イン・スタビライザー効果が働かない場合を示している。これは，所得税が存在する場合と存在しない場合を比較して，投資や政府支出の拡大が国民所得に与える効果にどのような差が生じるかを測定する指標である。

所得税が存在しない場合の投資乗数効果を ΔY_A とし，限界消費性向を c とすれば，

$$\Delta Y_A = \frac{1}{1-c}\Delta I$$

となる。これに対して，限界税率 t の所得税が課税された場合の乗数効果 ΔY_B は，

$$\Delta Y_B = \frac{1}{1-c(1-t)}\Delta I$$

である。限界消費性向 c と税率 t は，一般的には0と1との間の値を取るので，

$$\frac{1}{1-c} > \frac{1}{1-c(1-t)}$$

となる。所得税が存在することによって，乗数効果が小さくなるので，経済安定効果が働くことがわかる。α を，ΔY_A, ΔY_B によって表せば

$$\begin{aligned}\alpha &= 1 - \frac{\Delta Y_B}{\Delta Y_A} = 1 - \frac{\frac{1}{1-c(1-t)}}{\frac{1}{1-c}} \\ &= \frac{ct}{1-c(1-t)}\end{aligned} \quad (4.31)$$

ビルト・イン・スタビライザーが，全く働かない場合には，$\alpha=0$ であり，α が増大するにつれて効果が大きくなり，効果が完全に働いて所得変動がなくなる場合には，$\alpha=1$ となる。

例えば，限界消費性向 c が0.8であるとすれば，所得税が存在しない場合，

投資乗数は $\frac{1}{(1-0.8)}=5$ である。いま景気が拡大して1兆円の投資増大が生じれば，国民所得は投資増額分の乗数倍の5兆円増加する。同じ経済で，限界税率20％（$t=0.2$）の所得税が導入されているとすれば，投資乗数は $\frac{1}{1-0.8(1-0.2)} \fallingdotseq 2.8$ となり，1兆円の投資拡大は約2.8兆円の国民所得増加に抑制される。所得税導入によって，国民所得の拡大効果は，$\frac{(5-2.8)}{5}=0.44$，つまり44％削減されることがわかる。これがビルト・イン・スタビライザー効果の大きさである。この効果は，マスグレイブ＝ミラーの指標を用いて簡単に算出することができる。

$$\alpha = \frac{(0.8 \times 0.2)}{1-0.8(1-0.2)} = 0.44$$

ところで，税収の所得弾力性 $E_T = \frac{\Delta T}{\Delta Y} \cdot \frac{Y}{T}$，限界税率 $t=\frac{\Delta T}{\Delta Y}$，平均税率 $t_a = \frac{T}{Y}$ とすれば，$t=t_a \cdot E_T$ となるので，α は次のように表すことができる。

$$\alpha = \frac{c \cdot E_T \cdot t_a}{1-c+c \cdot E_T \cdot t_a}$$

したがって α は，消費性向，所得弾力性，平均税率が変化すれば変化する。一般に消費性向は安定的であると考えることができるので，ビルト・イン・スタビライザーの効果の程度は，税収の所得弾力性と平均税率によって直接変化すると考えることができる。

このようにビルト・イン・スタビライザーは，経済変動を安定化させる機能を持っているが，それは他面から見れば経済拡大を財政面から抑制するという**フィスカル・ドラッグ**効果を持っていることを意味している。景気拡大が主要な関心事になっている場合には，この景気拡大に対するマイナス効果に注目が集まることもある。

4.2.3　*IS－LM* 分析

財・サーヴィス市場だけの世界では，国民所得は政府支出増加額（あるいは減税額）の乗数倍だけ増加することを見てきた。しかし実際には，財・サーヴィス市場（実物市場）は，金融市場の影響を受ける。そこで，金融市場の影響を考慮した場合に，国民所得はどのように決定されるか，実物市場と金融市

場を同時に均衡させる条件は何かを検討することを通じて，財政政策の役割や効果についての理解を深めることにしよう。ここでは，物価一定の仮定は維持しつつ，利子率が変動する世界が対象となる。

財・サーヴィス市場

企業は，様々な投資プロジェクトを保有している。高い収益率が見込まれるプロジェクトもあれば，低い収益率しか見込めないプロジェクトもある。企業は，金融市場（例えば銀行）から資金を調達して投資を行うが，その資金のコストが利子率である。企業は，利潤を最大にすることを目標に行動するため，事業の収益率が利子率を上回る限り，投資を実行する。利子率が上昇すれば，実行に移される事業プロジェクトは高収益が期待できるものに限定されるため，投資は減少する。逆に利子率が低下すれば，収益率の低い事業計画も採算がとれるため投資は増大する。投資 $I(r)$ は，利子率が低ければ増加し，高ければ減少するので，利子率の減少関数となる。

また家計の消費 $C(Y-T)$ は，可処分所得 $(Y-T)$ が増加すれば増加し，可処分所得が減少すれば減少するので，可処分所得の増加関数と考えることができる。

一方，政府支出 G や租税 T は，政府の政策判断によって独自に決定される。政府の政策に変化がなければ，租税 T と政府支出 G は一定値をとる。

したがって，財・サーヴィス市場の均衡は，次のように表される。

$$Y=c(Y-\bar{T})+I(r)+\bar{G} \tag{4.32}$$

この場合(4.32)式で変化するのは，Y と r である。つまり，(4.32)式は，国民所得 Y が利子率 r によって決定されることを示している。利子率 r が低下すれば，右辺の投資 $I(r)$ は増大する。その結果，国民所得 Y は増大する。反対に，利子率 r が上昇すれば，投資が減少し，国民所得 Y は低下する。したがって，国民所得 Y は，利子率 r の減少関数である。

ところで，(4.32)は次のように変形できる。

$$Y-c(Y-\bar{T})=I(r)+\bar{G} \tag{4.33}$$

(4.33)の左辺は，国民所得から消費を差し引いた額，すなわち家計の貯蓄 S と租税納付額 T の合計を示している。したがって，財・サーヴィス市場が均

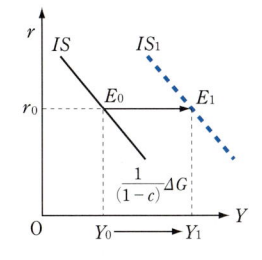

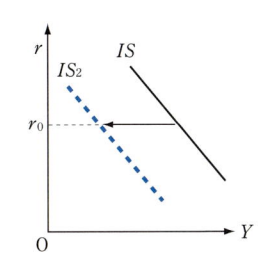

図4-5 右下がり IS 曲線

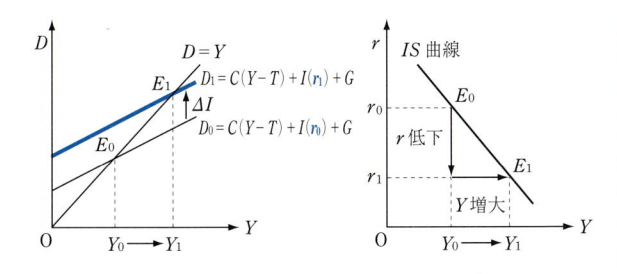

> 利子率が r_0 から r_1 へ低下すると、投資が $I(r_0)$ から $I(r_1)$ へ ΔI 増加するため、財市場の均衡点は E_0 から E_1 へ移動する。その結果、国民所得は Y_0 から Y_1 へ増大する。r が低下すれば Y 増が増大するので、IS 曲線は右下がりとなる。

> 利子率が一定 $\bar{r}_0$、投資 $I(\bar{r}_0)$ が一定の状態で、政府支出が ΔG 増大すれば、その乗数倍だけ Y が増加する。その結果 IS 曲線は、右方へシフトする。逆に、政府支出が減少すれば、IS 曲線は左方へシフトする。

衡するということは、「家計貯蓄 S と租税 T の合計」と「民間投資 I と政府購入 G の合計」とが均衡していることを意味している。すなわち、

$$S(Y-\bar{T})+\bar{T}=I(r)+\bar{G} \tag{4.34}$$

(4.34)は、政府部門の租税と政府購入を含めて、国民経済全体の貯蓄と投資を均衡させる利子率 r と国民所得 Y の組み合わせを示している。政府財政が均衡している $\bar{T}=\bar{G}$ の状態では、民間部門の貯蓄と投資は均衡する。

$$S(Y-\bar{T})=I(r)$$

したがって、財・サーヴィス市場の均衡を示す(4.32)式は、国民経済の貯蓄と投資を均衡させる利子率 r と国民所得 Y の組み合わせを表している。この関係を示す曲線を IS 曲線という。

図4-5に示したように、縦軸に利子率、横軸に国民所得をとれば、IS 曲線は右下がりの曲線となる。利子率が r_0 から r_1 へ低下すると、投資は $I(r_0)$ から $I(r_1)$ へ増加し、総需要は D_0 から D_1 へと増大する。その結果、財・サーヴィス市場を均衡させる点は、E_0 から E_1 へ移動し、国民所得は Y_0 から Y_1 へと増大する。このように、財・サーヴィス市場を均衡させる国民所得 Y は、

利子率が低下するにつれて増大するので，IS 曲線は右下がりとなる。

ところで(4.32)式において，利子率が一定で投資額 $I(\bar{r}_0)$ が変化しない状態で，政府が政策を変更して財政支出が ΔG 増加すれば，国民所得 Y はその**乗数倍** $\dfrac{1}{1-c}\Delta G$ 増大し，新たな水準に変化する。減税を行い，租税が ΔT 減少した場合には，$\dfrac{c}{1-c}\Delta T$ だけ国民所得 Y が増大する。したがって政府が拡張的財政政策を行えば，IS 曲線は右方にシフトする。逆に，政府支出の減少や増税などの縮小的財政政策は，IS 曲線を左方にシフトさせる。

金融市場

金融市場においては，中央銀行（金融当局）が通貨の供給量を決定する。中央銀行が供給した名目貨幣ストック量を M，物価水準を P とすれば，物価水準を考慮した**実質通貨供給量**は，$\dfrac{M}{P}$ となる。中央銀行の**貨幣供給**（マネーサプライ）**MS** は，$MS = \dfrac{M}{P}$ と表すことができる。ここでは物価水準を一定 $P = \bar{P}$ と仮定しているので，名目貨幣供給の増減は，実質貨幣供給量の増減と同様の効果を持つ。

他方，**貨幣に対する需要 L** は，取引動機に基づく**取引需要 L_d** と，現金保有動機に基づく**貨幣保有需要 L_k** とに分けられる。L は，**流動性選好**（Liquidity Preference）を意味し，貨幣に対する需要を表す。取引需要 L_d は，国民所得 Y が大きくなると大きくなるので，国民所得 Y の増加関数 $L_d(Y)$ である。また貨幣保有需要 L_k は，貨幣を手元に保有しようとすることから発生する需要である。貨幣は最も流動性が高く，貨幣を保有することで利便性が増す。貨幣需要 L_k は，利子率 r が低いほど大きくなる。利子率は，貨幣保有の機会費用だからである。利子率が十分低ければ，貨幣保有によって失う所得は少ないので，人々は貨幣保有を増やす。しかし利子率が高くなれば，利子のつかない貨幣保有で失う所得が大きくなり，貨幣保有は減少する。したがって，貨幣保有需要 L_k は，利子率 r の減少関数 $L_k(Y)$ となる。**貨幣需要は，$L = L_d(Y) + L_k(r)$** と表わすことができる。

金融市場の均衡は，貨幣に対する需要 L と供給 MS が一致する点で決定される。

$$\begin{aligned}\dfrac{M}{P} &= L_d(Y) + L_k(r) \\ &= L(Y,\ r)\end{aligned} \qquad (4.35)$$

第 4 章 財政政策の基本理論

図 4 - 6 - a　右上がりの LM 曲線

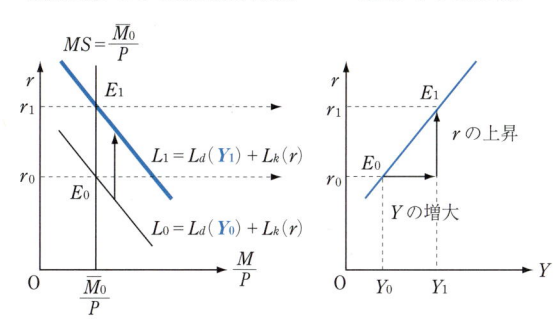

> 貨幣供給が一定 $\frac{\overline{M}_0}{P}$ の下で，国民所得が Y_0 から Y_1 へと増大すると，貨幣取引需要 L_d が拡大し，貨幣需要曲線 L_0 は L_1 へと上方へシフトする。この場合利子率 r_0 が r_1 へ上昇し，貨幣保有需要 L_k を縮小させて貨幣の需給を均衡させるため，均衡点は，E_0 から E_1 へと移動する。金融市場の需給を均衡させる点が E_0 から E_1 へと移動するため，LM 曲線は右上がりとなる。

いま(4.35)式で，左辺の実質通貨供給量 $\frac{M}{P}$ が，中央銀行の金融政策によって一定量 $\frac{\overline{M}_0}{P}$ に固定されているとする。ここで国民所得 Y が Y_0 から Y_1 へと増加すると，右辺の取引需要 $L_d(Y)$ は，$L_d(Y_0)$ から $L_d(Y_1)$ へと増加する。貨幣市場では，図 4 - 6 - a のように，貨幣需要が増大する結果，貨幣需要曲線は L_0 から L_1 へと上方へシフトする。この場合，(4.35)の右辺では，取引需要が増加した分 (ΔL_d) だけ，貨幣需要は縮小 ($-\Delta L_k$) せざるをえない。左辺の貨幣供給量 $\frac{M}{P}$ は，一定に保たれているからである。

貨幣供給量が一定 $MS = \frac{\overline{M}_0}{P}$ （金融政策が不変）という条件の下で，国民所得 Y が増加すれば，金融市場は，貨幣保有の機会費用である利子率を上昇させ，取引需要 L_d が増加した分，保有需要 $L_k(r)$ を縮小させて，需給を均衡させることになる。その結果，貨幣の需給を均衡させる点は，E_0 から E_1 へと移動する。

つまり，(4.35)式で，国民所得が Y_0 から Y_1 へと増加すれば，利子率は r_0 から r_1 へと上昇する。したがって，縦軸に利子率をとり横軸に国民所得をとってこの関係を図示すれば，**右上がりの曲線**になる。この曲線は，金融市場において貨幣需要 L と貨幣供給 MS とが均衡する国民所得 Y と利子率 r の組み合わせを示すものであり，LM 曲線という。ケインズの世界では，利子率は貨幣に対する需給が一致するところで決定される*。

---

*　古典派の世界では，利子率が**貯蓄**と**投資**を均衡させると想定されていた（貸付資金説）。しかしケインジアンの世界では，利子率は**貨幣の需要**と**供給**を均衡させ↗

図4-6-b　*LM*曲線のシフト

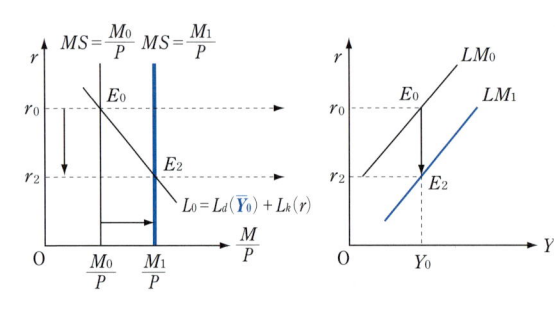

> 貨幣供給量が $\dfrac{M_0}{P}$ から $\dfrac{M_1}{P}$ へと増大すると，所与の国民所得 Y_0 の下で，貨幣の需給を均衡させる利子率は r_0 から r_2 へと低下し，貨幣の需給を均衡させる点を，E_0 から E_2 へと移動させる。それは，金融市場を均衡させる *LM* 曲線上の点 E_0 を E_2 へと移動させるため，***LM***曲線は右下方へシフトする。逆に貨幣供給量 $\dfrac{M}{P}$ の減少は，*LM* 曲線を左上方へシフトさせる。

ところで，*LM* 曲線は，貨幣供給 *MS* が一定 $\dfrac{\overline{M}_0}{P}$ という条件の下で導かれていた。したがって，$\dfrac{M}{P}$ が変化すれば，*LM* 曲線はシフトする。いま国民所得が Y_0 であり，貨幣市場が貨幣需要 L_0 と貨幣供給 $MS=\dfrac{M_0}{P}$ との交点 E_0 において均衡し，利子率が r_0 であるとする。ここで貨幣供給量が $\dfrac{M_1}{P}$ へと増加すれば，貨幣供給曲線は $MS=\dfrac{M_1}{P}$ へと右方へシフトするため，貨幣の需給を均衡させる点は E_0 から E_2 へと移動し，利子率は r_2 へと低下する。貨幣供給の増大（金融緩和）は，与えられた国民所得 Y_0 水準において均衡利子率を r_0 から r_2 へと低下させるため，金融市場を均衡させる *LM* 曲線上の点 E_0 は E_2 へと移動する。その結果，*LM* 曲線は右下方にシフトする。反対に，貨幣供給の減少（金融引締め）は，*LM* 曲線を左上方へシフトさせる。

実物市場と金融市場の同時均衡

財・サーヴィス市場の需給を均衡させる *IS* 曲線と，金融市場の需給を均衡させる *LM* 曲線の交点 E_0 において，実物市場と金融市場は同時に均衡し，均衡利子率 (r_0) と均衡国民所得 (Y_0) が決定される。

ただし，ここで決定される均衡所得 Y_0 と，労働市場を均衡させる完全雇用水準の国民所得 Y_f とが，常に一致するとは限らない。現実の市場経済でも，短期的には多かれ少なかれ価格は硬直的であるので，貯蓄と投資が常に均衡す

る機能を果たす（**流動性選好説**）。貨幣の需給が均衡する点と，貯蓄と投資が均衡する点とが，一致する保障はない。

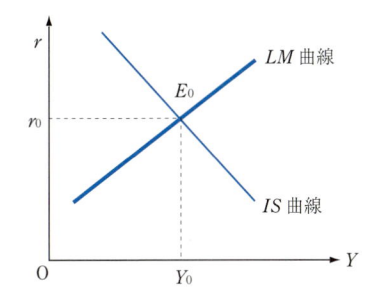

図4-7 実物市場と金融市場の同時均衡

るわけではない。そこで，両者に乖離が生じ深刻な失業が発生するような場合には，政府や中央銀行が政策的に介入して，経済安定化に乗り出すことになる。

マクロ政策は，IS-LM分析の枠組みでは，財政政策によってIS曲線をシフトさせるか，金融政策によってLM曲線をシフトさせて，完全雇用を達成する試みとして理解される。

財政政策の効果

政府が**支出増加**を行うか，**減税政策**をとれば，その**乗数倍**の国民所得の増大を生み出し，IS曲線は，その増大分だけ右方にシフトする。反対に，政府支出を減少させるか，増税を実施すれば，IS曲線は左方にシフトする。中央銀行の金融政策に変化がない場合には，貨幣市場では通貨供給量の変化はなく，LM曲線は変化しない。

いま図4-8のように，政府支出がΔGだけ拡大されると，IS_0曲線はΔGの乗数倍$\dfrac{1}{1-c}\Delta G$だけ右方へシフトし，均衡点はE_0からE_2へと移動する。それに伴って，国民所得は，Y_0からY_2へと増大する。しかし，新しいIS_1曲線上にあるE_2では，実物市場の均衡は達成されているが，LM曲線からは乖離するので，貨幣市場の均衡は実現されない。そこで市場では，貨幣市場での均衡を回復させようとする力が働く。

国民所得が増大すれば，貨幣の取引需要L_dが増大する。しかし金融政策が不変で貨幣供給量に変化がないので，取引需要増大分に見合うだけ貨幣保有需要L_kが減少しなければ貨幣市場は均衡しない。そのため利子率が上昇して，貨幣保有需要を削減し，貨幣市場を均衡させようとする力が働く。その結果，

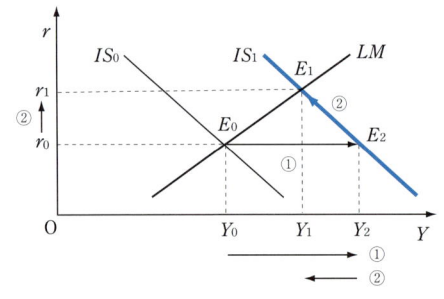

図 4-8　拡張的財政政策の効果

拡張的財政政策 ΔG が実行されると，①国民所得は $\frac{1}{1-c}\Delta G$ だけ増大して Y_2 となり，点 E_2 へ移動する。しかし，②貨幣供給量は変化しないので，利子率が上昇し，投資が減少する（クラウディング・アウト）結果，国民所得は Y_2 から Y_1 へと減少し，経済は新しい均衡点 E_1 へ移動する。

均衡点は，実物市場の均衡を維持したまま IS_1 曲線上を動き，貨幣市場の均衡が達成される LM 曲線上の点 E_1 へと移動する。

この過程で，利子率は r_0 から r_1 へと上昇する。利子率の上昇は，投資 $I(r)$ を減少させ，その分国民所得 Y を低下させる。新しい均衡点 E_1 では，国民所得の水準は Y_2 から Y_1 へと低下する。新しい均衡点 E_1 は，新しい IS_1 曲線と LM 曲線の交点であるから，実物市場と貨幣市場を同時に均衡させる点である。

貨幣市場における利子率の上昇は，投資を減少させることを通じて，財・サーヴィス市場に影響を与え，財政政策の国民所得拡大効果（乗数効果）を減少させる。このように財政政策が発動された結果，金融市場で利子率が上昇して民間投資を削減する効果を，**クラウディング・アウト**という。したがって，実物市場と貨幣市場を同時に考慮した場合には，財政政策の国民所得拡大効果（乗数効果）は，実物市場のみを考慮した場合（45度線分析）の拡大効果よりも，利子率が上昇し投資が抑制される分だけ小さくなる。

金融政策の効果

次に，財政政策は変化せず，金融政策が変化した場合に，国民所得と利子率にどのような変化が生じるか見てみよう。中央銀行が**通貨供給量（マネーサプライ）**を**増加**させれば，LM 曲線は右下方にシフトする。逆に**通貨供給量**を**削減**すれば，LM 曲線は左上方にシフトする。

金融緩和政策が発動され通貨供給量が増加すると，LM_0 線は LM_1 へとシフトし，当初の均衡点 E_0 は，IS 曲線との新たな交点 E_1 へ移動する。この場合，利子率は r_0 から r_1 へと低下する。利子率 r が低下すると，投資 $I(r)$ が増大し，

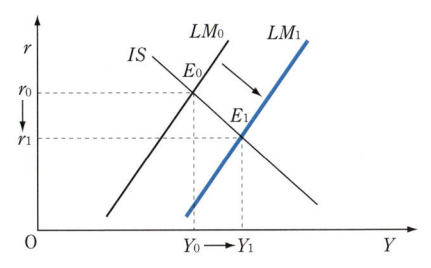

図 4-9　拡張的金融政策の効果

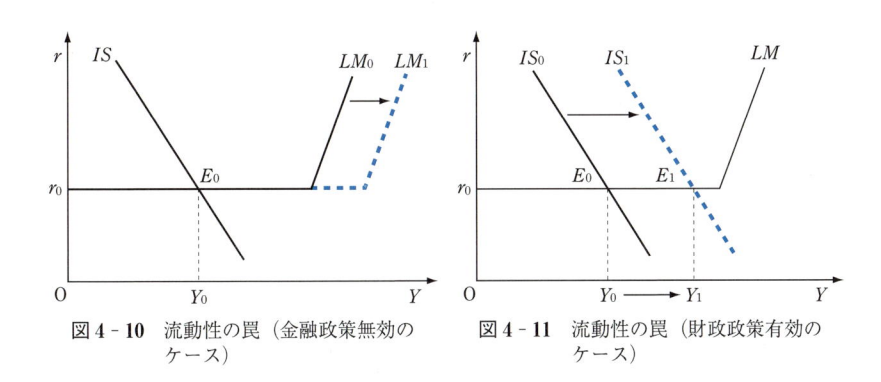

通貨供給量が拡大すると，LM 曲線は右下方にシフトし，国民所得は Y_1 へと増大する。金融緩和政策は，利子率を低下させ，投資を拡大させるので，クラウディング・アウト効果は発生しない。

図 4-10　流動性の罠（金融政策無効のケース）

図 4-11　流動性の罠（財政政策有効のケース）

国民所得は Y_0 から Y_1 へと増加する。拡大的な財政政策が発動された場合に生じたクラウディング・アウトは，拡大的金融政策の場合には発生しない。国民所得の増大に伴って貨幣の取引需要は拡大するが，通貨供給量が拡大して利子率が低下するため，投資を削減する効果は生じないからである。

ところでケインジアンは，不況期においては利子率が極めて低くなり，通貨は保蔵される傾向が強く（貨幣保有需要が急拡大し），LM 曲線は水平に近くなる（流動性の罠）と考えている。このような場合には，通貨供給量を増大させても利子率は低下せず，LM 曲線を LM_1 へと右方にシフトさせるだけで，均衡点 E_0 は移動しない。利子率が不変であるから，投資も変化せず，均衡所得 Y_0 には影響を与えない。この場合，金融政策は無効となる。

これに対して，財政政策による，IS 曲線の右方シフトは有効である。経済が「流動性の罠」の状態にあるときには，IS 曲線の IS_1 へのシフトは，利子率の上昇をもたらさない。そのため投資を抑制するクラウディング・アウト効

果は，発生しない。財政の拡大はその乗数倍だけ国民所得を拡大させるため，財政政策の国民所得拡大効果は大きい。

　ケインジアンのマクロ理論では，利子理論に流動性選好説が採用され，総供給が総需要に常に一致するとは考えない。経済全体に総需要不足が発生することはありうると考える。この場合，経済の規模を決定するのは総需要となる。実際の購買力を持つ総需要が総供給を決定し，経済の規模を決定するというのがケインジアン理論の核心となる（有効需要理論）。

公債の資産効果が働く場合の財政政策の効果

　財政支出の拡大が，民間の公債引受（市中消化）で賄われる場合，図4-12のaのようにIS曲線が右方にシフトして，国民所得がY_1へ増大することはすでに見た。この場合，民間の公債保有残高が増大すると，人々は公債を保有することで資産が増大したと考えるため，資産効果が働く。したがって，財政政策の効果は，長期的な視点から見ると，公債保有増加が引き起こす資産効果を考慮する必要がある。図4-12のbのように，資産効果は，消費を拡大する効果①を伴う。そのためIS曲線は，IS_1からIS_2へ右方にシフトし，均衡点がE_2へ移動して，国民所得をY_2へと拡大させる。しかし同時に，人々の保有する総資産に占める貨幣保有割合が低下するので，貨幣保有比率を回復しようとする行動が生じる。この貨幣保有需要の増加②は，利子率を上昇させ，LM_0曲線をLM_1へと左上方にシフトさせる。利子率上昇は投資のクラウディング・アウトを引き起こすので，均衡点はE_2からE_3へと移動し，国民所得はY_3へ減少する。したがって，資産効果の国民所得に及ぼす作用は，$Y_1 \rightarrow Y_2$への上昇幅と，$Y_2 \rightarrow Y_3$への下落幅の大小によってきまることになり，消費にたいする資産効果①と貨幣需要に対する資産効果②のどちらが大きいか，に依存することになる。このため財政政策に対する評価は，資産効果の①と②の大きさをどのように評価するかにかかってくる。ケインジアンは，②の貨幣需要に対する資産効果（クラウディング・アウト）は比較的小さく，①の消費に対する資産効果は大きいと考える。しかし，②の効果が大きい場合には，財政政策の効果は打ち消されてしまう（マネタリストの主張）。消費に対する資産効果は，公債の資産としての評価にかかる。公債償還のために税負担が増すと考

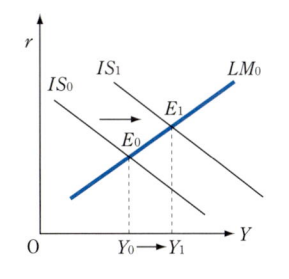

図 4 - 12 - a　財政政策による国民所得増大

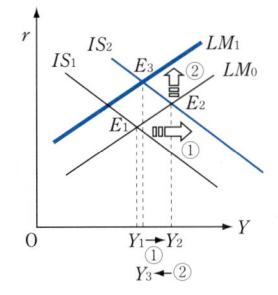

図 4 - 12 - b　資産効用の作用

> 民間の保有公債が増加すれば，消費に対する資産効果①と貨幣需要に対する資産効果②とが同時に働き，均衡点を E_1 から E_3 へと移動させる。

えれば評価は低くなり，消費拡大効果は小さくなる。また貨幣保有効果は，利子率上昇の程度にかかっており，それは保有する資産の間の代替性の程度に依存することになる。

4.2.4　マンデル＝フレミング・モデル

IS-LM 分析では，海外取引を捨象して，国内の財・サーヴィス市場と金融市場を同時に均衡させる条件と，財政政策や金融政策の効果を分析した。ここでは，海外取引を含む開放経済において，財政政策や金融政策はどのような効果を持つか，**マンデル＝フレミング・モデル**に基づいて検討する。

国際収支均衡（BP）曲線

一国の海外取引は，**国際収支 BP**（Balance of Payment）によって示される。国際収支は，経常収支（貿易収支等）と資本収支の合計からなる。国際収支 BP は，単純化すれば，**純輸出 NX**（輸出－輸入）と**純海外投資 NF**（資本流出－資本流入）の合計と考えることができる。したがって国際収支の均衡では，純輸出額と純海外投資額は，一致する。

$$NX + NF = 0 \quad \rightarrow \quad NX = -NF$$

純輸出 NX は，外国の国民所得水準 Y^*，自国の国民所得水準 Y 及び**実質為替レート ε** によって決まると考えることができる。外国の国民所得が上昇すれば自国の輸出が伸長し，自国の国民所得が増大すれば外国からの輸入が増加する。また実質為替レートの上昇（自国通貨価値の減価）は，輸出を増加させる。そこで，外国の国民所得水準を所与 $\bar{Y}^*$ とすれば，純輸出 NX は，自国の

国民所得 Y と実質為替レート ε によって決まることになる。
$$NX = NX(\bar{Y}^*, Y, \varepsilon)$$
実質為替レート ε は,
$$\varepsilon = 名目為替レート E \times \left(\frac{外国財の価格 P^*}{自国財の価格 P}\right)$$
と定義される。**名目為替レート E** は,外国為替市場で取引される二国間の通貨の相対価格であり,例えば 1 ドル＝100 円というように,外国通貨 1 単位を自国通貨建てで表示する。また両国の物価水準の差を調整して,二国間の財の相対価格を表すのが**実質為替レート ε** である。IS-LM 分析の枠組みでは,国内価格は一定 ($P=\bar{P}$) と仮定しているので,外国財の価格を所与 $\bar{P}^*$ とすれば,実質為替レートは名目為替レートと比例的に変動する。したがって,分析上,両者を特に区別せずに取り扱うことができる。為替レートの上昇,例えば 1 ドルが 100 円から 120 円への上昇は,自国通貨価値が低下する(円が**減価**し,**円安**になる)ことを意味している。逆に 1 ドル 100 円から 80 円への為替レートの低下は,自国通貨価値の上昇(円が**増価**し,**円高**になる)を示す。

為替レートは,外国為替市場で決定されるが,取引には金利裁定が働くため,均衡ではすべての通貨による投資(預金や債券)の収益率が等しくなる。したがって,自国利子率 r は,自国の通貨建ての海外利子率 r^* と為替相場の予測(期待)変化率との合計に等しくなると考えてよい(ここではリスク・プレミアムは考えない)。将来の期待為替相場を ε^e とすれば,為替相場は,次のように表せる。

$$r \approx r^* + \frac{(\varepsilon^e - \varepsilon)}{\varepsilon}$$

$$\varepsilon \approx \frac{\varepsilon^e}{(1+r-r^*)}$$

ここで将来の期待為替相場 ε^e と海外利子率 r^* を所与とすれば,

$$\varepsilon \approx \frac{\bar{\varepsilon}^e}{1+r-\bar{r}^*}$$

となる。自国利子率 r が上昇すれば ε は低下(増価)し,利子率が低下すれば ε は上昇(減価)する。したがって,為替相場 ε は自国利子率 r の減少関数 $\varepsilon = \varepsilon$

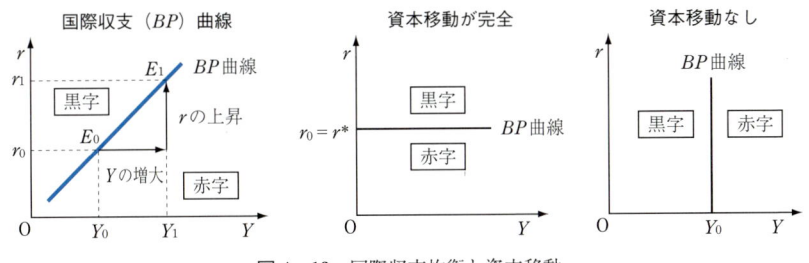

図 4-13 国際収支均衡と資本移動

(r) となる。海外利子率 r^* より自国利子率 r が高いときには海外から資本が流入し，低いときには海外へ資本が流出する。海外資本が流入して自国通貨に対する需要が増大すれば，自国通貨価値は上昇するので為替レート ε は増価し，逆に資本が流出すれば外国通貨に対する需要が増大して為替レートは減価する。

したがって，将来の期待為替レート ε^e や海外利子率 r^* を所与とすれば，自国利子率 r によって，資本の流入・流出は決定され，為替レート ε も決定される。自国利子率 r が高くなると，為替レート ε は増価し，r が低下すると ε は減価する。国際収支の均衡を，所与の条件を除外して簡略化すれば，次のようにまとめることができる。

$$BP = NX(Y, \varepsilon(r)) + NF(r, \varepsilon(r)) = 0$$

したがって，BP 曲線は，国際収支を均衡させる国民所得 Y と利子率 r の組み合わせを示すものとして，IS-LM 分析の枠組みにとり入れて，活用することができる。

いま国際収支が均衡している任意の点 E_0 で，国民所得が Y_0, 利子率が r_0 であったとする。国民所得が Y_1 に増加すると，輸入が増大し，純輸出は赤字となる。この Y_1 水準で国際収支が均衡するためには，純輸出赤字を相殺する純海外投資黒字（外国資本流入）を生み出す必要がある。利子率が国際収支均衡に必要な資本流入を生み出す水準 r_1 へと上昇すれば，新しい均衡点 E_1 へ移動することができる。そこでこの国際収支を均衡させる点を結ぶと，右上がりの BP 曲線が得られる。BP 曲線の右下方は国際収支が赤字の領域であり，左上側は黒字の領域となる。

BP 曲線は，資本の流出入が円滑に行われるほど，水平に近づく。資本移動

が遅滞なく完全に行われる場合には，国内利子率と海外利子率との間に僅かでも差異が生じれば，直ちに資本が流出入して資本収支の調整が行われるため，BP 曲線は**海外利子率水準 r^* で水平になる**。BP 曲線の上側は，黒字の領域となり，下側は赤字の領域となる。反対に資本移動がゼロの場合，利子率に関係なく純海外投資はゼロとなり，国際収支は純輸出のみに依存して決まるため，BP 曲線は垂直になる。国民所得が増加すれば純輸出は赤字となり，減少すれば純輸出は黒字となるので，BP 曲線の右側は赤字，左側は黒字となる。

開放経済における財市場の均衡を示す IS 曲線は，次のようになる。

$$Y = C(Y-T) + I(r) + G + NX(Y, \varepsilon(r))$$

純輸出が増えれば，国民所得は増大し，純輸出が減れば，国民所得は減少することになる。以下では，IS‐LM‐BP モデルを用いて，財政・金融政策の効果を検討していく*。

資本移動が自由に行われる場合

固定相場制

固定相場制では，**中央銀行は固定された為替レートを維持しなければならない**。資本移動が完全な場合，国内利子率は海外市場における利子率 r^* と一致し，BP 曲線は水平になる。

資本規制が少なく，高度の金融市場を備えた欧米や日本など先進諸国の経済を分析する場合には，資本移動の完全性の仮定は，有効な接近方法である。

いま経済は，国際収支が均衡している点 E_0 にあるとする。国内利子率 r_0 は，海外利子率 r^* に等しい。拡張的な財政政策が実施されれば，IS 曲線は右方にシフトし，均衡点が E_1 へと移動する。①国民所得は Y_1 に増大するが，利子率が r_1 へと上昇するため，海外から資本が流入して自国通貨に対する需要が

＊ このモデルでは，実質為替レートの変化は，輸出入数量と，自国製品の外国製品に対する相対価格を変化させ，純輸出と国民所得の変動を生み出す。以下では，輸出入数量が実質為替レートについて十分弾力的であり（数量効果のほうが価格効果よりも大きく），実質為替レートの減価は経常収支（純輸出）を改善し，実質為替レートの増価は経常収支を悪化させるというマーシャル＝ラーナーの条件が満たされるとする。

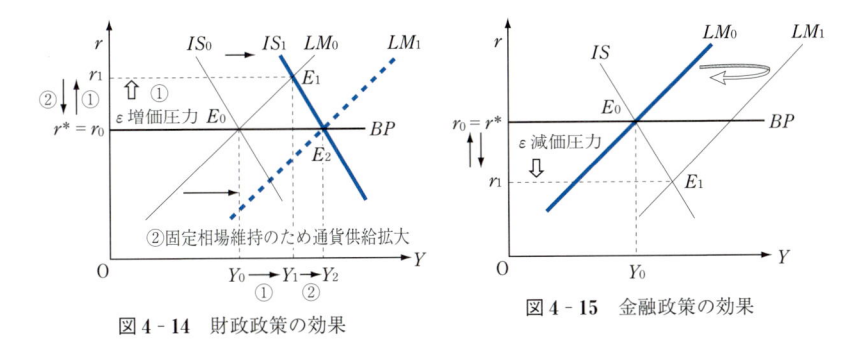

図 4-14　財政政策の効果　　　　　図 4-15　金融政策の効果

高まり，為替相場は増価圧力にさらされる。中央銀行は，固定相場を維持しなければならない。そこで②通貨供給を増大させて LM 曲線をシフトさせ，利子率を元の水準 r_0 に低下させる措置をとる。均衡点は，BP 曲線上の点 E_2 へ移動し，利子率が元の水準に低下するため，通常財政政策に伴う投資のクラウディング・アウト（利子率を上昇させ投資を抑制する）は生じない。そのため，財政政策の国民所得拡大効果は強められ，国民所得は Y_2 へと増大する。

拡張的な金融政策が実施された場合には，LM 曲線は右下方にシフトし，均衡点は E_0 から E_1 へと移動する。利子率が r_1 へ低下し，資本が海外に流出して，国際収支は赤字になる。それは自国通貨を売って外国通貨を買う動きを強化するので，為替相場に対する減価圧力が高まる。中央銀行は，固定相場を維持するため，外国通貨を売って自国通貨を購入（通貨供給を縮小）し，利子率を元の r_0 にまで上昇させ，国際収支を均衡させようとする。その結果，LM 曲線は左上方にシフトして元の位置に戻り，国民所得は Y_0 に留まるため，金融政策の効果は失われる。

　資本移動が完全な固定相場制のもとでは，中央銀行は，固定為替相場を維持するため，「国内利子率が元の水準」（海外利子率水準）になるよう通貨供給を調整しなければならない。そのため，**金融政策は独立性を失い無効となる**。これに対して**拡張的財政政策の国民所得拡大効果はより強力**になる。中央銀行が「国内利子率を元の水準」に維持するように貨幣供給を増加させるため，クラウディング・アウト効果は生じないからである。

変動相場制の場合

変動相場制の場合には，中央銀行は固定相場維持の義務がないので，金融政策は独自の政策手段として機能する。拡張的財政政策が実施されると，①IS曲線は右方にシフトし，均衡点は E_0 から E_1 へと移動し，国民所得は Y_1 へと増大する。その結果，利子率は r_1 へと上昇し，海外から資本が流入して，自国通貨に対する需要が増え，為替レート ε は増価する。利子率が上昇し，為替相場が増価すると，②国内投資のクラウディング・アウトと為替相場増価による純輸出の減少とが同時に発生するため，IS曲線は左方にシフトし国民所得は低下に向かう。IS曲線の左方シフトは，利子率を低下させるため，資本流出を引き起こし，為替相場を減価させて，純輸出を増加させ，国際収支を均衡化させる力として作用する。資本移動が完全であれば，利子率（及び為替相場）は，国際収支を均衡化させる元の水準 $r_0=r^*$ にまで押し戻されるため，国民所得は元の水準 Y_0 に復帰する。したがって，財政政策は効果を発揮しない。

他方，中央銀行が拡張的な金融政策を実施する場合には，①LM曲線は右方にシフトし，国内利子率を低下させるため，国内投資を増大させ，国民所得は増大する。対外的には，利子率の低下は，資本の流出を引き起こすため，為替レートを減価させ，純輸出を増大させる。国内投資が拡大し，純輸出増大が加わるため，②IS曲線は右方にシフトし，国民所得拡大効果がより強力に作用する。IS曲線のシフトは，利子率（為替相場）が国際収支を均衡させる $r_0=r^*$ 水準に達するまで続く。こうして，金融政策は強力な国民所得拡大効果を発揮し，国民所得を Y_2 へと拡大することになる。

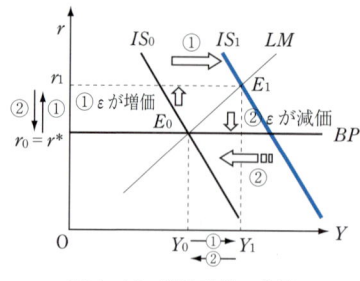

図4-16　財政政策の効果

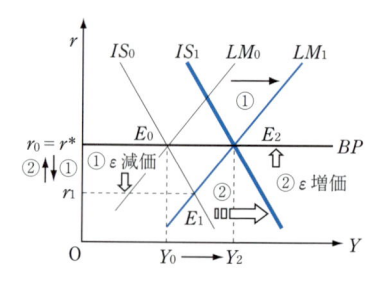

図4-17　金融政策の効果

資本移動が完全な変動相場制の下では，拡張的な財政政策は，「利子率を上昇させ」，国内投資の抑制と為替レートの増価による純輸出の減少を生み出すので，総需要（国民所得）の拡大効果は打ち消される。これに対して，金融緩和政策は，「利子率を低下させ」，国内投資を拡大し，さらに為替レートを減価させ純輸出を拡大する効果を伴うので，国民所得拡大効果はより強力となる。

> ***check*** 海外利子率の変化に対する政策対応
>
> 　資本移動が完全な場合，国内利子率は，海外利子率によって決定される。しかし海外利子率は，大国の金融政策によって変化することもある。変動相場制の下で，海外利子率が変化した場合の中央銀行の金融政策効果を考察しておこう。図のように，当初の国内均衡点が E_0 であったとする。

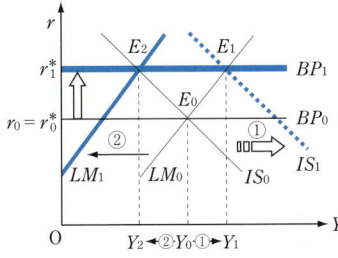

図①　海外利子率が上昇した場合 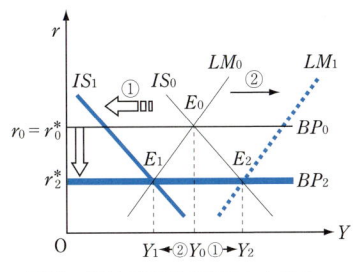　　図②　海外利子率が低下した場合

　海外利子率が r_0^* から r_1^* へと上昇すると，BP_0 曲線は BP_1 へと上方にシフトする。国内利子率が海外利子率を下回るため，資本流出が生じて，国際収支は赤字となる。政府が政策措置をとらない場合には，①為替相場が減価し，純輸出を拡大させるため，IS 曲線は右方にシフトし，国民所得を拡大させると同時に，国際収支を均衡させるように働く。新しい均衡点は，国際収支が均衡し国内利子率が海外利子率と等しくなる BP_1 曲線上の点 E_1 となり，国民所得は Y_0 から Y_1 へと上昇する。これに対して，中央銀行が，国際収支を均衡させるために，②国内利子率を海外利子率と等しくなるように，LM_0 曲線を LM_1 へとシフトさせる金融引締政策をとれば，均衡点は E_2 へ移動し，国際収支は均衡する。しかし，国民所得は Y_0 から Y_2 へと低下する。中央銀行の政策は，国際収支均衡を回復させる効果を持つが，国民所得の低下を招く。

　逆に海外利子率が r_0^* から r_2^* へと低下する場合には，BP 曲線が下方にシフトする。国内利子率は海外利子率を上回るため，資本流入が生じて，国際収支は黒字となる。政府が政策措置をとらない場合には，①為替相場が増価し，純輸出が減少す

るため、IS_0 曲線は左方にシフトし、利子率が海外利子率の水準まで低下して、国際収支が均衡する BP_2 曲線上の点 E_1 へ移動することになる。その結果、国民所得は Y_0 から Y_1 へと低下する。これに対して、中央銀行が、②金融緩和政策を実施して、LM_0 曲線を LM_1 へとシフトさせ、国内利子率を海外利子率に等しい水準に引き下げる措置をとる場合には、為替相場を減価させ、国内投資を増加させるため、均衡点は国際収支が均衡する BP_2 曲線上の点 E_2 へ移動し、国民所得は Y_0 から Y_2 へと増大することになる。したがって、中央銀行の金融政策は、国際収支の均衡を回復させるとともに、国民所得を増大させる効果を発揮する。

固定相場制の下で、海外利子率が変化した場合の中央銀行の金融政策については、読者の宿題としておく。

資本移動がない場合

固定相場制

資本移動がない場合には、**BP 線**は、利子率とは無関係となり、**垂直**になる。純海外投資はゼロとなるので、国際収支は、純輸出の収支と等しくなる。

固定相場制の場合、拡張的な財政政策が実施されれば、①IS 曲線は右方にシフトし、均衡点は E_0 から E_1 へと移動する。これに伴って国民所得は Y_0 から Y_1 へ増加するが、輸入が拡大して、純輸出は赤字となり、外国通貨に対する需要が増大して、為替レートに切り下げ圧力がかかる。金利は上昇するが、海外資本は流入しないので、為替レートを上昇させる力としては作用しない。中央銀行は、固定相場を維持するために、②外国通貨を売って自国通貨を買い、通貨供給を縮小させる。金融引締めは、為替相場が回復し、純輸出を均衡させるまで継続されるため、LM 曲線は E_2 まで左上方にシフトする。そのため国民所得は元の Y_0 へと低下し、**財政政策は無効**となる。しかもこの過程で金利は r_0 から r_2 へと上昇して、財政拡大が国内投資を完全に押しのけるクラウディング・アウトが生じる。

拡張的金融政策が実施される場合には、LM 曲線が右下方にシフトし、利子率が低下して投資を刺激し国民所得は Y_1 へと増加するが、新しい均衡点 E_1 では純輸出が赤字となり、為替相場に減価圧力がかかる。中央銀行は、固定相場制を維持しなければならないため、外国通貨を売って自国通貨を買う通貨供

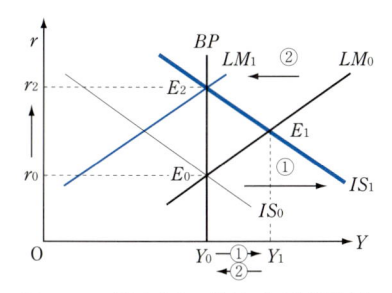

図 4-18　財政政策の効果（固定相場制） 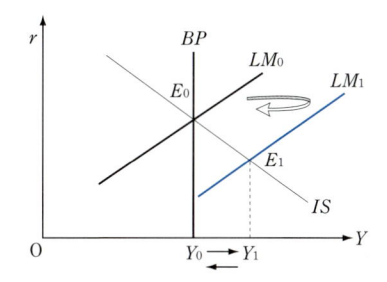　　図 4-19　金融政策の効果（固定相場制）

給縮小策をとって，為替相場の回復をはかり，純輸出を均衡させる点 E_0 へ復帰せざるをえない。その結果，国民所得は元の Y_0 へと低下し，**金融政策は無効**となる。

資本移動がない固定相場制では，拡張的な財政・金融政策は，純輸出（国際収支）を赤字にする。中央銀行は，固定相場を維持し，純輸出を均衡させるために，縮小的金融政策をとらざるをえず，国民所得は元の水準へ復帰する。**財政政策・金融政策はともに無効**となる。

変動相場制

資本移動がない変動相場制の場合，拡張的な財政政策が実施されれば，① IS 曲線は右方にシフトし，均衡点は E_0 から E_1 へと移動する。国民所得は Y_0 から Y_1 へと増加し，輸入が増大して，純輸出は赤字となる。利子率は上昇するが，資本流入は発生しない。②純輸出の赤字は，為替相場を減価させる。為替の減価は，輸出を拡大して，輸入を縮小させ，国民所得を一層増大させる。結局，為替相場の減価は，純輸出が均衡する国民所得水準 Y_2 に到達するまで続く。③このため輸出入を均衡させる BP 曲線は Y_0 水準から Y_2 水準へとシフトする。こうして，拡張的財政政策は，国民所得を拡大する効果を発揮する。しかし，この過程で利子率が r_0 から r_2 へ上昇するので，国内投資のクラウディング・アウトが生じる。

拡張的金融政策が実施される場合には，① LM 曲線が右下方にシフトし，利子率が低下して，国内投資が刺激され，国民所得が Y_0 から Y_1 へと増大するが，輸入が増大して純輸出は赤字となり為替相場は減価する。②為替相場の

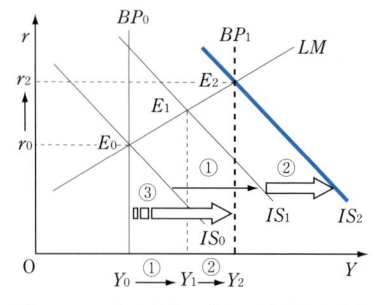

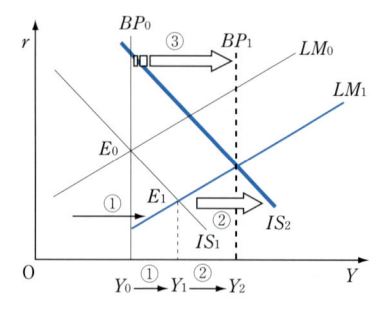

図 4-20 財政政策の効果（変動相場制）　　図 4-21 金融政策の効果（変動相場制）

減価は，輸出を増加させ，輸入を減少させて，IS 曲線を右方へシフトさせ，国民所得を一層増大させる。為替相場の減価は，輸出入を均衡させる水準まで続き，国民所得は Y_2 へと増大する。このため③ BP 曲線は，Y_2 水準へシフトする。こうして金融政策は，国民所得拡大効果を発揮する。クラウディング・アウトは生じない。

資本移動がない変動相場制の下で，拡張的な財政・金融政策を実施すると，国際収支が赤字になるが，為替レートが輸出入を均衡させる水準にまで減価して，国民所得水準を増大させる結果，BP 曲線が右方にシフトし，財政政策・金融政策はともに生産拡大効果を発揮する。

表 4-1　マンデル＝フレミング・モデルによる財政・金融政策の効果

	資本移動完全		資本移動なし	
	固定相場制	変動相場制	固定相場制	変動相場制
財政政策	効果は強力	無　効	無　効	有　効
金融政策	無　効	効果は強力	無　効	有　効

4.2.5　ポリシー・ミックス

ポリシー・ミックスとは，国内均衡（完全雇用）と国際収支均衡という政策目標を同時に達成するために，財政政策と金融政策という二つの政策手段を，それぞれの目標に割り当てることである。マンデルは，固定相場制の下では，国内均衡の達成には財政政策を，国際収支均衡の達成には金融政策を割り当て

ることによって，国内均衡と国際均衡の同時達成が可能になることを示した（**マンデルの政策割当**）。

まず国内均衡からみていこう。縦軸に財政余剰（税収 T －財政支出 G），横軸に利子率をとる。いま，国内均衡（完全雇用）状態にある任意の点 A において，金融引き締めが実施されたとする。利子率が上昇し，投資が減少して国民所得が減少するため，経済は均衡点を離れて B 点に移動する。B 点では失業（あるいはデフレ）が発生する。国内均衡を回復するには，政府は失業解消に必要なだけの財政支出拡大（つまり財政余剰縮小）を実行して，下方の完全雇用を達成する水準 C 点に到達しなければならない。A 点と C 点を結べば，国内均衡（完全雇用）を実現する右下がりの国内均衡線（XX 線）が得られる。XX 線の右側は失業（デフレ）の領域となり，左側はインフレの領域となる。

次に国際収支均衡を検討しよう。D 点で国際収支均衡が達成されていたとする。金融引き締めが実施され利子率が引き上げられると，海外から資本が流入

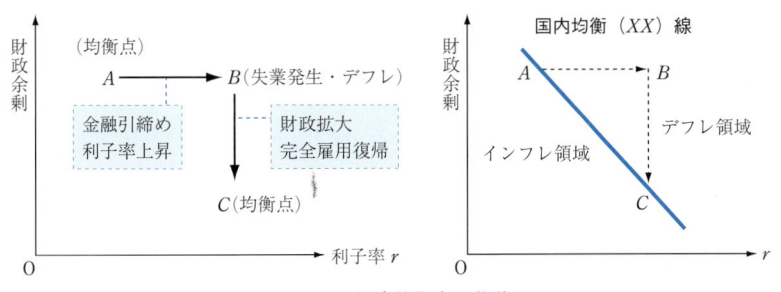

図 4 - 22 国内均衡点の移動

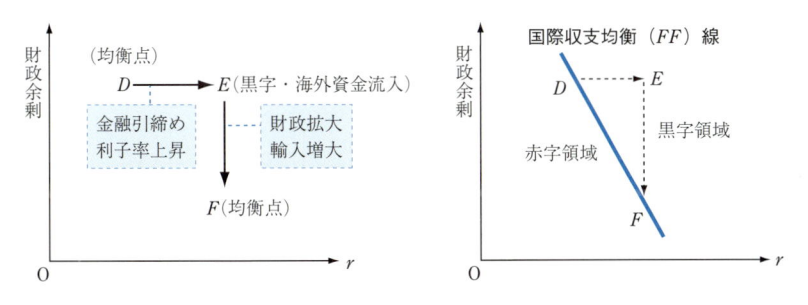

図 4 - 23 国際均衡点の移動

し，国際収支が黒字となり，経済は右方の E 点に移動する。国際収支の均衡を達成するには，財政支出を拡大（財政余剰を縮小）して輸入を増加させ，輸出入が均衡する下方の点 F に到達する必要がある。国際均衡を実現する D 点と F 点を結べば，右下がりの国際収支均衡線（FF 線）が得られる。FF 線の右側では国際収支の黒字が発生し，左側では赤字が発生する。

　一般に，FF 線の傾きは，XX 線の傾きよりも大きい。国際収支（資本移動）は，国内投資と比較して，利子率の変化により敏感に反応するため，国際収支均衡に復帰するために必要な財政余剰の減少分は，国内均衡に復帰するのに要する財政余剰の減少分を上回ると考えられるからである。XX 線と FF 線によって，図 4-24 のように，国際収支と国内経済の状況を 4 つの領域に区分することができる。

　国内均衡と国際均衡を同時に満たす点は，XX 線と FF 線の交点 E_0 となる。いま経済が，国内デフレ・国際収支赤字の領域 H 点にあるとする（図 4-25）。この場合，国際均衡達成には，金融政策（引き締め）によって，利子率を上昇させ海外資金流入を増大させて，国際収支が均衡する FF 線上の点 I に移動すればよい。I 点は国内的にはデフレであるので，財政政策（拡大）によって財政余剰を削減し，国内均衡を達成する XX 線上の点 J へ移動すればよい。このように財政拡大と金融引き締め政策を実行することによって，$H→I→J→K$……と調整を行い，国内均衡と国際均衡を同時に達成する点 E_0 に移動することができる。重要な点は，政策手段の選択を間違わないことである。もし，国内均衡を達成するために金融政策を用い，国際均衡を達成するために

図 4-24　国内均衡と国際均衡

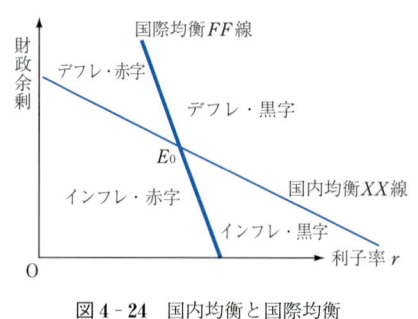

図 4-25　同時均衡点への移動経路

財政政策を用いれば，破線で示したように経済は $H \to M \to N$ というように均衡から遠ざかることになる。

同様に，経済がどの領域にあっても，国内需給の均衡達成には財政政策（インフレには財政引き締め，デフレには財政拡大）を，国際収支の均衡には金融政策（国際収支赤字には金融引き締め＝利子率引き上げ，黒字には金融緩和＝利子率引き下げ）を割り当てることによって，国内均衡と国際均衡を同時に達成する点に移動することができる。

練習問題

1. ある国のマクロ経済が次のように示され，完全雇用国民所得が 200 であるとする。各記号は，本文と同じであるとする。

    $Y=C+I+G \quad C=0.8(Y-T) \quad I=30 \quad G=30 \quad T=30$

    この経済で，①政府支出を 2 増加した場合，均衡国民所得はいくら増加するか。また②完全雇用を達成するために必要な減税額はいくらか。③政府が 15 の増税を行うと同時に政府支出を 15 拡大したとすれば，国民所得はどうなるか。

2. ある国のマクロ経済が，次の関係式で表されているとする。

    $Y=C+I+G \quad C=0.8(Y-T) \quad I=80-r \quad G=27 \quad T=50$

    $\dfrac{M}{P}=300 \quad L=Y-2r$

    ①この経済の均衡国民所得と均衡利子率はいくらになるか。②財政支出が 27 から 48 へ増加すると国民所得は，どれだけ変化するか。

3. 海外貿易が行われている国のマクロ経済において，租税は定額税 T によって徴収され，限界消費性向 c が 0.8，限界輸入性向 m が 0.3 であり，投資 I と輸出と政府支出は外生的に決定されるとする。この場合，①20 兆円の減税が行われれば，国民生産と輸入はいくら増大するか。また②20 兆円の政府支出増大が行われれば，国民生産と輸入はいくら増大するか。

4. マクロ経済が，次のように示されるとする。　$Y=C+I+G \quad C=0.8Y$

    この時，税率 25％の比例所得税が導入されたとすれば，マスグレイブ＝ミラーの安定化指標 α は，いくらになるか。

5. マンデル＝フレミング・モデルを用いて，資本移動が完全であるという条件の下で，固定相場制と変動相場制とに分けて，金融政策と財政政策の効果について論じなさい。

6. マンデル＝フレミング・モデルを用いて，資本移動が完全であるとして，固定相場制の下で，海外利子率が上昇した場合の中央銀行の政策について論じなさい。

第5章　財政政策の有効性と評価

5.1　総需要 – 総供給（AD – AS）分析

5.1.1　ケインズの世界と古典派の世界

　IS - LM 分析では，財貨・サーヴィス市場と貨幣市場において財政政策や金融政策を実施し，有効需要をコントロールして，完全雇用水準の国民所得を達成する方法について論じてきた。そこでは，物価は一定水準で不変であるとしてきた。

　実際に，すべての財貨・サーヴィスの価格が，日々変化するということはない。生鮮食料品などのように日々価格が変化するものも存在するが，多くの財貨・サーヴィスの価格は，日々変化するということはない。しかし，このような財貨・サーヴィスも，ある程度の期間をとって観察すれば，価格は確実に変化していく。したがって，現実の経済を分析する上で，物価水準一定という前提では，十分な分析を行うことができない。

　古典派は，価格が伸縮的に変化して市場を均衡させると考えていた。これに対して，ケインジアンは，価格がいずれ需給の均衡を回復するように変化するとしても，多かれ少なかれ価格が硬直的であるため，市場では需給の不均衡が生じると考える。価格が硬直的なケインズ的世界と，価格が伸縮的な古典派的世界において，財政金融政策はどのように作用するか，両者の見方を統一的な枠組みの中で評価することが必要になる。

　いま価格が硬直的な世界を「短期的」な世界であり，すべての価格が伸縮的に作用する世界をいずれ実現される「長期的」な世界であると考えれば，両者の関係を，短期的な世界から長期的な世界への移行の問題として，同一の枠組

みの中で評価することが可能になる。

　価格が硬直的な短期と価格が伸縮的な長期において，財政金融政策がどのように作用して**物価水準**と**国民所得**を決定するかを検討するには，価格水準の変化を織り込んだ **AD‐AS** 分析が必要になる。*AD* とは，総需要（Aggregate Demand）を意味し，*AS* とは総供給（Aggregate Supply）を意味する。*AD‐AS* 分析によって，財貨・サーヴィス市場，貨幣市場に加えて，供給側の労働市場をも含めて，物価変動を伴う国民所得決定の総合的な分析が可能になる。

5.1.2　総需要曲線

　まず総需要がどのように決定されるか見ていこう。*IS‐LM* 分析では，*IS* 曲線と *LM* 曲線の交点が，財貨・サーヴィス市場と貨幣市場を同時に均衡させる点であった。ある物価水準の下で，一国の総需要（国民所得）は，この交点で決定される。したがって，この交点が物価の変化によってどのように変化するかを追跡すれば，物価水準と国民所得との関係を示す**総需要（*AD*）曲線**

図 5‐1　物価変化と *LM* 曲線

a　物価水準が P_1 の場合の市場均衡　　b　物価水準の変化による *LM* 曲線のシフト

> 物価水準が P_1 から P_2 へ低下すれば，**実質貨幣供給** $\frac{M}{P}$ は増加するので，*LM* 曲線はシフトし，均衡点は E_2 へと移動する。

> 物価水準が P_1 から P_2 へ低下すると，均衡点は E_1 から E_2 へ移動し，国民所得は Y_1 から Y_2 へ増大するので，*AD* 曲線は右下がりとなる。

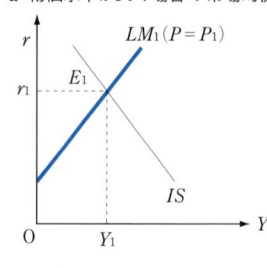

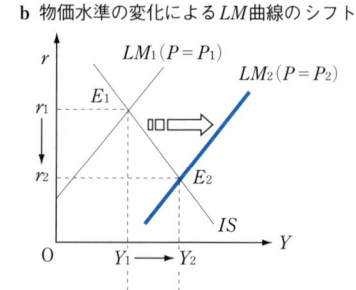

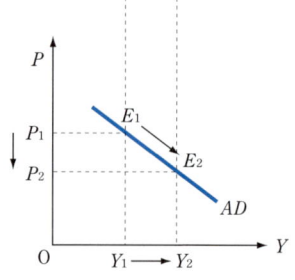

図 5‐2　右下がりの *AD* 曲線

を描くことができる。AD 曲線は，財貨・サーヴィス市場と貨幣市場を同時に均衡させる国民所得 Y と物価 P の組み合わせを描いた曲線である。

図 5-1a では，IS-LM 曲線は，物価がある一定水準 P_1 に固定されているとして，描かれている。このときの均衡国民所得の水準は Y_1，均衡利子率は r_1 である。図 b では，物価水準が P_2 に低下したときの均衡国民所得 Y_2 と均衡利子率 r_2 とが描かれている。物価水準が，P_1 から P_2 に低下すると $(P_1>P_2)$，物価水準を考慮した実質通貨供給量 $\frac{M}{P}$ は，P が低下しただけ増大するため，$\frac{M}{P_1}<\frac{M}{P_2}$ となり，LM 曲線は右下方にシフトする。その結果，均衡点は E_1 から E_2 へと移動し，均衡国民所得は，Y_1 から Y_2 へと増加する。

この結果から，物価水準が P_1 から P_2 に低下すれば，IS-LM の交点は E_1 から E_2 へと移動し，国民所得は Y_1 から Y_2 に増大することがわかる。逆に物価水準が上昇すれば，実質通貨供給は減少するため，LM 曲線は左方にシフトし，国民所得は減少することは明らかであろう。したがって，AD 曲線は，物価 P を縦軸にとり，国民所得を横軸にとれば，右下がりの曲線として描くことができる（図 5-2）。

AD 曲線は，IS 曲線と LM 曲線の交点を示す曲線である。ある物価水準 P_0 で，拡張的な財政政策や金融政策を行えば，IS 曲線や LM 曲線は右方にシフトし，国民所得は増大する。物価水準 P_0 で，国民所得が増加すれば，AD 曲線は，右方にシフトする。反対に，縮小的な財政・金融政策を実施すれば，国民所得は減少するので AD 曲線は左方にシフトする*。

---

* 総需要曲線 AD は，財政政策と金融政策の関数として，$Y=Y(\frac{M}{P}, G, T)$ と表すことができる。したがって，国民所得 Y は，金融政策 M，物価水準 P，政府支出 G，租税 T に依存して決まる。総需要曲線は，金融政策 M と財政政策（G と T）を一定として，すなわち $Y=Y(\frac{\bar{M}}{P}, \bar{G}, \bar{T})$ の場合の，物価水準 P と国民所得 Y との関係を示したものである。P が増大すれば，$\frac{\bar{M}}{P}$ が減少し，Y は減少するので，P と Y との関係は右下がりの曲線として描くことができる。また逆に，所与の物価水準の下で，すなわち $Y=Y(\frac{M}{P}, G, T)$ において，M や G や T を増加させれば，国民所得 Y は増大するので，拡張的な財政政策や金融政策は総需要曲線を右方へシフトさせる。縮小的な財政政策や金融政策は，総需要曲線を左方にシフトさせることになる。

図5-3 財政・金融政策とAD曲線

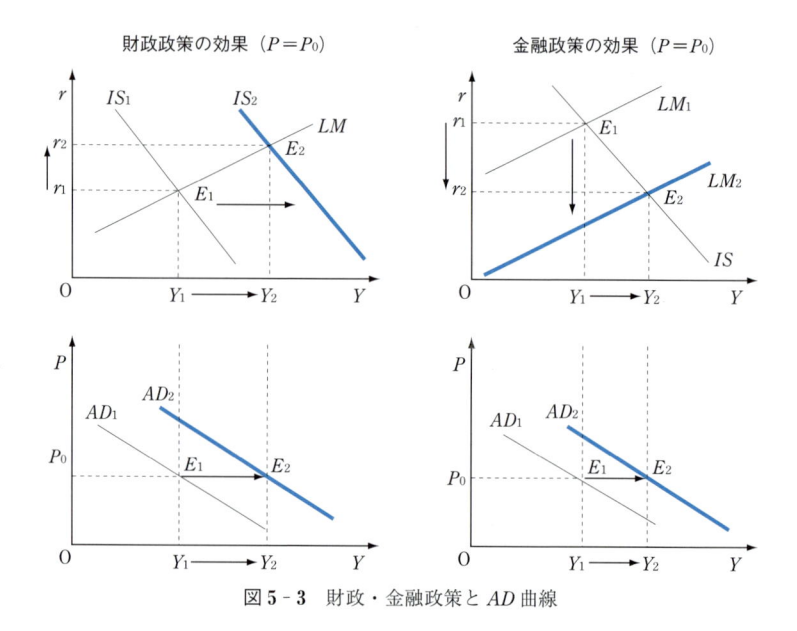

例えば，図5-3のように，拡張的な財政政策が実施され政府支出が増大すれば，IS曲線が右方にシフトする。このとき物価水準がP_0であったとすれば，IS-LMの交点は，E_1からE_2へと移動し，国民所得と利子率は，Y_2, r_2へと共に上昇する。このとき，AD曲線は，P_0の水準でE_1からE_2へと右方へシフトする。逆に，縮小的財政政策は，AD曲線を左方にシフトさせ，国民所得の減少と，利子率の低下が生じる。次に，拡張的な金融政策が実施されれば，LM曲線が右下方にシフトする。物価水準がP_0に留まれば，国民所得はY_1からY_2へと増大し，AD曲線は右方にシフトする。この間，利子率はr_1からr_2へと低下する。拡張的な金融政策は，AD曲線を右方にシフトさせる。逆に，縮小的な金融引き締め政策は，AD曲線を左方にシフトさせ，国民所得を低下させ，利子率を引き上げる。

5.1.3　総供給（AS）曲線

他方，総供給は，ある物価水準P_0において，企業が供給したいと考える生産量によって決定される。企業の生産量は，企業が受け取る財貨・サーヴィス

の価格と，それを生産するためのコストとを比較して，利潤が最大になるように決定される。労働力に余裕があるときには，労働賃金が低いため，企業は生産を容易に拡大し利潤を増加させることができる。しかし，完全雇用状態に達すると，労働賃金は高くなり，容易に生産を増やすことはできなくなる。このように総供給の水準は，ある物価水準が与えられれば，労働市場の需給の状況によって決定される。したがって，物価水準 P が変化するにつれて，労働市場を均衡させる国民所得 Y がどのように変化するかを追跡すれば，物価水準と国民所得との関係を示す曲線を描くことができる。このような労働市場を均衡させる国民所得 Y と物価 P の組み合わせを描いたものが，総供給（AS）曲線である。

AS 曲線は，価格が伸縮的に動くか，硬直的であるかによって，全く異なる形をとる。**古典派の世界**では，価格は伸縮的であり，市場が完全に作動することを前提しているため，常に完全雇用が達成される。労働市場は，完全雇用の状態で常に均衡している。労働がそれ以上には増加しないため，たとえ物価水準が上昇したとしても，企業は，それ以上に生産量を増やすことはできない。したがって，総需要と物価がどのような水準になろうが，生産量は完全雇用水準に留まり変化しない。そのため総供給は，物価水準とは無関係になり，AS 曲線は，完全雇用（自然率）国民所得 Y_f のところで垂直に立つことになる。これに対して，**ケインズの世界**では，価格が硬直的である。つまり労働市場で需給の不均衡（失業）が生じても，賃金は迅速には変化しないため，直ちに完全雇用へ復帰することはなく，失業は継続しうると考える。このような失業が継続する世界では，企業は，現在の労働賃金水準で，必要な労働力を調達することが可能となる。したがって，企業は，現在の物価水準のもとで，総需要に見合うだけの生産量を供給することができる。それは，AS 曲線がある物価水準 P_0 の下で水平になることを意味している。

5.1.4　財政政策・金融政策の効果

国民所得と物価の均衡水準は，総需要（AD）曲線と総供給（AS）曲線の交点で決まる。

図 5-4 古典派の世界

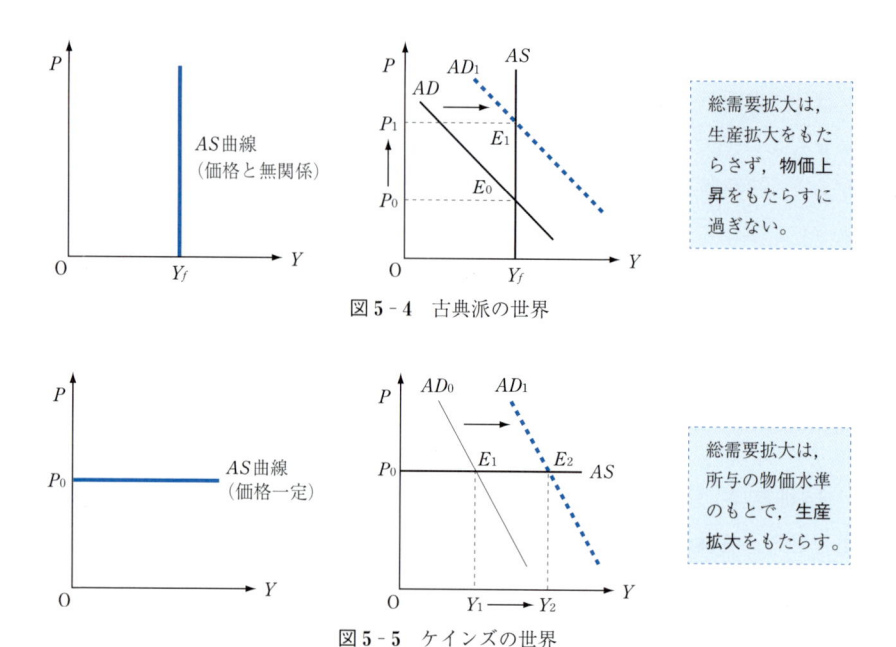

図 5-5 ケインズの世界

総需要拡大は、生産拡大をもたらさず、物価上昇をもたらすに過ぎない。

総需要拡大は、所与の物価水準のもとで、生産拡大をもたらす。

　古典派の世界では、AS 曲線は、完全雇用水準 Y_f で垂直に立つ。いま図5-4のように、拡張的な財政政策や金融政策が実行されれば、総需要は増大するので、AD 曲線は右方にシフトする。しかし、総供給は完全雇用水準以上には増加しない。したがって、総需要の拡大は、均衡点を E_0 から E_1 へと移動させるが、物価水準を P_0 から P_1 へと上昇させるだけの効果しか持たない。

　このことは、総需要拡大がマネーサプライの増加（拡張的金融政策）によって生じた場合には、物価を上昇させるだけに終わることを意味している。つまり、貨幣は実物経済に影響を与えない。これは古典派の**貨幣の中立命題**を示している。また総需要の拡大が、財政支出の拡大によって生じた場合には、物価上昇のほかに、利子率を上昇させる。それは投資を縮小させる。したがって財政支出拡大は、それに見合った民間投資を縮小させるという、**完全なクラウディング・アウト**を引き起こすことを意味する。いずれにせよ、総需要拡大政策は、物価を上昇させるだけで、総生産（国民所得）を拡大させる効果は持たない。

　これに対して、ケインズの世界では、図5-5のように AS 曲線は、与えら

れた物価水準で，水平になる。そこで，拡張的な財政政策や金融政策を実行すれば，総需要は拡大して，AD 曲線は右方にシフトする。AD 曲線と AS 曲線の交点は，E_1 から E_2 へと移動し，均衡国民所得は Y_1 から Y_2 へと増大する。しかし，物価水準は変化しない。したがって，総需要拡大政策は，物価を上昇させることなく，総生産（国民所得）を拡大させる効果を持つ。

5.1.5 短期均衡と長期均衡

ケインズの世界では価格が硬直的であり，古典派の世界では価格が伸縮的であると考えて，理論が組み立てられていた。しかし現実の世界では，短期的には多かれ少なかれ価格は硬直的であるが，いずれすべての価格が変化して市場の需給は調整されるので，やや長期的に観察すれば価格は伸縮的に作用すると考えることができる。

したがって，ケインズの世界は短期の需給均衡を示し，古典派の世界は長期の需給均衡を示すと解釈すれば，両者の世界は，短期の均衡から長期の均衡へと移動する過程として，同じ AD-AS 分析の中で統一的に説明することができる。

図5-6には，AD 曲線と，ケインジアンの短期 AS 曲線，古典派の長期 AS

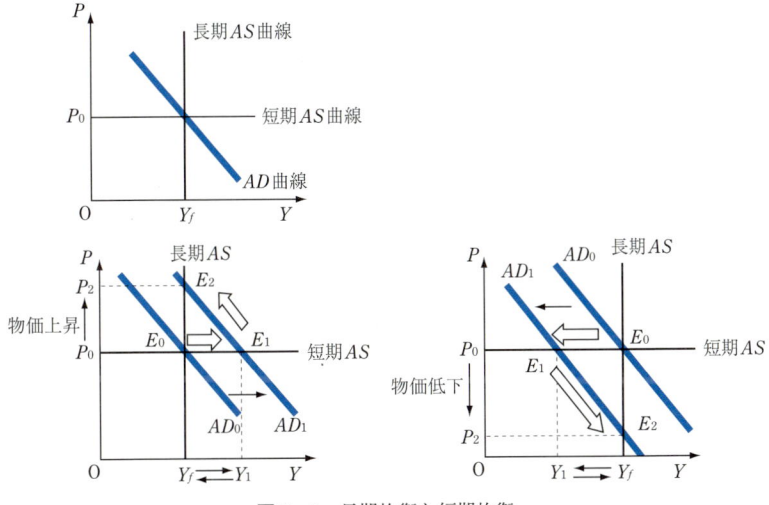

図5-6　長期均衡と短期均衡

曲線とが示されている。図5-6は，ある物価水準 P_0 のもとで，総需要と総供給とが均衡して**完全雇用（自然率）生産水準 Y_f** が達成されている状態を示している。そこでは長期の需給均衡点は，短期の需給均衡点と一致する。AD 曲線が長期 AS 曲線と交わる長期均衡点は，価格調整の結果実現される点であるから，その時点の短期 AS 曲線も同じ均衡点を通ることになるからである。

経済がこのような状態にあるとき，政府が拡張的な財政金融政策で総需要を拡大したとすれば，AD 曲線は右方向にシフトする。この場合，物価水準が変化しない短期においては，均衡点は短期 AS 曲線上を E_0 から E_1 へと移動し，それにつれて生産量も Y_f から Y_1 に増大する。企業は，生産を拡大しようとして雇用を拡大するが，完全雇用（自然失業率）状態では労働時間の延長など超過労働に依存せざるをえず，それは労働賃金の上昇を招く。したがって，企業は一定の物価水準で生産することが不可能となり，短期 AS 曲線上に留まることができなくなる。物価水準が上昇するにつれて，経済は AD_1 曲線に沿って移動し，しだいに総需要の実質額は減少し，生産額は徐々に減少していく。こうして均衡点は，E_1 から E_2 へと至り，完全雇用（自然率）水準に復帰する。新たな均衡点 E_2 では，生産はもとの水準にもどるが，物価水準は，もとの水準の P_0 から P_2 へと上昇する。つまり，総需要の拡大政策によって，短期的には生産量は拡大するが，長期的には完全雇用（自然失業率）に対応する生産水準 Y_f に復帰する。ただし，物価水準は上昇する。

逆に，政府が縮小的財政金融政策を採用すれば，物価水準が変化しない短期においては，総需要が縮小するので，短期 AS 曲線に沿って生産が低下し，均衡点は E_0 から E_1 へと移動する。低下した生産水準 Y_1 においては，失業が発生し，労働賃金が下落し，物価水準は低下する。こうして経済は，総需要曲線 AD_1 に沿って移動を始める。物価水準が低下するにつれて，実質的な総需要は徐々に増加するため，それに伴って生産も拡大していく。やがて，経済は E_2 に至り，生産は完全雇用（自然率）水準に対応する Y_f に復帰する。このように，総需要縮小政策を実施すれば，短期的には生産水準は低下するが，長期的には完全雇用水準に復帰する。ただし，物価水準は低下する。

5.1.6　短期総供給 (AS) 曲線と期待の調整

古典派の総供給曲線は，価格機能が完全に伸縮的に働くことを前提としていた。これと対照的にケインズの世界の総供給曲線は，価格が完全に硬直的であると前提していた。しかし，実際の世界では，労働賃金が，完全に伸縮的に動くわけではなく，また完全に硬直的でもない。名目賃金や財・サーヴィス価格は，通常ゆっくりとしか調整されず，また労働者が名目賃金の変化と実質賃金の変化を混同したり，生産者が財・サーヴィス価格の相対的な変化を物価水準の変化と混同するという事態が生じうるからである。このような市場の不完全性から，短期 AS 曲線は，垂直でも水平でもなく，右上がりの傾きを持っていると考えることができる。この場合，短期 AS 曲線は，次のように表すことができる[*]。

$$Y = Y_f + \gamma (P - P^e) \qquad \gamma > 0$$

ここで Y は国民生産，Y_f は完全雇用（自然率）国民生産，P は物価水準，P^e は期待物価水準である。γ は，国民生産が，予想外の物価変化 ($P-P^e$) にどのように反応するかを示しており，その逆数 $\left(\dfrac{1}{\gamma}\right)$ は，AS 曲線の傾きとなる。短期 AS 曲線は，国民生産が予想外の物価水準の変化によって増減することを示している。物価水準が期待物価水準より高くなれば，国民所得は自然率水準を超えて増大する。逆に低くなれば，自然率水準を割り込んで低下する。そして，物価水準が期待物価水準と一致すれば，国民生産は自然率で均衡する。

図5-7-aは，長期 AS 曲線，短期 AS_0 曲線，AD 曲線が，完全雇用（自然率）国民所得水準 Y_f で均衡している状況を示している。需給均衡点 E_0 では，物価水準 P_0 と期待物価水準 P_0^e とは一致している。

図5-7-bは，AD 曲線が，拡大的な財政・金融政策によって AD_1 へと右方にシフトした場合の国民所得の変化と物価水準の変化を示したものである。総需要の予期しない変化が発生すると，物価水準は P_0 から P_1 に上昇する。総

---

[*]　総供給理論は，議論が分かれている分野であり，硬直賃金モデル，労働者錯覚モデル，不完全情報モデル，硬直価格モデルなどの有力な総供給モデルがあり，それぞれ異なる理論的根拠を持っているが，結局同じ形の短期総供給関数として表わすことができる（マンキュー[2003]（Ⅰ））。

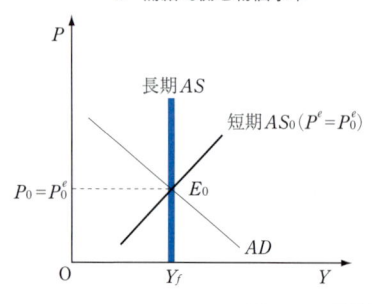

a 需給均衡と物価水準　　**b 拡張的政策と期待物価調整による需給均衡**

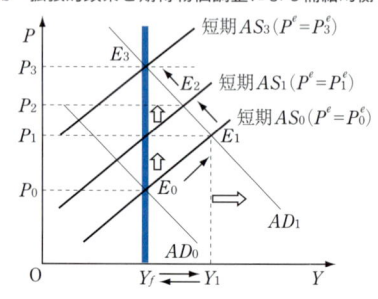

図5-7　需給均衡と期待の調整

　需要の変化によって引き起こされる経済効果が予期されていない場合，人々の期待物価水準は直ちには変化せず，しばらく元の水準 P_0^e にとどまる。人々は短期供給曲線 AS_0 で生産を行うため，均衡点は E_0 から E_1 へと移動し，国民所得は Y_f を超えて Y_1 へと増大する。

　しかし，人々が新しい物価上昇 P_1 を認識するにつれて，人々の期待物価も上昇し現実の物価に追いつく。人々の期待物価が P_1^e へと上昇すると，短期 AS 曲線は，短期 $AS_0(P^e=P_0^e)$ から新しい期待物価水準に基づく短期 $AS_1(P^e=P_1^e)$ へとシフトする。短期 AS 曲線がシフトすると，均衡点は E_1 から E_2 へと移動する。それに伴って，現実の物価は P_2 へと一層上昇する。人々の期待物価もやがて現実物価の水準に追いつく。このような調整は，現実の物価水準と期待物価水準が等しくなる均衡状態に達するまで続き，短期 AS 曲線はシフトし続ける。そして E_3 の点で，長期 AS 曲線と短期 AS 曲線と新しい総需要曲線 AD_1 は，新しい均衡点に達する。その結果，国民生産は，一時的に上昇した Y_1 から，徐々に Y_f へと減少する。こうして，経済は，長期的には完全雇用（自然率）水準に復帰することになる。ただし，物価水準は，P_0 から P_3 に上昇したままになる。

　短期的なケインジアンの世界と長期的な古典派的世界とは，物価水準に関する期待の調整という観点から，同一の枠組みの中で取り扱うことが可能となる。AD-AS 分析によれば，拡張的な財政・金融政策は，短期的には国民生産を拡大させる効果を持つが，長期的には物価水準を上昇させるだけで，国民生産を

増加させる効果を持たないことになる。

5.2 裁量的財政政策に対する評価

5.2.1 対立する視点

　財政政策に対する経済的評価は，政府の介入によって経済のパフォーマンスを改善することができるかどうか，経済のパフォーマンスを改善するために政府は介入すべきか否かの判断にかかっている。

　合理的期待形成論などの新しい古典派は，(1) 各経済主体は利用可能な情報をすべて使用して最適な意思決定（最大化行動）を行う，(2) 各経済主体は将来に関して統計的に最良の予測を行って合理的期待を形成するので，どのような政策が実行されても結局学習し政策は無効となる，(3) 市場は均衡しており非自発的失業は存在しないと考える。このように各経済主体は合理的に行動し，市場は素早く価格調整を行うという考え方に立脚すれば，一般に，政府が介入しても経済のパフォーマンスを改善することはできないし，介入するべきではないということになる。

　これに対して新しいケインジアンは，経済主体が合理的行動をとったとしても，市場が常に均衡するわけではなく，情報の不完全性や価格を変更するための取引費用などが価格の硬直性をもたらし，生産量と雇用の変動をもたらすと考えている。このように各経済主体が自己の利益を合理的に追求したとしても，価格と賃金水準が十分に伸縮的でないため，失業が発生するという考え方に立脚すれば，一般に，政府の介入によって経済のパフォーマンスを改善することができるし，介入すべきであるということになる。

5.2.2 財政政策へのアプローチ

非介入論

　R. ルーカスや **T. サージェント**などによる**合理的期待仮説**は，価格が完全に伸縮的であり，人々は，政府の政策変化について利用可能な情報をすべて分析

し，それが短期的・長期的にどのような意味を持つかを予測して，合理的に期待を形成し，合理的に行動すると考える。個人や企業が政府の政策を平均的に正しく予想して合理的に行動するので，物価の予想上昇率が経済活動に織り込まれてしまうため，政策が発動されても生産は自然率（完全雇用）水準にとどまり，結局裁量的政策は無効になると主張する（「政策無効の命題」）。すなわち，総供給（AS）曲線は，短期的にも，自然率水準で垂直となる。したがって，拡張的な財政政策や金融政策は，直ちに価格に織り込まれ，長期的にも短期的にも生産拡大効果を発揮せず，物価水準を上昇させるだけに終わる。インフレは，不確実性を増大させるので好ましくない。また拡張的な財政政策は，資源を民間部門から公共部門に移転させる。資源は完全雇用状態で利用されているので，民間財の生産を減少させることによってのみ，公共財の増加は可能となるからである。結局，財政政策の発動は，生産拡大効果を発揮せず，公共部門の拡大と物価上昇というコストを払うだけに終わる，という結論になる。

またリアル・ビジネス・サイクル論は，景気変動の要因として貨幣の役割を否定し，短期においても常に経済は均衡状態にあるとして，次のように主張する。短期的な経済変動は，供給サイドの実物的ショック（予想不可能な技術進歩や石油危機など経済生産性の変化を引き起こす要因）が経済全体に波及していく結果生じる。景気後退は，供給サイドの生産性の一時的落ち込みに対する合理的な適応であり，経済の正常な活動の一部である。経済変動は，単にパレート最適点の流れを映し出したものにほかならない。したがって，景気後退は需要不足の状態を意味しないので，裁量的総需要管理政策は意味をなさない。経済変動はいかなる市場の失敗を反映したものではないので，政府の介入は単に経済厚生を低下させるだけに終わるということになる。

固定ルール採用論

M. フリードマンを中心とするマネタリストは，自然失業率は，資本や技術，労働市場の構造などの実物要因によって決定されるため，長期的にみれば，裁量的な財政・金融政策によって失業率を低下させることはできないとした（自然失業率仮説）。

裁量的な景気刺激策をとると，一般的な物価上昇が認知されるまでの短期間

は，個人や企業が錯覚に基づいて行動するので，一時的に生産拡大効果をもたらす。しかし，インフレが人々に認知されると，実質所得や失業率は元の水準に戻り，インフレ率の上昇という弊害だけが残る。また政府の経済予測能力は限られ，政策発動にタイムラグがあり，政策効果も不確定であるので，裁量政策は結果的に経済を不安定化させる可能性があるとした。

不安定な裁量政策とくに金融政策は，企業や個人を混乱させる。市場は強力な自律的安定機能を備えているので，政府は裁量的政策を実行するべきではない。財政を均衡化し，物価が長期経済成長率と整合する水準で安定するようマネーサプライ増加率を一定率に保つ金融政策ルール（k％ルール）を採用して，インフレ期待を抑制し，市場を攪乱しないことが重要である，と主張した。ただし，この手法が有効性を持つのは，貨幣の流通速度が安定しているときだけである。例えば貨幣需要がシフトすれば，貨幣の流通速度は変化する。このような場合には，マネーサプライ増加率を変化させる調整が必要になる。

また J. M. ブキャナンや R. E. ワグナーは，政治経済学の立場から，議会制民主主義の下でケインズ型の裁量政策を行えば，財政赤字を拡大させ，資源配分の非効率を生み，政府の失敗が生じるので，**均衡予算原則**で政策運営を行うべきであると主張した。憲法を修正して均衡予算原則を定めることによって，政治家の機会主義的な行動から生じる不確実性の主要な要因が除去され，政策の透明性が高まり，経済は安定化するからである。議会民主制では，選挙民の意向が政府の行動に反映される。一般に，社会保障支出増額や税負担軽減は投票者に支持されるが，支出削減や増税は強い抵抗を受ける。このような政治的環境のもとでケインズ型の財政政策を実行すれば，**財政赤字体質**が慢性化し，インフレが恒常化して，経済活力が失われる。ケインズ政策の有効性の前提は，政策決定が少数の賢人グループによってなされるという「ハーヴェイ・ロードの仮定」にある。しかし現実の政府の政策決定は，経済的合理性に基づいて行われるものではない。社会的便益と個々の経済主体の便益とは往々にして乖離しがちである。政党や官僚やさまざまな圧力団体の便益が社会的便益に優先される結果，財政政策は赤字に向かいやすくなる。また財政赤字（公債発行）による財政政策拡大は，租税による財源調達よりも負担が軽いという「財政錯

覚」を与えてしまう。したがって均衡予算原則を復活させ，予算執行過程で赤字が発生することが判明した場合には，自動的に歳出が下方修正されるような制度をつくることが提言された。このようなアプローチは**公共選択論**として発展し，有力な公共政策の分析手法となっている。

　さらに政府が政策を発表し，民間経済主体がその公約に基づいて合理的期待を形成し，実際に経済行動を変更した場合，政府は政策目的が実現したと考えて，政策公約を破る誘惑に駆られる。このように政府が時間の経過とともに政策公約を放棄して非整合的に行動するという**時間非整合性**問題があるため，政府の政策公約が人々に信頼されなければ，公表された政策の効果は生じない。バローやゴードンらは，政府の裁量権を凍結し，政策を変更しないというルールを設定することが，政策の有効性を保障する可能性を示唆した。

介 入 論
新しいケインズ派は，名目賃金の下方硬直性や物価の硬直性が存在するため，各経済主体が合理的な行動をとったとしても，裁量的な政策が一定の役割を果たすと主張する。新しいケインズ派は，長期的には合理的期待が当てはまり，自然失業率水準で総供給曲線が垂直になることは認めるが，期待の調整には時間がかかるため，短期的には総供給曲線は右上がりになり，裁量政策は国民所得を増大させると主張する。

　価格や賃金は，完全に伸縮的ではない。合理的期待を持つ民間人の行動は，政府の行動を相殺する効果を持っているが，常にそうだとは限らない。すべての人が政府の政策を即座に知り，それを無効にするように行動するという見方は極論であり，また相殺行動が取れない政策もある。例えば**投資税額控除**は，投資費用を低下させ投資を刺激するが，それを相殺する民間行動は存在しない。

　市場は完全雇用を維持するように素早く効率的に調整する能力を欠いているので，政府の行動は必要であり実質的効果を持つ。経済に関するより多くの情報が利用可能になるとともに，政府の有益性は増加する。経済環境は急速に変化するため，適切なルールを定めることは事実上不可能であり，政策の変更が必要になる。固定的なルールに縛られることなく，機動的に裁量的政策を用いるべきである。深刻な景気後退期には，経済を安定化させるために政府は裁量

政策を実行すべきであり，有効である。また自動安定化装置を用いて，経済循環をもたらす内生的な力を弱めるべきである。

介入縮小論

他方，政府介入を供給面のミクロ経済的観点から問題にしたのが**サプライサイド・エコノミクス**である。**重税**や**政府規制**の重荷が，労働や貯蓄・資本の供給を阻害し，生産性の停滞を招いた最大の原因であるとして，「大きな政府」とそれをもたらしたケインズ主義を批判した。税制改革（減税）や規制緩和によって，人々の労働と貯蓄・投資へのインセンティブを強化すれば，生産性向上と経済成長にプラスの効果が期待できるという主張である。したがって，政府の経済介入のコストを減少させる政策措置をとるという意味では，「非介入論」と同一線上にある主張である。

政府支出増大を租税で賄えば，単なる租税負担以上の経済コストが発生する。税率の引き上げは，人々のインセンティブを歪め，労働意欲を低下させ，投資を抑制するからである。フェルドスタインは，税制による投資抑制効果が大幅に高まった点を問題にした。インフレが進行すれば，減価償却不足が生じて，企業課税の実効税率は極めて高くなる。個人貯蓄に対するインセンティブをも抑制する。加えて，社会保障制度が個人の貯蓄インセンティブを低下させ，失業手当が労働インセンティブを低下させた。各種の政府規制も経済コストを増大させる。したがって，政府は**強力な減税**と**規制緩和**のための積極的措置を講じ，労働や貯蓄や投資のインセンティブを高め，資源配分の効率化を実現して，経済成長率を上昇させるべきであると主張した。

ラッファーは，**ラッファー曲線**（図5-8）に基づいて，政府が税率を下げれば，税収は増大し，生産性も上昇すると主張した。税率0％の時は税収0となり，税率100％では働く人間がいないので税収は0となる。税率が上昇するにつれて税収は増大するが，ある税率a％を超えると税収は低下を始める。税収は，税率a％に対応するA点で最大となる。重税の結果，課税点がAからBの間の領域（例えばC）にあれば，その領域内において税率を引き下げれば（例えばD点に移動すれば），税収は増大する。しかし，実際に税収を最大にする課税点Aと対応する税率aを特定することは困難であり，現行課税点の

図5-8 ラッファー曲線

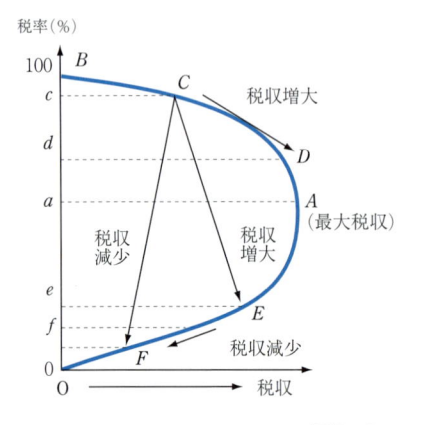

税率 a％以上の領域内で，C 点から D 点へ税率を c から d へ引き下げれば，税収は増大する。逆に，a％以下の領域内で，E 点から F 点へ税率を e から f へ引き下げると税収は減少する。しかし，2つの領域にまたがって，例えば C 点から E 点へ税率が c から e へと引き下げられた場合は，税収は増大するが，C 点から F 点へ税率が c から f に引き下げられた場合，あるいは D 点から E 点や F 点へ税率が引き下げられた場合には税収は低下する。税率が a％以上の領域にあっても，減税によって税収が増大するとは限らない。

位置も正確には知りえない。税率が a％以下の場合，その領域内での税率引き下げは，税収を低下させる。そして，2つの領域にまたがる税率引き下げは，税収増加をもたらす場合もあれば，減少をもたらす場合もある。ともあれ，ラッファーらの議論に基づき実行された**大規模減税**を柱とする1980年代のレーガノミクスは，実際には，ラッファーらの主張とは逆に，米国に巨大な**財政赤字**と貿易赤字（「双子の赤字」）を生み出した。

5.2.3　裁量的政策を選択する基準

政府の裁量的政策が必要であると判断された場合，どのような政策手段を用いるべきかを決定しなければならない。手段の有効性，総需要に及ぼす効果，実施の柔軟性，政府信認の程度などが，その判断基準となる。

手段の有効性

政策手段とは，政府が経済に影響力を及ぼす方法のことである。税率や政府支出水準を変化させる財政手段と，金利やマネーサプライを変化させる金融手段とがある。

手段選択で最も重要な基準は，政策目的を達成するのに有効かどうかである。不況局面では，金融手段の有効性は，大きな不確実性を伴う。企業は，生産を増やしても売れる見込みがないと考えれば，利子率が低下しても，投資を増大

させない（投資の利子弾力性ゼロ，*IS* 曲線垂直）。また利子率が十分低い状態で，マネーサプライを増加させても，人々が貨幣保有を増加させるだけで，投資の増大には結びつかないという状況も生じうる（流動性の罠，*LM* 曲線水平）。

　財政手段においても，不況局面で減税が行われた場合，人々は減税分の多くを貯蓄するかもしれない。将来の不確実性が増し不安を感じるとき，人々は貯蓄を増加させる傾向が強いからである。そうした状況にあると判断される場合には，貯蓄をほとんど持たず限界支出性向が極めて高い貧困層を対象とした減税や，直接的な政府支出増加策が有効となる。

　政府が公債を発行する場合には，海外資金流入の弾力性と中央銀行の反応を考慮し，民間投資をクラウド・アウトするか否かを判断しなければならない。海外からの資金の供給が非常に弾力的であれば，政府借り入れ増加は，利子率や信用のアベイラビリティ（入手可能性）に余り影響を及ぼさない。しかし中央銀行がインフレ回避のために金融引き締めを行えば，政府支出の需要拡大効果は相殺される。この場合，政府支出拡大は，民間投資の削減で相殺され，単に総需要の構成を変化させるだけに終わる可能性も高くなる。

　また民間部門の**期待形成**状況に対する判断も要求される。特定の状況では，ある政策は他の政策よりも有効であり，逆に民間部門の行動によって政策効果が相殺される場合も生じうる。

総需要構成に対する効果

　総需要は，消費，投資，政府支出，純輸出から構成される。政府の政策手段は，これら4つの構成要素のいずれかを増減させるために用いられる。例えば，投資を促進する目的で金融緩和政策をとり利子率を低下させれば，国内の通貨価値を下落させ，純輸出を増加させると同時に，消費者ローンによる耐久消費財の購入を刺激するという経路を辿って，生産を増加させる効果が加わる。企業に対する減税，例えば投資税額控除を行えば，投資収益を増加させ，企業に追加的投資資源をもたらし，投資を刺激する。しかし個人所得税の減税は，消費刺激効果は大きいが，投資に対しては企業の収益見通しの改善という経路を通じる間接的な効果にとどまる。また同じ規模の政府支出でも，それが道路や

学校，情報インフラの建設などの公共インフラ投資に支出されれば，経済成長を刺激し，将来世代の生活水準の改善に役立つが，社会保障（公的年金）や福祉関係へ支出されれば，現在の消費だけが増加することになり，将来へ負担を転嫁するという問題が発生する。

このように総需要に対して同様の拡張効果を持つ政策のなかでも，ある手段は政府部門の相対的な規模を増加させ，ある手段は消費を増加させ，ある手段は投資を刺激して将来の経済成長を高めるように作用するため，産出量の構成を変化させることになる。

政府支出拡大か減税か

総需要を拡大する財政政策が採用される場合でも，政府支出拡大と減税とでは，政策効果に差が出る。理論的には政府支出のほうが減税より乗数効果は大きいが，必ずしも政府支出拡大策が望ましいとはいえない。仮に社会資本整備が遅れていると認識されている場合には，整備計画を前倒しして公共投資を拡大する政策が採用されるだろう。しかし，政府の規模が大きく変動することは資源配分上望ましくないと考えられる場合には，減税政策が採用されることになるだろう。最近では，ケインズ政策が予算拡大（政府肥大化）と結び付けられる傾向が高まったため，減税政策を採用することが多くなりつつある。

政策実施上の柔軟性と迅速性

財政・金融政策には，経済変動に対処するに際して，認知ラグ，決定ラグ，実施ラグ，波及ラグという**タイムラグ（政策ラグ）**＊が発生する。**認知ラグ**は，経済状況の変化が生じてから政府が政策対応の必要性を認識するまでの時間的遅れである。**決定ラグ**とは，政策の必要性が認識されてから，具体的な政策が決定されるまでの時間的遅れである。そして政策が決定されてから実際に実行されるまでには，さらに時間を要する。これが**実施ラグ**である。また政策の効果が発生するまでにも時間がかかる。これが**波及ラグ**である。

経済情勢変化についての認識では，財政政策と金融政策とで大きな差が出る

＊ タイムラグについては，M. Friedman [1953], "A Monetary and Fiscal Framework for Economic Stability," *Essays in Positive Economics*, University of Chicago Press 参照。

とは考えられないので，認知ラグでは，両者に差はない。しかし決定ラグや実施ラグは，財政政策のほうが大きくなる。金融政策は中央銀行の政策決定と同時に実行に移されるが，財政政策は予算編成から法案可決までに相当時間を要し実施にも時間を要するからである。しかし波及ラグは，金融政策のほうが大きい。財政政策は，総需要に直接的に影響を及ぼすが，金融政策はマネーサプライの変化が利子率を変化させ，それが投資の変化につながることによって総需要に影響を及ぼすという間接的経路を辿るからである。

一般に，金融政策は，財政政策よりも柔軟に運用することができ，直接的効果はより素早く現れる。財政政策は，議会の立法手続きを要するために，決定・実施に伴うタイムラグが大きく，政策が発動された時点で，すでに経済状況が変化している可能性が高くなる。

政府に対する信認

政策効果は，消費者と企業が政策にどのように反応するかに依存している。またその反応は，将来の政府行動にたいする期待（予測）に依存するため，政策効果に大きな**不確実性**が伴う。例えば減税が実行された場合，一時的減税とみなされれば，人々は一時所得の増加（予測を超えた利得）と考え，大部分を貯蓄しようとするだろう。逆に恒久的な減税であると考えれば，消費行動を変化させ，消費をかなりの程度増加させることになろう。

しかし人々は，必ずしも政府の発表を信用しない。政府が一時的増税であると発表しても政治力学で恒常化すると考えるかもしれないし，恒久的減税であると発表しても，約束がすぐ撤回されると考えるかもしれない。その意味で，政府に対する信認が，経済政策の効果を大きく左右することになる。

5.2.4 裁量政策の実行条件

政府の財政（金融）政策は，通常，総生産に短期的な影響を及ぼす。しかし，裁量政策を柔軟かつ機動的に実行することは容易ではない。また介入政策が所期の効果を収めるとは限らない。政府の裁量政策は，その効果に対する不確実性と政策ラグが存在するため，マクロ経済の「微調整」（ファイン・チューニング）に活用することは非常に困難である。

一旦着手した政府プログラムや既得権や官僚機構を，経済変動に応じて自由に増減させることは政治的に不可能である。政治的に可能であるとしても，裁量政策には，技術的困難がつきまとう。景気がどの局面にあるか，需給ギャップがどれぐらいあるのか，それを埋め合わせるにはどれだけの裁量的措置が必要か，誰も正確にはわからない。さらに政策が決定してから実行されるまでには，大きなタイムラグが存在する。政策を実行するタイミングや必要財政規模が不確定では，政策目的と政策効果との整合性は保障されない。かえって経済の不均衡を拡大する撹乱要因となりかねない。

　したがって，大規模な裁量政策あるいは財政赤字が不可欠であるとの合意が得られるのは，戦争や大災害などの国家非常時や，大不況などの深刻な経済不均衡が明確に確認できる場合だけであるといってよいであろう。不況が長引き失業率が高水準を維持して，経済が完全雇用から大きく乖離していることが明確な場合には，政府の介入＝経済安定化政策には明確な目標があり，政策介入を求める声も大きくなり，政策の効果も確認しやすくなるからである。

練習問題

1. ケインジアン，マネタリスト，合理的期待形成論者，リアル・ビジネス・サイクル論の裁量的財政政策に対する見方を説明しなさい。
2. サプライサイド・エコノミクスの考え方とラッファー曲線について述べなさい。
3. ブキャナンらのケインズ政策批判の要点を述べなさい。
4. 裁量政策実施に伴うタイムラグについて述べなさい。

第6章　財政支出と公共財

　政府の活動は，財政支出という形で現れる。財政支出に示される政府活動は，一国の資源配分という観点から見れば，公共財の供給として捉えることができる。公共財は，私的財とは著しく異なった性質を備えている。本章では，公共財の性質を明らかにし，その効率的な供給条件を中心に検討する。

　また財政支出は，政府が政策目的を実現するために行う活動の内容を端的に示している。政府活動の役割や機能を把握するためには，政府がどのような用途にどれだけ支出しているか，支出がその政策目的と整合しているか，どのような問題点を抱えているかなどを具体的に検討しなければならない。政策目的に即した分析は，第7章で行う。

6.1　財政支出の役割

　政府は，非市場原理で行動する公共部門であるから，市場の資源配分を攪乱するという側面を持っている。しかし政府の存在がなければ，市場は有効に機能することができない。政府は，市場が円滑に作動するような枠組み（法制度）を作り出し，その枠組みを維持するためのルールを創造する役割を果たしている。すべての経済主体がルールを守るように監視し，違反者をルールにしたがって処罰することによって，市場経済が効率的に機能する条件を整えている。また市場経済が効率的に作動するためには，個人の創造的活動の自由が保障され，私有財産が保護されなければならない。個人の自由を保障し，私有財産を保護する国家の役割が，市場経済社会を支えているのである。

　一般に一つの経済社会が存立するためには，すべての成員にルールを守らせ社会の秩序を維持する政府組織（国家）が必要となる。社会全体としての安全を保障する機能も必要である。安全保障，政治制度，法律制度，司法警察など

は，国家の基本的機能である。財政理論では，これを政府による**公共財の供給**として取り扱う。これらの政府活動は，アダム・スミスの「見えざる手」が有効に働かない分野であり，市場が供給できない機能である。

また環境汚染や教育・研究開発などのように**外部効果**が発生する場合，あるいは**独占**が存在する場合などには**市場の失敗**が生じ，それを解決するために政府の活動（介入・規制等）が必要になる。大量失業やインフレの危険がある場合にも，経済安定のために政府の介入が必要な場合が生じる。貧富の差が大きくなれば不公平感が拡大するため，社会的公平を確保するために政府が介入し，**所得再分配**を行うことが必要となる。

政府の機能は，一国の秩序維持と安全を保障する機能，経済的安定を確保し増進する機能，社会的公正を確保する機能，外部効果の補正機能など多岐にわたる。政府がこれらの機能を果すために支出する経費が財政支出である。

ちなみに日本の財政支出のうち，資源配分機能（純粋公共財の供給）として代表的なものは防衛費であり，経済安定機能の手段として代表的なものは公共事業費であり，所得再分配機能の代表は社会保障関係費である。外部効果に関連する支出の代表は文教科学技術費である。実際に，この4費目で政府の一般支出の約8割を占めている。

6.2　公共財の性質と効率的供給メカニズム

政府は，国防外交，治安維持，教育，道路整備など多様な公共サーヴィスを供給し，その活動を支える財政支出を行っている。財政支出は，議会民主制の政治過程を通じて，投票で決定され，予算制度に従って支出される。それは市場を経由しない公共活動であるため，価格メカニズムが働かず，資源の効率的使用を導く自動調整メカニズムを備えていない。その結果，政府活動には無駄が生じやすく，国民のニーズが適切に反映される保証もない。

本節では，政府による公共財の供給が，効率的に行われるための条件や，それを満たすにはどのような仕組みが必要になるか，またそのような仕組みが現実問題として実現可能かなどを検討する。まず私的財と異なる公共財の基本的

特徴から確認していこう。

6.2.1　公共財の基本的性質

<u>排除不可能性と非競合性</u>

　公共財とは，消費の**排除不可能性**，消費の**非競合性**という二つの性質をあわせ持つ財のことである。私的財が排除性と競合性をあわせ持つ財であることと対照的である。

　私的財の場合，ある財 X に対して対価を支払った人だけが，排他的に X を消費することができる。そしてある人が X を消費することは，他の人が同じ X を消費することを完全に排除し，他の人が X を消費することと完全に競合する。これに対して，公共財が備えている消費の排除不可能性とは，対価を支払わない者をその消費から排除することが困難であることを意味し，非競合性とは，誰もが同時に同じ財を消費できることを意味している。

　排除不可能性を示す最も典型的な公共財の事例は，**国防サーヴィス**である。国民であれば，誰でもその便宜を受け，誰も国防サーヴィスから排除されない。仮に民間企業が国防サーヴィス分野に参入して，私的財としてそれを供給しようとした場合を考えてみよう。企業は，供給するサーヴィスに料金を設定しなければならない。しかし，人々は料金を払っても払わなくても国防サーヴィスを受けられるため，自発的に料金を支払うインセンティブを持たない。その結果，企業はサーヴィス提供に見合う料金を回収することはできず，経営は成り立たない。それは，排除不可能という性質を持つため，市場経済が国防サーヴィスのような公共財を効率的に供給することができないことを意味している。政府は，国防目的を達成するために，国防サーヴィスを行政的に供給し，その経費を国民から租税を徴収して賄う。

　公共財のもう1つの性質である消費の非競合性とは，ある人がその財を消費（利用）しても，他の人の消費（利用）可能な量を減少させることはないということである。いいかえれば，その財をもう一人に追加的に供給する限界費用がゼロということになる。国防や道路や公園のように，人々が共同で消費（利用）する公共財を考えるとわかりやすい。

以上の排除不可能性と非競合性の両方の性質を完全に満たす公共財を**純粋公共財**といい，国防・外交などの政府サーヴィスがそれに該当する*。

準公共財

しかし，公共財には，この2つの性質のうち片方の性質しか持っていない財や，両方の性質を不十分にしか備えていない財のほうが多い。それらを**準公共財**という。例えば大学教育を考えると，教室で多数の学生が講義を受けている場合，誰かが講義というサーヴィスを受けたからといって，他の人々が講義というサーヴィスから排除されるわけではない。したがって消費の非競合性という性質は満たしている。しかし講義を受けるためには，授業料を支払う必要がある。授業料を支払わない者は，講義から排除される。この意味で，教育は，排除不可能性を満たしていない。つまり教育は，準公共財ということになる。

混雑現象

道路や公園は，身近な公共財の代表的な例であり，消費の排除不可能性と消費の非競合性という両方の性質を満たしている。しかし消費の非競合性という性質が成り立つのは，比較的利用者が少ない場合に限られる。利用者が一定水準を超えれば，ある人が利用することによって他の人の利用が妨げられるという状況が生じる。これを**混雑現象**と呼んでいる。教育の場合にも，余りにも多くの学生が特定の教室に殺到するような場合には，混雑現象が生じる。混雑現象が生じる財については，完全な非競合性という性質は成り立たない。したがって，それらの財は準公共財ということになる。

価値財

価値財（メリット財）とは，市場において供給することが可能であるが，民間に任せておいたのでは供給不足に陥るような財であって，政府がその財を一定量供給することが望ましいと価値判断する財である。授業料免除の義務教育や学校給食などがその例である。政府が，個人の財・サーヴィスの評価（消費

---

* 公共財と私的財という概念は，財の性質に着目した区分であり，政府が供給する（政府の活動）か，民間が供給する（民間の活動）かという区分とは，一応別の区分である。政府が「私的財」を供給することもあれば，民間企業が「公共財」を供給することもある。財政学が対象とする公共財は，政府が行政活動として供給する公共サーヴィスであり，いわば「行政財」とでも名づけられるべきものである。

者主権）に干渉して選好を変更させ，消費量を政府が必要と考える水準にコントロールしようとする財であるということができる。

地方公共財

公共財の性質を持つもののうち，その財・サーヴィスが生み出す便益の及ぶ範囲が特定の地域（地方）に限定されるものを地方公共財という。地方公共財には，上下水道，消防，生活道路，図書館などがあり，地方公共団体（県や市町村）がその大部分を供給している。このような地域の生活に密着したサーヴィスは，中央政府が一律に供給するよりも，各地方が地域の実情に即して供給量を決定するほうが，経済的厚生を高めることができる。

地方公共財の中には，地理的空間によって排除性を持つサーヴィスもある。駐車場やテニスクラブなどがその例であり，利用者から料金を徴収して，サーヴィスを提供する。このような財を**クラブ財**と呼ぶ。一定の料金を支払ってメンバーになった人は，クラブ財を自由に利用して便益をえることができる。メンバー以外の利用は排除される。地方公共団体をこのようなクラブと見なせば，地域的に便益の及ぶ範囲が限定され，国が行うよりも便益供給の効率が改善されると考えられる財の場合，地方公共団体が住民の求める水準を考慮して供給することが望ましいということになる。

6.2.2　公共財供給の効率的条件

政府が公共財を供給すれば，公共財の供給がない場合と比較して，すべての人の効用は高まる。しかし公共財の供給は，政府が課税によって民間部門の資源を公共目的に使用することを意味しており，民間部門で利用可能な資源を減少させるという機会費用を発生させる。したがって公共財の供給水準の適否を判断するためには，公共財供給による便益増加と民間部門で生じる便益減少とを比較して，総合的に評価する必要が生じる。そこで公共財の最適供給水準を，どのようにして決定することができるかが問題となる。

完全競争市場では，価格をシグナルとして効率的な資源配分が実現し，パレート効率性（パレート最適）が達成される。それは，誰かの効用水準を低下させることなしには，誰かの効用を高めることができない効率的な資源配分状

態を意味している。パレート効率性の必要条件は，各財間の限界代替率 MRS と限界変形率 MRT が等しくなることである。それは生産可能曲線と，消費者の無差別曲線とが接する点によって与えられる。

　完全競争市場では，各経済主体は市場において同じ相対価格に直面する。消費者は，効用最大化を目指して限界代替率 MRS が価格比に等しくなるように行動し，生産者は，利潤最大化を目指して，限界変形率 MRT が価格比に等しくなるように行動する。こうして競争市場は，価格のシグナルを通じて，財相互間の限界変形率と限界代替率が等しくなるように調整し，パレート効率的な資源配分を実現する。私的財では，次の関係が成立する。

　各消費者の限界代替率 MRS ＝相対価格比＝生産の限界変形率 MRT

　しかし，公共財については，価格メカニズムを通ずる「市場の評価」が機能しないため，パレート効率性は保証されない。そこで，公共財に関して，パレート効率性を達成するにはどのような条件が必要になるかが問題となる。ある経済が，2人の消費者 A，B と，私的財 X と純粋公共財 Y の2つの財から成り立っているとする。2人が消費する私的財の量を X_a，X_b とすると，X 全体の消費量は，2人の消費量を合計したものになる。

$$X = X_a + X_b \tag{6.1}$$

　また2人が消費する純粋公共財の量を Y_a，Y_b とすると，純粋公共財はすべての人に共通に消費されるという性質を備えているので，2人の消費量は等しいと考えることができる。

$$Y = Y_a = Y_b \tag{6.2}$$

　ところで，各人が消費によって得ることのできる効用水準 U は，私的財と純粋公共財の消費量によって決まるので，A の効用水準を U_a，B の効用水準を U_b とすれば，

$$U_a = U(X_a, Y_a) = U(X_a, Y) \tag{6.3}$$

$$U_b = U(X_b, Y_b) = U(X_b, Y) \tag{6.4}$$

　二人の効用水準を図示すれば，図6－1のような原点Oに対して凸型の無差別曲線として描くことができる。無差別曲線は，各人の効用水準が等しくなるような「私的財 X の量と純粋公共財 Y の量の組み合わせ」を示している。X を多

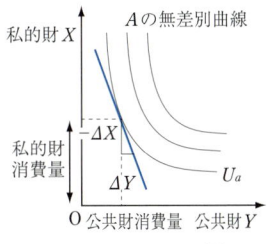

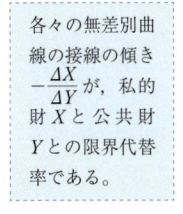

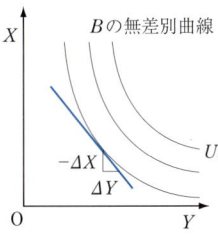

図 6 - 1　各人の無差別曲線と限界代替率

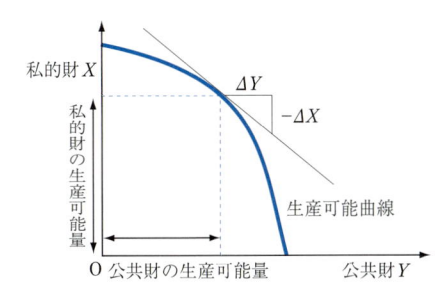

各々の無差曲線の接線の傾き $-\dfrac{\Delta X}{\Delta Y}$ が，私的財 X と公共財 Y との限界代替率である。

図 6 - 2　私的財と公共財の生産可能量

生産可能曲線の接線の傾きである $-\dfrac{\Delta X}{\Delta Y}$ が，私的財 X と公共財 Y の限界変形率である。

く消費すれば，その分 Y の消費量を削減しなければならず，Y の消費量を増大しようとすれば，X の消費量を削減しなければならない。したがって，X と Y の消費についての各人の**限界代替率**は，この曲線の接線の傾き $-\dfrac{\Delta X}{\Delta Y}$ によって示される。また各人の無差別曲線が原点から離れるほど，効用水準が高くなる。

次に，X と Y の生産について考えると，経済全体の利用可能な資源が私的財 X と純粋公共財 Y の生産のために完全利用されている状態を考えれば，経済全体の生産可能曲線は，次のように書ける。

$$F(X,\ Y)=0 \tag{6.5}$$

私的財をより多く生産すると，その分公共財の生産は削減されざるをえない。逆に公共財をより多く生産すると，私的財の生産はその分減少せざるを得ない。この関係を図示したのが，図 6 - 2 である。この曲線の接線の傾き $-\dfrac{\Delta X}{\Delta Y}$ が，私的財 X と公共財 Y との**限界変形率**である。横軸から生産可能曲線までの垂直距離が私的財の生産可能量を示し，縦軸から生産可能曲線までの水平距離が公共財の生産可能量を示している。

ここで，パレート効率性の条件を検討しよう．パレート効率性の条件は，消費者 A の効用水準（無差別曲線）がある水準 U_a に決まったときに，消費者 B の効用が最大になる条件を考えることで導くことができる．図 6-3 のように，まず生産可能曲線に A の無差別曲線 U_a を重ねて描いてみる．

いま生産可能曲線上の点 E において生産が行われている場合，私的財 X の生産総額は EG となる．このうち，A の消費額は，FG であるから，残りの生産可能曲線と無差別曲線との垂直距離 EF は，A が消費しなかった私的財の残余量，すなわち B の私的財 X の消費可能量を示している．B の私的財消費可能量 X_b は，E 点が変化するにつれて，曲線 JK のように変化する．

B の消費残余曲線は，生産可能曲線から無差別曲線 U_a を差し引いたものであるから，消費残余曲線の傾きは，「生産可能曲線の傾き」から「無差別曲線 U_a の傾き」を差し引いた大きさとなる．生産可能曲線の傾きは X と Y の限界変形率（MRT）であり，無差別曲線 U_a の傾きは A の限界代替率（MRS_a）である．したがって，

$$B \text{の消費残余曲線の傾き} = MRT - MRS_a \quad (6.6)$$

ところでパレート効率性とは，誰かの効用を低下させずには，他の誰かの効用を高めることができない状態を意味しているので，A の効用を U_a に保証した上で，B の効用を最大にする点をもとめれば，パレート効率性が実現する．それは，図のように，B の消費残余曲線 JK と，B の無差別曲線 U_b が接する点 I になる．そこでは B の無差別曲線 U_b の傾きである限界代替率（MRS_b）と B の消費残余曲線の傾きとは等しくなる．

$$B \text{の消費残余曲線の傾き} = MRS_b \quad (6.7)$$

したがって，(6.6)，(6.7) 式から，次の関係が導かれる．

$$MRS_b = MRT - MRS_a$$

$$\mathbf{MRS_a + MRS_b = MRT} \quad (6.8)$$

(6.8) 式は，A の限界代替率と B の限界代替率の和は，限界変形率に等しいことを示している．これは，公共財が存在する場合のパレート効率性の条件であり，**サミュエルソンの条件**と呼ばれている．

純粋公共財は，すべての個人についての限界代替率の合計が，限界変形率に

図 6-3 パレート効率性実現の条件

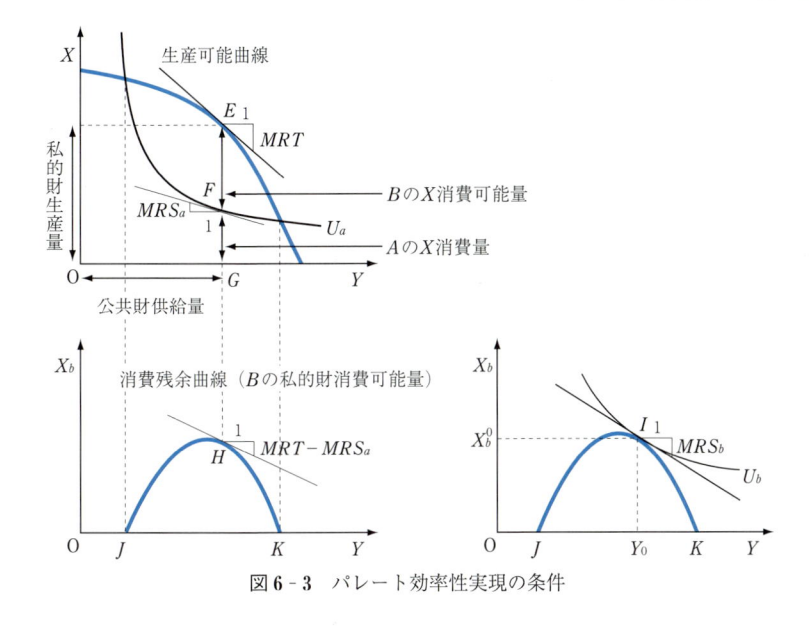

等しいとき，パレート効率的に供給される。私的財と公共財との限界代替率は，各個人が公共財を追加的に一単位消費するためにどれだけの私的財の消費を犠牲にしようとするかの比率であった。限界代替率の合計は，社会の構成員全員が共同消費する公共財をもう一単位得るためにどれだけの私的財をあきらめようとするか，を示している。また限界変形率は，公共財一単位を追加的に供給するためには，どれだけの私的財の生産をあきらめねばならないかを示している。サミュエルソンの条件は，資源配分がパレート効率的であるためには，各人の私的財に対する公共財の限界代替率の合計が，私的財の公共財に対する限界変形率と等しくならねばならないことを示している。

---

check サミュエルソンの条件について

サミュエルソンの条件は，簡単な条件付極大問題として求めることができる。(6.1), (6.2), (6.5)から得られる生産可能曲線 $F(X_a+X_b, Y)=0$ と A の効用水準 (6.4) $U_a-U_a(X_a, Y)=0$ を制約条件として，B の効用水準 $U_b=U(X_b, Y)$ を極大にする解を求めればよい。制約条件にかかる未定係数を λ_1, λ_2 とすると，ラグランジュ関数 Z は，

$$Z = U_b(X_b, Y) + \lambda_1\{U_a - U(X_a, Y)\} + \lambda_2 F(X_a + X_b, Y)$$

となる。各変数について偏微分してゼロとおき，極大の一階条件を求めれば，

$$\frac{\partial Z}{\partial X_b} = \frac{\partial U_b}{\partial X_b} + \lambda_2 \frac{\partial F}{\partial X_b} = 0$$

$$\frac{\partial Z}{\partial X_a} = -\lambda_1 \frac{\partial U_a}{\partial X_a} + \lambda_2 \frac{\partial F}{\partial X_a} = 0$$

$$\frac{\partial Z}{\partial Y} = \frac{\partial U_b}{\partial Y} - \lambda_1 \frac{\partial U_a}{\partial Y} + \lambda_2 \frac{\partial F}{\partial Y} = 0$$

また，

$$\frac{\partial F}{\partial X_a} = \frac{\partial F}{\partial X_b} = \frac{\partial F}{\partial X}$$

未定係数を求めると，

$$\lambda_1 = -\frac{\partial U_b/\partial X_b}{\partial U_a/\partial X_a} \qquad \lambda_2 = -\frac{\partial U_b/\partial X_b}{\partial F/\partial X_b}$$

λ_1, λ_2 を消去して整理すると，次式が得られる。

$$\frac{\partial U_a/\partial Y}{\partial U_a/\partial X_a} + \frac{\partial U_b/\partial Y}{\partial U_b/\partial X_b} = \frac{\partial F/\partial Y}{\partial F/\partial X}$$

$$\frac{\partial U_a/\partial Y}{\partial U_a/\partial X_a} = MRS_a \qquad \frac{\partial U_b/\partial Y}{\partial U_b/\partial X_b} = MRS_b \qquad \frac{\partial F/\partial Y}{\partial F/\partial X} = MRT$$

これは，公共財の私的財に対する各人の限界代替率の合計（$MRS_a + MRS_b$）が，公共財の私的財に対する限界変形率 MRT に等しいことを示している。サミュエルソンの条件は，社会全体では，$\sum_{i=1}^{n}\frac{\partial U_i/\partial Y}{\partial U_i/\partial X_i} = \frac{\partial F/\partial Y}{\partial F/\partial X}$ あるいは $\sum_{i=1}^{n} MRS_i = MRT$ となる。

6.2.3 効率的供給水準の決定メカニズム

公共財の最適供給を実現する条件は明確になった。しかし，それに必要な費用を各人がどのように負担すべきかという問題は，未解決のままである。私的財の場合には，市場において価格シグナルがこの問題を自動的に処理する。しかし公共財の場合には，価格メカニズムは働かない。民主制社会では，公共財の供給と費用負担は，政治過程を通じて多数決原理（投票）で決定される。しかしこのシステムでは，国民の選好が正確には反映されず，パレート効率性は保証されない。資源配分上の非効率をもたらす場合が多いと考えられている。

そこで効率的配分を達成するための代替的システムが考究されてきた。代表的なものは，私的財を供給するときの市場の機能の仕方をできる限り模倣しようとするリンダール・メカニズムである。応益原則に基づき，各人が公共財からうける効用（限界便益）評価に応じて費用負担を決定することができれば，最適な供給水準と各人の費用負担率を決定することができるという考え方であり，そこで得られる均衡を**リンダール均衡**という。

そこでは，政府が提示する各人の**費用負担率**が，私的財の場合の市場における価格メカニズムに似た働きをする。各個人に公共財に対する限界便益を表明してもらい，それに応じて費用負担を割り当てることによって，擬似的な公共財市場を構成し，効率的な公共財供給を達成しようという方法である。政府は，まず各人に対して公共財供給に必要な費用の負担率を提示し，各人はその負担率の下で自己の便益が最適になる公共財需要水準を報告する。もし，各人の報告する公共財需要量が異なれば，政府は費用負担率を変更する。この過程を反復して，各人の報告する公共財の最適需要量が等しくなる（等量消費水準に達する）まで費用負担率を調整すれば，最適水準が実現し，リンダール均衡に到達することができる。リンダール・メカニズムが働けば，受益者負担の原則が成立し，サミュエルソンの条件に適合する公共財の供給が実現される。リンダール均衡においては，負担額が公共財に対する各人の便益評価（限界便益）に応じて決まるため，応益原則の観点から望ましい。パレート効率性も保障される。ただし，各人の租税負担額は異なっている。それは，限界便益を大きく申告するほど，租税負担が高くなることを意味している。そのため人々は，自己の便益の大きさを正しく示さなくなる。各人が自己の便益を正しく申告するという前提は崩れ，費用負担を免れようとする「**ただ乗り**」（フリー・ライダー）問題が生じる。

また，公共財の中には，所得水準が低い人ほど必要性が大きな財が存在するため，応益原則による費用負担では，低所得者ほど大きな負担を負うことになり，社会的公平の観点からみて，実際的でない場合も生じる。徴税手続きも煩雑である。したがって，現実問題としては，この方法を適用して公共財の最適供給水準を達成することはできなくなる。

図6-4 社会的需要曲線

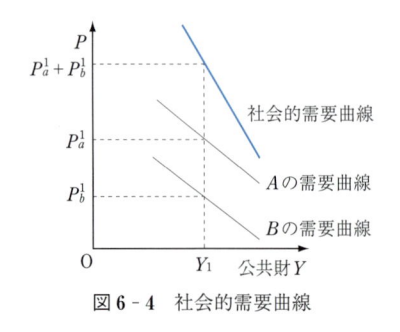

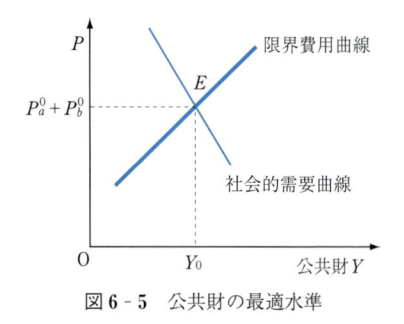

図6-5 公共財の最適水準

　ともあれ，公共財の最適供給水準を決定するには，まず各人の公共財に対する需要曲線を特定し，それを垂直に合計して公共財に対する社会的需要曲線を導き出さねばならない。例えば，図6-4のように各人の需要曲線が特定できたとすれば，ある公共財の供給水準 Y_1 を共同消費することから受ける限界便益は，A にとっては P_a^1，B にとっては P_b^1 であることがわかる。したがって，社会的な限界便益を金額で $P_a^1 + P_b^1$ と表示することができる。社会的需要曲線は，公共財に対する社会の便益評価を示すことになる。つぎに公共財の供給曲線を導き出さねばならないが，それは公共財を追加的に1単位供給するのに必要な経費を示す**限界費用曲線**によって与えられる。そして，両曲線の交点から，公共財の社会的な最適水準 Y_0 が決定される。その水準で，A と B とが公共財供給水準 Y_0 から得る限界便益 P_a^0，P_b^0 に応じた費用負担（租税負担）を行えば，効率的な資源配分を実現することができる。したがって，かりにリンダール・メカニズムが作動して，各人が便益評価を正確に報告し，各人の希望する公共財需要水準が一致するように費用負担率が決まれば，公共財の効率的配分が実現されることを理解できよう。

　このように，「各人の限界便益評価の和＝限界費用」という条件によって，公共財の最適供給が実現できることになる。サミュエルソンの条件では，貨幣で測った公共財の限界便益の代わりに，私的財の量で測った限界代替率を用いて効用を測定し，また貨幣で測った限界費用の代わりに，私的財の量で測った限界変形率を用いて費用を測っているが，貨幣を尺度としても財を尺度としても，基本的な意味内容は同じであると考えておいてよい。

第6章 財政支出と公共財

ただし，政府は，各家計の需要曲線（無差別曲線）や社会的供給費用曲線（生産可能曲線）を正確に知ることはできない。そのため実際に行われる公共財の供給が，社会的に見て最適水準になる保障はない。

6.2.4 費用—便益分析

リンダール・モデルの応益原則による公共財の供給水準や負担率の決定メカニズムは，各人が便益の大きさや公共財の望ましい水準を正確に申告するという非現実的な想定を前提としていた。しかし応益原則は，経済効率性を考える場合には，有益な基準を提供する。政府が公共財の供給に関する費用や便益を測定することができれば，公共財の供給水準に関して，ある程度の効率性を満たす水準を決定することが可能となるからである。このような考え方から，**費用—便益分析**という方法の開発が進んできた。

理論的には，公共財供給に要する**総費用**と，それから発生する**総便益**を正確に計測することが可能であれば，総便益が総費用を上回るときには公共財を供給し，総費用が総便益を上回るときには供給しないという基準をもうけることによって，効率的な意思決定の判断材料を提供することができる。

費用—便益分析を行う場合の最大の問題は，(1) どこまでを公共財の供給費用に含めるか，(2) 直接・間接の便益をどのように測定するかである。しかし，これらに客観的な基準を設けることは極めて困難であり，政府の判断と国民の判断との乖離がしばしば発生する。

費用—便益分析は，道路やダム建設などの公共事業を実施すべきかどうか判断する材料として実施されることが多い。大規模なプロジェクトを実施する場合，将来にわたって長期間発生する便益をできるだけ正確に計測しなければならない。また総便益を測定するためには，異時点間の便益を評価し合計しなければならない。現在の100円と10年先の100円の価値は異なるため，将来の便益は，一定の方法で割引く必要がある。したがって，計測された総便益を，現在の価値で評価した**割引現在価値**を算出しなければならない。

あるプロジェクトの総費用が TC 円であるとし，建設された施設は n 年間の耐用年数があるとする。完成1年目に発生する便益を B_1，2年目に B_2，3年

目に B_3, ……, n 年目に B_n の便益を生み出すとすると，総便益の現在割引価値 TB は，

$$TB = \frac{B_1}{(1+i)} + \frac{B_2}{(1+i)^2} + \frac{B_3}{(1+i)^3} + \cdots + \frac{B_n}{(1+i)^n} \qquad (6.9)$$

と表すことができる。ここで i は，将来の価値を現在の価値で評価するための割引率である。割引率の代表例は，利子率である。遠い将来になるほど，割引現在価値は小さくなる。

そして，プロジェクトの総費用 TC を総便益 TB が上回れば（$TC<TB$ であれば），プロジェクトの実施は望ましいという判断が下される材料になる。

ただし，公共事業に適用されるべき社会的割引率としてどのような値を採用するかが，大きな問題となる。割引率が大きいとプロジェクトの総便益は縮小し，小さいと増大するからである。適切な割引率をいかに設定するかは，それ自体困難な問題である。ただし，同様の便益を生み出す代替的プロジェクトの費用を比較検討する場合などには，有効な情報を提供することができる。

費用―便益分析は，応益原則に沿った具体的アプローチの方法を提示するものであるが，分析の基礎となる費用と便益の客観的計測が困難であるため，その適用可能領域は，公共財全般には及ばず，公共事業プロジェクトを実施する場合の情報提供などの限定的範囲にとどまっているというのが実情である。

このほか，公共財供給の効率化を図る試みとして，民間活力を導入する動きが生じている。イギリスでは，サッチャー政権下の1992年11月から公共部門の事業に，民間の資金やノウハウを活用する **PFI**（Private Finance Initiative）という手法が導入された。現在では，道路，病院，学校などを中心に，幅広く活用されている。日本でも，1999年9月にいわゆるPFI法が施行され，導入の動きが出ている。民間が，資金調達を行い，施設の設計から建設，維持管理，運営にいたるすべての業務を手がけ，政府部門がそのサーヴィスを購入するか，事業が軌道に乗った一定期間後に施設を公共部門に移管するなどの方法がとられる。PFIは，事業の完全民営化とは異なる方法で，事業のコストやリスクに対する認識が厳格になり，事業の効率化へのインセンティブが生みだされるなどの効果が期待されている。

6.3 政治的意思決定と官僚行動

6.3.1 多数決原理

個人が正直に自己の便益の大きさを顕示するような簡単なルールを立案することは困難である。リンダール・メカニズムも，現在行われている政治メカニズムに代わる実際的な代替メカニズムとなるには，余りにも大きな課題を内包していた。

現在，公共財の供給に関しては，**投票**という形で各人の意思を表示し，**多数決原理**でその水準を決定するという方法が一般に行われている。多数決による意思決定が行われると，各人が望む公共財供給水準の低い者から高い者へと順番に並べた場合，ちょうど中央に位置する者が望む供給水準が，社会的な意思決定として選ばれることになる。これを，**中位投票者定理**と呼んでいる。

各人の公共財に対する効用水準が**単峰型**（1つの山のように，ある水準でピークとなりそこから離れるに従って低下する形）であるとし，A, B, C の3人で構成される社会を考える。A, B, C が最適であると考える公共財の供給水準は，G_A（低位），G_B（中位），G_C（高位）であり，投票権は，各人一票とする。

政府は，まず G_A と G_B のいずれを選ぶか投票にかける。すると A は G_A に投票し，B は G_B に投票する。C は，自らの望む高位水準により近い G_B に投票するであろう。その結果，G_B（中位）が多数を獲得し，G_B が選ばれる。次に，G_B と G_C のどちらかを選ぶかを投票にかければ，B は G_B を選び，C は G_C を選ぶが，A はより負担水準の低い G_B を選ぶ。したがって，G_B（中位）が多数を獲得する。こうして，多数決原理に従うと中位の投票者である B の望む水準が，社会の選択する水準として決定される。

この結論は，人数を増加させても成立するので，現在の議会制民主主義においても，基本的には中位投票者定理が成立するといってよい。

6.3.2　投票のパラドックス

しかし，多数決原理による投票が，常に中位投票者定理を成立させるとは限らない。社会が A, B, C の3人で構成されているとする。各人は3つの選択肢 X, Y, Z に直面し，選択の優先順位を付けなければならない。各人は，優先順位の高い方に投票する。いま A は $X \to Y \to Z$, B は $Z \to X \to Y$, C は $Y \to Z \to X$ の順で順位付けを行ったとする（図6-6）。

ここで，まず X と Y について多数決をとったとすると，A と B は，Y より X を選好するので X に投票し，C は X より Y を選好するので Y に投票する。したがって，2対1で X が選択される。次に Y と Z について多数決をとれば，A と C は Y に投票し，B は Z に投票するので，Y が選択される。この時点で社会の意思決定が行われるとすれば，Y が社会の意思決定となる。しかし，さらに Y と X とについての投票が実施されると，A と B は X に投票し，C は Y に投票するので，X が選択される。この時点で社会の意思決定が行われれば，X が選ばれることになる。このように，選択肢 X, Y, Z の優先順位を社会的に決定しようとしても，多数決原理では決定できないという事態（**投票のパラドックス**）が生じる。

多数決原理が成立するためには，各人の選好が単峰型をしていることが決定的な条件であった。この例では A と C の選好は単峰型であるが，B の選好は単峰型ではない。ある投票者の選好が単峰型でない場合には，投票のパラドックスが生じるのである。

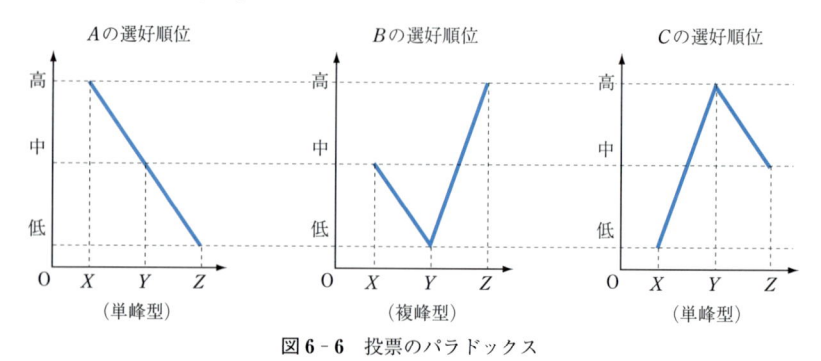

図6-6　投票のパラドックス

投票のパラドックスを一般化して，経済学の概念と結合して示したのが**アローの一般不可能性定理**である（K. アロー［1977］『社会的選択と個人的評価』日本経済新聞社参照）。社会は，AとBの2人で構成されているとする。そして，民主主義の意思決定過程の特徴は，推移性（選択肢X, Y, Zについて，YよりもX, ZよりもYが選択されるならば，ZよりもXが選択される），満場一致性（各人の選択肢に関する優先順位が一致するならば，社会的な優先順位も同じになる），独立性（社会的な優先順位は，各人の優先順位のみに依存して決定される），非独裁性（特定の個人の優先順位が，そのまま社会の優先順位となることはない）という4つの性質に集約できると考える。この場合，これら4つの性質を同時に満たす社会的厚生関数（優先順序付け）は存在せず，そのような社会的決定を行うことは不可能であるというのが，定理の内容である。

多数決による投票原理は，合意形成の手段として完全なものではない。しかし，アローの一般不可能性定理は，民主主義の下では社会的な優先順位付けが不可能であることを示したというよりも，優先順位付けが理想的な4つの性質を同時に満たすような形では決められないことを示したものと理解できよう。

6.3.3　官僚の予算最大化行動

ところで，現実の政治的意思決定のプロセスでは，行政実務担当者である政府官僚が大きな役割を果している。官僚は，投票権を行使する国民や，議会で予算審議権を行使する議員とは別の行動原理にしたがって行動している。このような官僚の行動を分析したものに，**ニスカネンの予算最大化仮説**（W. A. Niskanen [1971], *Bureaucracy and Representative Government*, Aldine : Atherton 参照）がある。このモデルでは，官僚は自己と所属組織の利益を追求して予算を最大化するように行動すると考える。官僚には利潤動機は働かないため，経済効率には無関心であり，大きな権限，多数の部下，大きな裁量予算，名声などに主要な関心があり，それは大きな予算を獲得することによって実現される。官僚は，政府が公共サーヴィスを供給する場合，国民がどれだけのサーヴィスを欲しているかを知っており，またサーヴィス供給に必要な費用に関する情報を独占している。議員は，国民のサーヴィス欲求を知っているが，供給費用に

図6-7 官僚の予算最大化行動と純便益

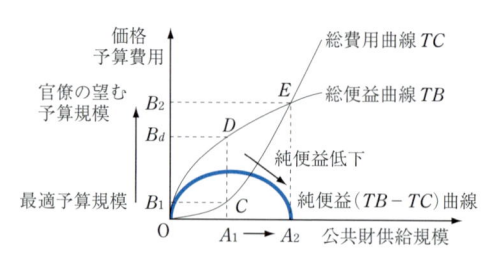

[図中の説明枠]
国民の純便益を最大にする公共財供給量は A_1、予算規模は B_1 である。官僚は、純便益がマイナスにならない範囲で、公共財供給を最大化しようとするため、公共財供給量は A_2 へ、予算規模は B_2 へと上昇する。その結果、国民の純便益は消滅してしまう。

関する正確な情報は知らないとする。ただし官僚は、国民の純便益がマイナスになるような行動はとらないとする。

公共財供給の総費用を TC、金額で評価された総便益を TB とする。総便益は需要量が増大するにつれて逓減し、総費用は供給量が増大するにつれ逓増する。総費用と総便益が図6-7のようであったとすれば、公共財の供給によって国民が享受する純便益 ($TB-TC$) は、OA_2 曲線で示され、供給水準 A_1 で最大となる。最適な予算規模は、総費用曲線上の点 C に対応する B_1 となる。

しかし、官僚は、費用に関する情報を独占しているので、それを活用して自己の権限や所属組織の利益を拡張するために、純便益が負にならない範囲で予算を最大化しようと行動する。その結果、純便益がマイナスにならない限度 A_2 まで公共財供給量を拡大し、予算案の規模を B_2 へと押し上げる。一方、議員は、正しい情報を知らないため官僚の予算案に反対する論拠がなく、また公共サーヴィスの純便益がマイナスにならない限り、反対する積極的論拠を見出せない。議会は、政策立案能力が官僚組織より劣り、予算案を一括して受け入れるか拒否するかの選択を迫られるため、結局、官僚の作成した予算 B_2 が実現する。B_2 により、過大な公共財が供給される結果、官僚の利益は増すが、国民の純便益はゼロへと低下する。官僚の予算最大化行動の結果、公共サーヴィスが社会的に最適な水準を超過して過大に供給される傾向（政府部門の肥大化傾向）が生じるのである。

ただし、図6-7からも明らかなように、官僚は純便益が負にならない範囲で予算最大化を図るとすれば、ある公共財の供給水準が一定水準 A_1 に決まっている場合にも、単位当たりの供給費用を水増しし、総便益曲線上の点 D に

対応する B_d にまで予算額を増加させ，自由裁量予算を確保しようとするインセンティブを同時に持つと考えることができよう。したがって実際には，官僚の公共財1単位当たりの経費を過大に積算しようとする行動と，公共財供給量そのものを拡大しようとする行動との合成力が，予算を最大化させる動力として作用すると考えることができよう。

官僚は，一般に，政策実現志向をもち，所属組織の予算や裁量的経費の拡大を目指す強いインセンティブを持っていると考えられる。この予算拡大行動の成否は，官僚が高い政策立案能力を備え，公共財供給費用や便益に関する情報を独占的に保有している点にかかっている。ニスカネンの仮説は，予算効率を高めるためには，予算積算の根拠となる「情報の公開」や議会（政党）の政策立案能力の向上が鍵になることを示唆しているといえよう。

練習問題

1. 純粋公共財の性質について述べ，具体例を挙げなさい。
2. 公共財の効率的な供給を示す，サミュエルソンの条件について説明しなさい。
3. リンダール均衡とその問題点について述べなさい。
4. ある公共プロジェクトの総費用は9億円で，完成の翌年度から利用され，各年度に発生する純便益が4億円，割引率0.2，耐用年数3年とすれば，①このプロジェクトの社会的便益はいくらか，また②この事業は実行されるべきか否か。
5. 個人 A, B からなる社会において，A, B の公共財に対する限界便益曲線と公共財供給に要する限界費用曲線が，次のようであったとすれば，公共財の最適供給はいくらになるか。$P_A = 4 - Q$　$P_B = 8 - 2Q$　$MC = 6$　[P_A, P_B：A, B の限界便益，Q：公共財数量，MC：限界費用]

第7章　政府支出と政府活動

　公共財の最適供給を実現するための経済学的メカニズムは，公共財に不可避的に付随する「ただ乗り」問題などのために，うまく作動しない。実際には，公共財の供給は，政治過程を通じて投票によって決定される。だが政治的決定にも，投票のパラドックスや官僚機構の予算最大化行動などさまざまな問題が付随することが明らかとなった。

　公共財供給についての理論的接近は，多くの有用な知見をもたらす。しかしそれは，現実の財政支出が，どのような目的でどれだけ行われ，どのような成果を上げ，どこに問題があるのかといった，実際的機能に即した役割を明らかにするものではない。

　政府支出は，どのような広がりを持ち，どのような目的で行われ，民間の活動にどのような影響をもたらしているのか。政府活動の意味や問題点はどこにあり，将来展望はどのようなものであるか。より好ましい支出政策が存在するか。現実の世界での重要な関心事は，政府支出に関して，このような実際的観点から接近することであろう。

　本章では，財政支出が実際社会の中で果している役割を，具体的な政策目的を担った政府支出（経費）として追跡し，政府活動の実際面を検討していくことにしよう。

7.1　政府支出の構造

7.1.1　政府経費の分類

　政府の活動に必要な経費は，予算編成上の観点，行政事務上の観点，経済的効果の観点など様々な目的に即して分類され，整理されている。政府の経費支

出の構造を見れば，具体的に政府の政策の重点や国家機能の移り変わりを把握することができる。

中央政府の一般会計は，各省庁を中心とした組織別の経費額を示す**所管別分類**にしたがって予算編成が行われる。財務省所管，文部科学省所管などの予算執行の権限と責任が明確にされているが，政府の重点政策や経済に与える効果を分析することには向いていない。

これに対して経費が，社会保障関係費，文教及び科学振興費，防衛費，公共事業関係費，国債費などの重点施策にどのように配分されたかを示すのが，**主要経費別分類**である。これに類似した分類として，経費がどのような目的に配分されているのかを示す**目的別分類**がある。国家機関費，地方財政費，産業経済費，国土保全及び開発費，教育文化費，社会保障関係費，国債費など，戦前まで遡及して利用可能な固定的分類基準に基づいているため，長期的な歴史的傾向を把握するのに便利である。

経費が最終的にどのような使途に使用されたかを示すのが**使途別分類**であり，政府の予算執行を統制するため実務行政上の必要から行われる技術的な分類である。人件費，物件費，補助費などに分類されるため，経費使用の効率性を検討する手掛かりを提供する。

また，経費がマクロ経済にどのような影響を与えているのかを検討するために，経常支出，資本支出，移転支出などに整理される**経済性質別分類**がある。これはGDP計算のための基礎資料となる。この内，**移転支出**は，年金給付などの個人への貨幣移転という形を取る政府支出の総称であり，GDPには含まれない。経常支出や資本支出は，政府が民間から購入する財・サーヴィス額を示しており，GDPの構成要素となる。

このほか，人件費，年金・医療費などのように制度的な枠組みによって支出水準や内容が法定されている経費を「**義務的経費**」といい，毎年の政策判断によって支出水準や内容を変更できる経費のことを「**裁量的経費**」と呼んでいる。

7.1.2　政府支出の構造変化

政府の重点政策の推移や支出構造の変化を把握するには，**主要経費別分類**が

表7-1 一般会計歳出の構造変化（当初予算ベース） (単位：100億円, %)

	1955年		1965年		1975年		1985年		1995年		2005年	
一般会計歳出総額	9.9	100	36.6	100	212.9	100	525.0	100	709.9	100	821.8	100
国債費	0.4	4.4	0.2	0.6	10.4	4.9	102.2	19.5	132.2	18.6	184.4	22.4
地方交付税等	1.4	13.9	7.2	19.6	44.1	20.7	96.9	18.5	132.2	18.6	160.9	19.6
一般歳出	8.1	81.8	29.2	79.8	158.4	74.4	325.9	62.1	445.5	62.8	472.8	57.5
一般歳出計		100		100		100		100		100		100
社会保障関係	1.0	12.5	5.2	17.7	39.3	24.8	95.7	29.4	139.9	31.4	203.8	43.1
文教科学振興	1.2	14.5	4.8	16.3	26.4	16.7	48.4	14.9	60.8	13.6	57.2	12.1
恩給関係費	0.8	10.3	1.7	5.7	7.6	4.8	18.6	5.7	17.3	3.9	10.7	2.3
防衛関係費	1.3	16.4	3.0	10.3	13.3	8.4	31.4	9.6	47.2	10.6	48.6	10.3
公共事業関係	1.5	18.1	6.9	23.6	29.1	18.4	63.9	19.5	92.4	20.7	75.3	15.9
経済協力費	—	—	0.1	0.4	1.8	1.1	5.9	1.8	10.4	2.3	7.4	1.6
中小企業対策	—	—	0.2	0.4	1.3	0.8	2.2	0.7	1.9	0.4	1.7	0.4
エネルギー対	—	—	—	—	—	—	6.3	1.9	6.8	1.5	5.0	1.0
食料安定供給	—	—	1.1	3.8	9.1	5.7	7.0	2.1	7.5	1.7	6.8	1.4
産業投資会計	—	—	0.1	0.4	0.7	0.4	—	—	12.8	2.9	0.7	0.2
その他経費	2.2	27.3	5.6	19.3	27.0	17.1	43.2	13.3	45.1	10.1	52.2	11.0
予備費	0.0	0.0	0.5	1.7	3.0	1.9	3.5	1.1	3.5	0.8	3.5	0.7

（資料）　財務省データ．
（注）　四捨五入等により，端数が合計と一致しない場合がある．

有用である．表7-1には，国の**一般会計歳出**の主要経費別の分類とその時系列の数値を掲げてある．

　一般会計歳出の総額から国債費，地方交付税交付金，産業投資特別会計繰入れを除いた経費の総額は，**一般歳出**と呼ばれている．一般歳出は，政府の毎年の政策を反映する政府支出を表している．

　一般会計歳出総額を時系列で見た場合，第1に目立つ特徴は，国債費の著しい膨張と，一般歳出比率の顕著な低下である．国債費は，1960年代には1％未満であったが，1970年代に急膨張が始まり，80年代以降現在に至るまで，歳出のおおよそ2割前後を占めるようになっている．それに伴って，一般歳出の占める比率は，1960年代までの8割前後から，1980年代以降の6割前後へと急落している．このような構造変化をもたらした最大の原因は，1970年代以降に大量の国債発行が継続されたことにある．

　歳出構造の変化で，第2に目立つ点は，社会保障関係費の著しい膨張である．

1955年には一般歳出の12.5％に過ぎなかったが，65年には17.7％へと増大し，その後増勢を強め75年22.5％，85年29.4％，95年31.4％と一貫して増加し，2005年には43.1％と4割を超える水準に増加している。

　第3に目立つ点は，文教及び科学振興費が1970年代以降，一貫して低下していることである。かつて1950年代から1960年代にかけては社会保障関係費と肩を並べ，1975年には16.7％に比重を増していたが，その後ほぼ一貫して比率を低下させ，2005年には12.1％にまで低下している。

　社会保障関係費の著しい膨張と教育関係費の顕著な低下という動きは，明らかに少子・高齢化社会の進展を反映している。ただし近年の教育費の急速な低下は，地方財政改革に伴い，国から地方への税源移譲との見合いで義務教育費国庫負担金が減額されたことにも大きな原因がある。

　第4に目立つ点は，公共事業関係費が，1955年以降一貫して2割内外を維持しており，公共インフラ投資が政府財政支出の主要な機能を果たしていたという点である。高度成長期には道路港湾等の基礎的インフラ投資が重視されていたが，1970年代以降の不況期には景気浮揚のため大規模な裁量的公共投資が実行された。ただし，2000年代に入ってから，公共事業の比重は顕著に低下していることも注目すべき点である。

　このほかで大項目を占めるのが防衛関係費である。1955年の時点では，一般歳出の最大項目の一つであり，社会保障費や文教科学振興費などよりも大きな比重を占めていた。その後高度経済成長の過程で徐々に比重を下げていったが，1970年代を底にして80年代には増勢に転じ，それ以後2005年に至るまで10％を超える比重を占めている。

　日本の戦後60年を通じて，財政支出は，1955年の公共事業・教育・防衛を中心とする構造（3費目合計の一般歳出に占める割合49％）から，2005年には社会保障（一般歳出に占める割合43.1％）と国債費（一般会計歳出総額に占める割合22.4％）が大宗を占める構造へと大きく変化してきたことがわかる。

　また2005年現在の一般歳出の内訳を見ると，大きい順に社会保障関係費（43.1％），公共事業関係費（15.9％），文教及び科学振興費（12.1％），防衛関係費（10.3％）となり，この4費目で一般歳出の81.4％を占めている。このこ

とは，現在の政府の主要な活動分野は，社会保障，公共事業，教育科学，防衛であることを示している。

このうち社会保障費は，財政の所得再分配機能を代表し，大部分が移転支出である。公共事業は，財政の経済安定化機能を代表する裁量的財政政策の主要な政策手段として活用される。教育科学費は，一国の経済成長を支える人的資本投資機能を持っており，外部効果の高い支出の代表的事例である。そして最後に防衛費は，一国の安全保障を確保するための純粋公共財であり，資源配分機能の代表的事例である。このほか政府は，経済協力，中小企業対策，エネルギー対策，食料安定供給，一般行政サーヴィスなど多様な活動を行っているが，政府支出額で見る限り，これらの活動が大きな比重を占めているわけではない。

以下，政策目的と現実の活動に照らして，主要な政府支出の役割と内包される課題を追跡し，問題の解決の方向性を検討していくことにしよう。政府支出の役割と課題を理解するためには，政府活動と政府支出との関連を現実に即して理解することが重要になる。

7.2 政府活動の現状と課題

7.2.1 社会保障と医療改革

社会保障の目的と内容

社会保障とは，病気や老齢などの理由により所得稼得能力が低下した人々に対して，政府が，最低限度の所得を保障し，国民の生活安定や健康保持を保障することである。日本で社会保障が本格的な政策課題となったのは，第二次世界大戦後のことである。日本国憲法は，第25条で，「すべての国民は，健康で文化的な最低限の生活を営む権利を有する」と規定した。この精神に基づき，社会保障制度審議会が1950年に内閣に提出した勧告によって，日本の社会保障制度の整備が進められた。そして1961年の国民健康保険制度と国民年金制度の施行により，国民皆保険・国民皆年金が実現された。その後健康保険法・国民年金法・厚生年金法が幾度か改定され，現在の姿になっている。

社会保障は，社会保険，公的扶助（生活保護），社会福祉，保健衛生，失業対策などからなる。これらのサーヴィスを支える経費が社会保障関係費である。社会保険費は，医療保険，年金保険，雇用保険，介護保険，労働災害保険に対して，国が負担する支出である。公的扶助費は，生活困窮者が自活できるように，生活費・医療サーヴィスを助成する経費である。社会福祉費は，老人福祉，児童福祉，障害者福祉，母子福祉のために支出される。保健衛生費は，疾病の予防，栄養改善のために支出される。失業対策費は，失業時の所得保障などを図るための経費である。

このように多岐にわたるサーヴィスを提供するため，社会保障関係費は一般会計歳出で最大の支出項目である。先進諸国でも，社会保障関係費は最大の政府支出項目となっている。

社会保障関係費の内容の変化を見ると，1965年には，**失業対策費，保健衛生費，生活保護費**が全体の5割強を占め，社会保険（40.6％）を大きく上回っていた。このことは，日本の社会保障制度が，救貧的な性格の強い制度として導入されたことを示している。しかし福祉元年といわれる1973（昭和48）年の大改正によって，年金の物価スライド制度を導入し，年金支給額を標準報酬月額の6割に引き上げ，医療についても老人医療費無料制度を導入した。その結果1970年代以降には，**社会保険費**や**社会福祉費**が顕著に比重を増し，1999年にはそれぞれ59.0％，28.5％を占めるに至る。生活水準が向上し，高齢化社会が到来したことに伴い，社会保障制度は欧米水準に並び，急速に成熟して構造変化をとげていった。

その後，2000（平成12）年度に介護保険が導入され，社会福祉費の主要部分が社会保険費に移行したため，2001年度以降は，社会保険費の比重が8割弱を占めるに至る。したがって現在の社会保障が抱える問題は，社会保険に係わる問題に集約されるといってよい。

厚生労働省の「社会保障給付に関する負担の将来見通し」（表7-2）によると，制度がそのまま維持された場合（ベースライン）には，社会保障給付費は，2005（平成17）年度の88.5兆円（対国民所得比23.5％）から2025（平成37）年度には151.5兆円（対国民所得比28.5％）へ膨張する。同期間の公的負担（国・

表7-2 社会保障給付費の将来見通し

(単位：兆円, %)

	2005年		2015年		2025年	
国 民 所 得	377.5	100.0	456.0	100.0	534.5	100.0
社会保障給付費	88.5	23.5	120.5	26.5	151.5	28.5
年　　　金	47.0	12.5	58.0	13.0	63.5	12.0
医　　　療	27.5	7.5	41.0	9.0	58.0	11.0
介　　　護	6.0	1.5	11.5	2.5	18.5	3.5
その他福祉	8.0	2.0	9.5	2.0	11.5	2.0

(資料)　厚生労働省『社会保障の給付と負担の見通し』(平成16年5月)。

地方の税負担）は，27.5兆円から59.5兆円へと，給付の増大額を大幅に上回って増大する。

　内訳を見ると年金と医療・介護支出の増大がほぼすべての膨張を占め，福祉の割合は小さい。また給付の大部分が高齢者向けであり，児童・家族向け給付は限定的である。

　今後，少子化・高齢化の進展によって社会保障に要する経費と負担は急速に膨張すると予想されており，将来にわたって持続可能で安定的な社会保障サーヴィスを維持するための制度改革が課題となっている。とりわけ年金と医療・介護制度を中心とする社会保険制度の改革が，社会保障制度の安定的な維持の成否を分ける中心課題となる。

年金問題

年金制度の現状

　公的年金制度は，1961年に国民皆年金制度が実現されて以降，主として物価上昇に伴う給付水準の引き上げが重視され，物価スライド制度が導入された。その後，1985（昭和60）年に抜本的改革が行われ，職域ごとに縦割りに組織されていた制度体系が再編され，現行年金制度の原型が作りだされた。

　従来自営業者や学生などを対象としていた国民年金が，民間サラリーマン，公務員，その配偶者にまで拡大され，国民全員に共通する一定額給付の基礎年金制度が創設された。そして，従来のサラリーマンの厚生年金や公務員・私立学校などの共済年金は，給与所得に比例して受け取る報酬比例部分として，基

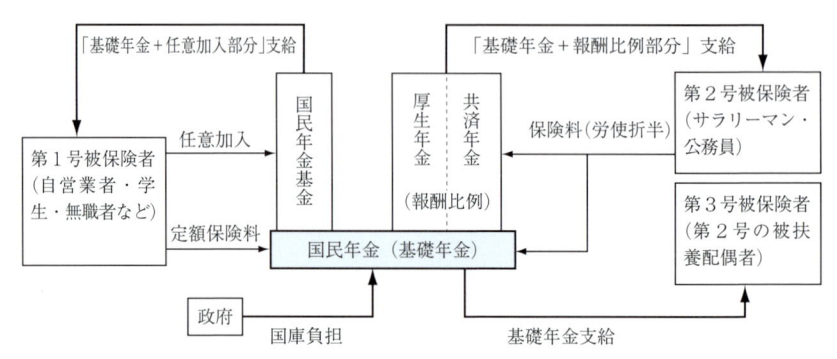

```
                                             「基礎年金+報酬比例部分」支給
  「基礎年金+任意加入部分」支給            ┌──────────────────────────┐
┌──────────────────────┐                    │                          ↓
│                      ↓       国           厚  共                   第2号被保険者
第1号被保険者    任意加入     民           生  済      保険料(労使折半) (サラリーマン・
(自営業者・学  ────→       年           年  年      ←──────         公務員)
生・無職者など)              金           金  金
                              基                                    第3号被保険者
                  定額保険料  金           (報酬比例)                (第2号の被扶
                              └──────────────────────┘               養配偶者)
                                  国民年金(基礎年金)
                              ┌──────────────────────┐
                        政府  ↑                      ↑
                              国庫負担               基礎年金支給
```

(注) 簡略化のため，厚生年金基金，適格退職者年金，確定拠出年金など3階部分に当る企業年金等は，省略している。

図7-1　年金制度の概要

礎年金に上乗せする制度へと変化した。また自営業者などに対しては，任意加入の上乗せ制度として，**国民年金基金**制度が1991年に創設された。こうして，公的年金制度は，国民共通の基礎年金の上に，上積み部分を加える2層構造へ生まれ変わった。

　国民年金加入者は，**第1号被保険者**（自営業者・無職者・学生など），**第2号被保険者**（民間サラリーマン・公務員など被雇用者），**第3号被保険者**（第2号被保険者の被扶養配偶者）に分類される。第3号被保険者は，保険料支払いなしで国民年金の支給を受けられる。

　基礎年金の保険料は**定額**で徴収され，厚生年金・共済年金の保険料は**給与**に比例して徴収され労使で折半する。厚生年金・共済年金の保険料の中には基礎年金保険料も含まれる。基礎年金の支給財源は，国民年金・厚生年金・共済年金の保険料から，その加入者の人数に応じて拠出され，不足分は**国庫負担**という形で租税が投入される。

　その後，保険料率が引き上げられ，物価スライド方式が数次にわたって改定されたが，少子・高齢化の進展で年金財政が悪化したため，**1994年改正**で年金支給開始時期を60歳から65歳へと引き上げた。さらには2004（平成16）年度の改革で，保険料負担と年金給付のバランスを図るため，⑴毎年段階的に保険料を引き上げ2017年以降は保険料負担を固定することとし，その上で⑵2009年度までに基礎年金の国庫負担割合を3分の1から2分の1に引き上げ，また100

年かけて積立金を取り崩して年金給付に充当する。(3)こうして確保された保険料収入額を上限とする範囲内で給付を賄うように，被保険者数の減少や年金受給期間の伸びを勘案して自動的に年金給付水準を調整するマクロ経済スライド方式を導入することが決定された。さらに，(4)将来の年金一元化を目指して，厚生年金と共済年金の完全統合を実現することも決定された。

また2001年には，雇用の流動化に対処できるように確定拠出年金制度（保険料率を先決し，それに応じた給付を受けとる）が導入された。これによって転職してもそれまで拠出した企業年金（厚生年金）の実績が年金給付に反映されるようになり，ポータビリティを備えるようになった。

これまでの年金改革は，経済成長率の鈍化と少子・高齢化の予想外の進展によって，「給付の削減」と「保険料の引き上げ」に依存してきた。現行年金制度は，本格的な少子・高齢化社会の到来を迎えて，その持続可能性に疑問が生じ，世代間の負担公平の問題や若年層を中心とした年金不払い問題が表面化し，深刻な事態を迎えようとしている。年金問題にどのように対処すべきかを考えるためには，基本的な年金の仕組みと問題点を理解しておくことが必要となる。

積立方式と賦課方式

年金の財政方式は，積立方式と賦課方式に大別される。いま家計は，現役期に稼いだ所得 Y によって消費 C を行い，残額を貯蓄 S と年金保険料 H の支払いに充て，退職後には現役期に積み立てた貯蓄 S と政府からの年金受給 J によって生活するとしよう。

積立方式年金は，図7-2で示したように，家計が現役期に保険料 H_1 を政府に拠出し，政府はそれを積立て利子率 r で運用して，退職後に年金受給 J_1 という形で家計に還流させる方式である。この方式では，自分達の世代が現役期に保険料として積み立てた H_1 を，自分たちの世代が退職後に年金 J_1 として使用するので，負担と給付とが自分たち世代の中で完結する。

第2世代でも同様である。したがって，積立方式の年金制度では，世代間の負担や所得の移転は生じない。ただし，長生きした者はより多くの給付を受け，早世したものは少ない給付しか受け取れないので，同一世代内での所得移転は生じる。

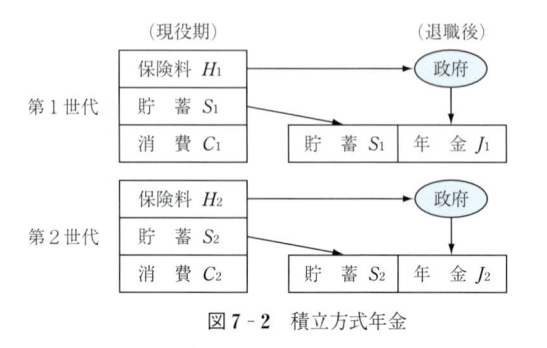

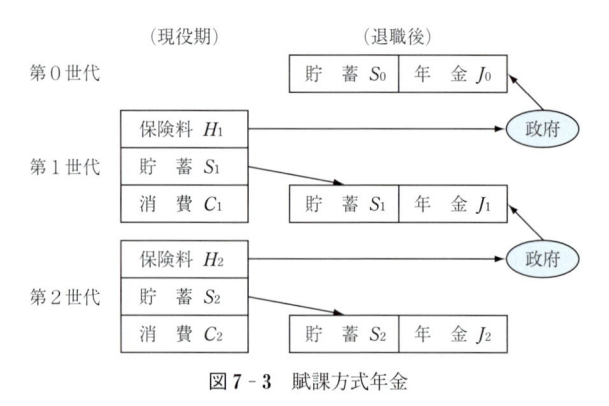

```
            (現役期)              (退職後)
         ┌─────────┐
         │ 保険料 H₁ │──────────→  政府
  第1世代  │ 貯 蓄 S₁ │─────┐        │
         │ 消 費 C₁ │     ↓        ↓
         └─────────┘  ┌───────┬───────┐
                      │貯蓄 S₁│年金 J₁│
                      └───────┴───────┘
         ┌─────────┐
         │ 保険料 H₂ │──────────→  政府
  第2世代  │ 貯 蓄 S₂ │─────┐        │
         │ 消 費 C₂ │     ↓        ↓
         └─────────┘  ┌───────┬───────┐
                      │貯蓄 S₂│年金 J₂│
                      └───────┴───────┘
```

図 7 - 2　積立方式年金

```
            (現役期)              (退職後)
                              ┌───────┬───────┐
  第0世代                       │貯蓄 S₀│年金 J₀│←┐
                              └───────┴───────┘ │
         ┌─────────┐                            │
         │ 保険料 H₁ │──────────────────────→   政府
  第1世代  │ 貯 蓄 S₁ │─────┐                     │
         │ 消 費 C₁ │     ↓                     │
         └─────────┘  ┌───────┬───────┐        │
                      │貯蓄 S₁│年金 J₁│←┐       │
                      └───────┴───────┘ │       │
         ┌─────────┐                    │
         │ 保険料 H₂ │──────────────────────→   政府
  第2世代  │ 貯 蓄 S₂ │─────┐             │
         │ 消 費 C₂ │     ↓             │
         └─────────┘  ┌───────┬───────┐ │
                      │貯蓄 S₂│年金 J₂│ │
                      └───────┴───────┘
```

図 7 - 3　賦課方式年金

これに対して，**賦課方式年金**は，現役世代（第 1 世代）が拠出した保険料 H_1 を，退職世代（第 0 世代）の年金受給 J_0 に直接充当し，自分たちの年金 J_1 は将来世代（第 2 世代）の保険料 H_2 によって支払われるという制度である。したがって，自分たちが支払った保険料 H_1 と自分たちが受け取る年金受給額 J_1 が一致するとは限らない。各世代間の人口構成が変化すれば，拠出した保険料と受給する年金額は一致しなくなり，世代間の所得移転が生じることになる。進んで，世代間の人口構成の変化が年金問題に与える影響を検討しよう。

年金問題へのアプローチ

家計を現役期（第 1 期）と退職期（第 2 期）に分け，現役期に Y_1 の所得を稼ぎ，その内 C_1 を消費して，残額 S_1 を貯蓄し，退職後に貯蓄 S を取り崩して第 2 期の消費 C_2 に充て，使い切るとしよう。遺産はないものとする。利子率を r とすれば，貯蓄 S_1 は，第 2 期までに $(1+r)S_1$ に増加する。したがって，

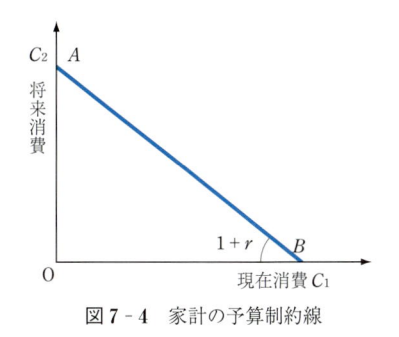

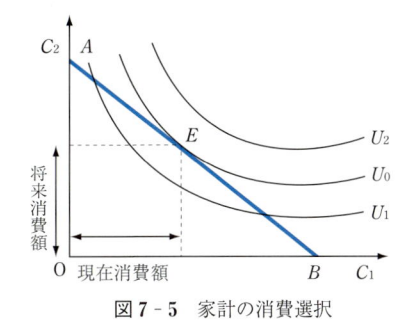

図 7-4　家計の予算制約線　　　　図 7-5　家計の消費選択

第 1 期，第 2 期の消費は，次のようになる。

$$C_1 = Y_1 - S_1 \tag{7.1}$$

$$C_2 = (1+r)S_1 \tag{7.2}$$

(7.1)から $S_1 = Y_1 - C_1$ であり，(7.2)に代入して整理すると，次の式が得られる。

$$C_1 + \frac{C_2}{1+r} = Y_1 \tag{7.3}$$

これは，家計が生涯を通じて消費に使用できる予算総額を示す予算制約式である。予算制約線は，将来消費 C_2 を縦軸に，現在消費 C_1 を横軸にとると，図 7-4 のように傾き $(1+r)$ の直線 AB となる。家計は，予算制約線上を含む三角形の範囲内で任意の C_1 と C_2 の組み合せを選択できるが，最も満足度が高い消費をもたらすのは，予算制約線 AB 上の点である。

他方，家計の満足度（効用）U は，C_1 と C_2 の消費量に依存するとすれば，家計の満足度の水準を示す効用関数 $U = U(C_1, C_2)$ は，原点に対して凸の無差別曲線で表される。より高い消費の組み合わせを示す無差別曲線は原点から離れ，低い組み合わせは原点に近づく。したがって，家計の満足度を最大にする点は，与えられた予算制約線と，最も高い効用水準をもたらす無差別曲線 U_0 が丁度接する点 E によって与えられる。

ここで，まず積立方式の年金制度が導入された場合を検討しよう。一人当たりの保険料を H_1，一人当たりの年金受給額を J_1 とする。徴収された保険料は，政府が利子率 r で運用して，退職後の年金給付に充てるとすれば，年金受給額 J_1 は，

$$J_1=(1+r)H_1 \tag{7.4}$$

となる．家計の現役期（第1期）の消費 C_1 は，所得 Y_1 から保険料 H_1 と貯蓄 S_1 を控除した額となり，退職後（第2期）の消費 C_2 は，第1期の貯蓄の元利合計 $(1+r)S_1$ と年金 J_1 の合計となる．

$$C_1=Y_1-S_1-H_1 \tag{7.5}$$

$$\begin{aligned}C_2&=(1+r)S_1+J_1\\&=(1+r)S_1+(1+r)H_1\\&=(1+r)(S_1+H_1)\end{aligned} \tag{7.6}$$

つまり，退職後の消費は，私的貯蓄と保険料の合計を，市場金利 r で運用した元利合計に等しくなる．積立方式の年金は，家計の私的貯蓄を削減するが，政府の公的貯蓄を同じだけ増加させるので，全体で見た貯蓄 $S(=S_1+H_1)$ には変化が生じない．家計貯蓄の一部を政府が管理運用して，退職後に家計に還流させるだけである．したがって世代間の所得の移転は発生せず，少子・高齢化など人口構成に変化が生じても，年金の負担と給付に影響を及ぼすことはない．(7.5)から $S_1+H_1=Y_1-C_1$ であり，これを(7.6)に代入して整理すれば，

$$C_1+\frac{C_2}{1+r}=Y_1$$

となり，積立年金が導入される前の(7.3)式と，全く同一であることが確められる．したがって，積立方式の年金は，家計の所得水準にも消費水準にも全く影響を与えない．

　これに対して，**賦課方式の年金**は，現役世代の保険料拠出で退職世代の年金を直接賄う制度である．したがって，政府による積立・運用がないので利子収入 r は発生しない．退職世代の年金受給額は，世代間の人口構成の変化によって，大きな影響をうける．いま，各世代間で年率 n の割合で人口が増大するとしよう．この場合，第一世代の人口を N_1 とすると，第二世代の人口は $(1+n)N_1$，第三世代の人口は $(1+n)^2N_1$……と増大していく．

　退職した第一世代が受け取る年金総額は，一人当たりの年金受給額 J_1 と第一世代の人口 N_1 との積，N_1J_1 となる．この第一世代の年金の財源は，第二世代が拠出する保険料 H_2 で直接賄われる．第二世代の人口は $(1+n)N_1$ である

から，拠出する保険料総額は，$(1+n)N_1H_2$ となる。第一世代の年金受給額は，第二世代の保険料拠出額で賄われるので，両者は等しくなる。

$$N_1 J_1 = (1+n) N_1 H_2$$
$$J_1 = (1+n) H_2 \tag{7.7}$$

したがって，賦課方式年金が受給者にもたらす収益率は，利子率 r にかわって，人口増加率 n となる。年金支給額 J_1 が固定されている場合には，人口増加によって，第二世代の保険料負担 H_2 は，$\frac{1}{(1+n)}$ の割合で低減する。また第二世代の保険料 H_2 が固定されている場合には，第一世代の年金受給額 J_1 は $(1+n)$ の割合で増加することになる。

(7.7)の条件を加えると，現役の第1期，退職後の第2期の消費は，

$$C_1 = Y_1 - S_1 - H_1 \tag{7.8}$$
$$C_2 = (1+r) S_1 + J_1$$
$$= (1+r) S_1 + (1+n) H_2 \tag{7.9}$$

となる。(7.8)より $S_1 = Y_1 - C_1 - H_1$，これを(7.9)に代入して整理すると，

$$C_1 + \frac{C_2}{1+r} = Y_1 + \frac{(1+n)H_2 - (1+r)H_1}{1+r} \tag{7.10}$$

となる。(7.10)式は，賦課方式の年金を導入することによって，第一世代の生涯所得が $\beta = \frac{(1+n)H_2 - (1+r)H_1}{1+r}$ だけ変化し，その分生涯消費も変化することを示している。この関係は，第二世代と第三世代，第三世代と第四世代でも，常に成り立つ。

賦課方式の年金による生涯所得変化分 β は，人口増加率 n と利子率 r の大きさによって左右される。ここで積立方式と比較するために，第一世代の保険料負担 H_1 と第二世代の保険料負担 H_2 が等しい場合を考えると，β は次のようになる。

$$\beta = \frac{(1+n)H_2 - (1+r)H_1}{1+r} = \frac{n-r}{1+r} H_1 \tag{7.11}$$

となる。

(7.11)より，人口増加率が高く利子率よりも大きい $n-r>0$ の場合は，β は正の値をとるため，賦課方式は積立方式よりも有利となる。生涯所得は増加し，予算制約線は上方にシフトして，より高い消費の組み合わせが実現される。

また，人口増加率 n が利子率 r と等しい $n-r=0$ の場合には，β はゼロとなるので，生涯所得は，積立方式と同じであり，生涯消費も変化しない。

　しかし，人口増加率が利子率より小さい $n-r<0$ の場合には，β は，マイナスとなり，積立方式と比べて，生涯所得は減少し，予算制約線は下方にシフトして，生涯消費は減少する。

　したがって，賦課方式の年金は，人口の成長率が大きく，現役世代の人口が一貫して増加するような場合には，生涯所得と生涯消費を引き上げるようにプラスに作用する。人口成長率が低下してくれば，このプラス効果も低下し，利子率を下回るようになれば，マイナスに作用する。

　ところで，現在の日本は，急速な少子・高齢化が進み，人口が減少に転じるという事態が生じている。人口増加率 n がマイナスになれば，賦課方式年金の収益率はマイナスとなり，利子率 r の水準にかかわらず（r がたとえゼロに低下したとしても），必ず $n<r$ となる。このため β はマイナスとなり，生涯所得と生涯消費を押し下げるため，世代間の負担の不公平は重大化し，賦課方式の年金制度を維持することは困難となる。

---

check 年金と経済成長率

　年金は，**人口増加率 n** だけでなく，**経済成長率 g** からも同様に影響を受ける。年金受給に与える利子率と経済成長率の関係では，$g>r$ の場合には，経済成長による収益率が利子率を上回るため，賦課方式は積立方式より有利となる。逆に $g<r$ の場合には，賦課方式は不利となる。

　一般に，利子率が高いほど積立方式が有利となり，人口成長率や経済成長率が高いほど賦課方式が有利となる。人口増加率と経済成長率を同時に考慮した場合，r（利子率）$>n$（人口成長率）$+g$（経済成長率）の場合には，積立方式が有利であり，$r<n+g$ の場合には，賦課方式が有利となる。

　日本の場合，経済成長率は高度成長期と比べ大幅に低下し，人口成長率はマイナスに転じているので，現行の賦課方式の利点はほぼ消滅していると考えられる。現在の状況が継続し，少子・高齢化社会が進行すれば，現役世代の保険料負担が高まり，世代間の不公平は一層拡大していくことになるだろう。

年金改革の方向性

　積立方式の年金では，人口増加率が変化しても，家計の生涯所得や生涯消費は変化しなかった。家計の貯蓄と政府の貯蓄を合計した一国の貯蓄総額も変化しない。したがって，経済活動に対して中立的であった。これに対して賦課方式の年金は，人口増加率の変化に大きく影響される。ことに人口が減少する世界では，生涯所得と生涯消費を持続的に引き下げていく。また各世代で現役の保険料負担が年金受給額を上回るので，世代間の不公平は拡大していく。さらに賦課方式の年金は，貯蓄を抑制する可能性もある。

　日本の現行年金制度は，実質的には賦課制度と同様の仕組み（完全な賦課方式ではなく一部が積み立てられる**修正賦課方式**）で運用されている。少子・高齢化が急速に進行し，総人口が減少に転じた現状を考えると，年金制度の持続可能性という点でも，世代間の負担の公平性という点でも，賦課方式は重大な問題を抱えているといえよう。

　年金制度を持続可能で安定的な基盤の上で運用するためには，積立方式へ移行するという選択肢が有力となる。年金の民営化もほぼ同様の方向を目指すものであるといえよう。積立方式の公的年金は，自発的に家計が貯蓄するのと変わりがないので，その点からいえば，政府がそれを運用するか，民間部門でそれを運用するかの違いである。

　しかし，賦課方式から積立方式に移行するのは簡単ではない。必ず移行過程で不利益をこうむる世代が存在するからである。政府は，旧制度で保障されていた退職世代に対する年金支払い義務を完全に放棄するわけにはいかない。新制度への移行は，多かれ少なかれ旧制度での年金支給義務を伴った形で開始される。この場合，将来世代は，これから自分が保険料を積み立て退職後に受け取るので，保険料拠出額と年金受給額とは均衡し，退職世代への所得移転の負担から解放されるので利益をうける。一方，退職世代は，政府によって旧制度下で約束されていた年金給付が保障されれば，不利益は生じない。しかし移行時の現役世代は，新制度下で将来年金を受け取るために自らの保険料を積立て，他方で退職世代の年金を支えるための保険料を払い続ける必要があり，**二重負担**が生じる。

移行の問題を考える際のポイントは，賦課制度の下で負っている年金給付額の負担を軽減する方法を工夫することにあることがわかる．(1)負担額自体を軽減するか，(2)負担が特定の世代に集中しないように工夫することが焦点となる．負担額を軽減する最も簡便な方法は，年金支給額を削減し，支給開始年齢を引き上げることである．負担を分散させる方法としては，国債を発行して支払い義務がある年金を処理し，国債の償還と利払いの負担を現役のみならず将来世代へも分散させる方法などが考えられる．ただし，急速に積立方式に移行することは，政治的な摩擦が大きく，その実現は容易ではないだろう．

　また賦課制度を維持しつつ，保険料率の長期固定を前提として，各人の拠出額と将来の年金受給額とを対応させる**スウェーデン方式**（1999年導入）などの改革も注目される．この方式は，各人の拠出額と給付開始時点での平均余命に応じて給付額が決定されるため，給付額が大きく変動するというリスクを持っているが，負担と給付の関係を透明化させるという利点を持っており，賦課制度に付随する問題点を相当程度緩和する方式である．

　現実の改革は，現行の実質的な賦課方式を前提としながら，年金給付額を抑制し，保険料負担額を増額して，各世代で負担と給付のバランスを図るよう工夫する方向に向かっている．あるべき年金の給付水準を先に決め，それに見合った財源を調達するために保険料を決定するという方法では，少子化・高齢化が急速に進行するにつれ，負担水準は急増し，世代間の不公平は深刻になる．したがって，まず社会的に合意可能な保険料負担水準を先に決め，その枠内に収まるように年金給付水準を調整するという考え方である．このような観点から，2004年度には，2017年度以降の保険料水準を固定し，給付水準を経済成長に合わせて調整する**マクロ経済スライド方式**が導入された．

　しかし，少子・高齢化社会が進行する限り，若者の国民年金保険料不払い問題や世代間の負担不均衡は深刻化していく．根本的な解決を図るためには，賦課方式への依存度を徐々に低減して，実質的な積立制度へ移行していくことが必要であろう．ただし，年金制度は，退職後の最低限の所得を保障するという政治目的を持っている．したがって基礎年金は，安定的な財政基盤のうえに置くことが必要であろう．この場合は，すべての世代が等しく負担を分け合うこ

とが望ましいので，長期にわたって安定的な税率で課税する**消費税**を財源とした制度とする案も検討されている*。

したがって，年金改革の方向性としては，基礎年金を税方式で賄い，厚生年金・共済年金部分を時間をかけて積立方式に移行させるという選択肢は有力である。しかし積立方式には，二重負担など解決すべき多くの問題がある。他方，税方式で基礎年金を賄えば，年金不払い問題などは解消されるが，年金の特長である自己負担と給付との関係が薄れ，政府への依存心が高まり，自助努力や自己責任への認識が希薄化することが危惧されている。また保険料を納めてきた者と，保険料を納めずに税方式で年金を受給する者との不公平が生じるなどの問題に対処する必要もある。

医療費問題

現在の制度を前提とすれば，国民医療費は，2010年度には41兆円（国民所得費9.9％）に増加し，2025年度には69兆円（同13.1％）になると，厚生労働省は推計している。このうち70歳以上の老人医療費は，2010年度19兆円となり，2025年度には実に41兆円に達し，全医療費の6割を占める。現在の医療保険制度の仕組みを維持したままでは，医療費負担が国民に重大な負荷をくわえる可能性がある。

医療保険制度の現状

現在の日本の医療は，原則として国民のすべてが，いずれかの**公的医療保険制度**によって医療保険サーヴィスを受けることができるという意味で，**国民皆保険制度**となっている。しかし，老人保健を除けば，国全体で国民が相互に医療費を支えあう単一制度ではなく，個別の保険制度ごとに加入者が相互に医療

---

* 基礎年金を税方式で賄うべきであるという議論の中で，消費税を「福祉目的税」とし，福祉目的に特定化すべきであるという議論もある。実際，国税の消費税は，年金・老人医療・介護などの「福祉目的」の財源に充当されている。しかし，消費税は，国の安定的な一般財源として重要であり，地方政府の一般財源としても大きな役割を果たしている。また，自己負担・自己責任の原則にたつ社会保険方式から税負担方式への変更は，公的扶助（生活保護）との境界を不明確にし，個人のインセンティブにマイナスの影響を与えるなどの重要な問題を含んでいる。

表7-3 医療保険制度の概要

		医療費給付財源区分		
		自己負担	保 険 料	国 庫 負 担
被用者	政府管掌保険（中小企業）	3割	給与の8－9％程度を労使で折半	給付費の13%
	組合保険（大企業）	3割		定額補助
	共済保険（公務員・私立学校）	3割		なし
地域	国民健康保険（農業者）	3割	世帯毎に定額と応能割で賦課	給付費等の45%
	（自営業者等）	3割		給付費等の32－52%
老人保健（75歳以上の者）		1割	各保険制度の負担58％，公費負担42%	

費を支えあう制度である。公的医療保険は，**被用者保険**と**地域保険**とからなる。被用者保険の主要なものは**政府管掌保険（中小企業），組合保険（大企業），共済組合保険（公務員・私立学校）**であり，その他に健康保険法第3条第2項被保険者（日雇い者）や船員保険がある。地域保険とは，市町村などが保険者となる**国民健康保険**のことであり，被用者保険制度によってカバーされない農業者・自営業者・失業者・学生等及び被用者保険の退職者がその加入者である。また，これら各保険制度加入者の**75歳以上の者**及び65－75歳の寝たきり者は，**老人保健**の対象者となる。

医療保険制度は，2002（平成14）年に大改正が行われ，給付の**一律3割負担**が導入され，診療報酬の引き下げや，高齢者医療制度の見直しが実施された。2005年現在の医療保険の主要なものと，費用負担の状況を簡略にまとめると，表7-3のようになる。

大企業や公務員・私立学校の被雇用者と家族を対象とする医療は，国庫負担に依存する比率が極めて低く，ほぼ自己負担と保険料によって医療費が賄われている。また中小企業の被雇用者と家族を対象とする医療も，国庫に依存する比率は13％に留まる。

これに対して，国民健康保険に依存する農業者・自営業者等及び被用者保険の退職者の医療は，国庫に依存する割合が3－5割に達しており，保険料収入で賄える割合が極めて低い。保険料が応益割（定額）と応能割（負担能力に応じて）で賦課されるシステムであることを考えれば，一般的には，大小企業や公務員などと比較して相対的に平均所得水準が低いため，その負担能力の差が

国庫依存率の高さに反映されていると解釈することが可能である。ただし，農業者や自営業者の負担能力（所得）の捕捉には問題が多く，実際の所得水準から導かれる適正な保険料負担になっているとは考えにくい。

また老人保健は，平均所得が低く高額の医療費を要する高齢者医療を支えるため，自己負担比率は1割に留まり（平成18年10月以降，一定以上の所得がある者については3割負担に改正），高率の公費負担と制度間の高齢者比率を考慮した各保険制度の負担によって支えられている。

したがって，現在の医療保険制度の中心問題は，高齢者が国民健康保険に集中し，「高率の公費負担」と「老人保健制度を介した各保険制度の負担」で高齢者への給付を支える構造となっている点にある。今後，高齢化の進展で老人医療費が医療費の過半を占める時期が予想され，制度の持続可能性に懸念が持たれるため，国民の負担能力を考慮した医療費総額の抑制と自己負担率の見直しは，医療保険制度の帰趨を決する問題となる。

医療費膨張の原因

医療費を膨張させる要因はいろいろあるが，最大の原因は**人口高齢化**に伴う老人医療費の膨張である。第2の要因は，**医療コストの増大**である。薬剤費の比重が大きいことや，平均入院日数が長いことなどが大きな原因となる。第3には，医療サーヴィスは，医師が情報をほとんど独占し，もっぱら医師の判断で実施される。患者は医療に関して情報が不足し，適正な治療について判断することができない。このような**情報の非対称性**が，効率的な医療サーヴィスの提供を阻害する要因として働く。薬漬けや検査漬けなど，大きな無駄が発生する土壌ともなっている。

老人人口の増加による老人医療費の自然増は，避けられない。したがって，まず医療費を抑制するには，診療報酬や薬価を抑制して医療コストを引き下げる取り組みが必要になる。現在の診療報酬の出来高払い制度の見直しを含めた抜本的な制度改正を検討する必要がある。また医療に関する患者の情報不足を是正するために，患者に対する十分な説明による治療方法への同意（インフォームドコンセント）や，セカンド・オピニオンを活用しやすい環境を整備し，医療の効率化を図ることが課題となっている。

医療保険改革の方向性

　医療制度の財政状況は深刻であり，将来に向けて状況は重大化する可能性が高い。医療費の膨張を抑制するとともに，その負担をバランスのとれたものにする必要がある。まず，国民健康保険の保険料収入を増加させ，他の保険制度との格差を低減させていく取り組みが必要となろう。しかし医療保険の最大の問題は，老人医療費の負担問題である。将来老人医療費は全医療費の過半を占めると予想されるが，老人保健の自己負担率は原則として1割である。残りの9割は，各医療保険制度が58％を負担し，公費が42％を負担している。それは，現役世代の負担で老人世代（退職世代）の負担が賄われている現状を示している。この世代間の負担不均衡は，少子・高齢化が進展するとともに深刻化せざるをえない。高齢化に伴う老人医療費増大のほぼすべてを，現役世代の負担で賄うことには問題がある。老人保健についても，自己負担率を高め，世代間の負担不均衡を是正していくことが必要となるであろう。

　一方，医療サーヴィスは，世代の違いにかかわらず国民すべてが必要としている。したがって，基礎的な国民の医療ニーズに対する保障は必要である。国民皆保険制度の維持は，大きな政治目的であり，国民の合意をえている。したがって，基礎的医療ニーズを満たす公的保険制度は，維持していかなければならない。ただし，すべての医療保険を現在のような公的保険として維持することは，実際問題として困難であろう。ことに老人保健では，少子・高齢化社会が進展するにつれ，世代間の不公平は一層拡大し，制度として維持することが困難となる可能性が高い。

　医療費の受給と負担とを均衡化させるには，基礎的な医療ニーズを超える医療サーヴィスを希望する者は，自己責任であらかじめ高度医療資金を積み立てることが可能な医療保険制度へ移行することが有力な選択肢の1つである。国民皆保険の安定的な維持という政治目的と，利用者本位の医療保険の効率的な制度設計という目標をどのような水準でバランスさせるか，国民の意思決定が医療保険制度の将来のあり方を決定することになる。

　日本の医療保険制度では，医療価格が行政的に一元的に公定されるなどの硬直的システムのため，医療機関が医療サーヴィスを向上させるというインセン

ティブが余り作用せず，また利用者側でも公的医療保険の自己負担率が相対的に低いため医療費を抑制しようというインセンティブが働きにくい。医療費の無駄を省き，国民の負担能力に見合って，国民が多様な医療ニーズを満たすことができるような効率的な医療保険制度に向けた改革を行うことが課題である。また，医療保険制度の改革と並んで，成人病の予防や寝たきり老人を増やさない取り組みなどに，国を挙げた努力が必要とされているといえよう。

7.2.2　公共事業と社会資本整備

公共事業費は，**社会資本整備**のために支出する経費である。道路・港湾などの生産基盤や住宅・下水道などの生活基盤，治山・治水などの国土保全の基礎的インフラストラクチャーが社会資本である。

公共事業費の一般会計歳出総額に占める割合は，高度成長期には20％程度であったが，最近では10％を下回る水準にまで低下している（2006（平成18）年9％）。公共事業のうち道路整備は特定財源（揮発油税等）によって行われ，他の事業は建設国債によって実行される。

公共事業は，国が自ら行う**直轄事業**，地方自治体が国から補助を受けて国家的な利害に関連する事業を行う**補助事業**，地方自治体が補助を受けず単独で行う**地方単独事業**に分けられる。ただし直轄事業においても，地方自治体は，事業から発生する地域的便益に対して経費の一部を負担（直轄負担金）している。公共事業は，事業主体で見ると，地方自治体が圧倒的に大きな比重を占めている。

社会資本の整備には，一般に，国民経済の生産性を向上させ，社会生活を豊かにするという長期的効果と，有効需要を増大させ雇用を創出して経済安定に寄与するという短期的効果とが期待される。そして社会資本整備は，地方公共団体によって実行される割合が高いため，地域間の所得再分配効果を伴うことが多い。

長期的な視野から実行される産業基盤や生活基盤の整備においては，資源配分の効率性に基づいたプロジェクト着手の優先順位が求められるが，短期的な景気対策のために実行される公共事業には，機動性と需要誘発効果の大きいプ

ロジェクトが要求される。したがって，両者の調整をいかにバランスさせるかが問題となる。

また国が主導する全国画一的な社会資本の整備では，地方のニーズに応え地方の個性や比較優位を生かした社会資本の整備を行うには限界ある。したがって，地方の自主的な選択に委ねた事業のあり方を追求する必要がある。その面で，地方分権を推進する一国の全体的な枠組みの中に，社会資本整備のあり方を位置づける取り組みが課題となる。

公共事業の推移

欧州諸国では，すでに19世紀末までに，大都市の下水道などを中心に社会資本の整備は，かなりの水準に達していた。これに対して日本は，農業を主力産業とし，糞尿を農業に利用する循環型社会であったため，下水道を中心とした社会資本の蓄積は極めて低かった。明治以降，公共投資は増加したが，歴史が浅く，社会資本の蓄積は低位に留まっていた。

日本は，第二次世界大戦後，一貫して高水準の公共投資を実行してきた。政府総固定資本形成を対GDP比で見ると，1970年代以降もほぼ5－6％前後を維持しており，欧米諸国が2－3％前後であるのと比較して突出して大きい。

公共事業の重点は，第二次大戦直後から1950年代にかけての時期には，治山・治水や災害復旧に置かれていた。ついで1960年代の高度成長期には，経済成長を支える道路・港湾などの生産基盤整備に重点が移行し，公共投資の過半を占めるようになる。その後，1970年代に入ると，道路の比重が低下し，住宅・都市公園・下水道・環境衛生などの生活基盤への公共投資の比重が増していく。しかし，「増税なき財政再建」が掲げられた1980年代以降には，公共事業費の上限が厳しく抑制されたこともあり，各事業間の配分比率が硬直化する事態が生じた。関係省庁別の縦割り配分が固定化していたためであり，時代の変化やニーズとの乖離が拡大していった。このような固定化は，1990年代にも大きな変化はなかったが，2000年代に入ってようやく目に見える変化が生じた。道路・港湾の合計比率が3割を切り，住宅・下水道等の生活関連投資が4割に迫る比率を占め，両者の比重の完全な逆転が生じた。日本の公共投資は，本格的な高齢化社会に対する生活関連インフラの整備を中心軸に行われるように

表7-4　公共事業関係費の内訳（全体を100とした割合％）

	住宅・都市	下水道・環境衛生	治山・治水	道路	港湾・空港等	農業・農村	森林保全等	調整費等
1970年	7.2	4.8	17.8	44.1	8.8	14.2	2.6	0.6
1975年	11.0	10.7	16.9	35.8	9.0	13.5	2.8	0.4
1980年	11.9	15.1	17.4	30.1	8.3	14.1	2.8	0.2
1985年	12.2	15.6	17.4	29.4	8.3	14.2	2.7	0.2
1990年	11.6	16.4	18.0	28.8	8.3	14.1	2.7	0.2
1995年	12.6	17.6	17.2	28.2	7.7	13.0	3.5	0.2
2005年	22.9	15.1	14.3	22.6	7.2	10.3	4.5	3.1

（資料）　財務省データ。2005年の分類は，それ以前の分類と若干異なる。災害復旧等事業費は，調整費等に算入している。

なってきた。

　このような経緯から，現在では道路などの社会資本の蓄積は，相当高い水準に達している。しかし，下水道や汚水処理施設などの生活環境基盤の整備は，まだ欧米諸国に比べて立ち後れているというのが現状である。また，近年，森林保全など環境問題への配慮も見られるが，十分な重点的投資が実行されているとはいえない。

公共事業の方向性

　日本では，早くから高齢化社会の到来が予想されており，社会資本整備は，社会のニーズの変化に沿って行われるべきであると認識されていた。しかし整備計画の大転換には，大きな摩擦が伴い，長期の時間を要した。

　公共投資の質的転換を促した直接的な契機は，1989（平成元）年に開始された日米構造協議であった。この「外圧」によって，輸出主導の経済成長から内需拡大に主導された経済成長へ移行する必要性が認識され，また本格的な高齢化社会の到来に備える社会資本充実の必要性が認識された。こうして「公共投資基本計画」（1990（平成2）年6月）がまとめられ，生活に関連した社会資本を重点的に整備する必要性が強調された。

　しかし，現実には，バブル経済が崩壊して景気後退に見舞われたため，平成3-13年度には，総需要を拡大して不況を克服するための公共事業が大規模に行われた。このような状況の中でも，1997（平成9）年度には「公共投資基本計画」が改定され，公共事業の水準を景気対策が行われる以前の水準にまで低

下させる方針が確認された（実際には逆に景気回復に全力が傾けられ実現しなかった）。また，1998（平成10）年度には公共投資の効率化を図る手段として，事業採択後一定期間経過しても未着工の事業を対象とする「再評価システム」（「時のアセスメント」）が導入され，1999（平成11）年度には事業採択時や事業の各段階で評価を実施する**事業評価システム**が各省庁で整備され，同年3月には各事業に共通して適用する**費用対効果分析**の統一的運用指針が策定された。**事業の事後評価**も1999（平成11）年度に試行された（2003（平成15）年度から本格導入）。

こうした経緯を経て，2001（平成13）年に「今後の経済財政運営及び経済社会の構造改革に関する基本計画」が策定され，公共事業を抜本的に見直す機運が高まった。2002（平成14）年度予算では，公共投資の1割削減が実施されるとともに，環境，少子・高齢化，地方活性化，都市再生，科学技術，人材育成，ITの7分野に重点投資を行なう方針が決定された。

また**2002**（平成14）**年1月**には，公共事業の重点を従来の「事業量」から「**成果目標**」に改め，「公共投資基本計画」が廃止された。そして2003（平成15）年に「**社会資本整備重点計画**」が新たに策定され，より低コストで質の高い事業を実現するために，重点的，効果的かつ効率的に社会資本整備を推進するとして，事業計画の厳格な実施，コスト低減，事業の迅速化，PFI導入などによる民間資金・能力の積極的活用などの方針が決定した。

こうして平成15－17年度には，公共投資は，長期的視点から，少子・高齢化社会の到来に備えて，活力ある経済社会の実現を目指す重点領域に向けられた。「人間力の向上を図る教育・文化・科学技術・IT」，「個性と工夫に満ちた魅力ある都市と地方」「公平で安心な高齢化社会・少子化対策」，「循環型社会の構築・地球環境問題への対応」の4分野で，雇用と需要の拡大を図ることを目的として，重点的な予算配分が行われた。

財政再建が本格化し，経済も回復軌道を辿っているので，今後は，短期的経済効果を目標とした公共投資に対する抑制圧力が増大することになろう。しかし，長期的視点に立ち，少子・高齢化社会の到来に適応し，生活環境を向上させ社会の活力を維持するために，真に必要な分野に重点的な公共投資を行い，

地域の特性を活かした高質な国民生活を保障する生活関連の社会資本を充実させる必要は高まる。また**地球温暖化対策**など環境保全に対処する事業に注力する必要も増す。公共事業の透明性を高め，事業再評価を実施し，不要な事業を中止して効率化を図り，必要な社会資本を着実に整備して，豊かさを実感できる社会を実現していくことが，公共事業に課せられた責務となっている。

7.2.3 文教及び科学技術の振興

文教費

　日本の学校教育は，戦後の学制改革によって，小学校6年，中学校3年，高等学校3年，大学4年を基本とする制度の下で運営されてきた。しかし経済社会が急速に発展し大きく変化する中で，学歴偏重の風潮が強まり，受験戦争が過熱化して社会問題化した。また初・中等教育の画一化・硬直化の弊害が表面化し，校内暴力やいじめ，不登校，学級崩壊など深刻な事態が発生した。高等教育でも，国際競争力を喪失した大学と勉強をしない学生といった深刻な事態が発生した。

　このような事態に直面して，政府は，1984（昭和59）年8月に「臨時教育審議会」（首相の諮問機関）を設置して，教育改革に取組むことになった。審議会は，個性重視，生涯学習体系への移行，国際化・情報化への対応の3点を基本とする提言を行い，さらに2000（平成12）年には「教育改革国民会議」（首相の私的懇談会）が発足し，人間性豊かな日本人の育成，創造性に富んだ人材を育成する教育システム，新時代にふさわしい学校づくりの支援体制実現の3つの視点から，教育の質的向上を目指すことが重要である，と提言した。

　また国と地方の役割分担を見直す作業の中で，地方の自主性を拡大し教育現場を活性化させるため，義務教育国庫負担制度や義務教育制度のあり方を見直す必要性が認識されていった。**義務教育国庫負担金制度**は，義務教育に携わる教職員の給与等の2分の1を国が負担するという趣旨で，1952（昭和27）年義務教育費国庫負担法によって定められたものである。

　これらの動きを受けて，中央教育審議会は，2003（平成15）年3月に教育基本法の見直しについて，5月には初・中等教育の教育課程及び指導の改善につ

いての答申を提出した。これらの状況を踏まえて，教育制度全般について本腰を入れた見直し作業が進められている。

文教予算の概要

文教予算は，6項目に分類される。このうち，**義務教育国庫負担金，国立学校特別会計繰入，教育振興助成，科学技術振興**の4費目が主要なものである。ただし，国立学校特別会計は，2004（平成16）年度から廃止され，国立大学法人と独立行政法人に対する運営交付金・施設整備財源等補助として，教育振興助成費の中に計上されることになった。

文教及び科学振興費の一般会計総額に占める割合は，従来10％程度であったが，現在では7％を下回る水準に低下している（2006（平成18）年度6.6％）。最近10年間の文教科学振興予算の変化を見ると，表7－5のようになる。予算総額は，6兆2270億円から5兆2671億円へと9599億円の大幅減を記録した。しかし，各費目が一律に削減されたわけではない。

1996（平成8）年度においては，義務教育国庫負担金は46％を占め，国立学校特別会計繰入をあわせると，文教予算総額の7割以上を占めていた。しかし，義務教育国庫負担金は，2006（平成18）年には，4割を超える大幅な減少を示している。それは，2004（平成16）年11月の**三位一体改革**についての政府・与党合意に基づき，義務教育国庫負担金を減額して，減額相当分を地方の財源にまわす措置（税源委譲予定特例交付金）がとられたことに原因があり，実質的に大幅な減少が生じているわけではない。

少子化の影響で，公立小中学校の児童・生徒数は急激に減少した（1989（平成元）年1488万人から2004（平成16）年の1048万人へ3割減少）。しかし教職員の定数は1割前後しか減少しなかったため，公教育費総額は余り減少せず，結果として児童・生徒一人当たりの教育費は顕著に増大した。1990年度と比較して2003年度には，児童・生徒一人当たりの教育費は，4割前後の膨張を示している（表7－6）。一方，この間に教員一人当たりの児童・生徒数が大きく低下し，1学級あたりの生徒数の減少がすすみ，少人数教育の条件は大きく改善されている。

このように顕著な実質公教育費の増大と少人数教育の条件が整う中で，初・

第7章 政府支出と政府活動

表7-5 文教及び科学技術振興予算内容の変動　(単位:億円,％)

	平成8年度 (A)	平成18年度 (B)	増減(▲) (B)−(A)	増減(▲)率 (％)
義務教育国庫負担金	28,399	16,763	▲ 11,636	▲ 41.0
国立学校特別会計繰入	15,698	—	▲ 15,698	▲ 100.0
科学技術振興費	7,588	13,312	5,724	75.4
文教施設費	2,306	1,145	▲ 1,161	▲ 50.4
教育振興助成費	7,234	20,097	13,063	180.6
育英事業費	1,043	1,354	311	29.8
合計	62,270	52,671	▲ 9,599	▲ 15.4

(資料)　財務省データ。

表7-6　在学者一人当たりの公財政支出教育費の推移

区分	一人当たり教育費（千円）			本務教員数（千人）		
	小学校	中学校	高等学校 (参考)	小学校	中学校	高等学校 (参考)
1990年	667	722	737	444	286	286
1995年	816	905	999	431	271	281
2000年	903	972	1,091	408	258	269
2003年	910	1,029	1,138	413	252	259
2003年／1990年	136.4	142.5	154.1	93.0	88.1	90.6

(資料)　文部科学省「地方教育調査報告書」。

中等教育の崩壊とも言える現象が生じたことは深刻であり，教育現場での予算不足や教育負担等の教育条件の悪化がその主因であるとは言えない現実を示している。教育の質の向上こそが必要であることを物語っている。制度の柔軟化を図るとともに，教育現場での教師の教育能力を高める取組みや，家庭での教育を充実させる国民的取組みも必要になる。制度面では，1999（平成11）年度から中・高教育一貫制度が認められ，小・中一貫教育も始められるなど，柔軟化の動きが進みつつある。教師の教育能力の評価を徹底し，免許更新・再研修制度や任期制を導入し，家庭教育向上のための機会を提供することなど，多面的な取組みが必要になろう。大学・大学院などの高等教育機関の活用が重要なポイントとなる。

　財政面では，財政健全化を図る必要性が強まっている現状を考えると，教科

書の無償給付制度を有償化し，教育評価に基づく教育経費の合理化を進める取組みが課題になろう。

　他方，高等教育では，国立大学が国立大学法人化されるなど大きな制度変更が実施された。競争原理を働かせ，日本の大学を，国際競争力を持つ個性輝く大学へと転換させる取組みがなされている。具体的には，研究教育経費に関して，大学間の単純な機械的配分である機関補助を縮減して，教育・研究のすぐれた取組みに対して公募方式で支援を行う方式を拡大する試みが行われている。また国立大学法人の経常運営費や私立大学経常費に対する助成金の削減も進んでいる。国立学校特別会計繰入を含む教育振興助成金の総額を見ると，1996（平成8）年の2兆2932億円に比べて2006（平成18）年は2兆97億円へと2835億円，率にして12.4%の削減が実施されている。

　限られた予算を効率的に使用することは必要であり，**競争原理**を導入することも必要であろう。しかし教育・研究の優れた取組みをどのようにして判断するかという点では，大きな問題が残っている。現行の審査体制では，申請された研究の成果の検証が十分なされていない。作文された申請書に基づく審査・選抜は，審査結果に影響力を持つ特定のグループの利害や主観を反映しやすく，予算の効率的配分が阻害されやすい。客観的かつ厳格な「事後の業績評価」に基づく予算配分システムを検討すべきであろう。

科学技術振興費

　グローバル経済が進展し，少子・高齢化社会が進展する中で，経済活動の新領域を開拓して新産業を創出し，国民生活の質的向上を図るためには，時代の要請に応じた科学技術の研究開発は不可欠である。現役労働力が減少していく環境の中で，日本が安定的な生活水準を維持していくためには，技術進歩を促進し生産性の向上を図り，経済成長を持続していく以外に方法はない。政府が科学技術を振興するに当たっては，民間企業では採算ベースに乗りにくい基礎的分野に重点的な開発資金を投入することによって，役割分担することが重要となる。

　1990年代以降，科学技術予算は一貫して大きな伸びを示してきた。1990年度と比較して，2005年度には，科学技術関係費は1.87倍に増大し，**科学技術振興**

表7-7 科学技術予算の推移 (単位：千億円)

	一般歳出 (A)	科学技術関係経費	科学技術振興費(C)	(A)/(C) %
1990年	353.7	19.2	4.8	1.3
1995年	421.4	25.0	6.9	1.6
2000年	480.9	32.8	10.3	2.1
2005年	472.8	35.8	13.2	2.8
2005年／1990年	133.7	186.5	275.0	215.4

(資料) 財務省，文部科学省．

費は実に2.75倍に膨張している。同時期に，一般歳出の伸びは1.34倍に留まったので，科学技術振興費の一般歳出に占める割合は，1.2％から2.8％へと2倍以上のシェアに増大している。この間，一般歳出の中で顕著な増大を見たものは，社会保障関係費を除けば，ほとんど科学技術関係予算のみであったといっても過言ではない。

現在，日本の**政府研究開発費**は，国際的に見ると，総額では米国に次ぐ水準にある。対GDP比率で見れば，米国・独国・仏国よりも低いが，英国よりも高い水準にあり，欧米主要国とあまり遜色ない水準にある。

財政再建が高い優先順位を与えられる中，研究開発予算を圧縮し重点化するという方針が強化されていく方向にある。しかし，総合科学技術会議が，各部局の予算要求の重要度について，S，A，B，Cの4段階区分で優先順位付けを行い，優先度の高いプロジェクトに重点的な配分を行う現行方式には，事業評価の結果が反映されていないと指摘されている。財政再建が重要性を帯びているので，効率的な予算配分を実現し，不要な資金浪費を防ぐために，**成果主義**をより徹底し，**事業評価**を徹底していくことが必要であろう。

ただし，日本において異例の速さで進む少子化の流れをを考えれば，研究開発予算を欧米水準以上に引き上げ，技術進歩を一層促進する必要性が増していることも事実である。

7.2.4 防衛政策と防衛関係費

防衛費は，国の独立を守り，外国からの侵略に対して国民の生命財産の安全

を確保すると同時に，地域の安全保障や世界の安全保障に寄与する国際公共財としての役割を担っている。政府の最も基本的な役割であり，**純粋公共財**として機能している。

冷戦が終結して，東西軍事対立が解消し，日本を取り巻く安全保障環境は大きく変化した。世界的規模の武力紛争が発生する可能性はほとんどなくなり，日本への武力侵攻という事態も考えにくくなった。しかし，地域的な民族・宗教対立や国際的テロが多発し，大量破壊兵器や弾道ミサイルの拡散という新しいタイプの危機や脅威に直面することになった。

日本の防衛力の整備は，冷戦時代には，1次防から4次防までの防衛力整備計画と1976（昭和51）年制定の「防衛計画の大綱」に沿って，ソ連の脅威に対処する目的で行われてきた。日米安保体制に基づき，米国に基地を提供して米軍の東アジアにおける軍事行動を支え，日本は日本領域の専守防衛機能を充実し，両者相俟って東アジアにおけるソ連の脅威に対処することが，日本の防衛政策の基本であった。核戦力では，米国は核抑止力を保持し，日本は非核三原則を守ってきた。

冷戦が終結し，ソ連の脅威が解消したことに伴って，欧米各国の国防政策は根本的な転換を遂げた。国防費と兵力規模の大幅削減が進行し，政府部門を縮小して，財政赤字を解消することに努力が傾けられた。これに対して，日本の防衛政策はあまり変化しなかった。日本の防衛政策が変化を見せ始めるのは，1990年代後半以降のことである。1995（平成7）年及び2004（平成16）年に「防衛計画の大綱」が定められ，日本の安全保障の基本方針と防衛力整備について新たな指針が示された。これによって，新しいタイプの危機への対処と国際安全保障活動への積極的な参加が行われることになった。

防衛予算の構造

防衛力の整備は，「**防衛計画の大綱**」によって防衛力の在り方や保有すべき防衛力の具体的水準と整備・維持・運用の基本方針を決定し，そのもとで5年ごとの防衛力整備計画の所要経費と主要事業を定める「**中期防衛力整備計画**」を策定し，これに基づいて「**各年度の防衛予算**」が編成されるという仕組みである。

表7-8 防衛予算の動向　　　　　　　　　　　　（単位：億円，％）

	1976年大綱		1995年大綱		2004年大綱
	1986 - 1990 (昭和61年中期防)	1991 - 1995 (平成3年中期防)	1996 - 2000 (平成8年中期防)	2001 - 2004 (平成13年中期防)	2005 - 2006 (平成17年中期防)
防衛関係費	37,281	45,971	49,116	49,418	48,104
一般会計比率	6.4	6.4	6.2	6.0	6.0
対GDP比率	1.00	0.95	0.97	0.97	0.94
人件・糧食費比率	42.5	42.0	43.8	44.7	44.6
物件費比率	57.5	58.0	56.2	55.3	55.4
うち　正面	24.0	20.1	16.6	18.3	17.6
うち　後方	33.6	37.9	39.6	37.0	37.9

（資料）　防衛庁データ。2005 - 2006年度は，2006（平成18）年度防衛予算の概要による。数値は，期間中の年度平均数値。1995年までは対GNP比率。中期防とは，中期防衛力整備計画の略。平成13年中期防は，17年度に新中期防がスタートしたため4年で打ち切られた。

　防衛関係費の一般会計歳出総額に占める割合は，ほぼ6％で安定している。防衛関係費は，**人件・糧食費**と**物件費**（事業費）とに大別され，物件費は**歳出化経費**と**一般物件費**（活動経費）に分けられる。人件・糧食費とは，給与，食事費，退職金などの経費である。その他，装備品調達，修理整備，燃料購入，教育訓練，施設整備，技術開発，在日米軍経費など基地対策費等にかかる経費が物件費である。歳出化経費とは，当該年度以前の契約に基づき，当該年度に支払われる経費であり，一般物件費は当該年度の契約に基づき当該年度に支払われる経費である。

　防衛力整備においては，護衛艦，戦車，戦闘機などの装備品の多くは，発注から取得まで数年を要するので，**継続費**や**国庫債務負担行為**の形で支出権限や契約権限が付与され，各年度に歳出化経費として予算化される。通常，契約年度に予算化される額は少なく，支払いの大部分は**後年度負担**となるため，**防衛予算の硬直化**という問題が発生する。

　防衛費と防衛力の動向

　年々の防衛予算は，1976（昭和51）年に決定された**GNP1％枠**によって規制されていたが，1987（昭和62）年に**総額明示方式**（中期防期間中の5年間の予算総額を明示する）が導入されて，GNP1％枠は撤廃された。しかし防衛予算は，冷戦期の1980年代後半にも，GNP比1％水準に維持された（表7-8）。

表7-9 自衛隊現員の推移

	陸上自衛隊	海上自衛隊	航空自衛隊	統幕	自衛官合計
1990年	148,413	42,245	43,359	160	234,177
1995年	152,515	44,135	45,883	160	242,693
2000年	148,674	44,227	45,377	1,527	239,805
2005年	147,737	44,327	45,517	1,849	239,430

(資料)『防衛ハンドブック』。

冷戦期には，人件・糧食費の比重が抑えられ，物件費とりわけ正面装備費の比率が高く，ソ連の脅威に対処するための兵器・艦船・航空機の調達に重点が置かれていた。このような傾向は，冷戦が終結しても継続され，1990年代前半をカバーする1991 (平成3) 年中期防においても，人件・糧食費予算は抑制され，物件費の比率が高く維持された。正面装備の比率はやや低下したが，その分作戦運用経費に重点的に予算が使用され，冷戦型の防衛費構造が持続された。

1995年に新たな「防衛計画の大綱」が制定され，ようやく防衛費構造にも目に見える変化が生じる。90年代後半には正面装備の調達が顕著に圧縮され，後方支援機能の重視傾向が明白になる。また隊員の待遇改善措置（人件・糧食費比率の増大）が加わってくる。

このように日本の防衛政策は，冷戦終結後，正面装備増強方針から後方支援機能重視へと転換し，隊員の待遇改善を進める方向に進んできた。しかし，21世紀にはいると，再び装備調達に資源配分の重点が移りつつある。

この間，防衛予算は，絶対額でも対GDP比率でも，ほとんど目に見える縮小を示さなかった。防衛力の規模もほとんど縮小していない。「防衛計画の大綱」では，近代化とコンパクト化を進めることが目標とされ，予算定員の削減は進んでいるが，実際の現員（隊員実数）は，表7-9のように冷戦終結時から全く減少していない。

日本は，防衛力規模と防衛予算規模を維持しながら，冷戦終結で不要になった正面装備の調達を抑制し，浮いた経費を新たに生じた**国際平和協力活動**や**後方支援活動**に充当し，また研究開発経費を増額するという動きをとってきた。それは，冷戦後の米国の国防戦略の変化に伴う日米同盟体制の変容を反映したものである。

冷戦後，欧米各国は国防力を大幅に削減し，日本は防衛力規模を維持したため，国際的に見た日本防衛力の相対的地位は上昇した。日本の防衛力を，質的に比較可能な NATO 諸国と対比すると，軍事的超大国の米国を除けば，陸上兵力は欧州大陸諸国と遜色ないレベルにあり，海軍勢力は，米国・英国に続いて世界第3位のレベルである。日本は，攻撃型空母や戦略核原子力潜水艦などを保有していないが，通常戦力レベルでは世界のトップ水準に達している。空軍勢力でも核装備や大型爆撃機を保有しない点で大きな違いがあるが，新世代の戦闘機を多数保有しており，欧州大陸諸国を上回る通常戦力レベルにあると見られる。日本は，通常戦力レベルでの防衛能力や支援能力では，世界のトップレベルの質を備えているといってよいだろう。しかし，非核の専守防衛戦略をとり，核抑止力は持たず，攻撃能力に優れた装備と編成はとっていないため，防衛力としての完結性や自立性に欠けるという大きな問題を抱えている。

防衛政策の方向性

米国は，冷戦後，経済優先の国家戦略に転換した。クリントン政権は，米国経済の再生を最大の国家目標に据え，グローバリゼーションを推進し，国防負担を圧縮して，財政赤字を解消し，民間投資を促進する政策を推進した。そのため日本に在日米軍駐留経費の全面負担を求め，自衛隊の米軍後方支援能力を拡大し，財政・軍事の両面から米軍能力を補完することを求め，また米国が国際的な紛争に対処する際にも日本が米国と責任を共有するよう求めた（**日米安保再定義**）。さらに G. W. ブッシュ政権が誕生すると，国家戦略は，安全保障を重視する戦略へ転換され，2001年9月11日の同時多発テロ（「9.11 テロ」）によって，テロとの戦争に勝利することが安全保障戦略の柱に据えられた。米国は，従来の「脅威」対応から「能力」を基礎とする国防力建設の方針に転換し，大規模な国防力の「トランスフォーメーション」に着手した。世界的なレベルで，柔軟に，迅速に多様な軍事ニーズに対処できる国防能力の建設に向けて，海外・国内の軍事基地を整理統合し，兵力配置を弾力化することが目指された。東アジアでは，日本や韓国に駐留する米軍を，「日本や韓国の防衛」に固定することから解放し，アジア太平洋から中東地域にわたる不安定要因に弾力的に対応できるように基地再編と米軍再配置を進めた。また在日米軍と日本

自衛隊との一体的運用を推進し，国際的な舞台で日米が共同で軍事対処するシステム作りを進めた。

　このような動きに対応して日本は，「2004年防衛計画の大綱」を策定し，国際安全保障環境を改善し，国際平和活動に積極的に取組むことを目指す防衛政策に転換した。冷戦型の「本土防衛」機能を重視した整備構想から，高度の軍事技術と情報能力に支えられた即応性，機動性，柔軟性及び多目的性を備えた防衛力の建設に取組むことになった。具体的には，対テロ対策，弾道ミサイル攻撃への対処，中国の軍事力強化と海洋進出への対処，北朝鮮の核開発・保有や軍事的冒険主義への対処など，新たな脅威に対して多様な機能を保持する自衛隊への脱皮が目指されることになった。これらの動きは，新たな経費需要を生み出し防衛費の構造変化を引き起こさざるをえない。

　一方，新中期防の防衛関係費総額は，財政赤字削減の全体方針により，前中期防より7700億円少ない総額24兆2400億円程度（1000億円の調整枠が設定）とされ，伸率は－0.2％と，僅かながらはじめてマイナスとなった。防衛予算は，伝統的に歳出化経費や人件・糧食費の比率が8割と高く，新規の要請に対処する柔軟性は高くない。したがって，抑制された予算枠の中で新規の多目的な防衛予算を確保するためには，組織定員の削減を実質化するとともに，装備品調達価格を抑制し，ライフサイクルコストを引き下げ，また在日米軍経費負担を見直すことが課題となる。

　今後，日本は，「在日米軍基地の負担軽減」と「日米同盟による抑止力の維持」というジレンマを抱えながら，米軍の「トランスフォーメーション」に伴う巨額の米軍再編移転費用の負担問題や北朝鮮のミサイル・核問題に直面する。防衛力の完結性を改善する取組みも重要性を増す。それは，防衛予算の制約条件を深刻化させる力として働く。また，日本周辺領域の安全保障を重視する日本と，日本領域以外のアジア太平洋地域や中東地域の安全保障を重視する米国との間では，利害が完全に一致しているとは言えない。自衛隊と米軍が一体化して活動する方向が強まれば，利害の不一致から生じる摩擦が拡大するという問題を抱えている。またアジア地域やグローバルな平和と安全を確保するため，国際的正統性を備えた国際公共財を供給する安全保障システムの創設に積極的

に関わることが求められている。

7.2.5 その他の主要活動と経費の動向

経済協力

経済協力は，開発途上国に対して，経済インフラ建設，食糧，医療，教育，環境衛生などへの援助を行うもので，有償資金協力（低利長期の円借款），無償資金協力（返済義務のない一般無償援助・災害緊急援助・食糧援助・人道援助等），技術協力，国際機関に対する拠出などからなる。公的資金による経済協力は，**政府開発援助（ODA）**とその他の政府資金（OOF）とからなるので，経済協力費と一般会計ODAとは一致しない。

日本のODA総額は，2000（平成12）年まで世界第1位であったが，2001（平成13）年以降は米国に次いで第2位となっている。経済協力費の一般会計歳出総額に占める割合は，1％前後で安定している。日本のODAは，グランド・エレメント（援助における条件の緩やかさ）や贈与比率が低く，アンタイド比率（資材やサーヴィスの調達が援助国に限定されない比率）が8割強の水準に留まっているなど，条件面での問題点が指摘されている。ただし，グランド・エレメントや返済義務を伴う借款には，被援助国の自助努力を促す機能もある。

2003（平成15）年に決定された**新ODA（政府開発援助）大綱**では，国際情勢が大きく変化する中で，国際社会の平和と安全に貢献するため，戦略的，機動的，効率的な「顔の見える」経済協力を推進する必要性が強調されている。その重点は，貧困撲滅，持続的成長，地球的規模の問題への取組み，平和の構築に置かれ，アジアを重点地域と定めている。その結果，経済協力は，日本の安全保障政策の一環として明確に位置づけられるようになった。

しかし，財政状況が悪化し財政再建が重要課題に位置づけられ，またODA（政府開発援助）が非効率であるとの批判を反映して，経済協力費の全体規模は縮小しており，援助効率を引き上げることを目指して量から質への重点移行が進んでいる。また，国連分担金（一部ODA）や自衛隊の海外派遣費用などが増大しているので，ODA予算を含む国際貢献に関する財政費用を全体とし

て効率化する必要性が認識されている。

エネルギー対策

日本は，エネルギー資源に乏しく，その輸入依存度は8割を超えている。また1次エネルギー供給の5割を占める石油の全量を，中東中心の輸入に依存しており，極めて脆弱な構造にある。**エネルギーの安定供給**を確保する対策の強化が重要な課題となっている。

他方，近年，石炭・石油などの化石燃料消費によりCO_2の大気中濃度が上昇し，地球規模で気温が上昇するという地球温暖化の懸念が重大化している。このため1997（平成9）年京都議定書が採択され，2008-2012年の温室効果ガスの排出削減目標（1990年と比較して，日本6％，米国7％，EU8％の削減）が決まった。日本は，2002（平成14）年に新地球温暖化対策推進大綱を決定し，京都議定書を締結して，環境と経済の両立を図る枠組みの整備に着手した。

今後，地球環境問題へ積極的に対応し，省エネルギー・新エネルギーの開発に取組み，石油備蓄などの安定供給確保や原子力の平和利用の促進などに取組むことが必要となっている。しかし，日本近海の天然エネルギー開発では中国との紛争が表面化し，原子力では安全性の向上策に懸念があり，世界最大の温室ガス排出国の米国が京都議定書を締結していないなど，いくつもの課題を残している。

中小企業対策

経済のグローバル化，情報化が進む中で，1999（平成11）年に**中小企業基本法**が抜本的に改正され，中小企業政策の目標が，「多様で活力ある中小企業の成長促進」に向けられることになった。従来は，**日本経済の二重構造**が問題視され，脆弱な中小企業と大企業との格差を是正することが中小企業政策の目標であった。しかし，グローバル経済が進行する世界では，中小企業が，日本経済のパフォーマンスを支える源泉であり，新たな産業や雇用を創出し，市場競争を促進し，地域経済を活性化させる重要な主体であるとの認識から，中小企業の自助努力に対する支援を重点的に行うことが目標に掲げられている。

食糧安定供給・恩給関係費など

1999（平成11）年に，「食料・農業・農村基本法」が制定され，食料の安定供

給に関わる施策の推進が掲げられ，また近年食の安全性の確保が重要な課題として認識されている。食料安定供給費は，「食料・農業・農村基本法」に直結する経費であり，農業・食品産業の強化，農業生産振興，水田農業構造改革，農業経営安定化，食糧管理特別会計への繰入などがある。

このうち**食糧管理特別会計（食管会計）**は，政府が米穀の需給や価格を調整するための経費を一般会計から繰り入れるための調整勘定である。食管会計は，かつては食糧の安定供給に大きな役割を果たしてきたが，1980年代に行われた制度変更により，その重要性は大きく低下した。ここにも経済のグローバル化の影響が顕著に現れているといえよう。

恩給関係費は，旧軍人遺族等の恩給費，文官等の恩給費，遺族・留守家族等の援護費などの経費であり，その大部分は広義の防衛関係費に算入すべき性質のものであるといってよい。

7.3 国民経済に占める政府支出の国際比較

最後に，主要国の国民経済に占める政府支出の役割を比較しておこう。表7-10は，最近10年程の動きを国際的に比較したものである。

1990年代半ばにおいては，日本と米国のGDPに占める一般政府支出の比率は，37％程度であり，英・独・仏諸国が44-54％を占めているのと比較すると，極めて低い水準にあった。高度福祉国家であるスウェーデンでは，その比率は68％にも達していた。支出水準の違いは，主として**政府最終消費水準**と**社会保障給付水準**の高低によって生じている。政府消費水準は，日・米が15％台であるのに対して，英・独・仏は19-24％台であり，スウェーデンは，27％台であった。また社会保障給付は，日本が最も低く9％弱であり，米国が12％弱であるのに対して，英・独・仏は，15-18％を占め，スウェーデンでは20％を超えていた。

先進各国との比較で日本の際立った特徴は，政府総固定資本形成の比率が6.1％と極めて高く，反対に社会保障給付水準が8.7％と低水準にとどまっていたことであった。それは，バブル崩壊後の経済不況に対応して大規模な公共事

表7-10 国民経済に占める政府支出の国際比較

		対 GDP 比（％）						
		政府最終消費	内 人件費	一般政府総固定資本形成	社会保障給付	その他	内 利払費	一般政府総支出合計
日本	1996年	15.4	6.3	6.1	8.7	6.4	3.5	36.5
	2004年	18.0	6.4	3.7	11.3	4.0	2.7	36.9
	増減	2.6	0.1	▲2.4	2.6	▲2.4	▲0.8	0.4
アメリカ	1994年	15.6	10.6	2.3	11.6	7.5	4.5	37.0
	2003年	15.6	10.2	2.6	12.0	6.5	2.7	36.7
	増減	0.0	▲0.4	0.3	0.4	▲1.0	▲1.8	▲0.3
イギリス	1995年	19.5	10.8	2.2	15.4	7.9	3.7	45.0
	2004年	21.2	10.3	1.8	13.4	7.5	2.2	43.9
	増減	1.7	▲0.5	▲0.4	▲2.0	▲0.4	▲1.5	▲1.1
ドイツ	1995年	19.3	8.7	2.2	17.6	9.2	3.6	48.3
	2004年	18.4	7.5	1.4	19.1	8.2	3.0	47.0
	増減	▲0.9	▲1.2	▲0.8	2.5	▲1.0	▲0.6	▲1.3
フランス	1995年	23.6	13.6	3.2	17.9	9.7	3.4	54.4
	2004年	23.9	13.5	3.2	17.7	8.7	2.7	53.5
	増減	0.3	▲0.1	0.0	▲0.2	▲1.0	▲0.7	▲0.9
スウェーデン	1995年	27.2	16.7	4.0	20.6	16.0	6.6	67.7
	2004年	27.7	16.5		18.0	8.4	2.0	57.3
	増減	0.5	▲0.2	▲0.9	▲2.0	▲7.6	▲4.6	▲10.4

（資料） 財務省データ。

業が行われたことと，高齢化社会の本格的な影響が社会保障給付に跳ね返る途上にあったことを反映していた。

その後2000年代にかけて，大きな変化が生じる。欧米諸国では，そろって一般政府支出の対GDP比率が低下した。特に顕著な低下を示したのがスウェーデンであり，対GDP比で10％以上も低下させている。その結果，支出水準は欧州主要諸国に急速に接近した。国債の利払いが低下したことが大きく貢献しているが，社会保障給付の削減が極めて大きな要因であった。ちなみに1993年の社会保障給付は，対GDP比22.6％であったから，**社会保障給付の削減**と効率化の努力が大きく作用したことを示している。社会保障給付の削減は，英国や仏国でも行われている。ただし独国では，この間高齢化が進行し，社会保障

給付は急膨張している。旧東独の統合という特殊要因が色濃く反映されていると考えられる。

これに対して，日本では，一般政府支出の対GDP比率が上昇した。高齢化社会の影響が急速に顕在化し，社会保障給付が8.7％から11.3％へと急膨張を遂げたことが大きな要因である。ただし公共事業の圧縮が始まり，政府総固定資本形成は顕著に低下した。しかし，政府最終消費が15.4％から18.0％へと顕著に増加したため，一般政府支出水準は膨張した。

政府最終消費について，欧米諸国はそろって人件費の水準を低下させその膨張を抑制したのに対して，日本では人件費を含めて膨張している。欧米先進諸国においては，「小さな政府」への取組みのなかで，公共サーヴィスの質の向上と経費削減を両立させる努力の一環として官民競争入札（「市場化テスト」）などの手法が導入された。

日本でも財政構造改革への取組みが進行しつつあるが，政府消費水準や一般政府支出水準の上昇に歯止めをかけることには必ずしも成功していない。また今後高齢化が進行するとともに，社会保障給付が増大し，高齢化社会に対応した社会資本整備を進める財政需要が生じる。それは政府支出水準の上昇圧力として作用し，やがて国民負担の上昇として跳ね返らざるをえない。このような中で，2006（平成18）年7月「民間にできることは民間に」というスローガンのもとに，公共サーヴィス改革法（競争の導入による公共サーヴィスの改革に関する法律）が施行された。政府が行っている事業について，官と民が対等な立場で競争入札に参加し，より効率的なサーヴィスを提供できると判断されたほうが事業を落札する官民競争入札（市場化テスト）や民間競争入札を活用し，民間の創意工夫を導入することによって，公共サーヴィスの効率化と質の向上を目指す試みが本格的に開始されている。事業者選定・実施・事業評価という一連のプロセスが，透明・中立・公正に行われ，真に必要で質・費用の両面で最も優れた公共サーヴィスが提供される仕組みとして成熟できるかどうかが問われることになる。

グローバル経済化，少子・高齢化，国際安全保障環境の激変，資源の安定的確保，環境問題の深刻化という時代の大波を反映して，政府活動と政府支出は

ダイナミックに構造変化を遂げ，新たな課題に直面していることが明らかとなった。進んで，このような政府活動を支える財政資金はどのようにして調達されるべきか，理論と実際の両面から検討することにしよう。

練習問題
1. 一般会計の歳出を構成する主要な経費について説明しなさい。
2. 経費の目的別分類，経済性質別分類，主要経費別分類，使途別分類の性質について説明しなさい。
3. 年金の賦課方式と積み立て方式の違いについて述べなさい。
4. 日本の財政支出の特徴を，欧米先進諸国と比較して論じなさい。

第8章 租税原則と租税体系

政府は，国家活動を支えるため，国民から租税を徴収している。本章では，まず，租税の根拠をどのように考えるか，どのような租税が望ましいか，租税が備えるべき原則とは何かについて検討する。次いで，政府は，現実にどのような税を徴収しているのか，その税の性格をどのように捉えたらよいか，どのような経緯で現在のような税制が出現したのか，課税の具体的な仕組みはどのようになっているかについて考察する。

また，政府が租税を賦課すると，消費者や生産者の行動に影響を与え，市場の資源配分を変更し，国民経済に影響を及ぼす。課税の経済効果や最終的租税負担者，税制改革などについては，第9章で検討することにしたい。

8.1 租税の根拠と租税原則

8.1.1 租税の根拠

政府の財源調達の主要な手段が租税である。政府は，法律で**納税の義務**を規定し，租税を徴収している。したがって，現実の租税の基本的特徴は，**強制性**と**無償性**にある。だが政府が，国民全体の必要とする公共サーヴィスを供給することと，租税によってその費用を調達することとは，表裏の関係にある。したがって，租税は無償ではなく，政府が国民に提供する**公共サーヴィスの対価**であるという考え方も成り立つ。いずれにせよ，税は国民の間に適正に配分されなければならない。税負担の配分基準については，**応益説**と**応能説**という2つの考え方がある。

応益説

応益説は，**利益説**とも呼ばれ，人々が政府の供給するサーヴィスから受ける便益の大きさにしたがって税負担を配分すべきであるとする考え方である。政

205

府支出（公共サーヴィス）と費用負担（税負担）とが結合して捉えられるため，人々の選好に基づく効率的な資源配分と結びつく考え方である。近代国家の成立期から社会契約説的国家観などにおいて広くみられる考え方であるが，**アダム・スミス**に引き継がれ，その後イタリアや北欧で発展した。

スミスは，国家の活動を，国防や国内秩序維持や公共事業など，国民の社会生活や経済活動に不可欠な必要最小限にとどめるべきであるとした。このいわゆる「**安価な政府**」論に基づき，「各人がそれぞれの能力に比例して，すなわち国家の保護のもとに享受する収入に比例して」租税を負担すべきであると主張した。国家の提供するサーヴィスを享受して各人が収入をあげているのであるから，その収入に比例して租税を負担するのが公平である，という考え方である。スミスは，経済学的な応益説の創始者といってよいが，「負担能力」と「享受したサーヴィス」とを同一土俵で論じており，厳密にいえば，応益説と応能説とを渾然一体として取り扱っていた。

このスミスの応益原則の考え方を，各個人の受ける利益に応じて租税負担を配分すべきであるという消費者主権の考え方に徹底させたのがヴィクセルやリンダールであり，その代表的所説がリンダールの受益者負担の考え方である。

公共サーヴィスは，社会の構成員に対して一定量が供給される。各人は，公共サーヴィスから排除されることはないので，等しく便益をうける。しかし，各人は受益の具体的大きさを認識することはまれである。理論的には，各人が，公共財から受ける便益の大きさを正確に評価し，各人がその受益に応じて個別に価格を設定し，価格に応じた租税を負担すれば，効率的な公共財供給が実現する。しかし一旦公共財の供給量が定まれば，各人は公共財に対する正確な選好を表明しなくても，無差別に公共財の提供を受けられる。したがって，このような方法では，「**ただ乗り**」**問題**が発生する。公共財に対する選好は客観的に示されにくいことから，応益説的課税が実際に行われる事例は少ない。ただし，各人の公共財から受ける便益が比較的明確な場合には，**目的税**を課す場合もある。

応能説

政府は，必要な税収を確保するために，公共サーヴィスの受益を意識しない人々から，租税を徴収する必要がある。19世紀後半，新興国ドイツは，先進国

イギリスに対抗して経済発展を図ろうとしていた。ドイツでは，国家が積極的な役割を果たす必要があると認識され，それを支える巨額の財源調達が緊急の課題となった。そこで，国家はそれを構成する個人や社会を超越した独自の意義と機能を持った有機体であり，租税は個々の納税者の利害を超越した国家の一般的利益のために徴収されるもので，国民はすべて納税の義務があるとする納税義務説が発展した。

　義務として租税を徴収するためには，国民の納得する負担原則を明確にする必要があった。公平の原則はこの要請に適したものである。課税には，消費者主権の原則は成立せず，消費者の便益評価とは別の観点，すなわち人々の支払能力（担税力）を規準として決定すべきであるとするのが，応能説である。応能説は，能力説とも言われ，イギリスのJ.S.ミルやエッジワース，ドイツでは，アドルフ・ワグナーなどのドイツ正統派財政学の基礎となった考え方である。応能説は，納税者の公共サーヴィスに対する選好を考慮しないが，政府が必要に応じて，資源配分・所得配分・経済安定の全体にわたって政策措置をとることを可能にし，計画的に税制を設計できる柔軟性を持っている。

　応能説は，支払能力（担税力）に応じた税負担を負うのが公平であるという考え方であるが，問題は，何を支払能力測定の基準とすべきかである。

課税ベース

　租税支払能力を測る尺度が課税ベースである。所得は，担税力を測る基準としてわかり易い。サイモンズは，所得の概念について「資産の食い潰しを行わない限度での最大消費可能額」（対象期間中の消費支出と資産純増の和）と定義し，賃金・地代・利潤・利子・キャピタルゲイン等のすべての所得を合算した包括的所得を課税ベースとして課税することが公平であるとした。

　一方，消費を課税ベースにする方が望ましいという考え方もある。J.S.ミル，マーシャル，ピグーなどは，所得に対する課税は，利子課税に見られるように二重課税（所得税を支払った後の可処分所得の一部が貯蓄されるが，その利子が再び課税される）問題を抱えている。消費に対する課税では，二重課税は生じず，貯蓄を抑制する効果を持たないので，所得課税よりも経済効率上優れていると主張した。またカルドアは，所得は個人が社会にどれだけ貢献した

かを示す指標であり，消費は社会の総生産物を個人がどれだけ引き出したかを示す指標であるから，消費に課税する**支出税**のほうが公平であるとした。フェルドスタインは，市場で実現されていないキャピタルゲインや変動所得は担税力を測る指標としては適切ではないので，支払能力の測定は**生涯所得**や**恒常所得**を基準にすべきであるが，実際にはその近似値としての**消費支出**を課税ベースとするよう主張している。課税ベースとして所得をとるべきか消費支出をとるべきかで意見が分かれているというのが現状である。

以上のように，応益説は，課税の根拠を「公共サーヴィスから受ける便益の対価」と捉えるものであり，政府支出と租税配分額を結合して決定できるため，資源配分機能を効率的に担うことができ，「受益者負担の原則」にかなう考え方である。しかし，客観的に便益の大きさを測定する方法がないため，現実に応益原則に従う課税の具体例は少ない。また，所得再分配機能や経済安定機能を果たすこともできない。

これに対して，応能説は，課税の根拠を「負担能力に応じた国民の義務」と捉えるものであり，人々の「公正（公平）」の理解に沿った課税方法であるため納得が得られやすい。そして資源配分・所得再分配・経済安定の諸機能を総合的に果たすことができる点で優れている。しかし，政府支出（公共サーヴィス）は，課税とは独立に決定されるため，納税者の選好は考慮されない。

8.1.2　租税原則

優れた租税のあり方を示すものが**租税原則**であり，古典的なアダム・スミスの租税原則やアドルフ・ワグナーの租税原則と，現代的なマスグレイブやスティグリッツの租税条件などが有名である。

スミスの租税原則は，納税者の立場に立った原則論であり，必要最小限の負担に限定すべきであるという考え方を反映している。**公平の原則**（各人の享受する便益と収入に応じた負担），**明確の原則**（納税の時期・金額・方法の明確化，恣意性の排除），**便宜の原則**（納税者に便利な納税時期と方法の設定），**徴税費最小の原則**（徴税費用の節約）という**4大原則**に集約される。スミスは，

近代資本主義国家のあるべき姿として「安価な政府」を考え，その租税面での原則として「公平」な応益課税を唱えた。また「明確」「便宜」「徴税費最小」の原則によって，納税者の負担（したがって国民経済への負荷）を最小限に限定すべきであるという考え方を示したという点でも画期的意味を持っていた。

ワグナーの租税原則は，政府の立場から，膨張した財政需要を賄うために**財政収入上の十分性**を確保し，国民経済の発展を阻害しないように正しい税源を選択し，同時に**社会政策的考慮**から，累進課税や最低生活費免除，勤労所得軽課・財産所得重課などによる「支払能力に応じた負担の公平」を重視し，課税が普遍的に行われるべきであると主張するものである。後発資本主義国家ドイツの，国民経済の発展と社会の安定を最優先に考える有機体的な国家観を反映している。ワグナーの原則は，**財政政策の原則**（課税の十分性・弾力性の確保），**国民経済上の原則**（正しい税源・税種の選択），**公正の原則**（課税の普遍性・公平性），**税務行政上の原則**（課税の明確性・便宜性・徴税費用最小）という**4大原則（9原則）**からなる。

ここでは，応能原則を明確にした**租税義務説**の考え方が打ち出されている。「公正（公平）」の意味は，スミスのそれとは全く異なる。また「明確」「便宜」「徴税費最小」という原則も，「膨張する国家活動」を賄うために複雑化した税務行政の効率的運用を目指すという色彩が強くなる。

これらの原則を踏まえ，経済安定機能と所得再分配機能を採り入れて現代の租税条件としてまとめたのが，**マスグレイブ**である。マスグレイブは，経済原則をミクロ経済的な資源配分に対する**中立（効率）性**，財政政策原則をマクロ経済的な**経済の安定と成長**の原則に明確化し，さらに公平性を**水平的公平と垂直的公平**に整理した。また経済効率を目指す課税措置は，公平原則をできるだけ侵害しないようにバランスに配慮すべきであるとした。その上で，望ましい税体系の条件を，「公平，効率及び行政の容易さ」に集約している*。

＊ マスグレイブ［1983］Ⅱ。マスグレイブの条件は，表8-1に〈 〉で挿入している「税収十分性」と「最終負担者（の見極め）」を加えた7条件とされることもある（例えば，政府税制調査会答申「わが国税制の現状と課題——21世紀に向けた国民の参加と選択」2000（平成12）年7月参照）。

表8-1 租税原則の比較

	古典的租税原則		現代的租税原則	
	スミス	ワグナー	マスグレイブ	スティグリッツ
財政政策原則		課税の十分性	〈税収の十分性〉	
		課税の弾力性	経済の安定と成長	柔軟性
経済原則		正しい税源	中立性(超過負担最小)	効率性
		正しい税種	〈最終負担者見極め〉	
公平原則	公平（利益説）	普遍性	公平　水平的公平	公平　水平的公平
		公平（能力説）	垂直的公平	垂直的公平
税務行政原則	明　確	明　確	明瞭・恣意性排除	透明性
	便　宜	便　宜		
	徴税費最小	徴税費最小	徴税費最小化	管理の簡素性

　これに対して**スティグリッツ**は，経済の安定と成長に代えて，経済状況に応じて税率を弾力的に変化できる柔軟性を掲げ，税制を評価する基準として，公平性，効率性，柔軟性，管理の簡素性，透明性を挙げている。

　これらの諸原則をやや強引に整理すれば，表8-1のようになる。各項目は，正確な対応関係にはなく，互いに矛盾する側面を内包しているが，これらの原則は，**収入の十分性**という税収原則，**中立（効率）性**というミクロ経済原則，**経済安定**というマクロ経済原則，**公平**という社会的公平原則，**明確・徴税費最小**という税務原則の5つの原則に集約することができる。したがって，「収入が十分で，中立（効率）的であり，公平の基準を満たし，経済安定機能を果たし，透明で徴税コストが安い」租税が，優れた租税である。現実には，これらすべての条件を満たす租税を求めることは困難であるが，税制の設計において常に念頭に置かれるべき原則である。実際の租税制度の設計や変更に当たっては，各項目の優先度を政治的に調整し，バランスを図る形で政策運営が行われる。

8.1.3　日本の租税原則

　日本では，「収入十分」と「経済安定」を除いた，「公平（公正），中立，簡素」という3大原則が重視され，租税原則として一般化している。現在では，

経済のグローバル化が進展しているため，諸外国の税制との国際的な整合性に留意しつつ3原則を適用する必要性が増していると言えよう。

公　平

公共サーヴィスの供給は社会全体にとって必要不可欠である。しかし，各人の受益の程度を個別的に測定することは困難である。このような場合に社会的に合意が得られる配分基準は，負担の公平である。**負担の公平**には，「垂直的公平」と「水平的公平」とがある。

垂直的公平とは，「担税力（経済的負担能力）の大きい者ほど，高い税負担を負うべきである」とする原則である。垂直的公平を実現するには，累進課税制度のように所得再分配機能の大きな税が望ましい。このような観点から見れば，比例所得税よりも累進所得税のほうが望ましく，所得に対して逆進的になる定額税（固定税）は望ましくない。

水平的公平とは，「等しい担税力を持つ者は，等しい税負担を負うべきである」とする原則である。担税力を所得で測る場合，職業によって所得の捕捉率が異なるため，捕捉率が低い職業ほど実際の税負担が小さくなるという問題を抱えている。日本の所得捕捉率には，「クロヨン」（サラリーマン9割，自営業者6割，農家4割）あるいは「トーゴサン」（サラリーマン10割，自営業者5割，農家3割）と呼ばれるような大きな格差が生じている。水平的公平は誰もが納得できる公平概念であるが，担税力を測るうえでの最適な指標を一義的に確定することはできない。水平的公平という観点では，技術的な捕捉率格差が生じない一般消費税のほうが，捕捉率格差の大きい所得税より望ましいということになる。

ただし，社会保障が充実するにつれ，税制によって所得再分配を図る垂直的公平の意味は変化しつつある。社会保障給付は，家計に対する「マイナスの税金」と考えることができるので，税制と社会保障給付を総合して垂直的公平の問題を考える必要がある。社会保障税（社会保険料）は，すべての賃金に等しい割合で課税される比例税であるが，一定水準を超えた所得部分には課税されず，また利子・配当・家賃等の財産収入にも課税されないので，総所得で見れば逆進的である。しかし社会保障給付面では，高所得者よりも低所得者に相対的に大きな便益が与えられるので，累進的となる。累進的な実施計画と逆進的な課

税を総合的に評価すれば，一般には，社会保障の最終的な結果は累進的となる。

また現役世代に社会保障税を課税し，それで退職世代の年金を支払うという仕組みは，少子・高齢化が進むにつれて，世代間の負担の不均衡という重要問題を生み出した。したがって，公平の問題では，**世代間の公平**という観点が重視されるようになっている。

　中　立

課税の**中立性**とは，税が民間部門の資源配分に影響を及ぼさないことである。一般に競争市場は，効率的な資源配分を実現し，社会的総余剰を最大にする。しかし税は，市場参加者の行動を変化させ，財の価格や労働供給に影響を与え，経済厚生を低下させるというコスト（**超過負担**）を生み出す。したがって経済効率の観点からは，できるだけ超過負担を小さくし，社会的総余剰の損失を小さくするような課税が望ましい。

一般に，課税によって市場における競争条件（財の相対価格）を変化させない定額固定税（一人当たり税額を固定する人頭税など）は，代替効果を引き起こさないので，中立性を満たす課税方法といえる。これに対して累進所得税は，資源配分を大きく変化させ，インセンティブを変化させるため，中立性を損なう度合いが高くなる。

課税の中立性は，経済効率を見るうえで重要であるが，実際に課税がどの程度経済活動を歪めているかを，明確に把握することは容易ではない。

　簡　素

租税を徴収する場合，**徴税コスト**が発生する。徴税コストが大きくなれば経済効率は低下し，小さくなれば経済効率は上昇する。複雑な税制のもとでは，納税者や税務当局双方にコストがかかり，また脱税を生み出しやすい。経済活動の実態に即して課税標準が客観的にかつ容易に確定しやすい簡素な税制が，税務行政上の効率性を増大させる。

財政活動においては，垂直的公平を確保しようとすれば資源配分に歪みが生まれて中立性が阻害され，中立性を追求しようとすれば公平性を犠牲にせざるを得ないという**中立（効率）と公平のトレードオフ**が生じやすい。政府は，税制を設計するうえで，効率性と公平性のトレードオフに直面する。租税政策の

改革についての論争は，この公平と中立という相反する目的に，異なるウエイトを置くことから生じているといってよい。ウエイトは，時代の要請によって大きく変化する。近年は，グローバリゼーションの進展で，中立（効率）に大きなウエイトを置く改革の方向性が強まっている。租税体系の基本を決定する場合，効率性を重視することは当然であるが，現実の税制では公平の基準は重要であり，中立性の基準といかにバランスをとるかが，重要な政策課題となる。

8.2 日本の租税体系と税制

8.2.1 租税の種類と構成

租税は，**課税主体**が誰であるか，**課税ベース**を何にとるか，**租税の負担者**をどのように想定するかなどを明確にするために，様々な分類が行われている。日本の主要税目の体系を一覧表にすると，表8-2のようになる。

租税を課税主体別に見ると，国が主体となって課税する**国税**と，**地方公共団体**が主体となって課税する**地方税**とに分けられる。国税税目では，**所得税**，**法人税**，**消費税**の3税が，国税収入全体の8割を占めている。地方税は，**道府県税**と**市町村税**に分類される。地方税は，地方公共団体の自主財源として使用されるが，この他に地方の財政需要を満たすために国税の一定割合が**地方交付税**として地方に移転される仕組みとなっている。道府県税では，**道府県民税**，**事業税**，**地方消費税**，**自動車税**で約8割を占め，市町村税では，**市町村民税**，**固定資産税**，**都市計画税**で9割以上を占める。

租税は，**課税ベース**の違いによって分類することもできる。課税ベースは，税を負担する経済能力（担税力）を示す指標であり，所得，資産，消費が課税ベースとして選択されている。所得を課税ベースとする税は，国税の**所得税**と**法人税**，地方税の**住民税**（道府県民税と市町村民税）と**事業税**などである。消費を課税ベースとする税は，国税の**消費税**，**酒税**，**たばこ税**，**揮発油税**，地方税の**地方消費税**や**入湯税**などである。資産を課税ベースとする税は，国税の**相続税**，**贈与税**，**地価税**，地方税の**固定資産税**などである。この他，財産の移転

表 8-2 日本の主要税目

		国税	地方税	
			(都)道府県税	市町村税
直接税	所得課税	所得税 法人税	道府県民税 事業税	市町村民税
	資産課税	相続税 贈与税 地価税		固定資産税 特別土地保有税 事業所税 都市計画税
	消費課税		自動車税	軽自動車税
間接税等	資産課税	印紙税 登録免許税	不動産取得税	
	消費課税	消費税 たばこ税 酒税 関税 特別トン税 自動車重量税 揮発油税	地方消費税 道府県たばこ税 ゴルフ場利用税 鉱区税	地方消費税 市町村たばこ税
		地方道路税 電源開発促進税	自動車取得税 軽油引取税 狩猟税	入湯税

(資料) 財務省，総務省データから作成。所得，消費，資産課税の区分はOECD区分による。
(注) 1 財産の移転に対する課税（流通税）は，間接税等に分類。
   2 太字は主要財源。 一税 は，目的税。その他は普通税。
   3 自動車税と軽自動車税は，財産課税要素と道路損傷負担金などの要素を併せ持つことから，資産課税に分類することもできる。

に対して課税される流通税として，印紙税，登録免許税などがある。

また税の使途が税法で特定されているか否かによって，普通税と目的税とに分類できる。大部分の租税は，使途を特定せず一般的な政府支出の財源となる普通税である。一部の税は，使途が指定された目的税として徴収されている。受益と負担の関係が明確に想定できる場合には，目的税は効率的であると考えられており，国税では，地方道路整備財源に地方道路税が充てられる例などがある。地方税では，自動車取得税や都市計画税や事業所税などが目的税として

徴収されている*。

8.2.2 租税の転嫁と帰着

租税を徴収する場合，誰を納税義務者とするか，実際に租税を支払う者は誰か，という点が重要になる。立法者（政府）が税を設計するうえで，税を納める法律上の納税義務者が最終的な負担者（担税者）となることを予定している税を，直接税という。また法律上の納税義務者が税を財貨やサーヴィス価格に上乗せして他の人に販売（転嫁）し，最終的購入者が税負担者となることを予定している税を，間接税という。このような定義が行われるのは，租税の転嫁（租税賦課から最終負担へのプロセス）と帰着（最終負担者の確定）の実態が，実際には明確に把握できないという事態を反映している。

租税の転嫁において，生産者から消費者へ（売手から買手へ）と税が転嫁される通常の場合を前転といい，逆に消費者から生産者へ（買手から売手へ）転嫁される場合を後転という。後転のうち，土地などの資産に課税された場合，税額分だけ資産価格が下落し，買手が税負担を免れることを還元と呼んでいる。また税負担が合理化などを通じて生産過程や流通過程で吸収され負担が消滅する場合を消転と呼んでいる。

つまり，直接税とは，納税義務者が実際に税負担を行うと想定されている税であり，所得税，法人税，相続税，贈与税などがこれに当たる。間接税とは，納税義務者が税の負担を行わず他の人に負担を転嫁すると想定されている税であり，消費税，酒税，たばこ税などがこれに当たる。現在の税制では，直接税と間接税の区別は，所得・資産に課税されるか，消費に課税されるかという区分とほぼ対応しているといってよい。ただし，直接税の中には，消費に課税される税目も存在し，理論的には消費に課税する支出税も考えうる。

---

* 通常，税収の全額あるいは一部が特定の公共サーヴィスの財源に充てられるものを，特定財源と呼んでいる。このうち，地方道路税や自動車取得税などのように，特定のサーヴィス供給の財源に充てることを，「税法」で課税目的として規定しているものが目的税である。これに対して，揮発油税のように，道路整備の財源に充てられる財源であるが，税法ではなく，「道路整備費の財源等の特例に関する法律」によって設けられた税は，目的税には分類されない。

8.2.3　直接税と間接税の性格

　所得税と消費税を念頭におきながら，直接税と間接税の特徴を比較してみよう。所得税などの直接税は，各人の担税力に応じて課税することができるため，担税力の大きな人には高い負担率を，小さな人には低い負担率を適用することが可能である。したがって，垂直的公平を図ることに適しており，また家族構成や各人の個別的な状況に応じた控除を設定して，きめの細かい配慮を行うことができる。さらに累進所得税は，景気動向に応じて自動的に税収を増減させるため，経済の自動安定化機能を果たす。しかし所得の種類によって捕捉率が大きく異なるため，水平的公平を損なう傾向がある。また高い税率は労働意欲を阻害し，中立性を損なう危険を持っている。景気の動向に敏感であるため，税収の変動が大きく不安定になりやすい。世代間の公平性の観点から見れば，税負担が勤労現役世代に偏る傾向を持つ。

　これに対して，消費税などの間接税は，所得の水準にかかわらず，同じ消費水準の人に同じ負担を課すことができるので，水平的公平を確保することができる。労働意欲を阻害する恐れがないので，中立性にすぐれている。また景気動向に左右されることが小さいので，税収が安定する。さらに退職世代を含めて広く税負担が行われるため，世代間の公平性を図るうえで優れている。しかし，所得が低い人の負担が大きく，高い人の負担が低くなるので，負担の逆進性が生じ，垂直的公平を損なう傾向がある。同時に税収が景気動向に左右されることが少ないので，経済の自動安定化機能は小さい。

　直接税と間接税は，対照的な性格を持っているので，実際の税制で公平性と中立性のバランスのとれた税体系を実現するためには，両者の組合せが重要となる。一国の税制が，どの程度直接税あるいは間接税に依存しているかを示す尺度が，**直間比率**である。

8.2.4　税率，税額，負担率

　個人や企業が納付する**税額**は，通常，**課税標準**に税率を掛けて算出される。税率には，課税標準の大きさにかかわらず一定の税率を適用する**比例税率**と，

所得金額をいくつかの段階に区切り，課税標準が高くなるにしたがって高い税率を適用する**累進税率**とがある。また，課税対象から**一定額**を徴収する一括固定税（例えば1人1000円のような人頭税）という課税方法もある。この場合，**税率は逆進的**となる。

一般に所得税では**超過累進税率**が適用されている。超過累進税率では，課税標準の増加分に対する税額の増加分の割合である**限界税率**が適用される。

また税法上定められた税率を**形式税率**と呼び，租税特別措置による減免を考慮した後の実際の租税負担率を**実効税率**という。

国民の租税負担の大きさは，租税負担額及び社会保障負担額（年金・医療保険支払料）の国民所得に対する比率である**国民負担率**（**租税負担率＋社会保障負担率**）によって示される。

$$国民負担率＝\frac{租税負担額＋社会保障負担額}{国民所得}\times 100$$

$$＝租税負担率＋社会保障負担率$$

2006（平成18）年度の日本の国民負担率は，37.7％（租税負担率23.0％，社会保障負担率14.7％）であり，財政赤字分6.1％を含む**潜在的国民負担率**は，43.9％と見込まれている。欧米主要諸国と比較すれば，日本の租税負担率は最も低く，社会保障負担率を含めた国民負担率も，米国に次いで2番目の低水準にある。社会保障先進国の欧州諸国と比較すれば，日本の租税負担率や国民負担率は，まだ相対的に低水準にとどまっている。

表8-3　国民負担率の国際比較　　（単位：対国民所得比率％）

	日本	アメリカ	イギリス	ドイツ	フランス	スウェーデン
A 租税負担率	23.0	23.1	36.9	28.6	36.4	49.9
B 社会保障負担率	14.7	8.7	10.1	24.7	24.5	21.0
C 国民負担率(A＋B)	37.7	31.8	47.1	53.3	60.9	71.0
(参考)　財政赤字	－6.1	－6.6	－4.2	－5.1	－5.6	―

（資料）　財務省データ。日本は2006年度予算ベース，欧米諸国はOECD歳入統計等による2003年度数値。

8.2.5　租税体系の国際的相違

租税負担率に国際的な相違があるように，租税体系は，国によって大きく異

なっている。

　歴史的に見れば，中世は財産税，近代初期には消費税・関税，19世紀は収益税と消費税，20世紀は所得税・法人税，第二次大戦後は所得税と付加価値税というように基幹税は変化してきたと考えてよいが，現在各国の税体系には大きな相違がある（図8-1）。国と地方を合計した税源構成を見ると，欧州諸国は付加価値税を中心とする消費課税に重点を置いているのに対して，米国は個人所得課税に重点を置いており，際立った対比を示している。日本は，両者の中間の性格を持ち消費課税と個人所得課税とがほぼバランスしているが，法人所得課税の占める割合が極めて高い租税体系をとっている点に特徴がある。

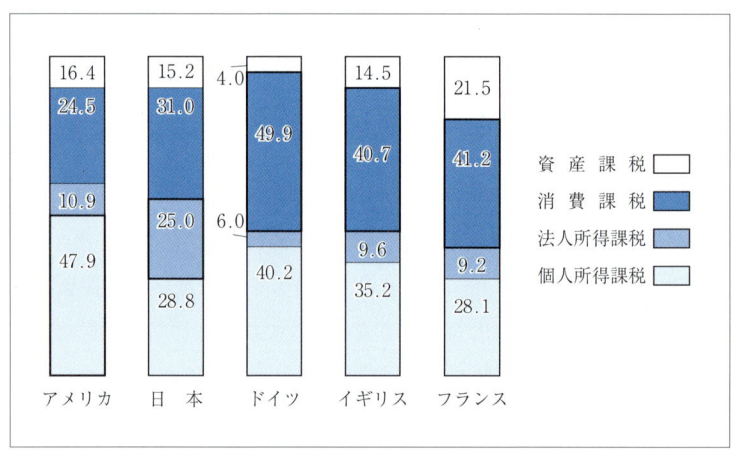

	アメリカ	日本	ドイツ	イギリス	フランス
資産課税	16.4	15.2	4.0	14.5	21.5
消費課税	24.5	31.0	49.9	40.7	41.2
法人所得課税	10.9	25.0	6.0	9.6	9.2
個人所得課税	47.9	28.8	40.2	35.2	28.1

（資料）財務省データ。欧米諸国は2003年度，日本は2006年度の数値。

図8-1　課税ベースの国際比較（国と地方の合計）

表8-4　直間比率の国際比較

	日本	アメリカ	ドイツ	イギリス	フランス
国　　税	59：41	92： 8	43：57	54：46	51：49
地方税	83：17	57：43	93： 7	100： 0	52：48
合　　計	69：31	75：25	49：51	57：43	51：49

（資料）財務省データ。欧米は2003年度，日本は2006年度の数値。

　また各国の**直間比率**を見ると，国税に占める直接税の比率は，アメリカが「92：8」で最も高く，日本が「59：41」でこれに次ぐが，欧州諸国ではイギリ

ス「54：46」，フランス「51：49」と直接税の比率が低下し，ドイツでは「43：57」と間接税の占める比率が大きくなっている。

このように各国は，それぞれ特徴のある租税体系を備えているが，それは各国のおかれた歴史的，経済的条件の差が生み出したものである。したがって，日本の税制を理解するためには，その成り立ちと発展経路を把握しておくことが必要になる。

8.2.6　日本の税制の推移

戦前の税制改革

先進列強の圧力の下で国際社会に乗り出した明治日本は，急速に国家財政基盤を整備し，「富国強兵」「殖産興業」政策を推進して，近代化を達成する必要に迫られた。当時の日本は，近代産業が未発達であり，米作を中心とする農業が主要産業であった。また幕末開港以来，関税自主権を喪失していたため，保護関税によって国内産業を育成し財政収入を獲得するという選択肢を持っていなかった。政府は，諸般の政策を実行するための財源を，国内農業部門への課税によって調達せざるをえなかった。1873（明治6）年，地租改正条例を公布して，徳川幕藩時代に農業に課せられていた現物納付の年貢を，貨幣で納入する近代的な地租へと変革し，安定的な税源へと衣替えする改革に着手した。全国的に土地所有権を確定し，その地価を算定し，地価の3％（後2.5％へ低減）を土地所有者が金納するという税制の大改革であった。この地租改正によって，近代的土地所有制度が確立した。地租は，明治初期の税収の8割以上を占め，直接税である地租を国の基幹税とする統一的な近代的税制が整備された。1878（明治11）年には，地方税規則が制定され，地租付加税を中心とする地方税の体系も整備された。その後日本経済が発達するにつれて，税収に占める地租の比重は一貫して低下し，昭和に入って1割以下となり，第二次大戦後には，地租は国税から地方税へと移管されて固定資産税に衣替えし，現在に至っている。

明治中期から大正期にかけて低下の一途を辿る地租に取って代わったのは，酒税，煙草税（専売益金），砂糖消費税，織物消費税などの間接税であった。酒類税，煙草税が創設されたのは1875（明治8）年であった。その後増税が繰

り返され，日清戦後経営の増税によって，1899（明治32）年には**酒税**が全租税収入の35.5％を占め，最大の税目となった。日本の近代化過程で租税構造を特徴づけたものは，直接税（地租）の低下と間接税の上昇であった。また明治中期には，地方で**府県税**が整備され，**市町村税**が創設された。

　直接税である所得税や営業税などの比重が高まって1割以上になるのは第1次世界大戦後のことであった。**所得税**は，軍備拡張財源を確保する目的で，1887（明治20）年に導入され，高額所得者に**単純累進税率**で課税された。その後1899（明治32）年に**分類所得税**へと改正され，法人に対しても所得税が賦課されることになる。さらに大正から昭和初期にかけて課税ベースが拡大されたが，依然として大部分の国民は課税限度以下におかれていた。しかし，所得税は直接税の中で急速に比重を高め，1935（昭和10）年以降は，所得税収入が全税収に占める割合で首位を占めるようになる。また相続税が1905（明治38）年日露戦争戦費補充のために創設されたが，家制度の下で家督相続とその他の遺産相続とが区別されて取り扱われた。

　1940（昭和15）年の**税制大改正**によって，戦費調達に向けて税制が整備された。所得税から**法人税**が分離独立して，18％の比例税率で賦課されることになった。また所得税は，**分類所得税・総合所得税**の二本立てになり，課税対象が拡大し，納税者は400万人から1200万人へと一挙に3倍増し，課税の裾野が広がった。所得税と法人税に戦時臨時利得税を含めると，全租税に占める直接税の比重は6割以上に達した。これに対して，間接税では，臨時的措置としての物品特別税が改組され，物品ごとに異なる税率が賦課される**物品税**として恒久化され，課税対象の拡大と税率引き上げが行われた。ただし戦時の消費規制によって間接税の税収は伸張しなかった。

　こうして日本の租税体系は，軍事費調達を主目的とした税収の所得弾力性の高い**所得税・法人税**を中心とする**直接税中心構造**をとることになり，戦後に持ち越されることになる。

戦後の税制改革

　第二次世界大戦後，GHQの要請を受けたコロンビア大学のシャウプ博士を中心とする専門家が，1949（昭和24）年に日本税制の根本的改革を勧告した。

このシャウプ勧告は，現在の日本税制の基礎となったものであり，**総合累進課税，地方自主財源の確保，税務行政の民主化**を骨子として，直接税中心の「公平」を重視した税制を目指すものであった。シャウプ勧告による税制改革は，1950（昭和25）年に実施に移された。

シャウプ勧告は，**包括的所得税**の原則に立っていた。経済力を反映するすべての所得を合算した総合所得（包括的所得）を課税ベースにするという原則である。**譲渡所得の全額課税**（譲渡損失の全額控除）を行い，最高税率を引き下げ，累進税率構造を簡素化した（20－85％の14段階から20－55％の8段階へ）。法人税は，**法人擬制説**に基づいて，配当二重課税を調整する**配当控除**制度を導入し，税率を引き下げて単一税率（35％）を採用した*。

また相続税・贈与税を一本化し，税率を引き上げた（10－60％の19段階から25－90％の14段階へ）。さらに，高額所得者の500万円超の純資産に対する**富裕税**（0.5－3％の累進税率）を創設し，所得税の補完税とし，高額所得者に対する課税を強化した。一方，間接税は大幅に整理し，酒・たばこ・ガソリンに対する個別消費税や贅沢品に対する物品税に限定し，一般消費税は排除された。直接税中心の包括的所得税を理想とするシャウプの税制観が明瞭に示されている。そして税務行政の民主化を図るために，**申告納税制度**が整備され，**青色申告制度**が導入された**。

地方税関係では，地方自治を強化するという観点から事務配分を見直し，市町村優先を原則とする税源配分と，国税と地方税の税源分離（付加税の廃止）による地方独立財源の強化を目指した。**道府県税**では，事業税（所得課税）を廃止し，付加価値税を創設して，道府県の財源とした。**市町村税**では，道府県

---

*　法人擬制説とは，「法人は，独自の課税主体ではなく，株主の集合体である」という考え方である。この場合，法人税は株主の所得に対する課税ということになるが，課税後の配当所得にさらに課税することは二重課税になる。したがって，配当に対する課税を調整し，税率を低減する措置が必要になる。

**　青色申告制度とは，帳簿の不備な個人事業者に的確な申告を行わせ，納税者と税務署との紛争を回避する目的で導入された。一定の帳簿を備え，帳簿に記載した事項に基づき所得を計算して税務署に申告した場合，一般の申告と区別して特別に青色の申告書を提出することが認められた。納税者は正しい申告を義務付けられることと引き換えに，納税手続きなどで種々の特典を享受できる。

民税を廃止し，住民税を市町村に一元化して，**市町村民税**とし，また地租と家屋税を統合して**固定資産税**を創設して市町村に配分し，市町村財源の拡充を目指した。そして，地方の財源を安定的に保障するために，**地方財政平衡交付金制度**を創設した*。

しかし，独立回復後に実施された1953（昭和28）年の税制改革で譲渡所得全額課税制度や富裕税は廃止され，1954年には地方財政平衡交付金制度は日本独自の地方交付税交付金制度へ改変された。また道府県税では，事業税が継続され，1954年には付加価値税が一度も実施されることなく廃止された。その結果シャウプ勧告の目指した地方独立財源の強化はあまり進展しなかった。

1951年に利子所得の源泉分離課税が復活し，53年には有価証券のキャピタルゲインが非課税になったため，所得税は分類所得税化した。また所得税の累進度が強化されたため，高い累進度は給与所得に限定される結果となった。一方，個人事業所得に青色申告制度が採用され，その後家内労働者としての配偶者の所得を給与として認め，事業主の所得も給与に準じて支払われるようになると，それが個人事業所得の課税軽減に利用された。さらに1970年代以降には小額貯蓄利子の非課税制度が導入されるなど，租税特別措置が多用された。このようにして次第に税制が複雑化し，シャウプ税制の包括的所得課税の原則は後退し，水平的公平が阻害され，クロヨン問題が顕在化した。

また1970年代の不況によって，所得税を基幹とする税収が大幅に低下し，安定的な財源を確保する必要に迫られた。加えて強度の累進所得課税（10.5％－70％の15段階）による負担感が大きくなったことで，勤労意欲や貯蓄・投資に悪影響を及ぼし，国際競争力を阻害するという意見が強まった。税制の**中立性・効率性**を高める必要性が認識された。

そこで，1987，1988（昭和62，63）年に，シャウプ税制以来の**抜本的な税制改革**が行われ，所得税の累進税率の簡素化（10.5－60％の12段階から10－50％の５段階へ），株式などの譲渡益の原則課税化，法人税率の引き下げと配当軽

＊　地方財政平衡交付金制度は，財政力の弱い地方公共団体の財政赤字分を国が全額補塡し，財源保障機能を果たす制度であるが，地方財政赤字額（交付税額）の客観的な算定が困難であり，国と地方との紛議のもととなった。

課制度の廃止，**消費税の導入**（1989（平成元）年）が行われた。改革によって税の経済効率性を改善する試みが行われたが，反面で垂直的公平性は後退した。日本の税制は，包括的所得税を中心とする税制から，所得・消費・資産にバランスをとって課税し，税の効率性を高める方向性を明確にした。しかし，税制改革では，急速に進行する少子・高齢化社会の到来をひかえて，史上初めて**付加価値型消費税**を導入し，国民福祉の充実等に必要な安定した財源を確保することが主要な政策目的となっていた。そのため，所得税・法人税を中心とする所得課税の改革は不徹底なものに終わった。消費税は，特定の世代ではなく，全世代に広く薄く負担を求めることを趣旨としていた。消費税の導入によって，長く論争の的となってきた直接税に大きく依存する直間比率を是正する動きが本格化した。

　しかし，当初導入された消費税は，国民の反対緩和と早期導入に重点が置かれたため，抜け穴が少なく中立性の高いEU型付加価値税と比較して，欠陥の多いものとなった。その後，消費税の中立性を高め，抜け穴（益税）を封殺する措置が追求された。

　一般消費税を導入して所得税を軽減すれば，貯蓄を促進し資本蓄積を促進する効果が期待できる。また所得税の累進税率が緩和されれば，超過負担を軽減する効果も期待できる。しかし実際には，このような資源配分の効率性に与える影響よりも，消費課税の強化によって課税のタイミングが変化し，若手世代から老年世代への負担の移転が行われ，世代間の負担構造に変化を与えるという効果が，より重要である。少子・高齢化社会の到来を考えると，消費税の導入は，若年世代の加重負担を緩和し，世代間の負担不均衡を是正するという観点から見て，大きな意義を持っているといえよう。

　2006（平成18）年度の日本の租税及び印紙税収入予算の国税合計は45.9兆円であり，その内訳は所得税12.8兆円，法人税13.1兆円，消費税10.5兆円，その他9.5兆円であり，**所得税・法人税・消費税**の3税が国税等収入の約8割を占める構成となっている。進んで，これら3税を中心として，主要国税の仕組みと内容について検討することにしよう。

8.3 主要な国税の仕組みと国際比較

8.3.1 所得税

　所得課税は，近代的な商慣行や会社形態が発達し，事業収益が客観的な指標である利益で測定されるとともに，賃金や経費が明確化され，課税標準が明確化されることによって初めて社会的に定着した。個人の年間所得に課税される税が所得税である。**所得税**は，簡素さや効率性を備えた税である。また納税者の負担能力に対して包括的に課税することができ，所得再分配機能も備えているという意味で，公平性の要件も備えている。シャウプ勧告以来，日本の租税体系の中心を占めてきた。現行の所得税は，(1)**所得の総合課税**，(2)**各種の所得控除による人的事情の考慮**，(3)**超過累進課税**を特徴としている。

> ***check*** 所得控除の概要
>
> 　課税所得の算定に際して，個人的事情や家族構成を考慮した各種の**所得控除**が設定されている。所得控除は，人的控除とその他の控除に分類される。人的控除のうち，**基礎控除**は，すべての人に認められる一定額の控除である。**配偶者控除**や**扶養控除**は，生計を同じくする配偶者や扶養親族が存在する場合に認められる。さらに本人や配偶者・扶養親族が障害者や老齢者であった場合には，**障害者控除**や**老年者控除**が認められ，本人が寡婦や勤労学生の場合には，**寡婦控除**，**勤労学生特別控除**が認められる。
>
> 　1987（昭和62）年には，**配偶者特別控除**が創設された。パートで働く配偶者の年間収入が90（その後103）万円を超えた場合，配偶者控除の適用が受けられなくなることから，このような配偶者を持つ世帯は，世帯全体で見ると税負担が増大するという逆転現象が生じた。このため，配偶者特別控除を新たに設け，配偶者控除に上積みする制度とした。配偶者の所得増加に応じて控除額が減少する仕組みを導入し，103万円を超えた場合には配偶者特別控除が認められる制度とし，税制上の歪みを是正する試みであった。しかし2004（平成16）年度以降は，配偶者特別控除のうち，配偶者控除に上乗せして適用される部分が廃止された。これによって配偶者の所得金額が103万円までの場合には配偶者控除のみが認められ，103万円を超えると（141万円まで）配偶者特別控除のみが認められることになった。夫婦共働きの

世帯では，妻が一定額以上の収入をあげた場合，夫の所得には配偶者特別控除が認められないのに対して，専業主婦の家庭では全額認められるので，税負担に格差が出るというのが改正の理由である。

その他の控除としては，災害や盗難などで損失が発生したときには**雑損控除**が認められ，一定額以上の医療費負担が生じたときには**医療費控除**が認められ，社会保険料・生命保険料を支払った場合にも一定の控除が認められ，また特定の団体に対する寄付については寄付金控除も認められる。

基礎・配偶者・扶養の諸控除は，生活に必要な最低限の所得を課税対象から外すという考慮に基づくものであり，老年者・障害者・医療などの諸控除は所得稼得能力の低さに配慮したものである。

基本的仕組みは，個人の1年間の所得（R）（利子，配当，事業，不動産，給与，退職，譲渡，山林，一時，雑）を原則として総合し，そこから当該収入を得るのための**必要経費**（A）（給与所得者の場合は，必要経費が不明確であるため，概算的に算定された**給与所得控除**）を控除し，さらに基礎控除，配偶者控除，扶養控除，雑損控除，医療費控除等の**所得控除**（B）を行って，**課税所得**を算出する。この課税所得に**超過累進税率**を適用して**所得税額**を算出する。具体的には，課税所得金額をいくつかの段階に区分し，所得レベルが高くなるにしたがって高い税率を適用し，各段階で算出された税額を合算して，所得税額が算出される。

また配当所得や外国で既に課税された所得などについては，算出された税額から一定額の**税額控除**（C）を行い，二重課税を調整する。この他に，住宅を取得した場合には住宅借入金等特別控除として税額控除が認められる。

所得税額は，次のようにして算出される。

$$年間所得 = 収入\ R - 必要経費\ A$$
$$課税所得 = 年間所得(R-A) - 所得控除\ B$$
$$所得税額 = (課税所得 \times 累進税率\ t) - 税額控除\ C$$
$$= (R-A-B) \times t - C$$

現行（2006（平成18）年度）の所得税率は，課税所得330万円までは10％，330万円以上900万円までは20％，900万円以上1800万円までは30％，1800万円以上

は37%の4段階の超過累進税率が設定されている*。

所得税額は，超過累進税率により算出される課税金額を合算することによって算出される。例えば，1200万円の課税所得がある人の所得税は，330万円までの所得には10%の税率が適用され，330万円以上900万円までの部分570万円には20%の税率が適用され，900万円を超える300万円には30%の税率が適用されるので，それらの税額を合算すれば，

$$(330 \times 0.1) + (570 \times 0.2) + (300 \times 0.3) = 237 (万円)$$

となる。ところで実際の所得税額の算出には，通常，表8-5のような税額表が利用される。

この税額表に基づけば，次のような極めて簡単な式で税額が算出できる。

$$所得税額 = (課税所得金額 \times t) - \delta$$

例えば課税所得1200万円に対する税額は，次のように計算できる。

$$1200 \times 0.3 - 123 = 237 (万円)$$

ただし，利子・配当・キャピタルゲイン（株式等の譲渡による所得）などの金融所得については，一律15%の所得税（住民税5%をあわせて20%）が**分離課税**される仕組みとなっている。ただし，配当所得については，確定申告によって総合課税を選択し，配当所得の10%の税額控除（1000万円を超える配当部分には5%の税額控除）を受ける方法もある。なお，2004（平成16）年から2007（平成19）年度については，株式市場の低迷に対処し，個人金融資産を「貯蓄から投資へ」誘導する目的から，配当及びキャピタルゲインについて，7%の所得税（住民税3%をあわせると10%）軽減税率で分離課税される措置

表8-5 日本の所得税の税額表（平成18年度現在）

課税所得金額	t （税率）	δ （控除額）
- 330万円	10%	0万円
330万円 - 900万円	20%	33万円
900万円 - 1800万円	30%	123万円
1800万円以上	37%	249万円

---

* 2007（平成19）年度以降は，所得税税率は，5%（-195万円まで），10%（-330万円まで），20%（-695万円まで），23%（-900万円まで），33%（-1800万円まで），40%（1800万円以上）の6段階へ変更される。

表 8-6 個人所得課税の国際比較　　　　　　（単位：％）

	日 本	アメリカ	イギリス	ドイツ	フランス
国税収入に占める割合	31.0	72.1	37.4	33.9	33.6
国民所得に占める割合	4.2	8.8	13.0	9.7	10.2
課税最低限	325.5万円	378.5万円	376.7万円	508.1万円	410.7万円
税　　率	10-37	10-35	10-40	15-42	6.83-48.09

（資料）　財務省データ，OECD歳入統計等。日本は2006年度，諸外国は2003年度。

がとられている。

　金融資産が多様化すると，資産性所得課税の水平的公平や中立性などの観点から，金融所得間の課税の統一性が問題となる。キャピタルゲイン・利子・配当などすべての金融所得を一本化した損益通算制度の整備や，足の早い金融資産の特性を配慮した取組みが必要となる*。

　日本の個人所得税は，税率構造においては米国を除く欧州主要国より低く，課税最低限も欧米諸国に比べて低い（表8-6）。課税最低限は，各種控除の積み上げによって定まり，その算出項目は，国によって大きく異なるが，日本の場合，諸外国と比較して必要経費として概算的に認められる「給与所得控除」の規模が極めて大きいことが特徴である。日本の個人所得税は，国税収入に占める比率が31％と低く，国民所得に占める比率では4.2％と欧米諸国の半分以下であり，主要先進国の中では最も低い水準にある。したがって日本では，個人所得税の所得再分配効果は相対的に低水準にあると考えることができよう。これに対して，米国では国税収入に占める個人所得税の割合は7割を超え突出している。また欧州諸国では，高水準の社会保障を支えるため，個人所得の税率も国民所得に占める割合も共に高くなっており，所得再分配機能は大きいと

＊　キャピタルゲインに対する課税は，1953年までは一般の所得と同様に課税されたが，1953年の改正で**原則非課税**となり，その後1989（平成元）年4月以降，再び原則非課税を**原則課税**へと改め，**申告分離方式**（確定申告によって，他の所得と分離して課税する方式）となった。この時は，証券会社が納税を代行する源泉分離課税方式を選択することも認められた。しかし源泉分離方式は，2002（平成14）年12月31日で廃止され，2003（平成15）年1月1日からは，申告分離課税のみに整理された。ただし，確定申告を行わないサラリーマンに対しては，証券会社に一定条件を満たした特定口座を開設すると，証券会社がキャピタルゲインを計算し，所得税額を源泉徴収する**特定口座制度**が設けられた。

考えることができよう。

　他方，日本の所得税は，業種により税務当局の**所得の捕捉率**に差異がでるという「**クロヨン問題**」を抱えている。所得税は，所得金額や納税額を申告して納税する仕組みであるが，給与や報酬などについては，支払いに際して事業主が税金を差し引く**源泉徴収制度**が採用されている。したがって，サラリーマンの所得はかなり正確に把握される。しかし申告納税による個人事業所得や農業所得には，相当な過小評価が生じていることは間違いない（例えば，給与所得者の7割以上が所得税納税者であるが，事業所得者では3割，農業者では2割しか所得税を納めていない）。源泉徴収方式に依存する給与所得課税は，収入発生と納税が同時に確定されるため，所得の確定と税額の確定とが自動的に行われる。これに対して，申告納税では，所得を低く見せかけようとする**脱税動機**が働く。脱税動機は，限界税率が高く，税制が複雑化すれば，強くなる。所得課税の公平性を確保するためには，税制を簡素化し，「クロヨン問題」を是正する実効的な措置が欠かせない。

8.3.2　法　人　税

　法人税は，法人の企業活動からえられる所得（**法人利潤**）に課される税であり，原則として比例的に課税される。法人税は，次のようにして算出される。

　　　　　法人利潤＝総益金－総損金
　　　　　法人税額＝法人利潤×税率
　　　　　納税額＝法人税額－税額控除

総益金には純資産の増加をすべて総合して計上し，**総損金**には純資産の減少をすべて総合して計上して，法人利潤を算定する。これに税率をかけて税額を算出し，そこから租税特別措置で認められた控除，公社債利子・配当に対する所得税額控除，外国税額の控除等の二重課税を調整するための税額控除を行って，納税される。

　ところで，法人税の性格は理論的な明確性を欠いている。その最大の理由は，法人税のあり方を論じるための基準が定まっていないこと，また法人税は，株主，従業員，消費者のいずれかが負担しているはずだが，実際には誰が負担し

表8-7 法人税の国際比較 (単位：%)

	日本	アメリカ	イギリス	ドイツ	フランス
実 効 税 率	39.54	40.75	30.00	39.90	33.33
対国民所得比率	5.8	2.5	3.5	1.7	3.4

（資料）　財務省データ。

ているのかがよくわからない点にある。したがって，法人税の性格規定は，時々の時代的要請を背景にした政策目的（例えば競争力の確保，国際的な資本移動，企業の資本コストの調整など）に応じて変化していくという，便宜的側面を持たざるをえない。

　日本の法人税率は，資本金1億円以上の法人には37.5％の基本税率（1億円以下には28％の軽減税率）が適用されていたが，企業の国際競争力の強化などの観点から，1998（平成10）年度には34.5％へ，1999（平成11）年度には30％（1億円以下の法人には所得金額のうち800万円以下の部分に対しては22％）へと引き下げられた。こうして，地方が課税する法人事業税及び法人住民税を含めた法人税の**実効税率**は，2003年以降には39.54％にまで低下し，英・仏両国よりも高いが，ほぼアメリカと同一水準になった。法人税率が2段階となっているのは，中小企業に対する税負担軽減を目的としたものである。

　2006年現在，日本の法人税の対国民所得比は5.8％であり，国際的に見て極めて高い水準にある。国税収入に占める比率も25％程度に達し，日本の法人税への税収依存度は高い。

法人擬制説と法人実在説

　法人課税については，2つの考え方がある。第一は，法人は株主の集合体であるとする**法人擬制説**である。この考え方に従えば，法人の企業活動によって得られた利益は株主に帰属し，利益に対する課税は株主の負担となる。法人税は，株主が負担する所得税の一部が前払いされたものとみなされるため，株主の個人所得税額を計算する場合には，前払い税額分（法人税額分）を控除し，**二重課税の調整**（法人税と所得税の統合）を行う必要がある。

　第二は，法人は，株主個人とは別個の存在であり，独自の負担能力を持ち納税義務を負うという**法人実在説**である。この立場に立てば，法人が法人税を負

担し，配当は株主の所得となる。株主は，配当を含む所得に対して所得税を支払う。したがって，二重課税の調整問題は生じない。

法人擬制説は，法人は自然人に擬制して認められた人格であり，本来の法的主体は自然人のみであるという考え方に立脚している。株式会社発生の歴史的事実からみて，法人擬制説の根拠は明確である。経済学では，法人擬制説をとるのが一般的である。しかし現在では，法人の幅広い経済活動の実態を反映して，法人実在説も有力になっている。

ところで法人擬制説に基づいて課税を徹底させるためには，法人所得をすべて株主に帰属させ，株主段階で税額を調整する完全統合（フル・インテグレーション）が必要である（「カーター委員会報告」*Report of the Royal Commission on Taxation* [1966], Vols. 6, Ottawa, Queens Printer）。配当，内部留保をすべて株主に帰属計算し，課税前の税込み法人所得を個人株主の所得に上積みして所得税額を計算し，そこから法人税額を控除するという方式であるが，この方式は実施されるには至っていない。

もう一つの考え方は，EUで法人税統合のモデルとなったインピュテーション方式であり，税込み配当を個人所得と合算して所得税額を計算し，そこから配当法人税分を控除するものである。この方式では，内部留保に対する調整問題が残る。内部留保分に課税されない場合，内部留保によってもたらされる株式の価格上昇によって生じる株主の資本利得（キャピタルゲイン）に対する課税問題が重要となる*。

---

*　企業が内部留保を行わないとした場合の二重課税調整は，次のようになる。企業利益に，法人税 A が課税され，残額 B が配当として株主に支払われる。株主は，配当所得 B とその他の所得 C との合計所得 $B+C$ を得るが，$B+C$ に課税が行われれば，法人税課税後の配当所得 B が再度課税（二重課税）されることになる。そこでまず，株主に帰属する所得総額 $A+B+C$ を求め，それに税率 t をかけ，所得税額 $T=(A+B+C)\times t$ を求める。次に T から法人税額分 A を控除して，納入税額 X を求めれば，二重課税問題は調整できる。株主が納入する税額 X は，$X=T-A=(A+B+C)t-A=(B+C)t-(1-t)A$ となる。
　したがって，株主は，所得税を納付する段階で，法人段階で徴収された税額相当分 $(1-t)A$ を税額控除する（あるいは還付を受ける）ことで，調整することができる。

法人税の問題点

　法人税は，通常法人か株主が負担していると考えられているが，部分的には財やサーヴィスの価格に上乗せされ，消費者に転嫁されている可能性は否定できない。また賃金低下に結びつき，労働者に転嫁されることもありうる。法人税の転嫁と帰着の問題では，企業がどのような行動原理で行動するか，短期的効果に限定するか長期的効果を考えるか，部分均衡的に考えるか一般均衡的に考えるかなどの想定によって様々な理論的アプローチが行われているが，定説はない。また多くの実証研究が行われているが，結果は推計方法によって様々（100％を超える転嫁が生じているという研究もある）であり，確定的な結論は得られていない。仮に法人税が消費者に転嫁されるとすれば，直接税とはいえず，売上税に近い性格を持つことになり，法人あるいは株主段階での二重課税調整は意味を失う。

---

check 法人税の転嫁について

　競争市場で，企業が利潤最大化行動をとる場合，資本設備に変化のない短期には，価格 P（＝限界収入 MR）が限界費用 MC と等しくなる点で生産量が決定されるため，法人税の転嫁は生じない。いま企業利潤を π，財の価格 P，販売数量 Q とし，総費用 TC とすると，$\pi = P \cdot Q - TC$ となる。企業利潤の最大化条件は，$\frac{d\pi}{dQ} = P - TC' = P - MC = 0$，$P = MC$ となる。法人税 t ％が賦課されると，課税後の利潤 π_t は，$\pi_t = (1-t)\pi = (1-t)PQ - (1-t)TC$ となる。利潤最大化の条件は，$\frac{d\pi_t}{dQ} = (1-t)P - (1-t)TC' = (1-t)P - (1-t)MC = 0$，$P = MC$ となり，課税前と同様になる。

　独占企業や独占的競争市場の場合も，利潤最大化の条件は，限界収入 MR ＝限界費用 MC であり，この点で生産量が決まり，これに対応する需要条件によって価格が決定される。このため法人税が賦課されても，生産量や価格は変化しない。したがって，利潤最大化行動をとるかぎり，競争企業と独占企業を問わず，販売価格は変化せず，消費者への法人税転嫁は生じない。

　これに対して不完全競争市場で，企業がフルコスト（マークアップ）原理で行動している場合には，法人税の転嫁が生じる。企業が平均費用 AC に一定の利潤分 z ％を上乗せして価格 $P = (1+z)AC$ を決定し，利潤を一定に保とうと行動する場合，価格は需要条件とは独立となり，硬直的になる。この場合，法人税 t ％が賦課されれば，企業は価格を構成する要素として税額を平均費用に上乗せするという行動を

とる。このため価格は，$P=(1+z+t)AC$ へと税相当分 tAC 上昇し，法人税は消費者に転嫁される。さらに企業が「法人税を費用と見て」，平均費用に算入するという行動をとれば，価格 $P=(1+z)\{(1+t)AC\}=(1+z+t+tz)AC$ となり，税額を上回る $(t+tz)AC$ 分の価格上昇が発生する。この場合には，法人税の100％以上の転嫁が生じることになる。また企業が売上高を最大にするように行動する（ボーモルの売上高最大化仮説）場合も，転嫁の可能性が生じる。単純な売上最大化行動をとる場合には，売上最大を達成する価格は，課税とは独立に決まるため転嫁は生じない。しかし，企業が一定の利潤目標を維持するように行動すれば，法人税が賦課された場合，税額が価格に転嫁されることになるからである。

企業の実際の行動原理をどのように考えるかは難問である。企業が，常に利潤最大化のみを目指して行動するとは考えられないが，利潤最大化から離れた行動を長期的にとり続けると考えることも不自然であるように思われる。単一の原理で説明しきるのは，無理であろう。

他方，年々の資本供給ファンドが固定されているという条件の下で，法人税の短期的効果と長期的効果とは全く異なることを明らかにした研究もある。法人税は，短期的には法人企業の資本収益率を減少させる。競争市場で，法人企業部門と非法人企業部門とが活動している場合，長期的には両部門間の資本収益率が均等化するように資本配分が調整されるため，法人部門の資本に賦課された法人税負担は，資本収益率の低下という形で，非法人部門の資本も負担することになる。この場合，法人部門から資本が流出するため，税負担の一部が法人部門の財価格の上昇という形で消費者に転嫁され，また労働需要量の減少（賃金低下）という経路を通じて労働者に転嫁される可能性が生じる（A. C. Harberger [1962], The Incidence of the Corporation Income Tax, *Journal of Political Economy*, Vol. 70）。ただし，資本ストックが弾力的な場合には，課税によって超過負担が発生する。また法人税は，貯蓄率を低下させる作用なども考えられるので，長期的には資本蓄積を減少させ，生産性の低下を引き起こし，個人所得の減少を引き起こす可能性も否定できない。法人税によって資本形成の低下が生じ，実質賃金低下に結びつけば，結局，労働者への税負担の転嫁が生じる（法人税についてはグード [1967]『法人税』日本租税研究協会も参照）。

また法人税は，企業行動とくに投資に対して重要な影響を与える。企業の投資は，資本コストに左右されるからである。企業投資を促進するためには，減価償却を加速させる措置を講じることや，法人税率の引き下げなどが有効であ

る。また配当二重課税による株式資本調達の不利を是正して，中立的な仕組みに変えていくことも重要な課題となる。

現在日本では，配当二重課税の調整は，個人株主の配当に課税を行う段階で，**配当控除制度**（受取配当額の10％の税額控除）によって行われている。それは法人擬制説の考え方を反映した措置であるが，この方式では調整が不完全であり，大きな配当を受けとる大株主ほど有利になる。他方，配当をコストとみなす支払配当軽減課税措置，所得や資本金の大きさによって軽減税率を適用する課税措置，租税特別措置法による減税措置（控除）など，法人実在説の考え方に基づく措置も併用されている。

過去日本では**法人実在説**に基づいて法人課税が行われていたが，シャウプ勧告で**法人擬制説**の考え方が採用された。現行の日本の法人税制の実態は，擬制説と実在説の複雑な混合物であり，論理的に整理されているとはいえない。

8.3.3　相続税・贈与税と地価税

相続税・贈与税・地価税は，いずれも**資産**に対する課税であり，直接税である。

相続税は，相続によって取得した財産の価額（その時点における時価）を課税標準として課税される税である。また贈与税は，これを補完する税であり，生前贈与による相続税の回避を防止するために，贈与により財産を取得した場合に課税される税である。いずれも**超過累進税率**により課税される。これらの資産課税は，経済力の垂直的不公平を是正する目的を持っていた。さらに富の集中を排除するという機能も持っている。

しかし，長引く不況対策の一環として消費を促進する必要や，世代間の負担調整（例えば教育費・住宅取得等）の手段として，資産の有効活用を促進するために，贈与税を改革し軽減措置を実施すべきであるとする考え方が有力となった。2003（平成15）年度税制改正において，**相続時清算課税制度**が新たに導入された。これは，贈与時には軽減された贈与税を納め，相続時に相続税額を算出し，両者を比較して過不足を清算する制度である。相続税・贈与税の税率も，10－70％から10－50％へと軽減された。

また毎年1月1日において個人または法人が国内に保有する土地の価額に対して，一定の基礎控除額を控除した残額に，税率0.3％で課税される税が**地価税**である。1980年代後半に生じたバブル景気による地価高騰を抑制するために，1991（平成3）年度に創設（実施は4年度）された**国税**である。バブル崩壊で地価が沈静化し，土地の流動化を促進する必要が生じたため，1998（平成10）年度から地価税の税率は0％となり凍結された（廃止には至っていない）。

また土地に対する課税としては，**地方税**の**固定資産税**がある。安定的な財源であり，地方公共団体が提供するサーヴィスへの対価という側面を持っている。ただし明治時代には，固定資産税の前身である「地租」は，国の基幹税であったという点は興味深い。

8.3.4　消 費 税

消費税は，個別税と一般税に分けられる。個別消費税は，個別の品目に課税するもので，日本では古くからある酒税・たばこ税のほか，シャウプ勧告以来，贅沢品に課税して所得税の水平的・垂直的公平を補完する役割が与えられていた。一般消費税は，**1989（平成元）年**に**消費税が導入**されるまで日本には存在しなかった。消費税導入時の税率は3％であったが，**1997（平成9）年度以降5％**へと引き上げられた。しかし消費課税の国民所得に占める比率は，先進諸国の中では米国に次いで低く，一般消費税の税率も低位に留まっている。仏国をはじめとする欧州諸国では，古くから一般消費税を採用していた。製造・卸売・小売の各段階の売上額に順次課税され，各段階で売り手が納税義務者として税金を支払い，その負担が買い手に転嫁される多段階型課税の仕組みであった。その後ヨーロッパ共同体が成立する際に，より合理的な**付加価値税**に進化した（1967年4月のEEC理事会で決定）。

EU諸国の付加価値税は，税率が16.0 - 19.6％と高く，食料品，水道，新聞，雑誌書籍，医薬品，旅客輸送など生活必需品には，免税（0％）や軽減税率(2.1 - 7.0％) が適用され，医療，福祉，教育などは非課税とされて，社会政策的な配慮がなされている。金融，保険，不動産取引，不動産賃貸など消費課税には適さない資本移転や金融取引についても，非課税となっている。

表8-8 国民所得に占める消費課税の割合 (単位：％)

	日本	アメリカ	イギリス	ドイツ	フランス
消　費　課　税	7.1	5.7	15.0	14.3	15.0
(内) 付加価値税	3.5(消費税)	2.6(小売売上税)	9.0	8.6	9.5
(参考) 標準税率	5.0	8.375(ニューヨーク)	17.5	16.0	19.6

(資料) 財務省データ。

日本の消費税は，5％と税率が低く，医療，教育，金融，保険，土地の譲渡・賃貸，住宅の賃貸等が非課税になる点ではEUの付加価値税と同様であるが，食料品等の生活必需品に一律5％課税されるため，垂直的公平の観点から見て，政策的配慮に欠ける面も残されている。単一税率が持つ中立的性格や簡素の長所と政策的配慮との得失評価が重要な論点となるが，複数税率の採用問題は，今後の課題として残されている。

課税の仕組み

現在のEU付加価値税は，すべての財貨・サーヴィスに対して包括的に課税する**消費型付加価値税**であり，**前段階税額控除方式**をとり，小規模企業と農業に特別措置を認めることを柱としたものである。消費型付加価値に対する課税とは，売上げから仕入れを控除した付加価値に課税することを意味している。前段階税額控除方式とは，各事業者が売上げにかかる税額から仕入価格に含まれる税額を控除（仕入税額控除）した差額を納付することを意味し，前段階税額（仕入れ税額）は，仕入れの際の**インボイス**（納品書あるいは仕入伝票）に記載されている。付加価値税の課税の仕組みは，次のようになる。

$$付加価値税額＝売上高 \times 税率－前段階税額$$
$$＝売上高 \times 税率－仕入高 \times 税率$$
$$＝（売上高－仕入高）\times 税率$$
$$＝付加価値 \times 税率$$

例えば，原材料製造業者・製品製造業者・販売業者の三段階を経て消費者に渡る製品について，付加価値税の課税の仕方は，次のようになる。課税がない状態で，原材料段階で3000円，製造段階で5000円，小売段階で2000円の合計10000円の付加価値が生産されている場合，消費者はこの製品を10000万円で購

表8-9 付加価値税課税の仕組み (税率10%)

		付加価値額	仕入れ価格	販売価格	納税額
原材料業者	生産額 税額 販売価格	3,000 [300]	0 0	3,000 300 3,300	300
製造業者	生産額 税額 販売価格	5,000 [500]	3,000 300	8,000 800 8,800	500
販売業者	生産額 税額 販売価格	2,000 [200]	8,000 800	10,000 1,000 11,000	200
合計		10,000			1,000

入することができる。ここで，税率10％の付加価値税が導入されたとすれば，負担されるべき付加価値税額は1000円となる。課税の具体的仕組みは，表8-9のようになる。

まず原材料業者は，3000円の付加価値を生産し，これに10％分の付加価値税300円を加えた3300円で製造業者に販売し，300円を納税する。次の製造業者は，仕入れ価格3300円から前段階税額300円を控除した仕入原価3000円に自ら生産した付加価値5000円を加えた8000円に，10％の付加価値税800円を加えた8800円で小売業者に販売する。そして受け取った付加価値税額800円から前段階税額300円（原材料業者からのインボイスに記載されている付加価値税額）を控除した500円を納税する。同様に小売業者は，11000円で消費者に販売し，10％の税額1000円から前段階税額800円を控除した200円を納税する。

このようにして各業者は自ら生産する付加価値額の10％の税額を納付するが，その納付された付加価値税総額1000円は，最終販売額にすべて内包され，結局それを購入した消費者が負担することになる。付加価値税は，企業の垂直統合の如何にかかわらず消費者の負担額は変化しないので，中立性を満たすことになる。しかし，低所得者が相対的に高負担を負うため，垂直的公平性が阻害されるという，間接税固有の問題点は残っている。

EU型の付加価値税が，インボイス（仕入伝票）に記載された仕入税額を控除する前段階税額控除方式をとっているのに対して，日本の消費税では，納税

する事業者が「帳簿に記載された売上高から仕入高を差し引いた」差額に税率をかけて半年毎に申告納税するという**帳簿方式（前段階取引高控除方式）**をとっている。

$$消費税額＝(売上高－仕入高)×税率$$
$$＝付加価値×税率$$

　帳簿の記載額が正確であれば，EU型の付加価値税と同様の効果を持つ。しかし，正確性は必ずしも保証されていない。帳簿方式では，事業者が記載を偽った場合のチェックが困難であり，脱税のインセンティブも働く。EU型付加価値税では，仕入税額が正確に記載されたインボイスの発行が義務付けられ，脱税が防止できる仕組みとなっている。このため日本でも，1997（平成9）年度からは，従来の方式である帳簿の保存に加えて，インボイスに代わる請求書等の保存が義務付けられた。

　また日本では，税抜き売上高が3000万円以下の小規模事業者は，納税義務が免除されるという優遇措置が講じられた（**免税点制度**）。これは，小規模な小売商の協力を取り付けるために，帳簿整理などの事務負担や税務執行上の煩雑さを考慮したものである。だがこのような事業者に消費者が支払った消費税は，税務署に納入されることはないため，その事業者の利益（**益税**）となる。このような不備を是正するため，2005（平成17）年度以降，免税点は，1000万円以下へ引き下げられた。

　さらに年売上げ4億円以下の企業に対しては，卸売業では売上額の90％，小売業では同80％，製造業では同70％，その他では同60％を仕入れ価格と見なすという**簡易課税選択制度**が導入された。消費税額の計算を簡便な方法で行うことができるよう配慮されたものだが，中立性が大きく歪められた。その後適用範囲が2億円以下に引き下げられ，さらに2005（平成17）年度以降は，5000万円以下へと引き下げられた。

　これらの諸制度は益税を発生させる可能性があるので，その難点を改善し中立性を高めるような補正措置が強化されつつある。

　なお，消費税は，国内消費に対して課税する税であるから，外国での消費つまり輸出される財貨・サーヴィスは免税となる。酒税なども同様である。

練習問題
1. 応能説と応益説とを対比しつつ，説明しなさい。
2. スミス租税原則，ワグナーの租税原則，マスグレイブの租税条件の違いを明確にしながら説明しなさい。
3. 日本の租税原則について，説明しなさい。
4. 所得税と消費税を例にとって，直接税と間接税との違いを明確にし，各々の課税の経済的特徴を比較して述べなさい。
5. シャウプ勧告の概要について述べなさい。
6. シャウプ勧告以後の税制の変遷について説明しなさい。
7. 所得税の課税の仕組みについて述べなさい。
8. 日本の法人税の問題点について説明し，法人税と所得税との統合問題について論じなさい。
9. 日本の消費税（付加価値税）の仕組みと，問題点について述べなさい。
10. 欧米諸国と比較して，日本の税源構成の特徴について説明しなさい。

第9章　課税の経済効果と税制改革

9.1　課税の経済効果

　本章では，まず，政府がある財に課税した場合，市場では何が起き，税の負担はどのように配分され，売り手と買い手の経済余剰にどのような影響を及ぼすのかを検討する。また，課税は，税負担というコスト以外にも，人々のインセンティブを変化させ，経済行動に影響を及ぼす。所得に対する課税は，労働意欲を減退させる要因として作用し，利子に対する課税は，貯蓄に対する魅力を減退させる。そこで，このような負の誘因効果は，どのようにして発生し，どのような経済的効果を及ぼすことになるのかの検討に進む。最後に，租税設計に関して留意すべき論点を整理し，税制改革の方向性を検討する。

9.1.1　課税と税負担の転嫁・帰着

消費者余剰・生産者余剰

　競争市場が生み出す需要と供給の均衡は，売り手と買い手の得る総便益を最大にする。図9-1は，ある財に対する需要曲線 D_0 と供給曲線 S_0 を示したものである。需要量と供給量が一致するところで市場は均衡し，均衡価格 P_0 と均衡取引量 Q_0 が決定される。

　このとき，需要曲線 D_0 と均衡価格線 $P=P_0$ で囲まれた三角形 $A(E_0FP_0)$ の部分が，消費者の受け取る**消費者余剰**である。消費者余剰は，買い手がその財のために支払ってもよいと考える評価額（需要曲線上の価格）から実際に支払う金額（市場均衡価格）を差し引いた余剰部分である。また供給曲線 S_0 と均衡価格線 $P=P_0$ で囲まれた三角形 $B(E_0GP_0)$ は，生産者の受け取る**生産者余剰**である。生産者余剰は，売り手が受けとった金額（市場均衡価格）から生産

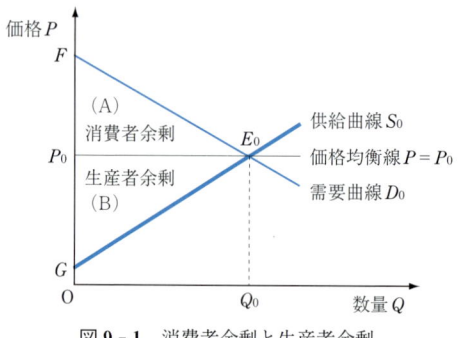

図9-1 消費者余剰と生産者余剰

に要した費用（供給曲線上の生産費用）を差し引いた余剰部分である。したがって，人々が市場に参加することによって受け取る**総余剰**は，消費者余剰 A と生産者余剰 B の合計（三角形 E_0FG の面積）となる。総余剰は，市場均衡点 E_0 で，最大になる。市場は，需要量と供給量とを一致させる均衡価格を形成することを通じて，自動的に総余剰を最大化し，効率的な資源配分を達成する。

従量税と従価税

そこで，個別的な消費税が課された場合，市場で何が起こるかを検討することにしよう。需要曲線と供給曲線が次のような，線形をしているとする。

$$P_D = b - aQ \quad (P_D:消費者価格, \ Q:消費数量, \ a>0 \ \ b>0) \quad (9.1)$$

$$P_S = d + cQ \quad (P_S:生産者価格, \ Q:生産数量, \ c>0 \ \ d \geqq 0) \quad (9.2)$$

課税の方法には，財1単位（例えばケーキ1個）に一定額（例えば50円）を課税する**従量税**と，財の価格の一定割合（例えば5%）を課税する**従価税**とがある。

税が消費者に賦課される（消費者が納税義務者となる）場合には，需要曲線が変化する。需要曲線は，消費者が支払ってもよいと考える価格と需要量の関係を示すものである。したがって，消費者が支払ってもよいと考える価格に変化がない場合，課税が行われると，財の税抜き価格は税金分だけ低下する。このため定額税が課されると，需要曲線は，税額 T 円分だけ下方に平行シフトする。t%の従価税が課される場合には，財の税抜き価格が t%分低下するた

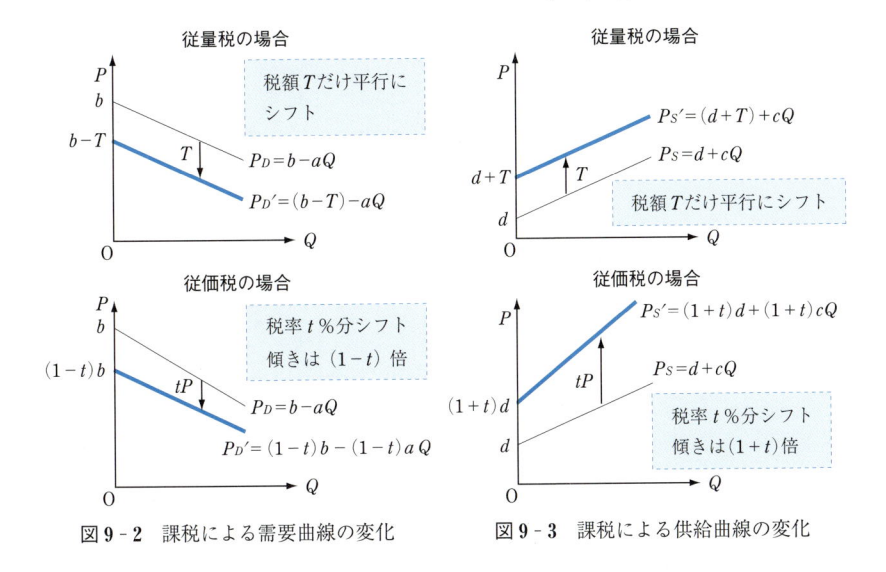

第9章 課税の経済効果と税制改革

図9-2 課税による需要曲線の変化

従量税の場合：税額 T だけ平行にシフト
$P_D = b - aQ$、$P_D' = (b-T) - aQ$

従価税の場合：税率 t %分シフト、傾きは $(1-t)$ 倍
$P_D = b - aQ$、$P_D' = (1-t)b - (1-t)aQ$

図9-3 課税による供給曲線の変化

従量税の場合：税額 T だけ平行にシフト
$P_S = d + cQ$、$P_{S'} = (d+T) + cQ$

従価税の場合：税率 t %分シフト、傾きは $(1+t)$ 倍
$P_S = d + cQ$、$P_{S'} = (1+t)d + (1+t)cQ$

め，需要曲線の傾きと切片は，$(1-t)$ 倍へと減少する*。

$$\text{従量税の場合：} P_D' = b - T - aQ \tag{9.3}$$

$$\text{従価税の場合：} P_D' = (1-t)b - (1-t)aQ \tag{9.4}$$

　税が生産者に賦課される（生産者が納税義務者となる）場合には，供給曲線が変化する。財1単位当たりに一定額 T 円の従量課税が行われると，生産者の財1単位当りの供給価格は税額分の T 円だけ上昇する。このため供給曲線は，税額 T 円だけ上方へ平行にシフトする。従価税の場合には，財の価格の一定割合 t %を課税する仕組みであるから，財1単位当たりの供給価格は t %分上昇する。このため，供給曲線は，税額 t %分上方にシフトし，供給曲線の傾きは，t %増加して，$(1+t)$ 倍となる。

$$\text{従量税の場合：} P_{S'} = d + T + cQ \tag{9.5}$$

＊　税法にしたがって考えれば，財価格 P に税率 t をかけて税額を tP を算出し，それを加えた価格 $P + tP = (1+t)P = P'$ で販売される。したがって，税抜き価格は，$P = \frac{1}{(1+t)}P' = \frac{b}{(1+t)} - \frac{a}{(1+t)}Q$ となり，需要曲線の傾きと切片は，$\frac{1}{(1+t)}$ 倍へと減少する。しかし，ここでは，税率を市場価格に適用する税率と定義して，税抜き価格の代数表示を簡便化している。

図 9 - 4　課税の効果

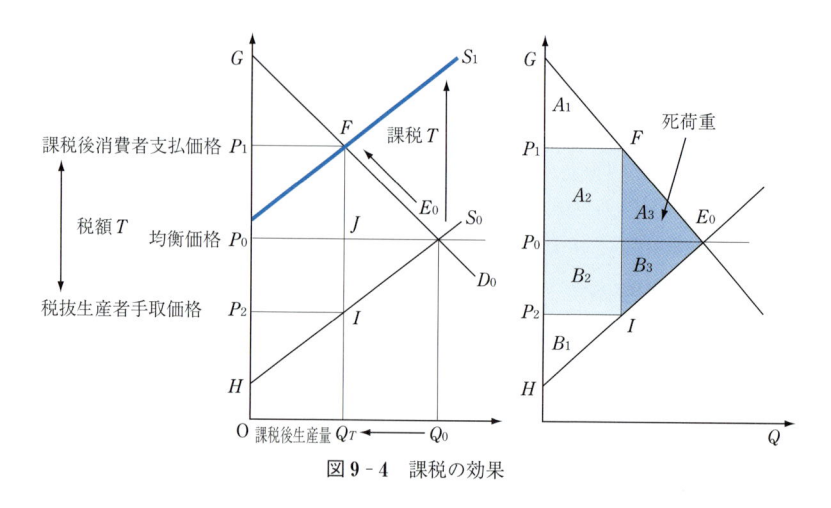

$$従価税の場合：P_S' = (1+t)d + (1+t)cQ \tag{9.6}$$

課税の経済効果

まず生産者に財 1 単位当たり **T 円の定額税**が賦課された場合を取り上げて、その経済的な効果を検討しよう。図 9 - 4 のように、財 1 単位の価格が T 円上昇するため、供給曲線 S_0 は、S_1 へと T 円分平行に上方シフトする。このため市場均衡点は、E_0 から F に移動する。それに伴って均衡生産量は Q_0 から Q_T へ減少し、消費者が支払う価格は、P_0 から P_1 へと上昇する。生産者は、財を価格 P_1 で販売するが、価格 P_1 には、税額 T（図 9 - 4 では FI）が含まれているので、生産者の手取り価格は、租税 T を控除した価格 P_2 へと低下する。

政府は、課税によって、生産量 Q_T に 1 個当たり税額 T を掛けた四角形 FP_1P_2I 分の税収を上げる。これに対して、消費者余剰は、課税の結果、三角形 E_0GP_0 から三角形 FGP_1 へと縮小し、生産者余剰も三角形 E_0HP_0 から三角形 IHP_2 へと縮小する。これらの課税の結果を、単純化して示せば、図 9 - 4 のようになる。

課税前の総余剰 Π は、消費者余剰 ($A_1 + A_2 + A_3$) と生産者余剰 ($B_1 + B_2 + B_3$) の合計、

$$\Pi = (A_1 + A_2 + A_3) + (B_1 + B_2 + B_3) \tag{9.7}$$

であった。課税によって、政府は、($A_2 + B_2$) の税収をあげる。しかし、消費

者余剰は A_1 に減少し，生産者余剰は B_1 に減少する。税収は，政府サーヴィスとして消費者や生産者に便益が還元されるので，社会の総余剰の一部を構成する。したがって，課税後の総余剰 $\prod_T$ は，消費者余剰 A_1，生産者余剰 B_1，政府税収 (A_2+B_2) の合計，すなわち

$$\prod_T = A_1 + B_1 + (A_2 + B_2) \qquad (9.8)$$

となる。したがって(9.7), (9.8)から課税前後の総余剰の変化額は，次のようになる。

$$\prod - \prod_T = A_3 + B_3 \qquad (9.9)$$

課税によって，総余剰は (A_3+B_3) だけ減少する。減少した余剰 (A_3+B_3) は，社会の誰にも還元されることなく失われた余剰である。これは社会的余剰の純損失を示しており，課税が引き起こした非効率の大きさを示している。この損失部分が，課税によって生み出された**超過負担（死荷重）**である。

課税が死荷重を生み出すのは，課税が消費者と生産者の行動を変化させ，市場の縮小を引き起こすからである。課税が人々の市場行動に変化を引き起こす度合いが大きいほど超過負担は大きくなり，小さいほど超過負担は小さくなる。仮に，課税によって，人々の市場における行動が全く変化しない場合には，超過負担は発生しない。

転嫁と帰着

ところで，政府に税を納付する納税義務者が，税金を全額負担しているとは限らない。租税の**転嫁**が生じるからである。租税負担は，最終的に誰に**帰着**するのか検討しよう。先の従量税の例では，生産者は，生産費用に税金分を上乗せした価格で製品を供給し，税金を政府に納入する。供給曲線が，T 円分だけ上方にシフトする結果，均衡点は E_0 から F へ移動する。市場価格は P_1 へ上昇し，均衡生産量は Q_T へと減少する。

課税は，消費者が支払う価格を P_0 から P_1 へと JF 分上昇させ，生産者が受けとる価格を P_0 から P_2 へと JI 分低下させる。両者の差額が，税額 T である。納税義務者（生産者）は，消費者が支払う価格 P_1 から租税 T を政府に支払うので，手取りの価格は P_2 になる。

政府は，市場取引量 Q_T に一個当たり T の税額を掛けた $Q_T \times T$ の税収をあ

図9-5　租税負担の配分

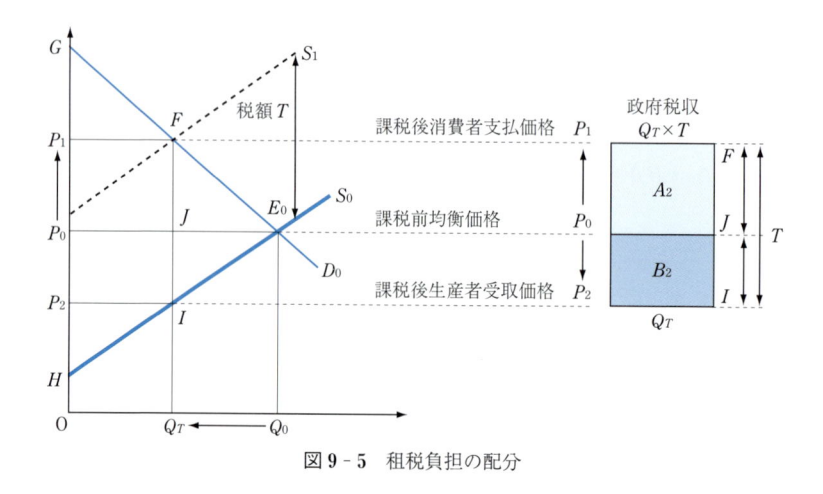

げる。図9-5では，政府の税収は，四角形 IFP_1P_2 となり，この部分を抜き出して示せば，右図のようになる。税額のうち，四角形 JFP_1P_0（A_2）の部分は，課税によって消費者の支払う価格が P_0 から P_1 へ上昇することによって生じたものであるから，消費者の負担となる。つまり，納税義務者である生産者が支払った税額のうち，A_2 部分は消費者に転嫁される。残余の課税額 JIP_2P_0（B_2）は，生産者の受け取り価格が，課税によって P_0 から P_2 へ低下することによって生じたものであるから，生産者の負担となる。

このように，課税は，財の均衡取引量を減少させ，市場規模を縮小させる。新しい均衡においては，買い手（消費者）の支払額は増加し，売り手（生産者）の受取額は減少する。したがって，一般に，買い手と売り手は，税の負担を分け合う。そして，課税額のうち，消費者と生産者とが各々どれだけ負担するかという最終的な税の帰着は，図で明らかなように，JF（消費者の支払い価格上昇分 P_1-P_0）と JI（生産者受け取り価格下落分 P_0-P_2）との比率にかかっている。そこで，JF と JI との比率は，何によって決まるかが問題となる。

税負担の配分

消費者と生産者とが，税金をどのように負担するかは，課税による消費者価格の上昇の度合いと，生産者手取り価格の下落の度合いによって決まる。このことから負担の度合いは，課税が行われる前の需要曲線（$P_D=b-aQ$）と供給

曲線 ($P_S=d+cQ$) の傾きに依存していることがわかる。両曲線の傾きは，需要や供給が変化すると，価格がどれだけ変化するかという割合で表される。需要量の変化を ΔQ_D，供給量の変化を ΔQ_S と表し，価格の変化を ΔP_D, ΔP_S とすれば，需要曲線の傾きの大きさは $a=\dfrac{\Delta P_D}{\Delta Q_D}$，供給曲線の傾きの大きさは $c=\dfrac{\Delta P_S}{\Delta Q_S}$ と表せる。図9-5から，需要曲線と供給曲線の傾きの大きさは，

$$a=\frac{\Delta P_D}{\Delta Q_D}=\frac{JF}{E_0J}$$

$$c=\frac{\Delta P_S}{\Delta Q_S}=\frac{JI}{E_0J}$$

となる。ここで需要曲線の傾きと，供給曲線の傾きとの比率を絶対値で示すと，

$$\frac{需要線の傾き a}{供給曲線の傾き c}=\frac{JF}{JI}$$

$$=\frac{消費者の負担分}{生産者の負担分}$$

となる。したがって，消費者の負担と生産者の負担の比率は，需要曲線の傾きと供給曲線の傾きの絶対値の比率に等しくなることがわかる。

　このことは，需要や供給の価格弾力性という概念を使って，より一般的に説明することができる。**需要の価格弾力性 (E_D)** とは，価格の変化に対して，需要がどの程度反応するかを測定する尺度である。もとの需要量を Q_D，価格を P_D とすれば，需要の価格弾力性は，需要量の変化率 $\left(\dfrac{\Delta Q_D}{Q_D}\right)$ を価格の変化率 $\left(\dfrac{\Delta P_D}{P_D}\right)$ で割った値になる。簡単に言えば，価格が1％変化したとき，需要が何％変化するかを示す概念である。同様にもとの供給量を Q_S，価格を P_S とすれば，**供給の価格弾力性 (E_S)** は，供給量の変化率 $\left(\dfrac{\Delta Q_S}{Q_S}\right)$ を価格の変化率 $\left(\dfrac{\Delta P_S}{P_S}\right)$ で割った値である。価格が1％変化したとき供給が何％変化するかを示す概念である。

　需要の価格弾力性 E_D 及び供給の価格弾力性 E_S は，次のように表すことができる。

$$E_D=\frac{\dfrac{\Delta Q_D}{Q_D}}{\dfrac{\Delta P_D}{P_D}}=\frac{\Delta Q_D}{\Delta P_D}\times\frac{P_D}{Q_D}=\frac{E_0J}{JF}\times\frac{P_0}{Q_0}$$

$$E_S = \frac{\frac{\Delta Q_S}{Q_S}}{\frac{\Delta P_S}{P_S}} = \frac{\Delta Q_S}{\Delta P_S} \times \frac{P_S}{Q_S} = \frac{E_0 J}{JI} \times \frac{P_0}{Q_0}$$

ここで，供給の価格弾力性と需要の価格弾力性の比率の絶対値を取れば，

$$\frac{E_S}{E_D} = \frac{\left(\frac{E_0 J}{JI} \times \frac{P_0}{Q_0}\right)}{\left(\frac{E_0 J}{FJ} \times \frac{P_0}{Q_0}\right)} = \frac{\frac{E_0 J}{JI}}{\frac{E_0 J}{JF}}$$

$$= \frac{JF}{JI} = \frac{消費者の負担分}{生産者の負担分}$$

つまり，生産者負担と消費者負担の比率は，需要の価格弾力性と供給の価格弾力性の比率に等しくなる。したがって，課税の生産者と消費者の負担比率は，次のようになる。

$$税の負担比率 = \frac{消費者負担}{生産者負担}\frac{JF}{IJ}$$

$$= \frac{需要曲線の傾き \left(\frac{JF}{E_0 J}\right)}{供給曲線の傾き \left(\frac{JI}{E_0 J}\right)}$$

$$= \frac{供給の価格弾力性 E_S}{需要の価格弾力性 E_D}$$

$E_s = E_d$ ならば負担比率は1となり，両者の負担は等しくなり，$E_s > E_D$ なら消費者の負担が大きくなり，逆に $E_s < E_D$ なら生産者の負担が大きくなる*。

価格弾力性が1の場合，需要（供給）量の変化割合と価格の変化割合とが等しい。1より小さい場合は，需要（供給）量の変化割合が価格の変化割合より小さいことを意味し，需要（供給）は**非弾力的**であるという。反対に1より大きい場合は，需要（供給）量の変化割合が価格の変化割合より大きいことを意味し，需要（供給）は**弾力的**であるという。

---

* 需要の価格弾力性は，$\frac{\Delta Q_D}{P_D} \times \frac{\Delta P_D}{Q_D}$ において，$\Delta PD \to 0$ とした極限値，$\frac{dQ_D}{dP_D} \times \frac{P_D}{Q_D}$ として定義される。供給の価格弾力性も同様である。

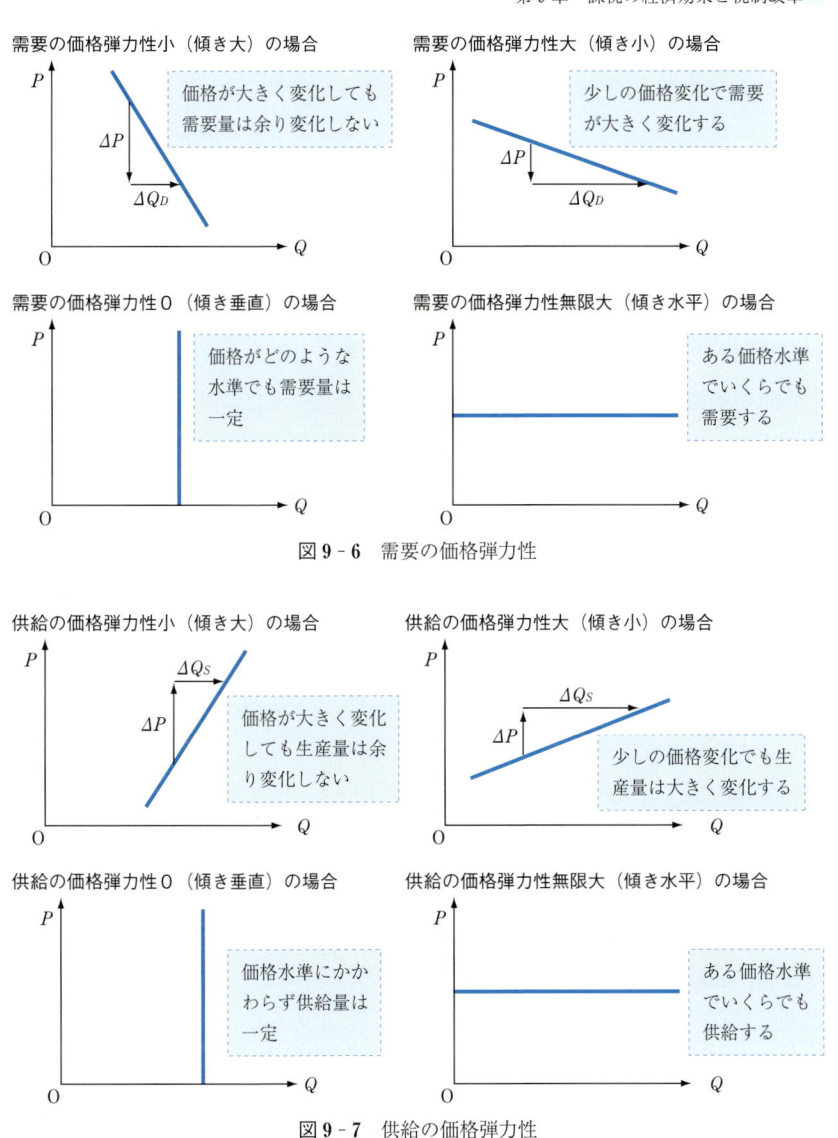

第9章 課税の経済効果と税制改革

需要の価格弾力性小（傾き大）の場合
価格が大きく変化しても需要量は余り変化しない

需要の価格弾力性大（傾き小）の場合
少しの価格変化で需要が大きく変化する

需要の価格弾力性0（傾き垂直）の場合
価格がどのような水準でも需要量は一定

需要の価格弾力性無限大（傾き水平）の場合
ある価格水準でいくらでも需要する

図 9-6 需要の価格弾力性

供給の価格弾力性小（傾き大）の場合
価格が大きく変化しても生産量は余り変化しない

供給の価格弾力性大（傾き小）の場合
少しの価格変化でも生産量は大きく変化する

供給の価格弾力性0（傾き垂直）の場合
価格水準にかかわらず供給量は一定

供給の価格弾力性無限大（傾き水平）の場合
ある価格水準でいくらでも供給する

図 9-7 供給の価格弾力性

　需要の価格弾力性が大きい場合には，小さな価格変化でも需要量が大きく変化する。この場合には，需要曲線の傾きは小さくなる。逆に，需要の価格弾力性が小さい場合には，価格が変化しても需要量はあまり変化しないので，需要

曲線の傾きは大きくなる。例えば生活必需品のように価格が高くなっても需要量があまり減少しないような価格弾力性の小さい財の場合，需要曲線の傾きは極めて大きくなる。そして，価格が上昇しても全く需要が減少しない場合には，需要曲線の傾きは垂直になる。反対に，嗜好品のように同種の代替物が豊富に存在する場合，価格が上昇すれば，その財の消費を止め他の財に代替しようとする動きが生じ，その財の需要が急速に縮小する。このような財の場合，価格弾力性は大きく，需要曲線の傾きは小さくなる。そして，価格の弾力性が極限にまで増大し，無限大になると，需要曲線の傾きは0となり水平になる。

　供給の価格弾力性が大きい場合は，価格の小さな変化に対して供給量が大きく増大するので，供給曲線の傾きは小さく，価格弾力性が小さい場合には，供給曲線の傾きは大きくなる。価格が変化しても，全く生産に変化がない場合には，供給曲線は垂直となり，価格弾力性は0となり，逆に価格弾力性が無限大に大きくなれば，供給曲線は水平となる。

税負担と需要・供給の価格弾力性

　消費者と生産者の税負担の割合は，需要曲線や供給曲線の傾き（価格弾力性）によって決まる。進んで，まず需要曲線の傾きの違いがどのような効果を及ぼすのか見てみよう。

　供給曲線の傾きが一定であるとすれば，図9-8のように，需要曲線の傾きが大きく価格弾力性の小さい財に課税されると，JFの占める比率は大きくなり，税額の大部分を消費者（買い手）が負担することになる。生活必需品のように，需要の価格弾力性が小さく需要曲線の傾きが大きい財・サーヴィスへの課税は，**前転**（前方転嫁）され，消費者がその大部分を負担することになる。消費者は，課税されても必需品の消費を簡単に止めることができないため，市場で調整行動をとる余地が少ないからである。それは，市場の資源配分にあまり影響しないことを意味しており，超過負担は小さい。需要曲線の傾きが垂直で価格弾力性がゼロの場合には，需要量は変化しない。価格が税額だけ上昇し，すべての税を消費者が負担することになり，超過負担は発生しない。

　他方，需要曲線の傾きが小さく価格弾力性の大きな財に課税されると，消費者はその財の消費を控え，他の財の消費を増加させる調整行動をとる。その結

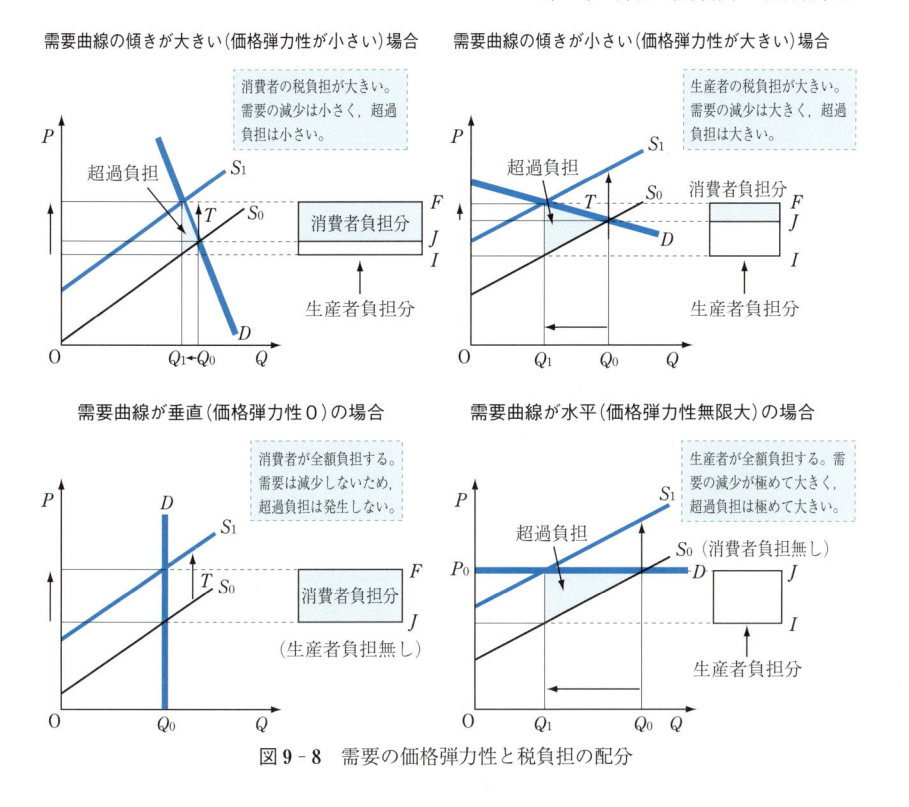

第 9 章　課税の経済効果と税制改革

需要曲線の傾きが大きい(価格弾力性が小さい)場合

消費者の税負担が大きい。需要の減少は小さく、超過負担は小さい。

需要曲線の傾きが小さい(価格弾力性が大きい)場合

生産者の税負担が大きい。需要の減少は大きく、超過負担は大きい。

需要曲線が垂直(価格弾力性0)の場合

消費者が全額負担する。需要は減少しないため、超過負担は発生しない。

需要曲線が水平(価格弾力性無限大)の場合

生産者が全額負担する。需要の減少が極めて大きく、超過負担は極めて大きい。

図 9-8　需要の価格弾力性と税負担の配分

果，税は**後転**し，課税 T に占める JI の比重が増大して，生産者（売り手）の税負担は重くなる。需要曲線が水平の場合，つまり需要の価格弾力性が無限大の場合には，消費者の需要が急速に縮小し，すべての税負担を生産者が負うことになり，超過負担は，極めて大きくなる。

　今度は，需要曲線の傾きが一定であるとして，供給曲線の傾きの大きさが与える影響を検討しよう。ある財の価格が低下しても，生産者が，その財の生産を縮小して他の財の生産に切り替えるという調整行動が取れない場合には，供給の価格弾力性は小さく，供給曲線の傾きは大きくなる。このような財に課税が行われると，JI の占める比率が大きく，生産者の租税負担は大きくなる。しかし，課税による生産者の調整行動は小さく，供給量の減少も少ないため，市場の資源配分への影響は小さく，超過負担は小さい。また生産者が調整行動

249

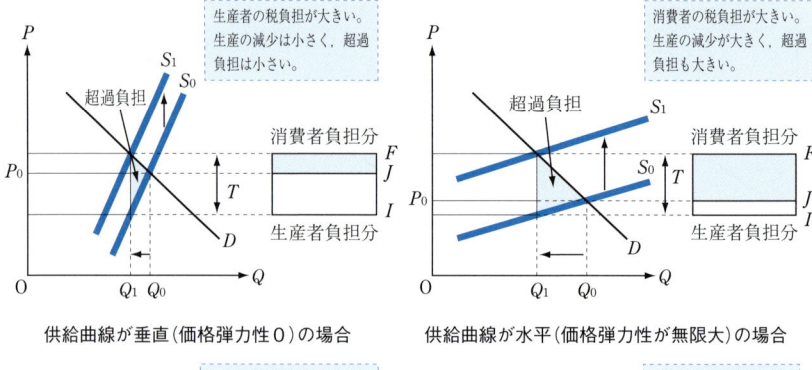

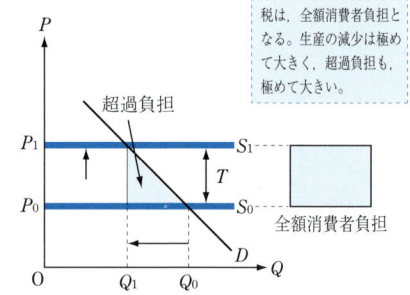

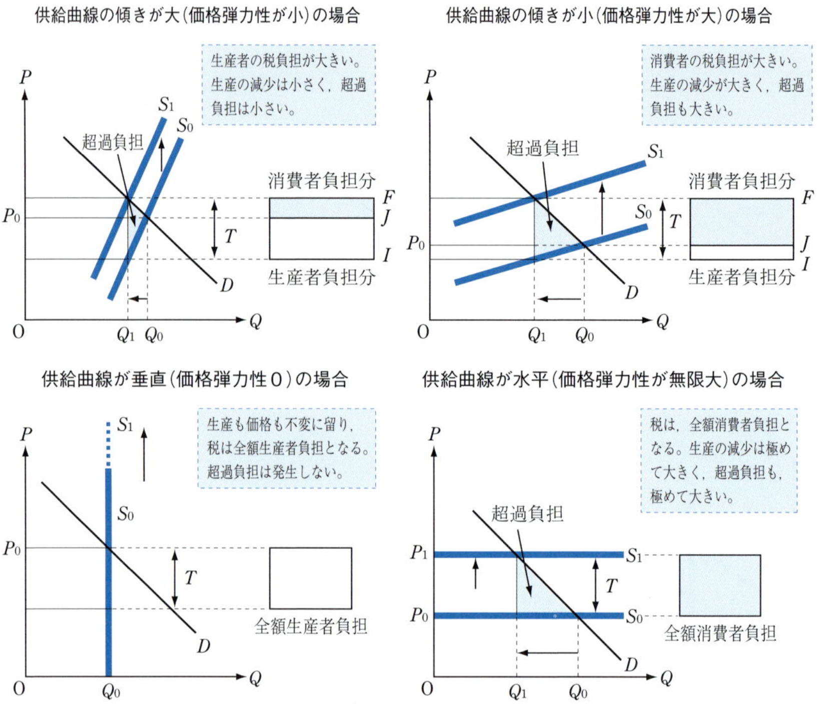

図9-9 供給の価格弾力性と税負担の配分

を全くとれない場合には、供給曲線の傾きは垂直になり、生産量の減少は生じない。消費者価格は不変であるため、生産者がすべての税負担を負う。この場合、市場で調整行動が発生しないので、超過負担は発生しない。

一方、供給曲線の傾きが小さくなるにつれて、生産者の税負担割合は減少し、消費者の税負担割合は上昇していく。供給曲線の傾きが小さく、価格弾力性が大きい財に課税が行われると、生産者はその財の生産を縮小し、他の財の生産を増やすという調整行動をとる。したがって、課税による生産量の減少は大きく、超過負担も大きくなる。そして、供給曲線が水平になり供給の価格弾力性が無限大になる場合には、生産者の負担はゼロとなり、すべての税負担は前転され消費者が負う。この場合、超過負担は極めて大きくなる。

以上のように、需要曲線がより非弾力的であり、供給曲線がより弾力的であればあるほど、租税のより大きな部分が消費者によって負担される。逆に、需

要曲線がより弾力的であり、また供給曲線がより非弾力的であるなら、税金のより大きな部分が生産者によって負担される。したがって、税は、市場で調整行動がとれない側により多く割り振られる。そして、調整行動が小さいほど、税により発生する超過負担は小さくなる。

供給曲線が水平の場合（価格弾力性が無限大）や需要曲線が垂直（価格弾力性がゼロ）の場合には、課税総額がすべて消費者の負担（前転）となり、供給曲線が垂直（価格弾力性がゼロ）の場合や需要曲線が水平（価格弾力性が無限大）の場合にはすべてが生産者の負担（後転）となる。

このことは、市場のなかで弾力性の小さい側に、税の負担がより多く割り振られることを示している。需要の弾力性が小さいということは、買い手が特定の財を消費するに当たって、適切な代替的選択肢を持たないことを意味する。供給の弾力性が小さいということは、売り手が特定の財を生産するに当たって適切な代替的選択肢を持たないことを意味する。弾力性の小さい側は、税に反応して売買の量を簡単に変えることができず、市場を簡単に離れることができない。したがって、税の負担をより多く負うことになるのである。

消費者が納税義務者の場合

以上は、生産者が納税義務者の場合の分析であるが、分析の結果は、消費者が納税義務者の場合にも同様にあてはまる。消費者が納税義務者の場合、消費者は、課税後には財1単位当たり T 円の従量税を納付しなければならない。しかし、消費者にとっての需要曲線は、消費者が支払ってもよいと考える価格と需要量との関係を示しているので、消費者が税金を支払う場合には、財そのものに支払ってもよいと考える価格は、税金分だけ低下する。つまり税抜き価格で示した需要曲線は、ちょうど T 円分だけ下方にシフトする（図9-10）。したがって、課税後には、税抜き市場価格は P_1 に低下し、均衡需要量は Q_T に低下する。

消費者が納税義務者の場合と、生産者が納税義務者の場合とを比較すると、課税による需要曲線のシフト幅と供給曲線のシフト幅は、ともに T 円と等しくなるので、課税後の「税込み」均衡価格 P_2 及び需給均衡量 Q_T は、いずれの場合も等しくなる。したがって、政府の税収額、課税によって失われる消費

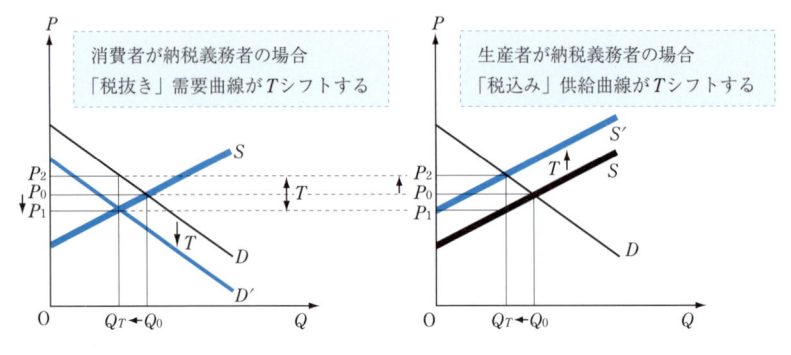

図 9-10 消費者への課税と生産者への課税

者余剰・生産者余剰，さらに超過負担は，両者とも等しくなる。

最適間接税課税論

　以上の検討で，課税に対して，市場で大きな調整行動が発生する価格弾力性の大きい場合には超過負担が大きくなり，調整行動が小さく価格弾力性が小さい場合には超過負担が小さくなることがわかった。したがって，複数の財やサーヴィスに消費税をかける場合，どのように課税するのが経済的に効率的であるか，いいかえれば資源配分上の損失（超過負担）を最小に食い止めることができるか，という問題を検討することができる。

　経済の効率性を向上させるには，課税による市場の調整行動を小さくし，超過負担を小さくすればよい。経済効率のみを問題とすれば，経済活動や所得とは無関係にすべての人に一律に定額課税を行う**一括税（人頭税）**は，超過負担を発生させず，最も効率的である。しかし定額税のみで，政府が必要とする十分な税収をあげることは不可能である。そこで，個別消費税によって一定の税収をあげる場合，経済効率を最大にするには，どのような課税方法が望ましいかが問題となる*。

＊　通常，課税に伴う財の価格変化は，財の交換比率が変化することに伴う需要量の変化（**代替効果**）と，実質所得（購買力）が変化することに伴う需要量の変化（**所得効果**）とを引き起こす。課税による超過負担は，代替効果によって引き起こされる。代替効果は，補償需要（消費者の効用水準を一定に保つように補償された需要）の変化とも呼ばれる。税の負担は，どのような税であれ課税分だけの所得減少（所得効果）を伴うが，それに見合う政府サーヴィスが提供される限り，消費者 ↗

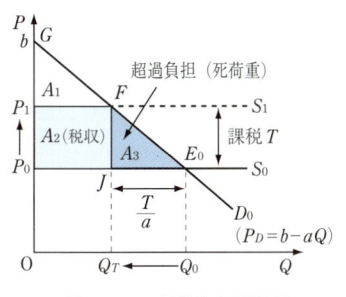

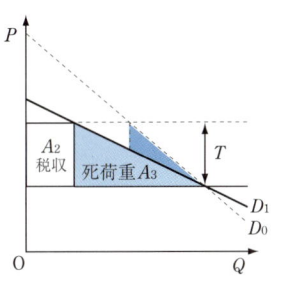

第 9 章　課税の経済効果と税制改革

図 9-11　課税と超過負担

図 9-12　需要弾力性と税収

D_0 から D_1 へと需要曲線の需要弾力性 E_D が大きくなると、同額の課税が生み出す税収は減少し、死荷重は増大する。

　簡単化のため、ある財に対する課税後の補償需要曲線 D_0 は右下がりの線形 ($P_D=b-aQ$)、供給曲線 S_0 は水平 ($P_S=P_0$) であるとする。単位当たり従量税額は T とする。政府は、税収 $FP_1P_0J(A_2)$ を上げる。しかし、課税は、税収以上の余剰を削減し、超過負担（死荷重）A_3 を生み出す。それは、課税による資源配分の歪み、すなわち非効率を表していた。

　超過負担 A_3 の大きさは、三角形の面積（底辺×高さ×$\frac{1}{2}$）で表される。需要曲線の傾きは $a=\frac{JF}{E_0J}=\frac{T}{E_0J}$ であるから、底辺は $E_0J=\frac{T}{a}$ であり、高さ JF は T となる。したがって、超過負担 A_3 は

$$A_3=\frac{1}{2}\times\frac{T}{a}\times T=\frac{1}{2}\cdot\frac{T^2}{a}$$

となる。需要の価格弾力性 E_D を用いれば、需要曲線の傾きは $a=\frac{1}{E_D}\cdot\frac{P_0}{Q_0}$ となり、

$$A_3=\frac{1}{2}\cdot\frac{T^2}{P_0}\cdot Q_0E_D=\frac{1}{2}\cdot\left(\frac{T}{P_0}\right)^2\cdot P_0Q_0E_D \quad (9.10)$$

となる。したがって超過負担（死荷重）の大きさは、税率の 2 乗 $\left(\frac{T}{P_0}\right)^2$ に比例する。

　また超過負担は、需要の価格弾力性 E_D に比例して大きくなる。図 9-12 から明らかなように、需要曲線の需要弾力性 E_D が大きくなると、同額の課税から生み出される税収は減少し、超過負担は増大する。超過負担の大きさは、需

↘の純負担にはならない。超過負担に焦点を合わせるためには、所得効果を除去して相対価格変化の効果のみを取り出した補償需要曲線を考えればよい。補償需要曲線は、通常の需要曲線よりやや傾きが大きくなる。

要の価格弾力性に比例するので，需要が価格に対して非弾力的である場合には，課税による超過負担は小さく，税収は大きくなる。反対に，需要が価格に対して弾力的である場合には，課税による超過負担は大きく，税収は小さくなる。この点に注目すれば，所要の税収を確保しつつ，超過負担を最小にするには，需要の価格弾力性の大きい財には低い税率，価格弾力性の小さい財には高い税率を設定すべきであるという結論になる。ここから，最適間接税に関するラムゼーの逆弾力性ルールが導かれる。

ある財の需要が他の財の価格に依存しない（各財の補償需要曲線が独立）とすれば，各財の税率は，各財の需要の価格弾力性に反比例するように設定すべきである。超過負担の原因は需要量の変化にあるので，各財の補償需要量の変化率が等しくなるように税率を決定することで最適化を達成できる。

需要の価格弾力性が小さい財ほど，追加的な税負担の増加による超過負担の増加率は小さい。したがって，追加的な課税 1 単位あたりの限界税収と超過負担の変化の比率，すなわち限界超過負担とが，各財で等しくなるように，税率を変化させ決定すればよい。たとえば，2 財からなる市場を考えると，第 1 財の 1 単位の税収増加による超過負担の増加が，第 2 財の 1 単位の税収増加による超過負担の増加よりも大きい場合には，第 1 財の課税を 1 単位減らし，第 2 財の課税を 1 単位増加させれば，超過負担の総量を減少させることができる。したがって，限界超過負担と限界税収とが等しくなるまで税率を調整すること

＊ 図 9-11 の補償需要曲線は，課税後の価格を P_D として描いている。ここで税額を t として，ラムゼーの逆弾力性ルールを見ておこう。課税後の補償需要曲線は，$P_D = p + t = b - aQ \cdots ①$。$Q = \dfrac{b}{a} - \dfrac{p+t}{a}$ であるから，税収 tQ および限界税収は，

$$tQ = \dfrac{bt}{a} - \dfrac{pt + t^2}{a}, \quad \dfrac{d(tQ)}{dt} = \dfrac{b}{a} - \dfrac{p+2t}{a} = Q - \dfrac{t}{a} \cdots ②$$

また超過負担は $D = \dfrac{t^2}{2a}$ であるから，限界超過負担は，$\dfrac{dD}{dt} = \dfrac{t}{a} \cdots ③$。

限界税収と限界超過負担の比率が各財で等しくなる場合，

$$\dfrac{d(tQ)/dt}{dD/dt} = \dfrac{(Q - t/a)}{t/a} = \dfrac{aQ}{t} - 1 = k \quad k+1 = \dfrac{aQ}{t} = \dfrac{1}{k'} \text{ と置けば，} \quad t = ak'Q \cdots ④$$

ところで，需要の価格弾力性は，$E_D = \dfrac{p}{aQ}$ であるから，$Q = \dfrac{p}{aE_D} \cdots ⑤$

によって，超過負担の総量を最小にすることができる*。

ラムゼーの逆弾力性ルールに従えば，需要の価格弾力性の小さい生活必需品に高率の課税を行う反面，価格弾力性の高い贅沢品には低率の課税を行うことが効率的であるということになり，全体として低所得者に逆進的な課税となる。したがって，ラムゼー・ルールは，資源配分の効率性の基準からは好ましいが，垂直的公平と矛盾するので，公平性の観点から問題が残るといえよう。

均一税率の消費税

ラムゼー・ルールは，各財の補償需要の変化率（限界税収と限界超過負担の比率）が等しくなるように税率を決定することで最適化を達成できる，と主張するものであった。ここから，労働を除く各財の（余暇に対する）補償需要の価格弾力性が等しい場合には，労働供給のみに対する均一税率の課税か，余暇を除く各消費財に対する均一税率の課税が望ましいという「**均一税率の命題**」が導かれる（労働と余暇の選択については次節を参照のこと）。つまり，余暇を除く各財に対して同一の税率を課すのが望ましいのは，各財の補償需要に対する賃金弾力性がすべての財で等しい場合だけである。

この点に着目すれば，余暇と補完的な財（余暇が増えれば同時に消費が増えるというスキーやヨットなどのレジャー）であるほど高い税率で課税し，余暇に対する課税と等しい効果を生み出すことにより，余暇の需要を抑制し労働供給を促進して，各財の補償需要を均等に減少させることが効率的であるという，**コレット＝ヘイグの命題**が導かれる（W. J. Corlett and D. C. Hague [1953], "Complementarity and the Excess Burden of Taxation," *Review of Economic Studies*, 21）。

一定率の一般消費税は，一律に財の価格を上昇させ，税率分だけ人々の実質所得を低下させるため，労働所得に対する一定率の課税と同一の効果を持っている。すべての消費財に一定率で課税する消費税は，すべての消費財を非課税として，労働所得だけに一定率で課税する所得税に等しい。定率消費税は，余暇以外の消費財の相対価格を変化させない。したがって，労働供給が非弾力的

↘ ④，⑤より，$\dfrac{t}{p} = \dfrac{k'}{E_D}$ …⑥。⑥式は，税率 $\left(\dfrac{t}{p}\right)$ が，需要の価格弾力性 (E_D) に逆比例するというラムゼーの逆弾力性ルールを示している。

な場合には，消費課税が行われても，消費財から余暇への代替に伴う超過負担が発生しないため，消費税は一括税と同様の機能を果たすことになり，中立的な課税となる。

　しかし，実際には，すべての財の補償需要の価格弾力性が等しいということはありえない。価格弾力性が異なるすべての財に一定率の課税を行えば，ラムゼーの逆弾力性ルールによる課税よりも超過負担は大きくなる。そこで，ラムゼー・ルールに沿った一般消費税を考えるとすれば，具体的には，複数税率を持ち，需要の価格弾力性の小さい財（生活必需品）に高い税率を適用し，価格弾力性の高い財（贅沢品）には低い税率を適用するという形をとることになる。それは，通常の公正概念とは相容れない所得に逆進的な課税方法となる。したがって公正の基準から考えれば，単一税率の一般消費税のほうが優れており，さらに負担の逆進性を緩和し，生活必需品などには軽減税率を適用するような，複数税率を備えた一般消費税のほうがより望ましいということになろう。

9.1.2　課税の誘因効果

　次に，課税が人々の行動にどのような誘因効果（インセンティブ）をもたらすのかを検討することにしよう。まず，所得税が，労働供給にどのような影響を与えるか見ていこう。

所得課税

所得課税と労働供給

　一般に人々の効用は，所得（消費）が大きくなるほど増大し，また余暇が大きくなるほど増大する。したがって人々の効用 U は，所得 Y と余暇 L_e の水準によって決定されると考えることができる。この場合，効用関数は，次のように書ける。

$$U = U(Y,\ L_e) \tag{9.11}$$

しかし，人々が一日に活用できる時間 L は，最大24時間に限られているので，所得を増大させるために労働時間 L_a を増加させれば，それだけ余暇に充てる時間 L_e は減少する。

$$L = L_a + L_e$$
$$L_a = L - L_e \tag{9.12}$$

労働時間が増大すれば，所得が増大し，消費も増やすことができるので，個人の効用は増大する。他方，労働時間が増大すれば，その分余暇にまわせる時間は減少するので，個人の効用は減少する。人々は，労働による所得増大から得られる効用の増加分が，労働によって減少する余暇の効用を上回る限り，労働時間を増加させる。しかし所得増大から得られる効用増加分が，減少する余暇の効用を償わなければ，もはや労働時間を増大させようとはしない。その結果，各人の最適な労働時間（供給）は，労働を1単位増加させた場合に得られる効用が，それによって減少する余暇の効用と丁度等しくなるところで決定される。

他方，各人の予算制約式は，労働時間と賃金率 w との積となる。

$$Y = wL_a$$
$$= w(L - L_e) \tag{9.13}$$

これは，各人にとって選択可能な労働時間（したがって余暇の時間）と所得 Y との関係を示している。労働時間が1単位増えるごとに，所得が w ずつ増加する。逆に，余暇時間が1単位増えるごとに，所得は w ずつ減少する。

予算制約線は，縦軸に所得（消費），横軸に労働（余暇）時間をとれば，OA 線として描くことができる。労働時間 L_a と余暇 L_e の合計は，1日に活用できる総時間24時間を超えることはできないので，$L=24$ が労働時間のとりうる限界である。直線の傾きは，時間賃金率 w を示している。

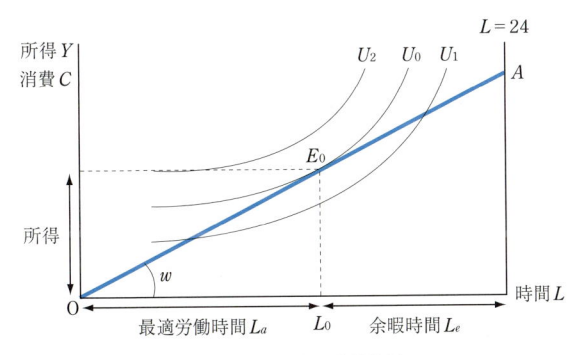

図 9-13 最適な労働供給

また図9-13には，個人の選好を示す無差別曲線 U が示されている。この曲線上では，労働時間を増やせば増やすほど，余暇に充てる時間が少なくなり，個人にとっての余暇の価値は上昇するので，それに報いるための所得（消費）は余分に増大しなければならない。個人にとって，追加的に1単位労働し1単位の余暇を犠牲にしたとき，それをちょうど償うことができる追加的所得が，余暇と所得との**限界代替率 MRS** である。したがって，無差別曲線の傾きは，余暇と所得の限界代替率を示している。人々はできるだけ高い効用を実現しようとするので，可能な限り効用の高い無差別曲線を選択しようとするが，予算には限りがある。各人は，与えられた予算制約の中で，最も効用が高くなる所得と余暇との組み合わせを選び，労働時間を決定する。租税が存在しない状態では，最適な労働時間 L_0 は，予算制約線に無差別曲線が接する点 E_0 で決定される。そこでは無差別曲線の勾配である限界代替率 MRS と予算制約線の傾きである賃金率 w は等しくなる。

ここで，労働賃金に対して税率 t ％の所得税が課税されたとする。個人の手取り賃金は，所得税額分 tw 減少するので，課税後の賃金率 w_1 は，$(1-t)w$ となる。賃金率が減少するので，予算制約線 OA の傾きは，税額分だけ減少して OB となる。新しい均衡点は，新しい予算制約線 OB と無差別曲線 U_T が接する E_T 点へ移動し，労働時間は L_T へと変化する。もとの予算制約線 OA と新しい予算制約線 OB との垂直距離 twL_T が，所得税額となる。

課税前の均衡点 E_0（労働時間 L_0）から，課税後の均衡点 E_T（労働時間 L_T）への移動は，新しい予算制約線 OB と平行な補助予算制約線 CD を考えることによって，E_0 から E_1 への動きと E_1 から E_T への動きに分解して考えることができる。つまり課税による労働と余暇との相対価格の変化に対応して効用水準を一定に保とうとする無差別曲線 U_0 上の E_0 から E_1 への動き（**代替効果**）と，課税による所得減少が予算制約線を平行に移動させることに伴う E_1 から E_T への動き（**所得効果**）とに分解できる。

まず課税は，働こうとするインセンティブを低下させ，余暇を増やし労働時間を減らすように作用する。課税によって手取り収入が低下し，労働の効用が低下すると，各人は元の効用水準を維持しようとして，労働時間と余暇の組み

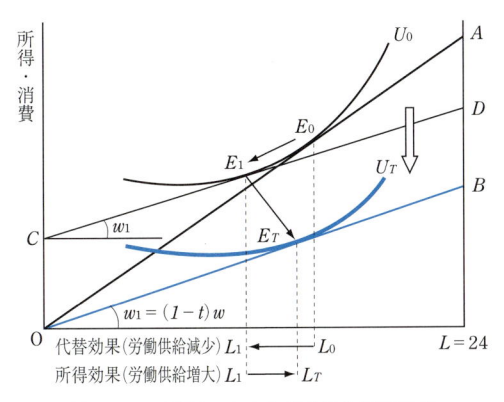

図 9-14　課税による代替効果と所得効果

合わせを変化させ，より多くの余暇と新しい賃金率に見合った少ない労働時間L_1の組み合わせを選択する。この選択行動のみを取り出して考えれば，労働と余暇の相対価格の変化を伴いながら，もとの無差別曲線U_0上をE_0からE_1へ移動する過程として示すことができる。これが代替効果である。

しかし，点E_1の労働と余暇の新しい組み合わせは，予算制約線がCDの位置に補償されなければ実現できない。現実には，課税により所得は減少するので，予算制約線はOBへとシフトする。したがって，労働と余暇の新しい組み合わせを維持しようとすれば，新しい予算制約線OBと両立するように，より低い無差別曲線U_Tを選択しなければならない。その結果，新しい均衡点E_Tへ移動する。E_1からE_Tへの移動は，余暇と労働の相対価格を維持しながら，課税による所得変化の影響のみを取り出したものである。これが所得効果である。所得水準をできるだけ維持しようとして，労働時間を増大させるという行動を伴う。このように課税は，余暇を削減し，労働供給を増大させるようにも作用する。

したがって，課税が労働供給に与える効果は，所得効果と代替効果の大きさによって，異なった結果をもたらす。所得効果と代替効果は反対方向に作用するため，どちらの効果がどれだけ働き，ネットの効果がどうなるのかは，理論的には不確定である。仮に，課税による代替効果が所得効果より大きければ，税負担というコストのほかに，労働供給を減少させるという**負の誘因効果**が発

生することになる。

これまでの実証研究では、負の誘因効果は、正規の男性労働者に関しては明確ではないが、既婚女性（パート）労働者には作用するという見方が支持されている。

所得課税と超過負担

所得に対する課税が労働供給に与える影響は、不確定である。しかし所得課税は、資源配分に対して中立的ではないため、超過負担を発生させる。この問題は、超過負担が発生しない定額税（人頭税など）と比較することで容易に理解できる。

定額税（一括税）とは、人々の経済活動や所得とは無関係に、ある一定額（例えば一人1000円）を徴収するものである。したがって、各人の予算制約線の傾き（賃金率 w）を変化させることなく、定額税分だけ下方にシフトさせる。このため、代替効果は発生せず、所得効果のみを持つ課税方法である。

図9-15で、OA線は、課税が行われる前の予算制約線を表しており、A_0で無差別曲線 U_0 と接し、均衡している。PB線は、定額課税 T_0 が行われた場合の予算制約線である。予算制約線 PB と無差別曲線 U_1 とが接する点 E_0 が均衡点となる。労働供給 L_0 には変化がなく、超過負担は発生しない。税収は、定額税 T_0 に相当する A_0E_0 となる。

これに対して、比例所得税が t ％課税された場合には、賃金率は $(1-t)w$ へと低下するので、予算制約線 OB の傾きは $(1-t)w$ となり、OC線のようになる。均衡点は、無差別線 U_1 と接する E_1 へ移動する。労働供給は L_0 から L_1 へと減少し、超過負担が発生する。この場合、税収は A_1E_1 となる。ところで E_0 と E_1 は同じ無差別曲線上にあるので、$A_0E_0(T_0)$ と $A_1E_1(T_1)$ は、同じ効用水準のもとで、定額税と比例所得税がもたらす税収を示している。比例所得税の税収は、定額税よりも $E_1B_1(R_1)$ 分だけ少ない。これは所得課税が代替効果（労働供給の減少）を発生させるため、定額税と同額の税収を上げようとすれば、$E_1B_1(R_1)$ 分余計に負担をかけねばならないことを意味している。$E_1B_1(R_1)$ は、比例所得税が生み出す超過負担の大きさを示している。

代替効果の大きい経済活動に課税すると、資源配分の変化から発生する超過

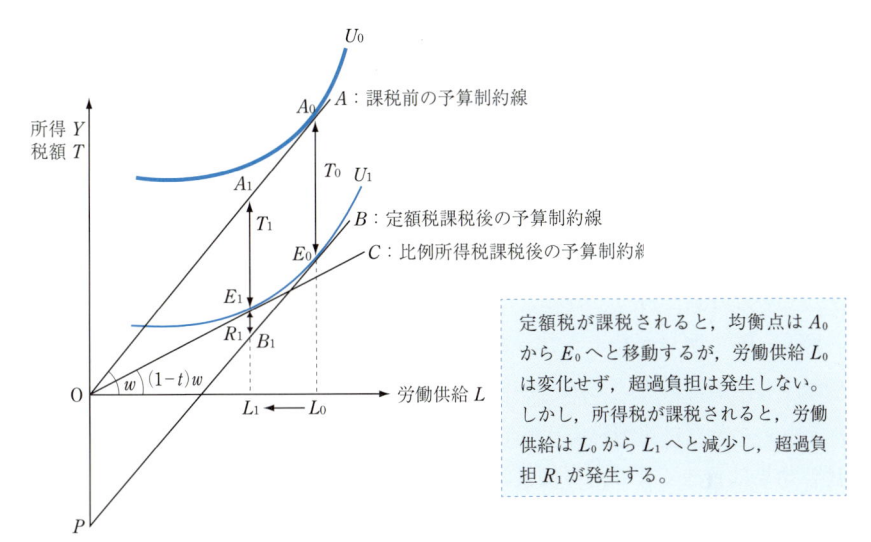

図 9-15 定額税と比例所得税

定額税が課税されると、均衡点は A_0 から E_0 へと移動するが、労働供給 L_0 は変化せず、超過負担は発生しない。しかし、所得税が課税されると、労働供給は L_0 から L_1 へと減少し、超過負担 R_1 が発生する。

負担は大きくなる。したがって、効率性を重視する観点からは、代替効果の小さな課税ベースに対して、より大きな税率で課税することが望ましいということになる。この点からいえば、異なる所得グループの人々への課税が、労働供給に対して異なる反応をする場合、代替効果を最小にするためには、グループごとに異なる税率を適用すべきであるということになる。

税の効率性と公平性

しかし、公平性を重視する観点から見れば、所得の再分配効果が大きい課税のほうが望ましい。ただし所得再分配は、市場の資源配分を変更するため、超過負担を伴う。

定額税（一括）の特徴は、所得水準に関係なく一定額を賦課するため、限界税率（所得が一単位増加した場合の税負担増加率）はゼロとなり、平均税率（所得と税の比率）は所得の高い人ほど低くなる。**比例税**は、所得に対して一定税率で課税を行うので、限界税率は一定であり、平均税率も等しくなる。**累進税**では、所得の高い人ほど、限界税率は高く、平均税率も高くなる。限界税率が大きくなるほど、所得再分配効果は大きくなるが、超過負担も大きくなる。したがって、効率性では超過負担のない定額税が最も優れているが、公平性で

は所得再配分効果の最も大きい累進税が優れていることになる。

そこで、比例税と累進税の効果を比較してみよう。累進税は、所得が増大するにつれ、税率が順次上昇する仕組みである。累進所得税の効果を比例所得税と比較するには、一定額の所得控除を認める**均一税**を取り上げることが便利である。均一税は、あらゆる所得に単一の税率で課税するが、一定額の**所得控除** N を認めるため、税率は累進構造をとり、平均税率は所得増加につれて上昇するという性質を持っている*。

図9-16で明らかなように、累進税が賦課されると、労働供給は L_2 へと一層減少し、超過負担は $E_2B_2(R_2)$ へと拡大する。累進税の限界税率は、所得控除を与えた分だけ比例税より高くなる。累進税では、限界税率が上昇するため、代替効果は大きくなり、労働供給の減少は、比例税の場合 (L_1) より大きくなる。また所得控除 N が増大し、累進税率が高まれば、無差別曲線との接点は一層左方に移動するため、労働供給はさらに減少し超過負担が高まる。

そこで、所与の税収を確保しつつ、超過負担を極力抑制しながら、社会の望む公平性を達成するような所得税のあり方が問題となる。つまり、社会的厚生を最大にするために、どのような公平性と効率の組み合わせを選択するかという問題である。

すべての人の所得が平等な社会では、定額税を課すことによって、公平性が保障され、徴税コストは安く、効率性も確保できる。しかし、市場経済を基本とする現実の社会では、人々の所得格差が大きいことが普通である。社会の安定性の確保や、公平性の実現という観点から見て、所得不平等を是正する措置が要請される場合が生じる。超過負担をもたらす租税が選択されるのは、所得を再分配して社会的な公正を実現すべきであるという政治的な合意（価値判断）が存在しているからである。

所得格差をどの程度緩和し、どれだけの超過負担を許容するかという問題は、時代により、国により異なる。所得格差の程度、労働供給の代替効果の強弱、

---

* 税額 T、税率 t、所得控除 N、所得 Y とすると、$T=t(Y-N)$、$\dfrac{T}{Y}=t\left(1-\dfrac{N}{Y}\right)$。平均税率 $\dfrac{T}{Y}$ は、t と N が一定の場合、$t\left(1-\dfrac{N}{Y}\right)$ となり、所得 Y が増大するにつれ増大する。また N が増加すれば、累進税率は高まる。

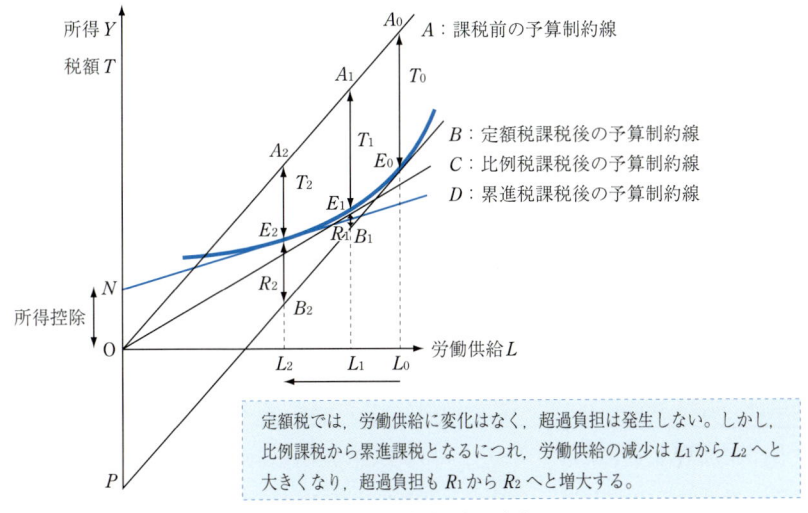

第9章 課税の経済効果と税制改革

図9-16 課税方法と超過負担

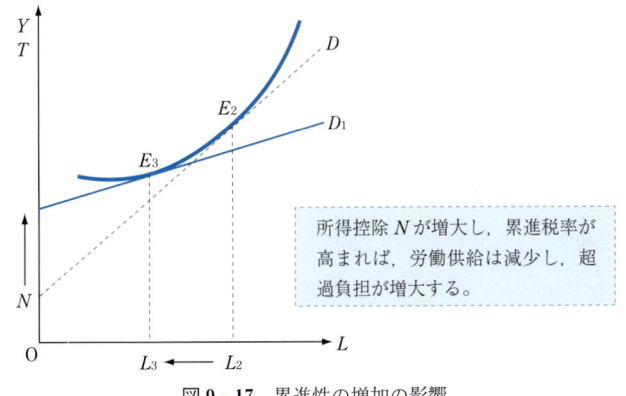

定額税では，労働供給に変化はなく，超過負担は発生しない。しかし，比例課税から累進課税となるにつれ，労働供給の減少は L_1 から L_2 へと大きくなり，超過負担も R_1 から R_2 へと増大する。

A：課税前の予算制約線
B：定額税課税後の予算制約線
C：比例税課税後の予算制約線
D：累進税課税後の予算制約線

図9-17 累進性の増加の影響

所得控除 N が増大し，累進税率が高まれば，労働供給は減少し，超過負担が増大する。

公正に関する社会的合意，経済効率性の重視の程度などが，大きく異なるからである。一般に，社会的不平等の是正に重きを置く場合には，所得再分配効果の大きい高い税率の累進税が選択される。逆に，効率性を重視する場合には，低い税率の比例税や定額税が選ばれることになる。

公平性の基準

公平性の判断基準としては，**J. ベンサム**や **J.S. ミル**に代表される**功利主義**

と，J. ロールズによるロールズ主義が有名である。

　功利主義は，社会的厚生はすべての個人の効用の合計に等しいと考える立場である。政府は，社会におけるすべての人の総効用を最大化する政策をとるべきであるという結論になる。功利主義者とりわけエッジワースは，所得課税によって失う限界効用がすべての人々にとって等しくなるようにすれば，課税による社会的な総犠牲は最小になるとして，均等犠牲説（最小犠牲説）を主張した。社会的な総犠牲が最小になるということは，社会的な総効用が最大になるということを意味している。功利主義は，貧しい人よりも金持ちの人に高い税率で課税する累進課税の理論的根拠とされてきたものである。一般に，各人の効用は，所得が増加するにつれて増加していくが，その増加の割合は次第に減少し，追加的な1単位の所得が生み出す限界効用は逓減していく。所得の限界効用が逓減するとすれば，金持ちと貧しい人の1単位の所得がもたらす効用には大きな差が出る。金持ちの1単位の所得減少による効用減少は，貧しい人の1単位の所得増加がもたらす効用増加より少ない。そこで，金持ちから税金を取り，それを貧しい人に分配すれば，社会全体の効用は増大する。それは，社会の総効用を増大させるために，政府が所得をより平等化するように再分配すべきであるという含意を持つ。

　しかし，金持ちに対する高率の課税や貧しい人に対する手厚い所得分配は，労働意欲を減退させ，労働供給を減少させ，社会全体の所得を低下させる作用を伴う。それは，税収を減少させ，社会全体の総効用を低下させる。したがって，所得再分配によって得られる効用・便益と，インセンティブの低下による損失とをバランスさせることが必要となる。

　これに対して，ロールズ主義は，功利主義が不平等に十分の注意を払っていないと批判し，社会的厚生は，最も恵まれない人々の厚生のみによって決まると主張する。無知のベール（自分の身分や立場や財産などについて全く知らない状態）に覆われているとき，人々は危険を回避するために最悪のシナリオを想定して自分の被害を最小化しようと行動する。例えば，スイカを何人かで食べる場合，自分が最後の一切をとるという最も不利な状況に置かれることもあり得る。無知のベールのもとで最悪の状況に置かれる可能性を考慮すれば，最

後の一切れをとる人の立場にたって、スイカを均等に切ることが自分の被害を最小化し、社会的な正義にも合致する。したがって、社会で最も経済状態の悪い人々の厚生を改善し、彼らの効用を最大化すべきであると提唱する（マクシミン基準）。この場合、最低の効用水準以外の人々の効用はまったく考慮されない。所得の大規模な再分配を実行し、最も貧しい人々を除いた個人の税率を、税収が極大化するまで上昇させるべきであるということになる。

　功利主義やロールズ主義は「どの程度の平等が望ましいか」を判断しようとする。しかし、このような議論を否定する自由至上主義と呼ばれる考え方もある。政府は、すべての人々が自らの才能を発揮できるような**「機会の平等」**を保障する機能を果たすべきであり、「機会の平等」の方が「所得の平等」より重要であるという考え方である。政府は社会の秩序を守るべきだが、所得を再分配すべきではないという主張である。

　「機会の平等」を保障することは、政府の最も基本的な任務であり、社会が活力を保ち、人々がインセンティブを高めるために必須の条件である。しかし現実問題として、貧困の問題は放置できない。政府は、すべての人に健康で最低限の生活を保障する責務を負っている。現在では、政府がこのような**シビル・ミニマム**あるいは**セーフティ・ネット**を提供すべきであるという社会的なコンセンサスが広く存在しているといってよいだろう。そして何より、貧困が犯罪や暴力や麻薬など様々な社会悪の温床となっていることは間違いない。

　自助自立の精神と個人の多様性の発揮は、社会の根本原理である。そのためには、すべての人に「機会の平等」、「再挑戦の機会」が保障されねばならない。他方で、すべての人が惨めな生活に陥らないよう最低限のセーフティ・ネットを準備することも必要である。しかし、セーフティ・ネットは、「結果の平等」や「所得の平等」を意味するものと考えられるべきではない。それが政府への「依存のインセンティブ」を与えるものであってはならないからである。人々の働くインセンティブを鼓舞し、「再挑戦の機会」を与える「ネット」として設計される必要がある。社会の意識改革を進め、雇用慣行を柔軟化し、再教育プログラムを充実して、人々の再挑戦を常に可能にする社会こそ、最も公正な社会であるといえよう。開かれた透明なルールが必要である。

したがって，政府は，所得の再分配を促進することのみに注力すべきではない。社会で失敗した人を無条件に厚遇する政策は，インセンティブを弱め，モラル・ハザードを生み出してしまうからである。政府は，**効率性（中立性）と公平性（平等）**とのトレードオフに直面する。結果の平等をはかり，所得の再分配を進めれば，労働のインセンティブを弱め依存心を生み出し，経済の規模自体を縮小させ，社会の総効用を減少させてしまうからである。公共政策は，人々の機会の平等を保障し，再挑戦へのインセンティブを鼓舞し，社会の活力を拡大することによって，効率性と公平性のトレードオフを弱め，社会の総効用を拡大するように設計されるべきであろう。

公的扶助の労働インセンティブへの影響

このような観点から考えると，人々の最低生活を保障する政府の**公的扶助**のあり方をどのように設計すべきかが重要な論点となる。生活保護などの公的扶助は，政府から家計への**移転支出**であり，**マイナスの税金**と考えることができる。したがって，マイナスの課税が労働のインセンティブに与える影響という観点から，公的扶助の問題に接近することができる。図9-18のように，ある労働者が，E_0点で，L_0時間働き，$Y_0(wL_0)$の所得を得ているとする。政府が貧困者救済策として，一定の最低生活水準ORを保証する（労働所得がORを下回るときその差額分を政府が支給する）公的扶助制度を導入したとしよう。OR以下の所得水準では，労働時間の大小によらず，労働をやめて公的扶助を受けたほうが，所得が大きくなる。したがって，この労働者の実質的な予算制約線はE_1以下では水平となり，公的扶助線と重なる。OR水準の公的扶助が

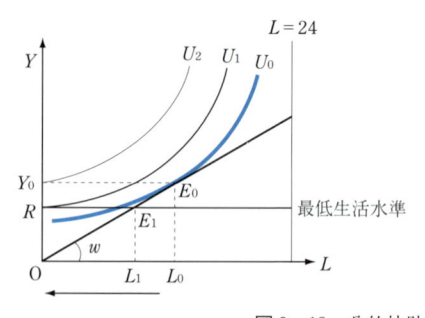

公的扶助ORが導入されるとE_1点以下の実質的な予算制約線は，E_1Rとなる。この場合，E_0点からR点へ移動し，労働をやめ公的扶助ORを受けたほうが，効用水準をU_0からU_1へと上昇させることができる。したがって，労働供給はゼロとなり，モラル・ハザードが生み出される。

図9-18 公的扶助の経済効果

保証された場合，この労働者は，E_0点から移動してR点を選択し，労働をまったくやめ余暇を享受することに専念することよって，効用水準をU_0からより高いU_1へ上昇させることができる。このため労働供給はゼロとなる。当然のことながら，労働所得がOR以下の労働者も，働く意味を失う。これは，本来労働可能な人々に「怠けることを推奨する」ことにもなりえるため，人々にモラル・ハザードを生み出す効果をもっている。このような負のコストは，R点（公的扶助 OR）が高く設定されればされるほど大きくなる。

公的扶助は，社会保障の重要な構成要素であり，すべての人々に最低生活水準を保証するという**セーフティ・ネット**の機能を持っているが，他方で，労働供給にマイナスの影響を与え，**モラル・ハザード**を生み出す効果も付随している。

負の所得税

セーフティ・ネットとしての公的扶助制度は，労働者の自助努力を阻害するというマイナスの影響を生み出す。労働しなくても一定額の所得が保障され，最低限の生活が可能な制度の下では，最低生活水準以下の所得しか得られない労働者は，働くインセンティブを失う。そこでセーフティ・ネットという理念を活かしながら，自立的な労働意欲を喚起するために，労働を増加すればするほど所得が増大するように制度を改善しようとしたものが，フリードマンやトービンによって主張された**負の所得税**である。

横軸に課税前の所得，縦軸に課税後の所得をとると，課税前の所得線は45°（OD）線で示されることになる。図9-19のbにおいて，Y_0は，課税最低限の所得水準である。所得がA点を超えると課税され，45°（OD）線と可処分所得線ACとの差額Tが税収となる。これに対して，A点以下の所得では課税されない。従来型の生活扶助制度は，政府がB点以下の最低生活水準Y_1に満たない人々に，公的扶助を行って，一律に最低生活水準の可処分所得ORを保障するという仕組みである。生活最低水準Y_1以下の所得しかない人に対して，政府が差額分だけ公的扶助（OR）を行って最低生活水準を保障する制度の下では，扶助を受けている人が所得を増加させようとして働いても，所得の増加分だけ扶助給付額が削減されるため，働くインセンティブがわかない。所得の

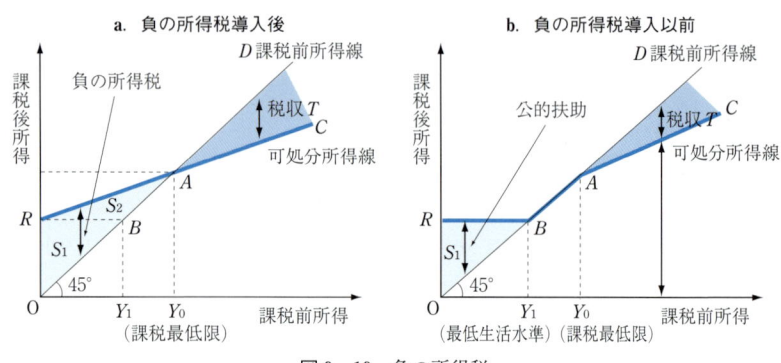

図 9 - 19　負の所得税

増加分だけ給付額が削減されるということは，100％の限界税率で労働所得に課税するのと同じ効果を持つからである。

　そのため最低所得水準 Y_1 以下の人々は，可処分所得が一定となり，労働意欲を失う。この制度では，政府の財政負担（＝給付総額）は，三角形 ORB (S_1) である。

　ここで負の所得税が導入されると，課税最低限 Y_0 を超える A 点以上の所得水準では所得税が賦課され，A 点以下の水準では給付金（負の所得税）が支給される。人々の可処分所得は，図 9 - 19 の a の可処分所得線 RC によって決定される。課税最低限 Y_0 以下の所得では，労働所得が増すにしたがって全員の可処分所得が増大し，労働インセンティブを排除しない仕組みとなっている。これによって，所得税と生活扶助制度が統合された所得再分配の仕組みを実現することができる。ただし，政府の財政負担（＝給付総額）は，三角形 ORA ($S_1 + S_2$) に膨張することになる。もっとも，フリードマンは，負の所得税を導入することによって，巨大な社会保障システム（官僚システム）自体を解体し，小さな政府を実現して費用負担を軽減すべきであると考えていた（M. フリードマン [1980]『選択の自由』日本経済新聞社参照）。

　負の所得税は，申告に際して行政側の裁量の働く余地がほとんどなく，低所得者の労働インセンティブを阻害しない仕組みであるが，財政負担は大きくなる。そして財政負担の増大は，中所得者の税負担を加重し，中所得者の労働インセンティブにマイナスの影響を与えるという難点を発生させる。経済効率の

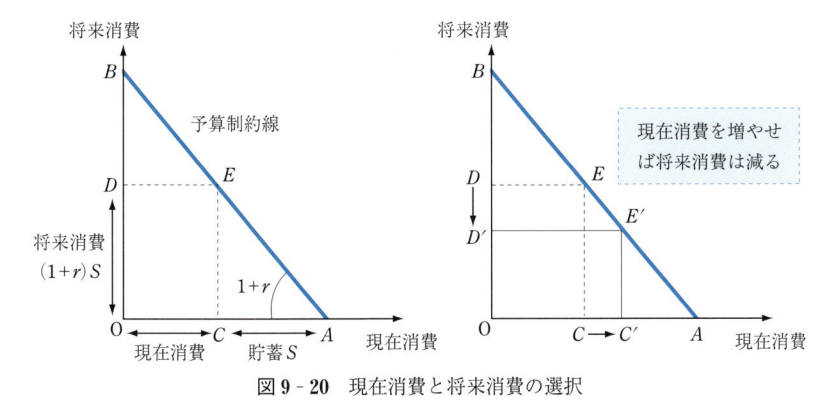

図 9 - 20　現在消費と将来消費の選択

追求と公平性の維持という 2 つの要請をバランスさせようとする試みが，常に直面する問題点であるといえよう。

貯蓄に対する課税

次に課税が貯蓄に与える効果について検討しよう。ここでは，現在と将来からなる二期間の消費配分に与える利子所得課税の問題を考えてみよう。人々は，現役時代（現在）に稼得した所得の一部を消費に充て，他の一部を貯蓄して退職後（将来）の消費に充てるとする。人々の生涯の消費は，現役時代の消費と退職後の消費との合計になる。利子率を r とすると，人々の予算制約線は，図 9 - 20 の AB 線のように，傾き $(1+r)$ の直線で示すことができる。将来の消費は，現在の貯蓄 S に利子収入を加えた額 $(1+r)S$ になるからである。現役時代に多く消費し，少なく貯蓄すれば，それだけ退職後の消費は減少する。

また，利子率 r が高くなれば，予算線の傾き $(1+r)$ は増大し，反対に利子率が低下すれば，予算線の傾きは減少する。人々の生涯消費は，現在消費と将来消費の合計からなる。人々は，様々な現在消費と将来消費の組み合わせを選択することができ，それは無差別曲線 U として描くことができる。したがって生涯の効用水準を最大にする点は，予算制約線に無差別曲線 U_0 が接する接点 E_0 となる。C_0 点が最適な現在消費水準である。

いま，利子所得に税率 t ％の課税が行われると，税引き後の利子率は $(1-t)r$ に低下し，予算制約線は AB_1 となる。新しい均衡点は，無差別曲線

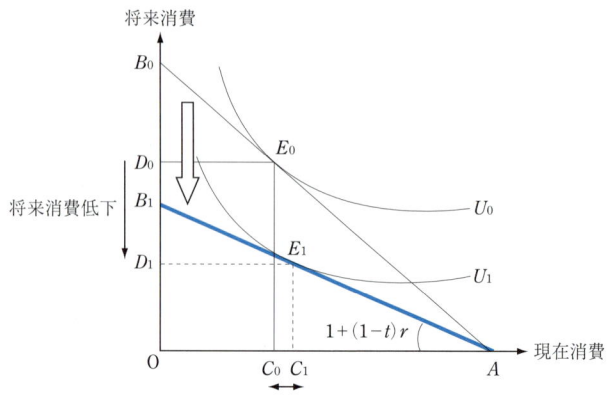

図 9-21　課税の貯蓄に及ぼす影響

U_1 と接する E_1 へ変化する。この場合，貯蓄が増大するか減少するかは，理論的には確定できない。課税により，貯蓄を減らして現在消費を増やそうとする代替効果が生じる反面，所得が減少するので現在消費を抑制し貯蓄を増やそうとする所得効果も発生するからである。課税による利子率の低下が貯蓄に及ぼす所得効果と代替効果は，いずれが大きいかは理論的には決まらない。

しかし，図 9-21 で示したように，利子所得に対する課税（貯蓄に対する課税）は，**将来消費を抑制**する（D_0 から D_1 へと，B_1 以下の水準に低下させる）作用がある。したがって，利子所得に対する課税は，現在消費よりも将来消費に重課することを意味する。さらに，代替効果が大きい場合には，貯蓄を抑制して**資本蓄積を阻害**する作用を伴う。

少子・高齢化が進展する社会では，現役世代と退職世代の負担の不均衡が大きな問題となる。税制にも，投資を活性化して生産性を向上させ，労働人口減少を補う役割が求められている。貯蓄に対する課税は，社会の安定や経済の成長にとって重要な影響を及ぼすため，課税にあたって慎重な分析と配慮が必要になる。

9.2 税制の設計と改革の視点

9.2.1 課税ベースの選択問題

　租税制度は，人々の計測可能な経済能力（課税ベース）に基づいて設計されなければならない。課税ベースには，所得，消費，資産があげられるが，何が適切な課税ベースであるかをめぐっては，異なる見解が対立している。
　一般に，個人の経済力を課税ベースとする課税は，納税者の調整行動を招き，超過負担を生み出し，資源配分の効率性を損なう。したがって，租税の中立（効率）性の視点から見れば，納税者の調整行動が発生せず，資源配分に影響を与えない租税（例えば人頭税などの定額税）が望ましいということになる。しかし，現実の租税制度は，経済の効率性のみから決定することはできない。公正・中立（効率）・簡素という課税の原則をバランスよく満たさねばならないからである。
　課税については，課税ベースの性質の違いに応じた差別的課税方法を採用するべきである，という考え方が有力であった。例えば，徴税上の便宜という観点からは経常的な所得・消費と一時的な所得・消費との区別が，公正の観点からは勤労所得・必需品消費と不労所得・奢侈品消費との区別が，効率性の観点からは超過負担の小さい労働所得・必需品消費と超過負担の大きい資産所得・奢侈品消費との区別が，主張されてきた。
　しかし現在の課税ベースをめぐる議論では，所得に重点を置くべきか消費に重点を置くべきかが，中心的な論点である。資産課税と法人課税は，税務効率などの観点から所得課税と消費課税の補完的役割を担うものとして，位置づけられているといってよい。「包括的」課税ベース概念と「総合的」課税方法が考え方の基本となっている。ただし，全く新しい観点から課税ベース及び課税方法の「差別化」を主張する，最適所得課税論の考え方もある。

9.2.2　所得課税と消費課税

　一般に，個人所得税は，垂直的公平を図る上で優れている。各種の控除により各人の個別的事情に配慮することもできる。しかし，所得の捕捉に難点があるため水平的公平が確保できず，また労働意欲を抑制する。これに対して消費税は，水平的公平を図る上で優れており，経済活動に対する中立性でも優れているが，負担が逆進的であり，価格を上昇させる効果を持つという難点がある。現実の租税政策の立案にあたっては，両者を適切に組み合わせて，公正・中立・簡素という特性を備えたバランスのとれた税体系を作り上げることが目標とされている，と考えてよい。

　しかし，所得課税と消費課税とは，本質的には大きな違いはない。個人の所得は，消費されるか貯蓄される。したがって，所得を課税ベースにとるか消費を課税ベースにとるかという選択問題は，「貯蓄」が課税されるべきか非課税にされるべきか，貯蓄の収益（利子，配当，キャピタルゲイン）が課税されるべきか否かという問題に帰着する。

　この問題は，理論的には，生涯所得を課税ベースにとることで解決される。遺産や相続がない場合には，生涯所得は生涯消費と一致する。したがって，人々の生涯所得に対する一定率の課税は，生涯消費に対する一定率の課税と等しいからである。また所得は技術的に捕捉が困難であるが，消費は捕捉がより容易である。一定率の消費税は，利子や他の資本所得を非課税とすれば，一定率の労働所得税と等しい。

　いま生涯を2期に分割し，第1期の消費をC_1，第2期の消費をC_2とし，また第1期の賃金をW_1，第二期の賃金をW_2とし，利子率をrとすると，消費と労働所得との関係は

$$C_1 + \frac{C_2}{1+r} = W_1 + \frac{W_2}{1+r} \tag{9.14}$$

と書ける。左辺は消費の現在割引価値であり，右辺は労働所得の現在割引価値である。遺産と相続の無い場合には両辺は等しくなり，一定率の生涯所得に対する課税総額は，一定率の生涯消費に対する課税総額に等しくなる（遺産相続

が存在する場合には，労働所得税に相続税を加えた税額と，消費税に相続税を加えた総額が等しくなる）。ただし，政府に税収が入るタイミングは，二つの税で異なる。

このことは，貯蓄が行われても同様に成立する。第1期に労働所得の一部が貯蓄されるとすると，貯蓄額 S_1 は W_1-C_1 となるが，第2期には貯蓄額は，利子率分増加するので

$$S_1=(W_1-C_1)(1+r) \tag{9.15}$$

となる。したがって，第2期の消費額 C_2 は，第2期の労働所得 W_2 と貯蓄 S_1 の合計となる。

$$\begin{aligned}C_2&=W_2+S_1\\&=W_2+(W_1-C_1)(1+r)\end{aligned} \tag{9.16}$$

この (9.16) の両辺を $(1+r)$ で割り，移行して整理すれば

$$\frac{C_2}{1+r}=\frac{W_2}{1+r}+(W_1-C_1)$$

$$C_1+\frac{C_2}{1+r}=W_1+\frac{W_2}{1+r}$$

となり，(9.14) 式と同様の結果が得られる。

課税ベースで見ると，生涯消費と生涯所得は等しい。消費に対する一定率の課税と所得に対する一定率の課税とは，基本的には等しくなる。ただし，消費に対する課税は，貯蓄に課税しないので，所得に対する課税と比べて，資本蓄積に与える影響は異なる。

9.2.3　税制改革論

税制改革の焦点は，課税の公平性と中立性（効率性）のバランスをどのように図るべきかという点にあるが，徴税コストを最小に抑える「簡素な税制」という要素も重視される。現在の改革論議では，グローバルな経済活動の進展を踏まえて，政治的に合意できる「一定水準の公平性を維持しつつも，効率的で簡素な税制」の実現を重視する方向に動いているといえよう。税制改革に関する代表的な議論である，包括的所得課税論，消費課税論，最適所得課税論を順

に検討していこう。

包括的所得課税論

　包括的所得課税の考え方は，所得が個人の経済力（担税力）を測る指標として最も的確であるという考え方に基づいている。この場合，所得の計測は，「消費＋資産の純増加」を推定して行われる（**サイモンズの定義**）。所得は，労働所得であれ，配当所得であれ，財産所得であれ，区別されない。個人の経済力の大きさを包括的に測定することが，経済力を公平にとらえるために必要であり，所得の範囲をより狭い範囲に限定すれば，恣意的な取り扱いが生じて公平さが損なわれるからである。包括的所得税は，包括的な所得概念，各種所得の合算総合課税，単一の累進税率構造という特徴を持っている。

　包括的所得を課税ベースにとれば，あらゆる所得に課税ベースが拡大する。したがって，現行所得税の難点として指摘される，業種ごとの捕捉率格差（クロヨン問題）は解消され，租税特別措置による抜け穴もふさがれるため，税率を下げることが可能となり，現行の所得税の難点である**中立性**の阻害を緩和することができる。また同一所得には同一の税額で課税されるので**水平的公平**が実現され，累進的な税率の適用が容易なため**垂直的な公平**を実現できる。したがって，フラットで低率の累進構造を持つ包括的所得税は，課税の中立性と公平性をバランスよく満たす租税であるということができる。

　1986年の米国の**レーガン税制改革**は，この包括的所得税の確立をめざしたものである。所得税と法人税を所得ベース課税として強化し，税率のフラット化と課税最低限引き上げを行い，それによる減収を課税ベースの拡大によって相殺する。これによって，課税の中立性（効率性）を追求しつつ，公平性を備えた簡素な税体系を実現しようとしたものであった。

　しかし，包括的所得税にも問題がある。第一に，累進的な税率構造の下で，年々の所得が大きく変動する場合には，年々安定した所得がある場合に比べて，実質的な税負担が長期的には重くなるという問題である。したがって，1年程度の短期的な視点で見れば水平的公平を確保できるが，生涯の効用水準を公平の基準にすれば，水平的公平が保障されるとはいいがたい。長期的な視点で見れば，平均的な所得である恒常所得や消費の方が，課税ベースとしては望まし

いうということになる。

　第2に，種々の**所得の異質性**に注目すると，課税による超過負担（負の誘因効果）の異なる所得を同様に扱えば，課税の効率性を損なうことも考えられる。

　第3に，包括的所得の中には，持ち家の帰属家賃などの帰属所得，発生ベースでの資本利得の評価，現物給付や保険料の企業負担などのフリンジ・ベネフィット，家庭内労働や農家の自家消費など，**課税困難な所得**が存在する。また，純所得算定のための減価償却等の必要経費算定の困難性や，累進性の高い所得税を維持すれば脱税の問題が生じ税務行政上の非効率が生じるという問題も抱えている。

　第4に，所得税は，貯蓄に対する**二重課税**が生じるため，消費と貯蓄の選択に歪みを与え，他方で**労働に悪影響**（労働と余暇との選択に対して中立的ではない）を与え資源配分に歪みを与える。また法人税は，投資意欲にマイナス効果を及ぼすといった，経済攪乱効果が問題視されるようになっている。

消費課税論

　このような種々の理論的問題点から，所得よりも消費を課税ベースにすべきであるという議論が有力になりつつある。**消費**を**課税ベース**とすれば，所得税の徴税上の実際的難点である業種間で異なる所得捕捉率（クロヨン問題）から発生する不公平の問題は発生しない。付加価値税型の一般的な消費課税は，安定的な税収をもたらし，経済活動に対する中立性の問題でも，所得税よりも優れているという利点を持っている。ただし，所得階層別の効果では，逆進的な負担構造になるという問題は残っている。

　しかし消費課税においても，**支出税**という**直接税**の形をとれば，逆進性の問題を解決しつつ垂直的公平性にも配慮できるうえに，長期的な税負担における水平的公平を改善できる。消費課税は，ライフ・サイクルを通じて平均化された実質的な負担能力への課税とみなされるので，勤労期に集中的に課税される所得税とは異なる水平的公平さを備えている。もちろん支出税も中立性を阻害することになるが，貯蓄に対する直接課税を行わないため，所得税よりも資本蓄積にはより中立的であるとみなすことができる。したがって，包括的所得税より支出税の方が，公平，中立の観点からより望ましいという主張になる。

支出税は，消費を課税ベースとする個人税であるが，個々の消費を合算するのは煩雑である。課税ベースの算定には，キャッシュ・フロー法を採用することができる。一定期間の資金流入額（労働所得，資産所得，資産売却収入，貯蓄引出し額，借入金）から，消費以外の資金流出額（資産購入額，貯蓄・投資額，支払い利子，借入元金返済）を控除する方法である。つまり，所得から貯蓄を控除して，「消費＝所得－貯蓄」として消費を算定する方法であり，貯蓄分は実際に消費に充てるまで課税が延期されることになる。

　支出税は，消費にのみ課税されるので，課税ベース及び課税のタイミングが明確となる。消費のライフ・サイクル仮説（遺贈のない場合）が成立する世界では，生涯所得が等しい人の税負担は等しくなり，キャピタル・ゲインの評価や減価償却等の必要経費算定が不要となるため，税務行政が簡略化される。また課税最低限や累進税率の採用が可能となるので，消費税に付きまとう逆進性の問題へも対処できる。

　しかし支出税にも大きな問題点がある。第1に，貯蓄を消費の単なる延期であるとする見方は短絡的である。貯蓄は担保価値，経営権などの様々な資産価値を持っており，これに対して課税延期を行い，遺産・贈与の形で租税回避が行われるとすれば，大きな不公平を生み出す。第2に，住宅・耐久消費財は，消費か貯蓄か明確ではない。また教育・医療は，人的資本投資と見るか消費支出と見るか判断が分かれる。第3に，水平的公平と経済的中立性が確保されるためには，税率が超長期（生涯）にわたって一律不変でなければならない。それは，税率の政策的変更や累進税率の導入と矛盾する。第4に，ほぼ全面的に申告納税に依存せざるをえない。貯蓄の把握が税務行政の最重点対策となるため，資産・負債の一元的管理が必要になる。そして何よりも，所得税から支出税への制度の移行自体に，大きな困難が伴う。しかも支出税は，所得額や貯蓄額を正確に把握することが前提となるので，所得税と同様の問題点を抱えている。現在，支出税を採用している国はない。

　現行の所得ベース課税は，捕捉率に大きな格差が存在し，資産所得に対して低率課税措置がとられているので，税制としての安定性と整合性に欠けている。これを「包括的所得税」に接近させるか，「支出税」に接近させるか，あるい

は「付加価値税（消費税）」を基幹税として拡充していくかが，現在の税制改革の大きなテーマとなっているといってよいだろう。包括的な課税の実効性と実行可能性という視点から見れば，消費税（付加価値税）を拡充するという方向性が現実的選択肢として有力であるということになろう。

最適所得課税論

このような「包括的な課税ベースと単一税率に基づくアプローチ」対して，労働所得，事業所得，利子所得など種々の所得の異質性を重視する最適所得税論に基づく改革を唱える動きもある。所得の種類に応じて税率構造や納税方法を差別化し，課税による超過負担を最小にする効率的な税制を目指すものである。

理論的に最も効率的（中立的）な租税は，定額税（人頭税）であるが，実際には担税力のない人もいるので，基幹税として導入することは困難である。そこで，一定の税収を上げるために，超過負担が小さく効率的な課税の組み合わせを目指せば，奢侈品のように価格弾力性の高い財に低率課税を行い，生活必需品のように価格弾力性の低い財に高率課税を行うというラムゼー・ルール（逆弾力性命題）が導かれる。しかし，ラムゼー・ルールによる課税は，公平性の観点から反対が多く，政治的には実現困難である。

このように経済効率の上では，一括定額税が理想であり，ラムゼー・ルールが次善の方法であるが，その実現は政治的に困難である。このような条件下で，経済効率が高い（超過負担を最小に抑える）課税方法を模索したものが，最適所得課税論である。

所得に対する課税は，労働や貯蓄に対して負の誘因効果（代替効果）を与えるが，誘因効果は所得の種類に応じて異なる。効率性の観点からは，負の誘引効果が大きい所得には軽課し，負の誘因効果が小さい所得には重課するのが望ましい。仮に貯蓄が前者の例であり，労働が後者の例であるとすれば，労働所得に重課税，利子所得に軽課税という選択が望ましいということになろう。

単一の累進税率構造を前提として誘因効果の異なる各種所得を合算して一律課税する「包括所得税」や，資産所得（貯蓄）を非課税とする「支出税」とは異なり，所得の異質性に注目し各々に最適な課税方法を定めて分類所得税を構

成する「最適課税論」は，超過負担を抑制できるという点で理論的説得力を持っている。

しかし，各種所得の弾力性や代替効果の大きさを理論的に特定することはできない。したがって各種の所得に対する最適な税率を組み合わせた最適な税体系を具体的に決定することはできないという難点を持っている。M. フェルドスタインは，現実の税制から出発するタックス・リフォーム（Tax Reform）の考え方が重要であり，最適課税論は白紙に租税論を描いたタックス・デザイン（Tax Design）であると批判している（M. Feldstein [1976], "On the Theory of Tax Reform," *Journal of Public Economics*, Vol. 6, July/August）。

9.2.4　税制改革の方向性

税制改革の基本的要件は，公平，中立，簡素な税制である。税制改革では，効率性とならんで，公平性も重視されねばならない。税負担のあり方を短期的視点にとどまらず長期的視点から分析し，公平性を向上させ，税制の資源配分に対する負の誘因効果（超過負担）を低減して，経済効率性を改善することが必要になる。同時に，徴税コストを削減する簡素な税制が要求される。このような視点を踏まえ，現在急速に進行しつつある少子・高齢化やグローバル経済化・情報経済化などの社会経済構造の変化に対応した税制が求められている。

日本は，シャウプ勧告以来，所得税中心の直接税に依存してきたが，少子・高齢化社会が進展すると，労働所得を稼ぐ人口の割合が低下するため，税率を高めなければ所要の税収を確保できなくなる。しかし高率の労働所得課税は，労働意欲を低下させ，社会の活力を損なう可能性を持っている。また所得税中心では，世代間の負担の不均衡が高まる。現役世代が負担する所得税で，高齢者の社会保障費用を賄うという事態は，高齢化の進展とともに深刻化していく。現役世代の所得課税に大きく依存する税制から，消費に対する課税に力点を移して，退職世代も負担を共有する税制を実現していくことが必要になる。

日本では，1989年に消費税が導入され，世代間の負担の均衡を図る動きが始まった。消費に対する課税は，貯蓄を刺激する効果も期待できるので，将来の経済を支える資本蓄積を促進し，経済を活性化することにも資する。現役世代

の負担を軽減し労働意欲を高めるとともに資本蓄積を促進するには，労働所得に対する税率を軽減し，消費に対する課税を強化する必要がある。少子・高齢化とグローバル化が急速に進展する世界で，活力ある社会を維持していくためには，勤労世代の負担を軽減して労働意欲を刺激し，資本蓄積を促進して生産性を上昇させることが必要である。その意味では，消費課税の役割は重要性を増すと考えられる。単率の一般消費税は，経済活動に対する中立性に優れているので，経済効率を重視するという観点からは，所得税よりも望ましい。

しかし，消費税のみに過度に依存すれば，逆進性の問題が重大化する。したがって税制全体の効率性と公平性のバランスを確保するためには，所得税の役割が重要となる。累進構造を持つ所得税は，垂直的な所得再配分を促進して社会的な公平を実現するという重要な機能を持っている。このように考えると，効率性と公平性のバランスをとるためには，ある程度の累進的な所得課税と単率の一般消費税との組み合わせによって基幹税を構成することが，有力な現実的選択肢であるということになろう。

そして，現在日本が抱える大幅な財政赤字を解消するには，今後財政支出の徹底的な合理化を図るとしても，いずれ税収を増加させる方策をとらざるをえないであろう。個人所得税の増収を図るには，クロヨン問題の是正に加えて，課税最低限の見直しや課税ベースの拡大が課題になろう。現行の課税最低限の水準では，千数百万人もの給与所得者の非納税者が生じていることが大きな問題点となっており，多岐にわたる諸控除を簡素化し圧縮する方向性が強まるであろう。高齢者に対する課税については，現役世代との公平を確保する観点から，老年者控除の見直しが検討課題となる。公的年金では，拠出段階の支払保険料は全額非課税であり，受給段階でも公的年金等控除や老齢者控除が適用されて実質非課税となっている。拠出段階で保険料を所得控除の対象にすれば，給付段階では全額課税対象とすべきであろう。少なくとも，公的年金等控除を見直し，現役中堅世代の課税最低限度との均衡を図ることが望ましい。

また消費税は，広範な財政需要を支える基幹税と位置づけられている。日本における消費税導入の大きな目的は，社会保障需要に対応することであった。消費税を福祉目的税に変更するという議論もある。目的税化は，揮発油税を道

路特定財源とし不要不急の公共事業を既得権益化した事例が示すように，非効率の温床ともなりやすく，十分な検討が必要である。ことに，年金・福祉の財源に充当する場合には，生活扶助との区別が困難となり，モラルの低下を生み出す危険性もある。しかし，既に国民年金の国庫負担率を3分の1から2分の1に引き上げることが決定されており，この巨大な財政需要を国民全員が公平に負担するために消費税を財源とすることは不自然ではない。

　少子・高齢化とグローバル経済化の進展の中で，世代間の負担均衡を図り，経済効率を確保しつつ，巨額の財政需要を充足するには，多かれ少なかれ消費税に依存する税制に移行せざるを得ない。その場合，益税の解消が不可欠である。本格的なインボイス方式の導入を検討する必要があろう。また消費税の税率が高まれば，逆進性を是正する措置が必要となる。生活必需品に対する軽減税率の適用や，支出面で低所得階層の福祉サーヴィス充実などの措置を採用して社会的公平を確保するという方策も検討に値しよう。

　資産課税のあり方については，土地課税に加えて，資本所得（利子・配当・株式譲渡益など）に対する包括課税が課題となろう。しかし，資本所得はグローバル化が進行する中で「逃げ足の速い」所得である。したがって総合課税とは分離して，軽減税率を適用すべきという意見が繰り返し主張されている。その場合の有力な選択肢が，二元的所得税（Dual Income Tax）であり，課税ベースを労働所得と資本所得に二分し，前者に累進税率を適用し，その最低税率を後者の比例税率の水準にしようとする考え方である。

　この主張は，現在の過剰貯蓄・過少投資の状況を是正するために，税制を貯蓄優遇型から投資優遇型に改革する必要があるとの主張と重なる。つまり，日本企業の投資資金調達を**間接金融方式**（銀行からの借入れ）から**直接金融方式**（株式発行による調達）へ移行させ，国際間の資本移動活発化に対応するためには，「足の速い」金融資産所得には低率課税すべきであるという「最適所得課税論」に基づく「二元的所得税論」である。日本の個人金融資産が預貯金中心であるという資産構成を変革し，株式保有を促進することを目的としたものである。株式譲渡益課税は，2003（平成15）年1月から，申告分離課税に統一された。今後は，損益通算制度を拡充し，有効に整備することが課題となって

いる。

　人口減少社会では，これまで蓄積された巨額の金融資産を活用するための効率的措置や，海外資本の日本への投資を促進する市場環境整備をすすめ，規制緩和や新たなルール作りを進めることが極めて重要な課題となる。ただし，直接金融方式への移行問題は，何ゆえ日本では個人が株式保有に向かわないのか，それは税制の問題なのか，間接金融を基とする「モノ作り」という実業本位の日本的経営モデルを再活性化させる方法はないのかなど，日本経済の根幹にかかわる諸問題をしっかりと分析したうえで，取り組むべき課題であろう。

練習問題
1. ある財市場における需要曲線と供給曲線が次のようであったとすれば，財1単位当たり50円の従量税を課した場合，(1)消費者と生産者は各々いくら負担することになるか。また，(2)この場合に生じる超過負担（死荷重）はいくらか。
   需要曲線：$P_D = 200 - 2Q$
   供給曲線：$P_S = 3Q + 50$
2. ある財市場の需要曲線と供給曲線が次のようであったとする。
   需要曲線：$P_D = 180 - Q$
   供給曲線：$P_S = 60 + 2Q$
   10％の従価税が生産者に課された場合，(1)生産量はどのように変化するか。また，(2)価格は課税前と比較して何％上昇するか。
3. 需要曲線と供給曲線の弾力性の違いは，消費者と生産者の税負担にどのような影響を与えるか説明しなさい。
4. 最適間接税に関するラムゼー・ルールについて説明しなさい。
5. ベンサム主義とロールズ主義について論じなさい。
6. 負の所得税について説明しなさい。
7. 所得税と比較して，支出税が備えている長所について論じなさい。

第10章　財政赤字と公債

　政府の活動資金は，原則として租税によって賄われる。しかし，戦争や大災害など緊急に大規模な政府支出が必要となる場合や，経済不況による深刻な失業を克服するため公共事業や減税など大規模な裁量政策を実施する場合には，一時に大量の資金が必要になり，財政赤字が発生する。また景気変動によって税収が不足する場合にも，財政赤字が発生する。このような場合，政府は，必要な資金を民間部門や外国から借り入れる。その債務が公債である。本章では，財政赤字と公債について検討する。

　近年各国では，財政状況が悪化し，財政赤字の解消に腐心している。財政赤字は，ケインジアンの裁量政策では，経済安定に資する有効需要を創出するための手段と位置づけられている。しかし，財政赤字は，短期的な経済拡大効果を持つ反面，長期的には資本ストックを低下させマクロ経済に大きな問題を残す可能性を持っている。そのため財政硬直化などの問題とも連動して，財政再建論議が盛んとなり，財政赤字体質を克服することが緊急の政策課題として掲げられるようになっている。

10.1　財政バランスの悪化

　財政赤字とは，政府の歳出が租税印紙税等の収入を上回ることにより発生する，収入不足額のことである。政府は，この不足額を**公債発行**によって調達する。したがって，毎年の財政赤字額は，毎年の公債発行額と一致する。年度期首の公債残高を D_0，政府支出を G，税収を T，利子率を r，公債発行額を ΔD_a，公債償還額 ΔD_b，公債利払いを rD_0 とすれば，政府の予算制約式は，

$$\Delta D_a + T = G + \Delta D_b + rD_0$$

となる。財政収支（赤字）は，「政府支出＋公債費－税収」であるから，次の

ように表すことができる。

$$財政収支（赤字）= G + \Delta D_b + rD_0 - T = \Delta D_a$$

これに対して、公債収入と公債費を除いた財政収支、すなわち「政府支出 G －税収 T」を、プライマリー・バランスという。プライマリー・バランスの均衡（$G-T=0$）は、最も基礎的な予算均衡原則を示すため、財政健全化の重要指標とされている。プライマリー・バランスは、次のように表すことができる。

$$プライマリー・バランス = G - T = (\Delta D_a - \Delta D_b) - rD_0$$

$(\Delta D_a - \Delta D_b)$ は、「公債新規発行額－公債償還額」であるから、公債発行残高の純増額を表す。プライマリー・バランスが均衡（$G-T=0$）している状態では、

$$(\Delta D_a - \Delta D_b) - rD_0 = 0$$

$$\Delta D_a - \Delta D_b = rD_0$$

となり、公債発行純増額と公債利払い費が等しくなる。このため、公債発行残高は利子相当額だけ増加することになる。

財政赤字の程度は、政府歳入（$T + \Delta D_a$）に占める公債収入 ΔD_a の比率、つまり、

$$公債依存度 = \frac{\Delta D_a}{(T + \Delta D_a)} \times 100$$

によって知ることができる。例えば、2006（平成18）年度の一般会計を例にとると、歳入総額79兆6860億円のうち、公債金収入は、29兆9730億円であり、歳入総額の37.6％を占めている。公債依存度は、37.6％であり、日本の財政赤字は巨大である。毎年の公債発行純増額の累計が**債務（公債）残高 D_0** であり、2006（平成18）年度末には、537兆円に達している。

日本では、90年代を通じて財政赤字が拡大し、2000年には GDP 比 8％にも達した（表10-1）。主要先進諸国の中で、90年代を通じて財政収支が悪化した国は、日本のみであった。その後財政赤字幅の改善が見られるが、2006年の日本の財政赤字は対 GDP 比5.6％水準にあり、主要先進国の中では米国と並んで最悪の状況にある。一般政府の債務残高の対 GDP 比も90年代以降一貫して急増し、イタリアを抜いて、2000年代には主要先進国の中で最高の水準に達している。

表10-1　財政収支と債務残高の国際比較
(単位：％)

	財政収支（対GDP比）					債務残高（対GDP比）				
	1992年	1996年	2000年	2004年	2006年	1992年	1996年	2000年	2004年	2006年
日　　本	▲1.7	▲6.8	▲8.0	▲6.2	▲5.6	68.6	93.8	134.0	156.3	160.5
アメリカ	▲6.6	▲3.1	0.1	▲6.0	▲5.6	73.7	73.4	58.1	64.0	64.6
イギリス	▲6.5	▲4.2	3.8	▲3.2	▲3.0	39.8	52.5	45.7	44.2	49.1
ド イ ツ	▲2.5	▲3.3	1.3	▲3.7	▲3.6	41.0	58.9	59.9	67.9	41.4
フランス	▲3.9	▲4.1	▲1.5	▲3.6	▲3.2	43.9	66.3	65.2	74.7	77.5
イタリア	▲10.7	▲7.1	▲0.7	▲3.3	▲4.2	—	131.3	124.9	123.0	126.8
カ ナ ダ	▲9.1	▲2.8	2.9	0.7	0.9	89.9	100.3	82.7	72.2	64.6

（資料）　財務省データ（原資料は，OECD『エコノミックアウトルック』2005年12月）。

　主要先進各国の財政収支も悪化している。欧米先進各国は，1990年代初頭には深刻な財政赤字に陥っていたが，90年代を通じて急速に財政収支を改善し，2000年までには，イギリス，カナダ，ドイツ，米国は財政黒字に転換し，フランス，イタリア両国も急速に財政赤字を縮小して財政均衡化に接近した。しかし，その後2006年にかけて，先進各国の財政赤字は再び急拡大し，財政黒字を計上しているのはカナダのみとなった。ことに米国の財政収支の悪化は著しい。

　米国においては，G. H. W. ブッシュ政権下の1990年11月，裁量的経費の上限設定（**cap制**）や，義務的経費増加及び減税への財源補償規定（**pay-as-you-go 原則**）が盛り込まれた1990年包括財政調整法（OBRA90）が制定され，さらにクリントン政権下の1993年包括財政調整法（OBRA93）によって，所得税増税などの歳入増加策と，国防費削減・社会保障費抑制などによる歳出圧縮が進展し，景気回復による大幅な税収増大が加わって，1998年度以降財政黒字に転換した。しかし，その後2001年に誕生したG. W. ブッシュ政権の下で，**大幅減税**が実施され，他方テロとの**戦争**による国防費の大幅増大など財政支出が拡大し，2002年度以降再び**財政赤字**に転落した。財政赤字幅は，対GDP比で5％以上の巨額に上っている。

　欧州では，**欧州安定成長協定**締結によって，ユーロ参加国は，財政赤字を対GDP比で3％以下に抑制する協定を結び，財政健全化に向けて努力することになった。イギリスのブレア政権は，1999-2001年の3カ年にわたり歳出限度額を固定する「公共支出計画」を策定し，投資的支出のみに国債発行を認め，

赤字国債発行をゼロにするというゴールデン・ルールや，公的部門の純債務残高を対 GDP 比で安定的に（40％以下に）抑制するというサスティナビリティ・ルールを掲げた。その結果，財政収支は，1998年以降に黒字に転換し，2000年には黒字幅は対 GDP 比で 4 ％に達した。しかし，2002年度以降イラク戦争戦費などがかさんだため再び赤字に転落した。

ドイツでは，シュレーダー政権が，雇用改善を最優先する政策運営を行って所得税・法人税減税を実施する一方，財政均衡化のために社会保障関連支出の削減・補助金廃止などを実行し，2000年には財政黒字を達成した。しかしその後景気後退から2001年以降財政赤字に転落した。

フランスも，雇用改善を最優先する政策運営を行う一方で，財政赤字を2000年度までに対 GDP 比 2 ％以下に低下させるという目標を掲げ，1996年に新税（社会保障債務返済税 RDS）を導入した。財政赤字は2001年度には1.3％にまで低下したが，2002年度以降赤字は拡大している。

イタリアでは，1992年のマーストリヒト条約調印後，ユーロ参加を目指して歳入・歳出両面で財政再建を推進し，90年代には財政赤字の顕著な削減が達成され，2000年には財政均衡に接近した。しかし，その後再び財政赤字幅を拡大した。イタリアの債務残高の対 GDP 比率は120％を超え，欧米先進諸国の中では際立った高水準にある。

2006年現在，欧州主要諸国（英・独・仏・伊）の財政赤字は，対 GDP 比で3.0 - 4.2％を示している。

10.2 財政赤字恒常化の問題点

先進諸国で政府債務が累積するにつれて，「中長期的にみて，財政赤字は経済活力の阻害要因になる」という認識が強まっていった。財政赤字の弊害については，財政の硬直化，財政に対する市場の信認低下，金利上昇による民間投資のクラウディング・アウト，資本蓄積抑制による将来の自然産出量水準の低下，所得分配に対する負の効果，世代間不公平の拡大などいろいろな観点から問題にされている。

公債発行残高が巨大化すると，公債利子負担や公債元金償還に要する公債費が膨張する。公債費は義務的に支出しなければならないため，政府の公共活動を実行するための政策的経費が圧迫され，財政の柔軟性が損なわれて，財政硬直化が進む。政府の弾力的な活動は阻害され，財政の資源配分機能は劣化する。そこで，財政構造改革を実行し，財政硬直化を是正しようとする動きが生じた。日本では少子・高齢化が急速に進行し，社会保障などの財政需要が急激に拡大すると予測され，財政構造改革は避けて通れない緊急課題であると認識されている。

また大規模な財政赤字が継続すると，財政規律が弛緩していると認識され，政府に対する信頼が低下し，財政（年金制度など社会保障制度）の持続可能性に対する疑義が生じる。大量の公債累積は，将来のデフォルト（返済不能）懸念を生み出し，市場の信認を低下させる可能性もある。民間部門の政府に対する信認低下は，経済のパフォーマンスに重要な影響を及ぼす。国民が将来の大規模な税負担増大を予想すれば，生活不安や消費抑制行動を引き起こす可能性もある。

さらに，多額の財政赤字が将来にわたって持続すると市場が懸念すれば，長期金利が上昇して投資を抑制する。財政赤字によって，長期における資本ストックの低下が生じれば，将来の自然産出量自体の水準が低下する。他方，公債の大量発行は，一般に民間資金需要と競合するため，短期的にも，金利を上昇させ，民間設備投資を抑制する要因となる。民間資金需要が活性化する好況局面では，政府の支出拡大が民間投資を追い出すクラウディング・アウト効果が働きやすくなる。クラウディング・アウトは，中央銀行がマネーサプライを増加させることによって回避することができるが，マネーサプライの増加はインフレを誘発する可能性を持っている。

大量の公債累積は，所得分配に大きな影響を与える可能性もある。公債保有者は概して高額所得者である。他方，公債に対する利子支払いは，結局租税によって賄われるので，公債を保有しない者や低額所得者も租税負担を負うことになる。したがって，所得再分配という視点から見ると，結果的に高額所得者への所得再分配が生じて不公平が拡大する可能性が生じる。

公債は，いずれ償還しなければならない。償還資金は，将来の償還時に，租税によって賄われるので，将来世代が負担することになる。財政赤字（公債発行）によって得られる公共サーヴィスの便益は現在世代が享受し，その費用は将来世代が負担するという世代間の不公平の問題が浮上する。公債発行残高が巨大化すると，世代間の受益と負担のバランスに大きな格差が生じる。少子・高齢化社会の進展により，社会保障負担が増大する中で，財政赤字を実際に負担する若年世代の潜在的国民負担率は過重になる。

世代会計によれば，世代別の受益総額と負担総額を比較すると，若い世代ほど負担超過が大きいと推計されている。例えば『年次経済財政報告書（平成17年度）』によれば，現行制度を前提とし，「将来世代のみが財政赤字を償還する」とすれば，20歳未満の将来世代の生涯純受益額はマイナス4585万円，20歳代ではマイナス1660万円，30歳代ではマイナス1202万円であるのに対して，40歳代でマイナス28万円とほぼ均衡し，50歳代ではプラス1598万円，60歳以上ではプラス4875万円となる。高齢者ほど受益が拡大し，若い世代ほど負担は重くなることが示されている。

少子・高齢化が加速する日本では，世代間の公平性確保は，緊急の課題であり，その意味からも，巨大な財政赤字や公債累積構造の是正は避けて通れない問題と認識されている。

10.3 財政再建とプライマリー・バランスの均衡

現在，財政健全化を実現するうえで，プライマリー・バランス（基礎的財政収支）の均衡という指標が重視されている。これは，公債発行収入を除く税収 T と，公債費（公債の元利償還費）を除いた政府支出 G とを均衡化させて，財政硬直化に歯止めをかけ，財政赤字に付随する弊害を抑制し，財政健全化を実現しようとするものである。

プライマリー・バランスが均衡する状態では，公債金収入（新規公債発行額 ΔD_a）と公債費（公債償還額 ΔD_b＋公債利子支払費 rD_0）とは等しくなる。

$$\Delta D_a = \Delta D_b + rD_0$$

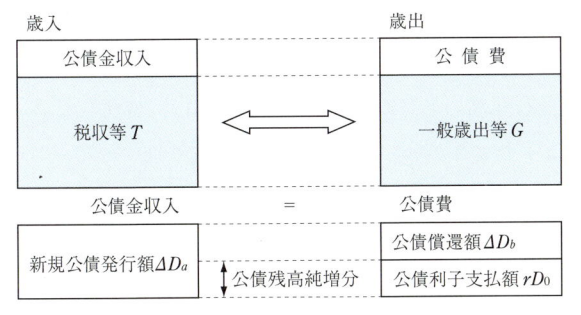

図10-1 プライマリー・バランス

歳入		歳出
公債金収入		公 債 費
税収等 T	⇔	一般歳出等 G
公債金収入	=	公債費
新規公債発行額 ΔD_a	公債残高純増分	公債償還額 ΔD_b / 公債利子支払額 rD_0

　公債収入金と公債費とが均衡化するということは、公債収入額と公債償還額との差額分（すなわち**公債利子支払分 rD_0**）だけ**公債残高**が**増加**することを意味している。

　プライマリー・バランスが均衡化しても、公債残高は増加する。しかし、名目GDP成長率が利子率と等しい場合には、公債残高は名目GDPと同率で増大するので、対GDP比率で見ると公債残高は一定水準に維持できる。

　いまある年度期首の公債発行残高が D_0、名目GDPが Y_0 であり、利子率が r であるとする。公債利子支払費は、rD_0 となる。プライマリー・バランスを均衡させる政策運営が行われている場合には、公債残高の純増加額 ΔD_0 は、ちょうど公債利子支払費 rD_0 と一致する。したがって、翌年の公債発行残高 D_1 は、次のようになる。

$$D_1 = D_0 + \Delta D_0$$
$$= D_0 + rD_0$$
$$= (1+r)D_0 \tag{10.1}$$

　一方、この間の名目GDPの成長率が g であったとすれば、翌年の名目GDP ($=Y_1$) は、

$$Y_1 = (1+g)Y_0 \tag{10.2}$$

となる。(10.1) と (10.2) から、公債発行残高と名目GDPとの比率を求めれば、

$$\frac{D_1}{Y_1} = \frac{(1+r)D_0}{(1+g)Y_0} \tag{10.3}$$

となる。ここで、利子率 r と名目GDP成長率 g とが等しい場合には、

$$\frac{D_1}{Y_1} = \frac{D_0}{Y_0} \tag{10.4}$$

となり，公債発行残高の名目 GDP に対する比率は，変化しない。

この関係は，r と g とが等しいときには常に成り立つので，プライマリー・バランスを維持すれば，公債発行残高（政府負債）が増え続ける場合にも，財政が破綻状態に陥ることを回避することができる。そして名目 GDP 成長率 g が利子率 r を上回れば，公債残高の対 GDP 比率は減少していく。ただし，名目 GDP の成長率 g が利子率 r を下回れば，プライマリー・バランスが維持されたとしても，公債残高の対 GDP 比率は増加するので，プライマリー・バランスを達成すれば，すべてが解決されるというわけではない。

財政の硬直化を回避するという視点から見ると，プライマリー・バランスの均衡化は，その第 1 段階の目標として大きな意味がある。しかし，財政の健全化を確実に進めるためには，プライマリー・バランスを黒字化する必要がある。政府は，中期的な経済財政運営の基本方針として，2010年代初頭に国・地方を合わせたプライマリー・バランスの黒字化を目指している（『構造改革と経済財政の中期展望』2004年度改定版）。

10.4 公債原則と公債発行の問題点

公債原則

公債発行はいかなる場合に正当化されるかについては，いろいろな考え方が存在する。スミスなどの古典派は，公債は政府の浪費を助長し民間の資本蓄積を阻害するとして，公債の発行を否定していた。その後ディーツェルやワグナーは，経常支出財源としては租税，臨時支出・投資支出には公債という原則が望ましいとした。さらにケインズは，1930年代の大不況に直面し，有効需要を高めるために赤字公債を利用して，完全雇用を達成すべきであるとした。その結果，マクロ経済安定のための主要な手段として，公債の機能が定式化された。

現在では，(1)大不況時の有効需要喚起の場合，(2)戦争等非常時において一時

に巨額の資金が必要な場合，(3)収益性のある公営企業の投資財源の場合，(4)社会資本等の資産を後世代に残す場合には，公債発行は是認されるとする見解が一般的である。

日本では，公債発行に関して，日本銀行引受けの国債が大量に発行され財政規律を破壊しインフレを招いた経験から，国債の日銀引受けが禁止され，「建設国債の原則」，「市中消化の原則」という2つの原則が定められている（第3章参照）。

公債発行が生み出す負担

公債は，明確な費用負担の感覚なしに国民が公共サーヴィスを享受するため，「錯覚」を生み出す。しかし公債は，政府が生み出すいかなるサーヴィスも最終的には何らかの税の形で支払わなければならないという事実を変更するものではない。また完全雇用下では，公債による財政支出は，現在の消費を増やすが，その分貯蓄を削減するため，資本蓄積や将来消費を抑制するという機会費用を持っていることも否定できない。

不況緩和や税収不足を補填するために巨額の公債発行が常態化すれば，財政規律が弛緩し，財政政策に対するマーケットの信認を失わせる。マーケットの信認低下は，為替相場に影響を与え，また民間経済活動に対する不確実性を増大させる要因にもなる。

とりわけ経常的な消費支出が公債発行で賄われる赤字公債の発行は，一般にそれに見合った公共施設が将来世代に残らないため，負担のみを将来世代に転嫁させ，世代間の不公平を生み出す。公的消費を公債で賄えば，この追加的消費が実行された期間の効用が増加するが，逆にその後の期間では，公債償還のためにその消費額に見合った分だけの効用の削減が不可避となり，負担の世代間移転が生じる。

これに対して，公共投資を賄う建設公債の場合は，負担とともに便益も将来世代で発生する。このため，一方的な負担のみが将来世代へ転嫁されるという不公平はない。しかしこの場合でも，将来世代の政治的意思は反映されておらず，残された実物資産が必ずしも将来世代にとって好ましいものであるかどうかは保証されていない。将来世代にとっては，自らが意思決定に参加できない

にもかかわらず，社会資本の内容や負担が決定されてしまい，加えて整備された社会資本も陳腐化し不要になるというリスクを負担しなければならない。このような場合，意思決定システム（民主主義）のモラルが損なわれてしまう危険性もある。

さらに，実物公共投資のみが将来に便益をもたらすとして，他の政府消費と区別し，建設公債を正当化する考え方は一面的である。教育など将来に便益をもたらす経常支出がある一方，既得権益化し将来の便益効果をほとんど持たない公共事業も存在しているからである。

現在では，グローバル経済のもとで国際資金移動が自由に行われるため，財政需要が発生した場合，政府が外国の資金を公債で吸収して国内の貯蓄不足を補完することができる。ただし外国債は，将来外国に対する支払が実行される時点で，国民所得を減少させ生活水準を低下させる。外国債が国内の投資的経費に使用される場合には，それに対応する社会資本が形成され，公共サーヴィスが生産されるが，経常経費に支出された場合には，その額に相当する国民所得の低下が発生する。内国債では，使途にかかわらず，支払いが国内に留まるため，国民所得の低下は生じない。

この他，すでに見たように，公債が累積すれば，利払い費が増大し，一般的な政策経費が圧迫され，財政の硬直化が深刻化し，グローバル経済化と少子・高齢化社会への財政の対応能力を低下させる要因となる。公債発行を財源として財政支出を拡大させれば，人々は公債を貯蓄の一部として保有するため，民間投資資金を圧迫する。それが長期における資本ストックの低下を生み出し，生産能力（自然生産量）の低下に結びつけば，将来世代の生活水準を低下させ，将来世代に負担を転嫁する。短期的に，クラウディング・アウトを回避するため，公債が中央銀行引受けで発行されれば，通貨増発からインフレが引き起こされる可能性も生じる。

10.5　公債と租税

10.5.1　租税との比較

　政府の財源調達方法として，租税と公債を比較すると，租税は，民間部門から強制的に徴収するため徴税コストが高いが，公債は民間部門が任意に購入するため，発行コストは小さい。また，租税によって短期間に多額の収入を調達しようとすれば，その負担は増税時の納税者に集中するため，国民に大きな負担感を与え，政治的抵抗が大きくなる。これに対して，公債は短期間に多額の収入を確保することができ，負担を将来世代に分散させ将来世代に転嫁するので，国民の負担感や政治的抵抗は小さくなる。さらに，租税は，直接に消費者の可処分所得を減少させるので消費削減効果が大きいが，公債は主として民間貯蓄によって購入されるので，貯蓄削減効果が大きくなる。最後に，租税は好況・不況によって収入額が大きく変動するが，公債収入は景気変動の影響が少ないと考えられる。

10.5.2　公債の中立命題

　政府支出（負担総額と使途）が一定という条件の下で，租税と公債という財源調達手段の相違が経済に与える影響を検討しよう。公債と租税による財源調達は，民間で利用可能な資源が公的支出に充てられる点では同じである。公債の発行と償還が同一世代に限定されている場合，個人が生涯にわたる予算制約式（生涯所得）に基づいて最適化行動をとれば，租税により財源が調達されても，公債により財源が調達され将来のある時点で公債償還のための増税が行われても，両者に差はない。生涯のどの時点で課税されても，その現在価値に変化はないので，公債政策は個人の経済活動に対して中立となる（リカードの中立命題）。

　2期間のライフ・サイクル・モデルでリカードの中立命題を考えてみよう。第1期，第2期の賃金所得を W_1, W_2, 租税徴収額を T_1, T_2, 消費を C_1, C_2,

利子率を r とする。第1期に，賃金から租税を支払い，残りの可処分所得を消費 C_1 と貯蓄 S_1 に充てるとすれば，

$$C_1 = W_1 - T_1 - S_1$$
$$S_1 = W_1 - T_1 - C_1 \tag{10.5}$$

また第2期に，第1期の貯蓄 S_1 を取り崩して全額消費に充てるとすれば，第2期の消費は，

$$C_2 = W_2 - T_2 + (1+r)S_1 \tag{10.6}$$

となる。(10.5)，(10.6)から，生涯の予算制約式は，

$$C_2 = W_2 - T_2 + (1+r)S_1$$
$$= W_2 - T_2 + (1+r)(W_1 - T_1 - C_1)$$

となり，両辺を $(1+r)$ で割って整理すると，次のようになる。

$$C_1 + \frac{C_2}{1+r} = W_1 + \frac{W_2}{1+r} - \left(T_1 + \frac{T_2}{1+r}\right) \tag{10.7}$$

(10.7)式は，左辺の生涯消費の現在割引価値は，右辺の生涯賃金所得の現在割引価値から租税支払い総額の現在割引価値を差し引いたものになることを示している。したがって，生涯のどの時点で課税されても，その現在割引価値は同額となり，個人の経済活動に中立的となる。

一方，個人の生涯にわたる効用は，消費 C_1，C_2 から得られる効用の大きさだけに依存して決まるとすれば，個人の効用関数 U は，

$$U = U(C_1, C_2) \tag{10.8}$$

となる。個人は，予算制約式(10.7)の下で，効用関数(10.8)の値を最大化するように行動し，各期の消費を決定することになる。

いま，第1期に政府が租税 T_1 の徴収をやめて，かわりに同額の公債 D_1 を発行し，第2期に増税を行って D_1 の償還を行う場合を考えてみよう。公債償還に要する増税額は，公債利子支払分を含めて，$(1+r)D_1$ となる。この場合，第1期の貯蓄 S_1 は，

$$S_1 = W_1 - C_1 \tag{10.9}$$

となり，第2期の消費は，

$$C_2 = W_2 + (1+r)(W_1 - C_1) - T_2 - (1+r)D_1 \tag{10.10}$$

となる。生涯の予算制約式は，(10.9)，(10.10)から

$$C_1 + \frac{C_2}{1+r} = W_1 + \frac{W_2}{1+r} - \left(D_1 + \frac{T_2}{1+r}\right) \qquad (10.11)$$

となる。$\left(D_1 + \frac{T_2}{1+r}\right)$ において，公債発行額 D_1 は，T_1 と同額であるので，(10.7)式と(10.11)式とは全く同じになり，公債発行と租税による財源調達とは，全く同じ効果を持つことが確かめられる。

政府支出水準と内容が一定に保たれる場合には，生涯の予算制約式が全く同じであるので，個人の効用を最適化させる消費水準も等しくなる。個人が生涯の予算制約式に基づき合理的行動をとるとすれば，政府が財源調達を租税から公債に変更しても，個人の経済行動には影響を与えない。中立命題が成立すると，公債発行によろうと増税によろうと，財政政策の効果に差はないので，ケインズ的な政策効果の差は生じない。

ただし，個人が生涯の予算制約式（生涯所得）にはあまり関心を持たず，もっぱら各時点の税負担に関心があるとすれば，公債発行で課税が先送りされると，個人はその時点で可処分所得が増えたと考え，消費を増やすことになる。このような場合には，公債政策が実質的な経済効果を持ち，リカードの中立命題は成立しない。したがって，公債の発行と償還とが同一世代に限定されている場合，公債政策の経済効果の有無は，個人がどの程度のタイムスパンを念頭において行動しているかに依存していることになる。

これに対して，公債発行と償還が同一世代で完結しない場合には，公債と租税の経済効果は異なる。公債は政府の借金であるから，発行時点では納税者の負担とはならない。公債の元利返済は，最終的には租税によって行われるので，増税が現世代期間に行われなければ，将来世代が負担せざるをえない。将来世代への負担の転嫁が生じることになる。

個人が生涯にわたる予算制約式に基づき最適化行動をとっている場合には，税負担を先送りした現役世代は，生涯所得が増加し，消費は拡大する。将来世代にとっては，公債償還のための増税が行われる分だけ生涯所得が減少し，消費は減少する。公債の償還が世代を超えれば，公債政策は実体経済に影響を及ぼす。つまり，公共支出を租税で調達する場合には，直ちに現役世代に租税負

担が生じるが，公債で調達する場合にはすぐに現役世代に対する負担は発生せず，やがて公債を償還する時点で将来世代の税負担が発生する。

ところで，各人が各自の生涯の効用だけでなく，将来世代の効用も自らの効用と考えて合理的に行動すると想定すれば，将来世代に負担が先送りされる場合でも，公債政策の実体的な効果はなくなる（バローの中立命題)*。公債の償還が将来世代で行われ，税負担が将来世代に移ったとしても，現在世代は将来世代の効用に配慮して，将来世代への遺産や生前贈与を行って将来世代の税負担増を打ち消すように行動するという考え方である。

いま現在世代で総額 T の減税が行われ，同額 T の公債が発行されて財源が賄われ，公債の元利合計 $(1+r)T$ は，将来世代が増税 $(1+r)T$ によって償還するとすれば，現役世代の予算制約は減税分だけ緩和され消費を拡大することができるが，将来世代は増税分だけ予算制約が厳しくなり消費が低下し，将来世代の効用は低下する。したがって，現在世代は将来世代の効用が低下しないように配慮して最適化行動をとり，ちょうど将来世代が負担する増税額 $(1+r)T$ 分だけ遺産（貯蓄）を増加させることになる。

このようなバローの中立命題が成立する世界では，世代を越えて負担の転嫁は生じないため，公債と租税はまったく差がなくなり，経済安定化政策は完全に無効となる。

バローの中立命題は，個人がどのようなタイムスパンで経済活動を行っているかに依存している。バローの命題が成立するためには，家計に流動性に対する制約がない（借りたいときに借りたいだけ，資金を借りられる）こと，課税は中立的な一括定額税で行われること，個人の将来に対する予測が完全であることなどの極めて大きな制約条件が必要である。実証分析でも，確定的な結論は出されていない。

10.5.3　公債の負担に関する諸説

公債の負担を考える場合には，**財政的負担**と**経済的負担**とを区別して考えな

---

*　リカード＝バローの中立命題については，R. Barro [1974], "Are Government Bonds Net Wealth ?", *Journal of Political Economy*, December　参照。

ければならない。財政的負担は，公債という政府の借入金の返済のために租税負担を実際に負うのは誰かという視点から考えるものである。租税による公債償還に関連して，将来世代への負担転嫁となるかどうかが，大きなポイントになる。公債の償還が将来世代で行われれば，実際に租税負担を負うのは将来世代である。同一世代内で償還が行われれば，将来世代への税負担の転嫁は生じない。これに対して，公債の経済的負担は，資源配分の変更が生じ，民間の資本蓄積や消費・所得の低下が生じるかどうかを問題とする。

　A. スミスは，公債発行は，政府消費を拡大させて民間資本を縮小させ，またその元利償還のために将来の資本蓄積を阻害すると主張した。したがって，スミスは，公債の負担が将来世代に転嫁されるという財政的負担と，資本蓄積が阻害されるというマクロ経済的な負担の双方が発生すると捉えていたといえよう。

　一方，A. ラーナー等の新正統派は，公債負担を民間部門の利用可能な資源が減少するかどうかという観点から捉え，次のように主張した。公債発行でも租税徴収でも，一国の利用可能な資源が公的に使用されるという点では同じであり，民間が利用可能な資源は同一である。したがって将来世代への負担の転嫁は生じない。公債の元利償還のための税負担は将来世代が負うが，償還も将来世代が受けるので実際上は前世代からの負担転嫁が生じているとは言えない。したがって，内国債では将来世代への負担の転嫁は生じない。しかし，外国債の場合には，発行時の世代の利用可能な資源を増加させるが，償還時に増税が行われ，所得の海外流出が生じるので，将来世代の利用可能な資源は減少し，負担が転嫁される。したがって，内国債の場合は将来世代への負担転嫁が生じないが，外国債の場合には将来世代への負担の転嫁が生じる。

　W. G. ボーエン = R. G. デービス = D. H. コップは，公債の負担を，生涯消費の減少と捉えたうえで，公債の償還（増税）がどの世代で行われるかによって，転嫁の有無が決定されると主張した。公債の発行と償還が同一世代内で行われる場合には，生涯消費量に変化はないので，公債発行による負担は生じない。しかし，公債の発行と償還が世代を超えて行われる場合には，公債を償還する将来世代の生涯消費は増税によって減少するため，負担が将来世代に転嫁され

るとした。

　一方，F. モディリアニは，公債の負担を資本蓄積の減少と捉えた。資本蓄積の減少は，生産能力増強を抑制し，将来所得の減少を招く。したがって，資本蓄積を抑制させるような措置は，将来世代に負担を転嫁することを意味する。ところで，公債は，租税と比較すれば，貯蓄削減効果が大きく，その分投資を抑制し，資本蓄積を阻害する。したがって，公債は，内国債・外国債ともに，将来世代に負担を転嫁する。

　また D. リカードや R. バローは，公債と租税とは全く同一の効果をもたらし，公債負担が将来に転嫁されることも，資本蓄積が阻害されることもないとして，等価定理（中立命題）を主張した。

　これらの公債の経済的負担を主たる関心とする諸説に対して，ブキャナンは，負担を個人の効用水準の低下と捉え，それは「強制的な支払い」によって引き起こされると考えた。公債発行時に属する世代は，任意に自発的に公債購入を行うので負担は生じないが，公債償還時に属する将来世代は，償還財源が強制的な課税によって調達されるので負担が生じる。したがって，内国債・外国債ともに，償還時に将来世代への負担の転嫁が生じると主張した。

　以上のように，公債の負担をめぐる議論は，多岐にわたる。ケインジアンと古典派の主張が真っ向から対立しているという図式ではない。例えば，スミスの主張と対極にあるのが，リカードやバローの等価定理（中立命題）であるということは興味深い。無論ケインジアン（ラーナーなどの新正統派）は，裁量的財政政策が有効であるという主張と整合するように公債による負担は生じないという公債負担論を展開している。論者によって違いはあるが，総じて言えば，公債の発行と償還が同一世代内で行われる場合には，公債の負担の転嫁は生じないという見方が一般的であると言えよう。

10.6　公債の種類と公債管理政策

10.6.1　公債の種類

　公債は，政府が発行する債務証書である。日本の国債には，1年未満の**短期国債**，2‐6年程度の**中期国債**，10年程度の**長期国債**，15年程度以上の**超長期国債**がある。国債の中で最も大きいシェアを占めるのが，10年利付国債である。

　短期国債には，**政府短期証券**と**割引短期国債（TB）**がある。政府短期証券（償還期限：原則13週間）には，国の一時的な資金繰りのために発行される**財務省証券**，特別会計（食糧管理，外国為替資金，財政融資資金など）の資金不足を補うために発行される食料証券・外国為替資金証券，財政融資資金証券などがある。また割引短期国債（償還期限：1年，6ヵ月）は，大量の国債の償還・借換えを円滑に実行するために発行されるものである。満期がきたが償還できず再度借り換えるために発行する短期の国債であり，**借換債**という。

　この他に，財政投融資の原資として使用される**財政融資資金特別会計国債**（**財投債**）や，国が損失補償などのために現金給付に代えて発行する（発行収入を伴わない）**交付国債**がある。

　また国債を債権の形態から分類すれば，償還期限まで定期的に利息が支払われる**利付国債**と，償還期限までの利息相当額があらかじめ額面から差し引かれた価格で発行される**割引国債**とに分けることができる。

10.6.2　公債の発行と償還資金の調達

　公債の発行方式には，金融機関や証券会社などからなるシンジケート団による引受けによって発行する**国債募集引受団引受方式（シ団引受方式）**と，多数の応募者の入札によって国債発行条件や発行額を決定する**公募入札方式**とがある。シ団引受方式は，国債を確実に消化することを目的としたものである。10年利付国債は，シ団引受方式で発行され，募集残額が生じた場合には，シ団メンバーが共同で引き受ける。しかし，1989（平成元）年から従来の固定シェア

299

引受方式に加えて，価格競争入札方式が導入され，現在では競争入札方式で大部分が発行されている。10年利付国債以外の国債は，短期債を含めてすべて公募入札方式で発行され，表面利率・発行額が価格競争入札によって決定される。また1988年から郵便局による国債募集の取扱いも行われている。この他，国債の円滑な消化を進め，市場ニーズに応えるため，2003年から個人のみが購入できる「個人向け国債」が新たに発行され，2004（平成16）年には，財務省から指定された者が，国債市場特別参加者会合への参加資格を得ると同時に，一定の応札・落札の責任を負うという**国債市場特別参加者制**が導入された。

　国債の日銀引受け発行は，財政法第5条によって禁止されている。しかし，特別な事由がある場合，国会の議決を経た金額の範囲に限り，日銀による国債引受けが認められている。日銀が保有する国債の償還分に対応する借換債の日銀引受けは，新たな通貨膨張要因とならないため認められており，これを**乗換え**という。また，一旦，市中消化された国債については，1年経過後には，日銀が買い入れることができる（既発国債の**買いオペレーション**）。

　一方，政府短期証券は，日銀引受けによって発行することが認められている。財務省証券については，財政法7条に日銀引受け発行ができると規定されている。

　国債償還については，建設国債によって建設された資産の平均耐用年数を60年とみなして，その間に全額償還するという考え方から，前年度期首の国債総額の60分の1（100分の1.6）の金額を償還する仕組みとなっている。特例国債（赤字国債）については，当初は全額現金で償還されることになっていたが，1985（昭和60）年以降は，同様の60年償還ルールが適用されている。国債償還は，**国債整理基金特別会計**に，(1)国債総額の100分の1.6に相当する金額を繰入れ（定率繰入），(2)また一般会計の決算剰余金の2分の1を下回らない額を繰入れ，(3)さらに必要がある場合には予算措置による繰入れを行って，償還財源を調達し実施される。しかし，定率繰入は，1993（平成5）年以降しばしば停止されている。

　国債の要償還額に対して償還資金が不足する場合，**借換債**が発行されるが，新規発行ではなく新たな債務負担を伴わないので，国会の議決は必要ない。ま

た償還は現金で行われるので，満期国債の保有者が借換債を購入するかどうかは自由であり，強制されるわけではない。借換債には，割引短期国債（TB）が使用される*。

10.6.3　公債管理

公債の大量発行が続くと，公債利払い費が膨張し，財政硬直化の大きな原因を作り，高所得者への所得移転が生じて公平を損なうとともに，民間の資金需給に大きな影響を及ぼす。そこで，公債の発行，消化，流通，償還の方法を，財政目的と経済目的とのバランスを図りつつ，管理することが課題となる。公債管理政策は，公債発行の種類と残高構成を変化させることによって，(1)公債の利払い費を最小化させて財政の柔軟性と公平を確保し，また(2)公債の流動性をコントロールして経済安定を図ることを目的とするものである。

利払い費を最小化するには，低金利の時に利子負担を低利に固定する長期債を発行し，逆に高金利の時に高金利の期間を限定する短期債を発行すればよい。通常，景気加熱期には利子率が高く，停滞期には利子率が低い。したがって，利子率の高い好況期にはできるだけ短期債を発行し，利子率の低い不況期には長期債を発行することが有利となる。

他方，経済安定化の観点からは，流動性の高い短期債と流動性の低い長期債との構成を変化させることが有効である。つまり，経済が停滞する不況期には，流動性が高く利子率を上昇させにくい短期債を発行して民間投資を刺激し，経済が加熱する好況期には，流動性が低く利子率を上昇させやすい長期債を発行

＊　1975年度から国債（建設・特例）の大量発行が始まった。これに伴い，10年後の1985（昭和60）年度から国債償還額が大規模化するため，赤字国債（年度内に償還することが原則）にも60年償還ルールが適用された。そして巨大な国債償還に応じるため，国債整理基金特別会計において1985年度から借換債が発行された。その仕組みは，例えば新規発行額が6兆円ならば，10年経過時点で$\frac{1}{6}$の1兆円を償還して残額$\frac{5}{6}$の5兆円は借換債を発行し，さらに10年後に1兆円を償還して4兆円の借換債を発行し，……60年後に全額償還するという方式である。60年償還ルールの適用と借換債発行の組合せによって，赤字国債発行の制度的歯止めが失われる結果となった。

して民間投資を抑制するのが効果的である。

このように，国債管理政策の利払い最小化と経済安定化という2つの目標は，互いに矛盾し，政策的に見ればトレードオフの関係にある。しかし，公債の発行の主要な目的は，必要な財源を調達することである。実際にも，財務当局の主要な関心は，所要の資金を円滑に調達し，できるだけ利子負担を抑えて公債費を低減することにあるといってよい。また経済安定化のための政策手段は別に金融政策が存在するため，国債管理によって経済安定化を図るという考えが大きな比重を占めるとは考え難い。したがって，国債管理政策の2つの目的の政策的トレードオフは，それほど深刻ではない。金融市場に撹乱的な影響を与えないように留意しつつ，利払い費を最小化するように政策運営が行われると考えてよいであろう。

10.7 財政赤字削減論の根拠

財政赤字削減の経済的効果

公債が発行されるということは，それに見合う財政赤字が発生しているということである。財政赤字を積極的に活用して経済安定を達成しようというのが，ケインズ的な財政政策であった。一般に，景気後退期には財政赤字を拡大し，加熱期には赤字を削減（黒字化）することによって，総需要を管理し，経済を安定化することができる。

しかし，リカードの中立命題が成立するような状況下では，課税と公債発行は全く同じ効果を持つ。公債発行は将来の増税を意味していると人々が認識して行動すれば，将来の増税に備えるために貯蓄を増やす（消費を減らす）ので，公債発行による景気刺激効果は相殺されてしまい，国民生産や資本蓄積に影響を与えず，政策効果はなくなる。

リカードの中立命題が成立しない場合には，財政赤字は，短期的には国民所得を増加させるが，長期的には資本蓄積（資本ストック）を低下させ国民生産を低下させる効果を持つ。

人々が長期的視野にたって合理的期待を形成して行動するような世界では，

リカードやバローの中立命題的な世界が支配的となり，逆に人々が短期的な視野で常識的に行動するような世界ではケインズ的な世界が支配的となるだろう。現実の世界では，人々が長期的視野で合理的に行動するという状況が支配的であるという証拠はない。人々は，短期的には常識的に行動していると考えてよいだろう。ただし，ケインズ的な世界が妥当するような短期的世界でも，景気循環に応じて財政規模を自在に膨張・収縮させることはできないので，ケインズ的な総需要管理政策が所期の目的を実現することも容易ではない。

いずれにせよ，現実の世界では，人々が必ずしも長期的視点から合理的に行動するとは限らないので，財政赤字を変化させても，民間の貯蓄（したがって消費）は，それを完全に相殺するようには反応しない。

いま対外関係を考慮しないとすれば，政府の財政赤字と民間の貯蓄投資差額とは等しくなる。政府支出を G，税収を T とし，民間貯蓄を S，民間投資を I とすれば，国民経済全体では，貯蓄と投資が等しくなるので，

$$S+T=I+G$$

という関係が成り立つ。これを政府部門と民間部門との関係に書き換えれば

$$T-G=I-S \tag{10.12}$$

となる。(10.12) 式の左辺 $T-G$ は，税収から政府支出を引いたものであるから政府の財政収支を示し，右辺 $I-S$ は，民間投資から民間貯蓄を引いたものであるから，民間部門の貯蓄投資差額を示している。

したがって，短期的に財政赤字 ($T-G$) を変化させても貯蓄 S があまり変化しないとすれば，財政赤字と投資 I ないし資本蓄積は負の関係にあることになる。例えば (10.12) 式の左辺の財政赤字（マイナス）が拡大すれば，右辺 ($I-S$) のマイナスも拡大するが，右辺の貯蓄 S が余り動かなければ，投資 I は縮小せざるをえない。このような状況にある場合，民間投資を刺激して経済成長を高めるためには，**財政赤字を削減**することが望ましい。

また民間投資 I は，長期的には，政府支出 G とも負の関係にある。政府支出が増大すると，民間にとっての利用可能な資源が減少するが，消費 C はそれ程大きく減少しないから，結果として投資 I が圧迫され，資本蓄積が抑制される。政府規模が大きすぎると認識されている場合には，政府支出の限界効用

（便益）が低下していると考えられるので，財政支出を削減して財政赤字を縮小し，民間の利用可能な資源を増加させることが望ましい．

したがって，民間投資を刺激して経済成長を促進するには，政府支出を削減することが有効な処方箋となる．また経済成長率が上昇すれば税収が増加し，経済状況が改善すれば社会保障関連支出は減少するので，財政赤字削減に強力な作用を及ぼすことになる．したがって，財政赤字削減は，経済成長率を押し上げる要因として作用する．

ところで海外部門を考慮にいれると，財政赤字は純輸出（輸出入差額）NX と民間貯蓄投資差額の和に等しくなる．

$$T-G=I-S+NX$$
$$=I+NX-S \qquad (10.13)$$

この場合，国内の貯蓄の一部は，海外への純輸出となるが，財政赤字削減の政策的含意は，閉鎖経済の場合と同様に考えてよい．ただし，財政赤字の削減は，国内金利を低下させ，民間投資を拡大することに加えて，海外への資金の流出による為替相場の減価を引き起こし，純輸出を増加させる効果を伴う．したがって，財政赤字削減の政策効果は，純輸出を増加させる効果が加わる分だけ強められると考えることができる．

米国の経験

このような財政赤字削減論に現実的な根拠を与えたのが，米国の経験であった．米国は，1990年代初頭には巨大な財政赤字を抱え，経済も停滞していた．米国は，経済を再生し，財政再建を実現するために，長期金利を低下させ，民間投資を活性化させる政策運営を選択した．国防費・社会保障費などを中心に歳出を削減し，他方で増税を行って，財政赤字を削減する政策を実施した．これに景気回復による大幅な税収増大効果が加わることによって，1998年度には財政を黒字化することに成功する．財政赤字（国債発行額）の削減は，長期金利を低下させ，企業投資を促進し，米国経済再生の動力として作用した．こうして，政府部門を効率化し，民間部門の活力を引き出し，市場重視の経済運営を実行したことが，米国再生を可能にした，という認識が広がった．このような米国の経験は，先進各国が政府機能の縮小・効率化，財政赤字削減，財政構

造改革，市場重視の経済運営に取組むうえで，有力な現実的な根拠を提供したと考えられる。

また米国では，特に1990年代以降，政府に対する政策信認（policy credibility）が経済パフォーマンスに与える影響の重要性が強調された。政府が政策の長期目標を明確に定め，財政規律を回復し，将来の不測事態にも円滑に対処できる財政の柔軟性を維持することが，政策の信頼性を高める。民間の将来予想が，現在の経済活動に大きな影響を与えるからである。政策に対する信認が高いほど，優れた経済パフォーマンスを生むことになる。その意味で，米国が推進した財政赤字の削減，海外市場の開放促進，政府部門の効率性向上という系統的な国家政策は，政府の信認を大きく高めた。このように，ケインズ型裁量的政策から脱却し，巨額の財政赤字を解消して財政規律を取り戻し，長期金利を低下させて民間投資を活性化させ，政府機能を効率化して市場機能を活性化させる政策運営が，クリントン政権下で体系化された。それは，1990年代の米国経済の良好なパフォーマンスを生み出す動力として作用した。このような米国の経験が，財政赤字削減論の有力な支持要因となっている。

日本の取り組み

日本は，戦後，**非募債主義**に基づいて財政運営を行った。高度経済成長が**潤沢な税収**をもたらし，必要な財源を供給したからである。しかし1965年不況で税収不足が深刻化したため，1965（昭和40）年度補正予算において，はじめて**特例国債（歳入補塡債）**が発行された。そして1966年度以降は，毎年**建設国債**が発行された（以後2008年現在まで建設国債は継続して発行されている）。その後石油危機を契機として経済成長率が低下し，税収不足が生じたため，**1975（昭和50）年度**には**特例国債**が10年ぶりに発行され，以後1989（平成元）年まで特例国債の発行が継続された。他方，1980年代後半のバブル景気によって税収が著しく増加したため，1990（平成2）年度から1993（平成5）年度まで特例国債発行はゼロとなり，赤字公債依存から脱却することができた（1990（平成2）年度は当初予算では赤字国債発行ゼロであったが，湾岸戦争により補正予算で赤字国債＝臨時特別公債の発行を余儀なくされたため，決算ベースでは1991（平成3）年度から脱却）。

しかし，バブル経済が崩壊し，これに円高が加わって，景気後退が本格化し，税収が減少した。日本銀行は，公定歩合を戦後最低水準にまで引き下げ，金融緩和策を実行した。政府も，大規模な建設公債を発行して公共事業を展開し，景気回復に努めた。さらに1994（平成6）年には，所得税等6兆円の減税が実施され，特例国債発行が再開された。建設国債発行は継続し，特例国債発行額は大規模化していった。これらの景気対策に支えられて，日本経済は回復に向かい，1995年2.5％，1996年3.4％の経済成長を記録した。しかし財政赤字は拡大し，先進諸国中で最悪の水準に達した。

　このため日本でも，財政赤字を解消し，急速に進行する少子・高齢化社会に対応する財政基盤を整備する必要が認識され，財政構造改革への動きが本格化した。ただし日本では，ケインズ型の財政政策が無効であるとの認識が支配的だったわけではない。財政政策は，経済安定化にそれなりの効果をあげると考えられていたからである。政府は，**1997（平成9）年度**を財政構造改革元年と位置づけ，財政赤字を対GDP比3％以下に抑制することを盛り込んだ**財政構造改革法**を制定して，歳出の全面的見直しに取り組み，消費税率引き上げ等6兆円を超える大幅な増税を行った。しかし，政府の性急な財政収支改善策は景気の腰を折り，これに金融システム不安や企業倒産の増加，アジア通貨危機などが加わり，日本経済はマイナス成長に陥った。

　このような状況下で，1年後の1998（平成10）年には，財政構造改革法は凍結され，景気回復を最優先する政策に再転換された。財政支出拡大と4兆円を超える恒久減税による大規模な景気対策が実行された。さらに，1999（平成11）年には，国・地方を合わせて6兆円の恒久的減税が追加された。そのため国債発行額は，1998（平成10）年度以降，一挙に30兆円以上の規模に拡大することになった。

　その後，2001（平成13）年に小泉内閣が登場し，歳出の主要分野での改革の加速など構造改革を推進する姿勢を強調し（財政構造改革法の凍結は継続），2010年代初頭における基礎的財政収支（プライマリー・バランス）の黒字化を目指す方針が掲げられた。

　財政赤字削減論は，政府をスリム化し，財政活動を効率化することによって，

市場機能に最大限依存する政策運営を目指すものである。それは，資源配分機能を活性化し，所得再分配機能や経済安定機能を抑制する政策運営を目指しているということができる。端的に言えば，効率性を重視し，公平性をある程度犠牲にするという政策運営を目指したといえよう。その結果，社会的な所得格差拡大などが問題化した。公平で安定した社会を維持することは重要な政策目的であり，常に相応の政策的配慮がなされるべきである。しかし少子・高齢化時代の進展によって，公平性のうち長期的な視野に立つ世代間の不均衡是正という課題が大きな意味を持つ時代が到来しており，またグローバル経済の進展で，国際的な経済活力を維持するために資本蓄積を促進するという目的も重視されている。その意味では，財政赤字削減への取り組みは，大きな時代の要請に沿った動きであるといえよう。

練習問題
1. 1990年代以降の先進各国の財政赤字状況を日本と比較しつつ説明しなさい。
2. 財政赤字が生み出すマイナスの経済効果について論じなさい。
3. プライマリー・バランスの赤字について説明しなさい。またプライマリー・バランスの均衡達成はどのような意味を持つのか，論じなさい。
4. 公債と租税の違いを説明しなさい。
5. リカードの中立性の命題とバローの中立性の命題について説明しなさい。
6. 公債の負担について，スミス，ラーナー，ボーエン＝デービス＝コップ，モディリアニ，ブキャナンの公債負担に関する所説について，述べなさい。
7. 日本の国債発行の原則について説明しなさい。
8. 国債の発行と償還の仕組みについて，説明しなさい。
9. 公債管理政策の2つの目的について論じなさい。
10. 戦後日本の特例国債と建設国債の発行状況について説明しなさい。
11. 1990年代以降の日本の財政運営の特長について論じなさい。

第11章　地方財政

　一国の財政は，資源配分，所得再分配，経済安定などの諸機能を果たす。これらの機能を果たすうえで，中央政府（国）と地方政府（地方公共団体）とは，その特性に応じて一定の役割分担を行っている。中央集権的な国家と地方分権的な連邦国家とでは，役割分担に大きな相違があり，歴史的な経緯も異なるため一概にはいえないが，一国全体に関わる公共サーヴィス（国防などの純粋公共財供給，所得再分配機能，経済安定機能）は，中央政府（国）の政策として実施されることが多く，その便益が一定地域に限定される公共サーヴィス（生活に密着した資源配分機能）は，地方政府によって実施されることが普通である。したがって，一般に，国の公共サーヴィスに対しては応能原則による租税負担の配分が適合的であり，地方の公共サーヴィスには応益原則による租税負担の配分が適合的であると考えてよい。ただし，財政機能の分担や負担原則の適合性の問題は，必ずしも実際にそのように役割分担や租税負担配分が行われていることを意味するものではない。

11.1　国と地方の財政関係

11.1.1　地方財政の役割と視点

財政機能の役割分担

　財政の資源配分機能は多岐にわたるが，国防や外交などの国際的な機能を持つ純粋公共財や全国均一の公共サーヴィスについては，中央政府が一元的に供給することが効率的である。地方政府の合議制では，行政上の機動性や効率性は低下するからである。しかし，消防・警察・上下水道・公園・ごみ処理などのように，その便益が地域住民の生活に密着し，一定の地域に限定される公共

サーヴィスは，地方政府が供給することが望ましく，効率的である。したがって，資源配分機能においては，地方政府が主要な役割を果たすと考えることができる。

所得再分配においては，累進所得税や社会保障などの税負担率や給付率が地方によって異なることは望ましくないので，国が機能を担うことが適当である。またGDPや物価など一国全体のマクロ経済活動水準に影響を与える経済安定機能も，本来中央政府が担うべき役割である。ただし，公的扶助・医療保険などの社会保障サーヴィスや公共インフラ整備のために公共事業が実施される場合，実際には地方政府が大きな役割を果たすことが多く，この点から言えば所得再分配機能や経済安定化機能においても，地方政府は大きな役割を分担しているということができる。

地方財政の視点

公共財の中には，国民の日常生活に密着した公共サーヴィスが数多く存在する。それらは，社会保障や義務教育のような国民に最低限の生活や機会均等を保障する全国均一のサーヴィス（**ナショナル・ミニマム**）と，公園や上下水道などのように便益が一定の地域に限定されるサーヴィス（**地方公共財**）とに分けられる。

地方政府の基本的役割は，地域住民のニーズを反映した地方公共財を供給することであり，ナショナル・ミニマムの供給は，本来，中央政府の責任である。しかし，サーヴィスを受ける国民の利便性や事務処理の点からすれば，住民の生活に密着したサーヴィスは，中央政府が直接運営するより，地方政府が運営するほうが実際的である。したがって，地方政府は，全国均一のナショナル・ミニマムを供給するという機能を担いながら，地域独自のニーズを満たす地方公共財を供給するという二重の役割を持つことになる。

しかし，各地方の経済構造や人口密度は異なり，一人当たりの経済力には大きな格差が存在する。このため，地方政府の財政収入には大きな格差が生じる。地方政府が，全国同一水準のサーヴィス供給を担うためには，中央政府が，特定のサーヴィス供給を実現するための**補助金**を交付し，また地方の財政力の格差に応じた財源補塡を行う必要が生じる。国が，一定の客観的基準に基づいて，

各地方の財政力格差を補正する措置を**財政調整**という。

したがって地方財政を分析するためには，第一に，補助金や財政調整の仕組みを理解したうえで，地方財政収入・支出などの財政制度の全体を把握することが必要となる。第二に，地域住民のニーズを反映した地方公共財を効率的に供給するには，どのような仕組みが必要か検討されねばならない。地方財政では，住民が公共サーヴィスから受ける受益と費用負担の関係（受益者負担の原則）を明確に認識することが重要である。第三に，地方財政には，地方自治という考え方が反映されている。地方自治は，財政との関連で言えば，地方政府が中央政府から独立して意思決定を行い，自主財源に基づき，地域住民が必要とする公共サーヴィスの質と量を決定し，自己責任を負うことであると理解できる。しかし，現実の地方政府は，十分な自主財源を持たず，中央政府から独立した意思決定を行う力は限定的であり，自己責任をとれるだけの自治能力も不足している*。このような地方政府が，十分な自主財源を持ち，独立した意思決定と自己責任をまっとうできる自治体へ脱皮するために，**地方分権制度の確立**が大きな課題となっている。

本章では，まず財政調整の仕組みを理解し，地方の財政制度の実際を把握する。ついで，受益者負担を中心とする地方財政の経済的分析を行い，最後に地方分権化の動向と意義を検討する。

11.1.2　財政調整と財源移転

財政力格差の是正と税源の再分配

地方財政の運用においては，地方政府（自治体）間の**財政力格差**が大きな問

---

*　日本は，明治以降の近代化過程で，廃藩置県を実行し，自治能力を備えていた旧藩を解体して，中央集権国家を樹立した。府県以下の地方公共団体は，政府の「富国強兵」政策を遂行するための国の出先機関として，教育などのナショナル・ミニマムを供給する役割を与えられた。このような歴史的背景から，日本の地方政府は，国の強い統制下におかれてきた。このため財政の収入・支出面で国への依存が高く，地方自治が発展する素地が乏しかった。第二次大戦後のシャウプ勧告で，地方財政に独自財源を保障し，地方の自立性を高めようとする改革が試みられたが，地方自治が十分に機能するには至らなかった。

題となる。地方政府がナショナル・ミニマムをはじめ様々な公共サーヴィスを提供するためには，それに見合った財源が必要である。そのため，地方の財政力格差を調整する国（中央政府）の関与が必要になる。しかし，地方政府が地域住民の必要とする公共サーヴィスを効率的に供給するためには，自主財源を充実して国への依存から脱し，住民がサーヴィスの費用負担と便益との関連を明確に意識することが必要となる。したがって，財源確保をめぐる「国の関与の必要性」と「国への依存体質からの脱皮」という対立的な要請とをいかに調和させるかが，地方財政が直面する第１の課題となる。

地方間の財政力格差を調整するために国から地方へ財源を移転する制度が，**地方交付税**である。地方政府（地方公共団体）は，毎年度個別に予算を編成するが，国（内閣）は，それとは別に独自に地方全体の標準的な歳入歳出予算の純計を見積もった**地方財政計画**を作成し，国会に提出する。地方財政計画は，国家財政と地方財政との整合性を図り，各地方公共団体に交付すべき地方交付税の税額を決定するために使用される。こうしてまず，地方財政計画を通じて，交付税総額が決定される。それは，各地方公共団体の行財政運営の指針となる。

2006（平成18）年度の地方財政計画を示せば，図11-1のようになる。地方財政計画においては，歳出は，給与関係費（給与・恩給など），一般行政費（社会保障や公衆衛生など行政サーヴィス），投資的経費，公債費（地方債の元利償還），維持補修費，公営企業繰出金などに分類されて計上される。2006（平成18）年度の地方歳出総額は83.2兆円であり，**一般行政費**25.2兆円，**給与関係費**22.6兆円，**投資的経費**16.9兆円，**公債費**13.3兆円の上位4項目が，全体の約94％と圧倒的比重を占めている。投資的経費や一般行政経費は，国の補助等で実行される事業と地方政府が単独で実施する地方単独事業とに分かれる。

これに対して，地方の自主財源である地方税等と，地方債や使途が定まった国庫支出金の収入合計額は，66.6兆円と見積もられている。そのため，地方収支の不足分16.6兆円が，**地方交付税交付金等**という形で，「交付税及び譲与税配付金特別会計」を通じて補塡される。地方の単独事業や公債費を含む地方収支不足分（歳入歳出差額）を，国が全額財源補償するという仕組みである。

こうして国全体の租税収入は，大まかに言って，「6割が国税，4割が地方

第11章 地方財政

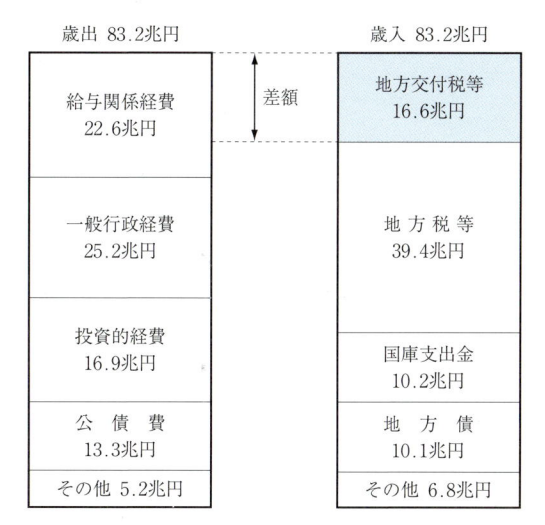

```
歳出 83.2兆円                    歳入 83.2兆円

┌─────────────┐                ┌─────────────┐
│ 給与関係経費 │                │ 地方交付税等 │
│  22.6兆円   │     差額       │   16.6兆円   │
├─────────────┤                ├─────────────┤
│ 一般行政経費 │                │              │
│  25.2兆円   │                │  地方税等   │
├─────────────┤                │  39.4兆円   │
│ 投資的経費   │                ├─────────────┤
│  16.9兆円   │                │  国庫支出金 │
├─────────────┤                │  10.2兆円   │
│ 公 債 費    │                ├─────────────┤
│  13.3兆円   │                │  地 方 債   │
├─────────────┤                │  10.1兆円   │
│ その他 5.2兆円│               ├─────────────┤
└─────────────┘                │ その他 6.8兆円│
                                └─────────────┘
```

図11‐1　地方財政計画と財源保障

check 地方財源不足の補塡

　地方収支不足分は，交付税法定率分（次項参照）の地方移転によって賄われるのが，地方交付税交付金の通常の姿である。しかし，両者が一致しない場合には，財源調整が行われる。バブル経済が崩壊し，財源不足が深刻なった1990年代には，交付税の増額や，地方単独公共事業の**起債充当率**（事業ごとの地方債で賄う割合）を引き上げて地方債を増発する（元利償還費は交付税で財源保障される）などの様々な対処法がとられた。そのうち中心的役割を果したのは，資金運用部を介した「交付税及び譲与税配付金特別会計」の借入金であった。交付税特別会計借入の負担は，国・地方が折半したが，2001（平成13）年以降は，国と地方の責任を明確化するなどの観点から，国は一般会計から特例加算を行い，地方は臨時財政対策債（赤字地方債）の発行を行って，不足財源を調達することになった。これに伴い「交付税特別会計」借入は，平成13年度，14年度に縮減され，15年度には全廃された。2006（平成18）年度の地方収支不足分16.6兆円は，交付税法定率分15.2兆円では賄いきれない不足分1.4兆円を，国と地方が折半し，国は一般会計から0.7兆円を特例加算し，地方は臨時財政対策債（赤字地方債）を0.7兆円発行して措置している。これに対して，逆に交付税法定率分が地方収支不足分を上回れば，余剰財源が生じる。この場合には，特例減額が行われて財源不足時の特定加算財源として使用されるか，あるいは過去の借入の償還などの財源として使用されることになる。

税」として徴収されるが，税収の移転によって，「4割が国の収入，6割が地方の収入」へと実質的配分が変化する。

財源移転と配分の仕組み

各地方を比較すれば，人口，産業構造，所得水準などに大きな格差が存在する。したがって，地方公共団体の財政力には大きな格差が生じる。しかし，政府は，国民がどの地域に居住していても，国民としての最低限度の公共サーヴィスを保障する責務を負っている。そこで地域間の財政力格差を是正する措置や，公共サーヴィスの地域間の公平性を確保する必要が生じる。このため国は，**地方交付税**による財政調整や，**国庫支出金**，**地方譲与税**などによって地方への財源移転を行う。

地方交付税は，地方公共団体間の財政力格差を是正するために，国が「国税の一定割合を，使途を制限せず」地方に交付するものである。日本では，シャウプ勧告によって，1950年，各地方の財政力を均等化することを目的として，地方財政平衡交付金制度が導入された。この制度は，各自治体の財源不足額を積み上げて国の予算に計上し，これを地方に交付して，各自治体間の標準的行政水準に要する財政力をほぼ完全に調整しようとするものであった。しかしこの「不足額の積み上げ方式」は，国の財政を圧迫し，国と地方との紛議のもととなったため，1954年度から「交付総額を国税の一定比率に制限」する地方交付税制度に改められた。**地方交付税**は，地方自治体間の財政力格差を是正するという**財政調整機能**と，総額として地方財政の財源を保障するという**財源保障機能**とを持っている。

現行の交付税の法定率は，**所得税・法人税・酒税の32％**（1999（平成11）年度の恒久減税の実施により，当分の間法人税の交付税率は35.8％に引き上げられている），**消費税の29.5％**，**たばこ税の25％**と定められており，これらの合計が地方交付税の総額となる。

地方交付税総額の内，94％は**普通交付税**に，6％は**特別交付税**に充てられる。普通交付税は，通常の行政に必要な財源の不足額に応じて交付されるものであり，特別交付税は，災害などの特別の事情に応じて交付されるものである。

普通交付税の具体的配分は，各地方公共団体の**基準財政需要額**と**基準財政収**

入額とを算定することによって決定される。**基準財政需要額**とは，各地方公共団体が合理的で妥当な水準の行政を行い，または標準的な施設を維持するのに必要な金額を，総務省が地域，人口規模などを基準化して，地方団体ごとに一定の方法で算定したものである。

　基準財政需要額
　　＝単位費用(測定単位当たりの費用)×測定単位(人口・面積等の単位)×
　　　補正係数(人口の多寡・気候等を考慮)

として，教育費，土木費等の費用項目ごとに基準財政需要を算定し，その合計を求めるという作業を行う。補正係数は，地方ごとに単位当たりの行政コストに大きな差があるため，それを財政需要額に反映させるための措置である。例えば，教育費の基準財政需要は，

　教職員1人当たりの費用×教職員の数×補正係数(態様補正及び寒冷補正)

という形で算出される。

　基準財政収入額とは，国庫支出金・使用料等・雑収入を除いた各地方公共団体の地方税収入見込み額を，総務省が，地域・人口規模などを基準化して，地方団体ごとに算定したものである。標準的地方税収見込み額は，標準的な税目・税率と徴収率によって算定され，法定外の独自課税や超過課税等は算入されない。標準的な税収見込み額に算入率75％を掛け，これに地方譲与税の収入見込み額が加算される。算入率を用いるのは，地方の税源涵養に対する自主努力を促すためであるとされている。

　基準財政収入額
　　＝標準的地方税収見込み額×算入率(75％)＋地方譲与税見込み額

　普通交付税の交付額は，地方公共団体ごとに，基準財政需要額と基準財政収入額との差額を基本として決定される。基準財政収入額が基準財政需要額より小さい地方公共団体には，普通交付税が交付され，基準財政収入額が基準財政需要額を上回る地方公共団体には，普通交付税は交付されない。普通交付税が交付される団体を**交付団体**といい，交付されない団体を**不交付団体**と呼ぶ。2003(平成15)年度の場合，都道府県の内で，不交付団体は東京都のみであった。ただし，地方財政計画ごとに基準財政需要額は，その積算根拠がわかりに

くい。情報開示を進め，積算根拠を明確に示すとともに，時代のニーズに合った見直しを行い，簡素な仕組みに組み替えることが課題となっている。

> **check** 地方財政計画の論点
>
> 　地方財政計画においては，とくに投資的経費の単独事業費では計画が決算を大きく上回り，一般行政費では決算が計画を大きく上回るという状況が生じている。これは，地方が公共事業偏重から環境・福祉・廃棄物対策などのソフト重視へと公共サーヴィスを移行させていることを反映するとの意見がある反面，公共事業費として過大に計上された交付税分を一般行政費に転用しているとの批判も行われている。時代のニーズに応えて地方財政計画の行政項目の再検討を行い，計画と決算の乖離を埋めることが大きな政策課題となっている。
>
> 　また地方交付税は，地方財政計画で，まず地方交付税等総額が決定される。そして，その具体的配分は各地方公共団体の基準財政需要額と基準財政収入額の差額に基づいて決定されるため，両者が一致するように，基準財政需要額（したがって単位費用や補正係数）が調整されるという仕組みになっている。この点から言えば，単位費用や補正係数は，算定に客観的基準を与えるという側面と，技術的な操作手段として活用されるという側面の両面を持つことになる。そこで，操作の余地がない人口や面積など外形基準による配分比率を高める方向で，簡素化への検討が行われている。

　地方譲与税は，本来地方の財源となる税を，課税上の便宜性や合理性などの理由から，国税として徴収し，道路の延長・面積などの配分基準に基づいて地方公共団体に譲与するものである。財源超過団体にも交付される点で，地方交付税とは異なる特性を持っている。地方譲与税は，一般会計に計上されることなく，直接「交付税特別会計」へ繰り入れられ，地方公共団体に配分される点でも，地方交付税とは異なる。地方道路税，石油ガス税，自動車重量税，航空機燃料税，特別トン税がある。これらの税は，一般財源である特別トン税を除いて，「目的税」であるが，目的が包括的であり，細かい使途の制限はない。したがって，地方譲与税は，地方交付税とともに，一般財源として扱われる。

　国庫支出金は，国が負担義務を持つ業務や国が奨励する施策に対して，国が地方公共団体に支出するものである。道路・河川・港湾などの公共事業，老人医療・国民保険・介護保険・児童保護・生活保護や社会福祉施設建設などの社

会保障，義務教育職員の給与補助や小中学校建設に要する文教・科学振興などに支出される国庫負担金，国会議員選挙や国勢調査などの事務に対する国庫委託金，それ以外の特別な必要に応じて交付される国庫補助金の総称である。使途が特定されており，地方公共団体の裁量の余地はほとんどない。地方の自主性を損ない，効率的な財政運営を阻害し，国と地方の責任所在を不明確にするなどの弊害が指摘されてきた。

また，地方公共団体の財政状況の指標として，財政力指数が用いられる。基準財政収入額を基準財政需要額で割った値の3カ年平均値であり，景気動向に反応して変動する。指数が1を超える場合，普通交付税の不交付団体となる。

逆転現象

地方税と交付税の合計を一人当たりの数値で比較すると，貧困団体の税収が富裕団体の税収より大きくなる「逆転現象」が生じている。貧困地域の公共サーヴィス供給コストが相対的に割高になる傾向があり，また基準財政需要は，経済力が弱小の貧困団体においては大きく算定されることが原因である。人口が少なく利用者の少ない地方の道路や橋などでは，単位当たりの相対的供給コストは高くなる。それは，逆に言えば，地方交付税によって「過剰な」所得再分配が行われている可能性を示している。便益と所要コストを厳密に算定するなどして工事の適否を判定しなければ，財政の非効率を生み出す可能性が高くなる。同時に，全国画一のサーヴィス供給と地域に適した地方サーヴィスのあり方のバランスを考えることが重要になる。

11.2 地方財政の制度と内容

11.2.1 地方の予算制度

地方公共団体の予算は，一般会計と特別会計とに区分される。特別会計の中には，法令で設置が義務づけられたものと，各地方公共団体が独自に設置しているものとがある。そこで，地方財政を普通会計と公営事業会計とに区分する統一基準が設定されている。普通会計は，「一般会計」と「公営事業会計を除

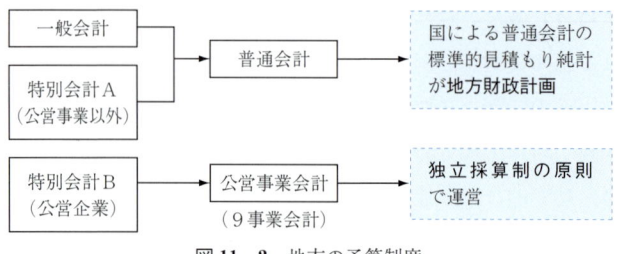

```
┌──────────────┐
│   一般会計   │──┐
├──────────────┤  │   ┌──────────┐     ┌──────────────────┐
│  特別会計A   │  ├──▶│ 普通会計 │────▶│国による普通会計の│
│(公営事業以外)│──┘   └──────────┘     │標準的見積もり純計│
└──────────────┘                        │が**地方財政計画**│
                                         └──────────────────┘
┌──────────────┐       ┌──────────────┐  ┌──────────────────┐
│  特別会計B   │──────▶│ 公営事業会計 │─▶│独立採算制の原則  │
│ (公営企業)   │       │ (9事業会計)  │  │で運営            │
└──────────────┘       └──────────────┘  └──────────────────┘
```

図 11-2　地方の予算制度

く特別会計」を合計したものである。

　国は，国家予算編成作業と平行して，翌年度の経済見通しや税制改正等を織り込んで，地方公共団体の普通会計の標準的な収入・支出の純計を見積もった**地方財政計画**を作成する。地方財政計画は，地方の予算を直接規制するものではない。しかし，地方政府は，予算を編成するうえで，地方交付税や国庫支出金等を把握する必要があり，また経済運営において国家財政と地方財政の調整を図る必要性があるため，地方財政計画を指針として予算編成作業を行う。このため，国の地方財政に対する強い統制的な力が作用する。ただし，反面で，地方の独自の大規模な財政活動が実施されることから，国が一国全体の経済運営を機動的に実行する力にも大きな制約が働く。

　また公営事業会計は，地方公共団体が経営する公営企業会計（水道，病院，観光施設など），収益事業会計（競輪，競馬，競艇など），国民健康保険事業会計，介護保険事業会計，老人保健医療事業会計，公益質屋事業会計，農業共済事業会計，交通災害共済事業会計，公立大学付属病院事業会計の9種類の事業会計をさす。

　地方公営企業は，公共性と経済性の両立を経営原則としているため，独立採算制の原則に基づき，事業経費は受益者が負担する料金収入によって賄われる原則である。しかし，経費の性質上，料金収入によって充てることが適当でないものや，料金収入のみによって充てることが客観的に困難な経費については，一般会計などの負担で賄われる（地方公営企業法）。

11.2.2　地方財政支出

　国と地方の歳出規模を比較すると約「4対6」の割合となり，地方財政支出の規模は，国の一般会計の規模よりも大きい。公共サーヴィスを供給するうえで，地方政府の役割は非常に大きく，ことに住民の生活に密着した保健，消防，警察，住宅，道路，橋梁，公園，学校建設などの分野では，圧倒的な割合を地方政府が供給している。

　地方政府の財政支出は，通常2つの基準によって分類されている。第1は，経済的機能により分類した性質別分類であり，第2は行政目的別に分類した目的別分類である。

　第1の性質別分類では，人件費，物件費，維持補修費，扶助費，補助費等，普通建設事業費，災害復旧事業費，失業対策事業費，公債費などの諸項目に従って分類される。この内，人件費，扶助費，公債費は義務的経費と呼ばれ，その他は任意的経費と呼ばれる。義務的経費は，地方公共団体が支出を義務付けられている経費であり，任意に削減することができない経費である。経費の諸項目は，投資的経費と消費的経費に分類することができる。投資的経費に含まれるのは，普通建設事業費，災害復旧事業費，失業対策事業費のみであり，その他の経費は消費的経費に分類される。投資的経費の中身は，道路，港湾，公園，学校など社会資本整備のための公共事業に要する経費であり，国が行う事業の経費を地方が負担する国直轄事業負担金，地方公共団体が国からの補助を受けて行う補助事業，地方公共団体が独力で行う単独事業に区分される。

　第2の目的別分類では，民生費，衛生費，農林水産業費，土木費，教育費，総務費，その他に分類される。このうち教育費，土木費（国土保全開発費），民生費（社会保障関係費）が最大の割合を占めている。これら3費目には，ナショナル・ミニマムを確保するという目的から，国からの国庫支出金による大規模な財源移転が行われている。

　地方政府の財政支出は，住民の便益と供給コストを考慮し，地域住民のニーズを反映した公共サーヴィスを供給することが基本である。地方政府は，地域住民の便益が最大になるように公共サーヴィスを供給し，公共サーヴィスがコ

ストを負担する地域住民へ還元されるような配慮が必要となる。

しかし実際には，予算獲得のために，地方政府には，国から補助を受けやすい事業を増やそうとする力が働く。そのため，住民のニーズとは異なる財政支出が増大する傾向があり，財政効率の低下を引き起こしている。したがって，住民自身が負担する自主財源によって，地域に必要な財政支出を賄い，受益と負担を反映した地方公共サーヴィスのあり方を追求していくことが課題となっている。

11.2.3　地方財政収入

地方歳入の内訳

地方の普通会計の歳入は，地方税，地方譲与税，地方交付金，国庫支出金，都道府県支出金（都道府県が市町村に対して支出するもので地方歳入純計では相殺されて消滅），財産収入，寄付金，手数料・使用料，繰入金（公営事業会計からの繰入），地方債などからなっている。2006（平成18）年度の地方財政計画ベースの歳入総額は83.2兆円であり，**地方税**39.4兆円，**地方交付税**16.6兆円，**国庫支出金**10.2兆円，**地方債**10.1兆円の順となっており，この4項目で約92％に達している。

地方公共団体の最大の収入源は地方税であるが，地方税の税目と税率は，国の定めた地方税法で定められており，地方公共団体の意思で任意に設定することはできない。地方税は，**道府県税**と**市町村税**とに分かれる。道府県税は，**道府県民税**，**事業税**，**地方消費税**，**自動車税**，軽油取引税，不動産取得税，その他からなる。市町村税は，**市町村民税**，**固定資産税**，**都市計画税**，市町村たばこ税，その他からなる（第8章表8-2参照）。日本の地方税制は，市町村税を中心として設計されており，税収も道府県税より多い。

地方税の原則

国税は，国家全体としての公平性確保の要請から所得再分配機能が求められるため，応能原則が重要な要素となる。これに対して地方税では，地域住民の生活に密着した公共サーヴィスを効率的・安定的に供給するという要請が重視される。このような観点から，地方税に関しては，一般に次のような原則が考

えられている。
(1) 税源普遍性の原則　すべての地方に普遍的に存在する税源に課税することが望ましい。
(2) 安定性の原則　地方公共サーヴィスは，住民の日常生活に密着しているため，安定的に供給されることが必要であり，税収が景気変動に左右されないことが望ましい。
(3) 伸長性の原則　社会経済の発展に伴い柔軟に税収が増加することが望ましい。
(4) 負担分任の原則　地方サーヴィスの費用は地域住民が広く負担することが望ましい。
(5) 応益原則　地方行政サーヴィスから受ける便益に応じた税負担が望ましい。
(6) 課税自主性の原則　地方が自主的に税収を調整できるような仕組みが望ましい。

地方税の主たる役割が，地方公共サーヴィスの効率的・安定的な供給にあるとすれば，地方公共サーヴィスの便益を享受している住民が公平に費用を負担することが重要なポイントとなる。公共サーヴィスの費用を住民が広く公平に負担する負担分任や，公共サーヴィスの料金化などによって，全住民が受益と負担を結合して認識できるような仕組みが必要である。したがって地方税では，**負担分任原則や応益原則を重視することが必要であり，住民が広く税負担を担う人頭税的な均等割（定額税）や単率比例税が望ましい課税方法である**ということになろう。

逆に，地方公共サーヴィスとは直接的関連を持たない一般消費税や所得再分配効果を持つ累進所得税は，地方税にはなじまない性格を持っているといえよう。ただし，現在の地方政府が社会保障機能の重要な役割を担っており，また地方分権を推進するために税源の普遍性と税収の安定性を保証するという観点からすれば，一般消費税を自主財源として持つことには意味がある。事業税や住民税は地方間の偏在性が高いため，偏在性の小さい地方消費税の比重を高めることは，地方税収を充実する上で重要である。少子・高齢化社会の進行に

よって，ライフサイクルを通じた負担の標準化や世代間の公平を確保することが重要課題となっている。その意味では消費税は，地方財源として適切な性格を備えているといえよう。

住 民 税

道府県民税と**市町村民税**とをあわせて住民税という。住民には，個人のほか法人も含まれる。住民税は，所得に応じて税額が決定される**所得割**と，所得の大きさに関わらず定額を課税する**均等割**との合計分が徴収され，また所得税と比べて，控除額が小さく，課税最低限も低く設定されてきた。したがって，住民税は，国税の所得税に比べて，所得再分配機能は低く，地方公共サーヴィスの負担を地域住民が幅広く分かち合うという**負担分任の原則**が反映されているといえる。

事 業 税

事業税は，個人が事業活動からえた所得を課税対象にする**個人事業税**と，法人の事業所得を課税対象とする**法人事業税**からなる。国税の法人税とは別に，道府県税として法人事業税が徴収されている。ただし赤字の法人は，事業税を支払わない。しかし事業を行ううえで，道路や港湾を利用し，消防・警察サーヴィスも享受している。このことは，受益者負担の原則から見て不公平であるとの批判が高まった。

そこで，赤字法人にも受益者負担を求める**外形標準課税**の導入が議論され，2004（平成16）年から，一部の法人を対象として外形標準課税が導入されることになった。外形標準課税が導入されるのは，資本金が1億円を超える法人に限られ，さらに法人事業税の4分の3は従来の法人所得を課税ベースとし，残りの4分の1を外形標準課税することになった。外形標準課税が行われる部分は，付加価値割や資本割と呼ばれ，報酬・給与額並びに支払い利子額などの付加価値や，資本額などを課税対象とするものである。ただし赤字が3年以上継続する法人については，当分の間，徴収は猶予されることとなっている。

地方消費税

1994（平成6）年10月に地方分権を促進し地方税源の充実を図るために，地方消費税の創設が決まり，1997（平成9）年度より，道府県税として実施され

た。地方消費税は，国税の消費税と納税義務者の範囲，非課税，免税等の基準を同一とし，消費一般に広く課税しようというものである。地方消費税の創設に伴い，従来の消費譲与税（1989年創設）は廃止された。

地方消費税は，国税の消費税と合わせて賦課され徴収される。現行消費税5％の内，4％分は国の消費税，1％分は地方消費税となる。

1996（平成8）年度までは，国の消費税の税率は3％であり，その39.2％（地方交付税として19.2％，消費譲与税として20％）が地方の税収となっていたが，1997（平成9）年度以降は，国税として徴収された4％のうち29.5％（消費税5％に占める割合は23.6％）が地方交付税に充てられ，これに地方消費税1％分（消費税5％に占める割合は20％）を合わせると，消費税（5％全体）のうち，43.6％が地方の税収となった。

普通税と目的税

地方税は，法律ではなく，条例で**課税要件**（納税義務者，税率，徴収方法など）が定められるが，課税できる税目や税率などについては，地方税法で規定されている。

地方税は，使途の制限のない**普通税**（住民税，事業税，地方消費税，固定資産税，軽自動車税など）と，特定の目的に使途が制限されている**目的税**（自動車取得税，軽油取引税，水利地益税，都市計画税，事業所税，入湯税など）とに分類することができる。

普通税は，課税要件を地方税法で規定されている**法定普通税**と，地方公共団体が独自に課税する**法定外普通税**に分けられる。法定外普通税を課税する場合には，従来は自治大臣（現在は総務大臣）の許可が必要であったが，地方分権一括法により，2000（平成12）年度からは，許可制が**事前協議制**に改められた。

普通法定税は，地方税法で**標準税率**（1.4％）が定められている。財政状況が厳しいなど特別の事情がある場合には，標準税率より高い**超過税率**を適用することができる。だたし，**制限税率**（2.1％）を超える税率を適用することはできない。また逆に，標準税率を下回る税率を適用することも可能であるが，その場合には地方債発行を禁じられていた。この起債禁止規定は，地方分権一括法により，許可制に改められた。

自主財源と依存財源

　地方公共団体が独自の判断で自主的に徴収する財源を**自主財源**といい，地方税，使用料，手数料などからなる。これに対して，国の意思によって定められた額が，国から地方公共団体に，交付されるか，割り当てられる財源のことを**依存財源**といい，地方交付税，地方譲与税，国庫支出金，地方債などからなる。地方自治を推進するためには，国に依存しない自主財源ことに地方税の比率を高める必要がある。かつては「3割自治」と呼ばれ，地方税の占める割合は3割程度であったが，最近では5割水準にまで上昇している。

一般財源と特定財源

　地方公共団体の財源を，財源の使途が限定されているか否かで区分することもできる。地方公共団体が自由に使用できる財源は**一般財源**といい，使途が特定されている財源は**特定財源**という。一般財源は，地方自治の理念を実現するために地方の自主的判断で使用できる財源であり，地方税，地方交付税，地方譲与税，地方特別交付金がこれにあたる。特定財源は，特定の公共サーヴィスの財源に充てられるものであり，国庫支出金，地方債（公営企業，災害事業，公共事業，出資貸付，地方債借換の5費目に使途が限定），目的税などがこれにあたる。地方の歳入に占める一般財源の比率は，最近上昇し，6割以上を占めている。

　なお特定財源制度自体について，資源配分の非効率を招くため一般財源化するべきだという意見と，受益者負担や道路整備などの必要性からその意義を認める意見とが対立している。受益と負担の関係が明確であり，負担水準が合理的であり，税収の使途に緊急性と妥当性が認められる（国民の合意が得られる）場合には，有用であると言えるが，これらの条件が必ずしも明確でない場合には，見直しを図る必要があると言えよう。

地方税収の現状と課題

　2003（平成15）年度決算によれば，都道府県と市町村の**地方税収**合計は32.7兆円であり，**固定資産税**8.8兆円（26.9％），**個人住民税**7.9兆円（24.1％），**法人事業税・法人住民税**の法人二税6.4兆円（19.6％），**地方消費税**2.4兆円（7.3％）が8割と大宗を占め，その他不動産取得税，自動車取得税，都市計画

税，軽油取引税などが2割を占めている。

また人口1人当たりで見た税収は，全国平均を100として，最高の東京都が173であるのにたいして，最低の沖縄は58となり，地域間の格差は2.98倍である。その内容を見ると，所得を課税ベースとする個人住民税や法人二税の地域間の収入格差は大きく，固定資産税や消費税の収入格差は小さい。東京と沖縄の例でいえば，個人住民税の格差は3.20倍，法人二税の格差は5.54倍であるのに対して，固定資産税2.59倍，地方消費税1.89倍，地方たばこ税1.33倍と格差は縮小し，自動車税では0.83倍と逆転する。さらに時系列の税収の変動を見ると，個人住民税と法人二税の変動幅が大きく，逆に固定資産税や消費税は年々の変動幅が小さい。

所得を課税ベースとする個人住民税と法人事業税（都道府県税）は，地域間の税収格差が大きく，加えて経済変動による変動幅も大きい。地域住民に対して生活上必要な教育・福祉・健康・社会基盤整備などの基本的な公共サーヴィスを安定的に供給することが地方政府の役割であるから，それを支える安定した税収の確保が必須の条件となる。そのためには個人住民税と法人二税を安定した税収をもたらす仕組みに変革することが課題となる。

さらに個人住民税と法人事業税は，地方公共サーヴィスに対する負担分任や応益的な課税という観点から見ても，改善が必要となる。個人住民税は，所得水準に従って3段階の超過累進税率が適用されて応能的な課税が行われ，法人事業税では，地域的な公共サーヴィスを受けていながら赤字決算の企業は負担を免れていたからである。

地方税制の改革の焦点は，(A)**自主財源を強化**するために，国から地方への税源委譲を進めるとともに，(B)**負担分任や応益原則に沿った地方税体系**へと脱皮するために，個人住民税と法人事業税の改革を行い，安定した財源を確保することである。

個人住民税は，2007（平成19）年度より，従来の5％，10％，13％の3段階の超過累進構造から一律10％の比例税率へと変更され，負担分任の原則が明確化される。これによって，税収の安定性を確保し，高額所得者が集中する地域に税収が偏在するという傾向を是正し，税源の偏在性を緩和することが目指され

ている。

　ただし，税源再分配によって，マクロで見た地方の自主財源増強や税源偏在の縮小が実現し，負担分任や応益原則の浸透が進む反面，住民税増加分の配分は都市地域に傾斜するため，大都市への税収集積効果が付随し，新たな自治体間格差を生みだすという副作用を伴う可能性がある。

　また所得を課税標準とする法人事業税では，赤字決算を出した法人は，地方公共サーヴィスを受けて営業活動を行い役員報酬や従業員給与などの付加価値を生産しているにもかかわらず，税負担を免れることになり，応益原則に照らして不公平である。赤字法人も含めて，法人の事業活動規模に応じた税負担を負うことが合理的である。さらに法人事業税は，利益を上げた企業のみが納税する仕組みであるため，地方税の応益課税の原則と矛盾する。地方公共サーヴィスから等しく便益を受けているにもかかわらず，一部の企業のみが税負担を負うのは不公平である。また従来の法人事業税は，企業利潤を課税ベースとしているため景気変動に極めて敏感に反応して大きく変動していた。

　これらの点から，地方公共サーヴィスから等しく便益を享受している企業が，公平に税負担を分担し，同時に税収を安定させる仕組みが模索されてきた。その結果，法人事業税を，景気変動に左右されない安定的で，応益原則から見て望ましい外形標準課税に改めることが重要な課題となってきた。

　望ましい外形基準は，多様な企業の活動規模を適正に反映し，安定的な税収をもたらし，経済活動に対して中立的な課税ベースであること，納税事務が簡素な仕組みであることが要求される。企業活動によって生み出される価値（生産要素である労働，資本，土地に支払われる価値）すなわち報酬給与総額，純支払利子，純賃借料の合計は，この基準をかなりの程度満たしている。このうちの約7割が給与総額で占められている。

　外形標準課税の最大の特徴は，赤字企業にも課税するという点である。したがって調整措置として，政策的に中小企業に対して特例措置を設け，ベンチャー企業創業期の一定期間非課税扱いや，雇用に対する配慮が必要となる。

　2003（平成15）年度税制改正において，資本金1億円超の法人を対象とする外形標準課税制度が創設され，2004（平成16）年度から実施された。報酬給与

額(給与,賞与,手当,退職金などの合計),純支払利子(支払利子から受け取り利子を控除した額),純支払賃借料(支払賃借料から受取賃借料を控除した額)を合算した**収益配分額**から,単年度損益を加減算して「**付加価値額**」を算出する。この「付加価値」を課税ベースとし,税収中立を前提として,従来方式と新方式を「3:1の割合」で併用する方式がとられている。資本金1億円以下の中小企業は,従来同様の所得を課税標準とする課税を継続する。また雇用への配慮として,給与支払いが多い企業に対しては「雇用安定控除」(収益配分額の7割を超える部分を控除できる)の仕組みが設けられた。

　従来の法人事業税は,所得の9.6%を課税するという仕組みであったが,外形標準課税導入後は,所得割部分(全体の4分の3)には税率7.2%で課税し,残りの4分の1は外形標準課税を行うことに改められた。外形標準課税部分の3分の2は**付加価値割**(税率0.48%)とし,3分の1は**資本割**(税率0.2%)となる。付加価値割額は,次のようになる。

　　付加価値割の税額＝付加価値額×0.48＝(収益配分額＋単年度損益)×0.48
　また資本等の金額は,資本金(又は出資金額)と資本積立金額(又は連結個別資本積立金)との合計として算定されるので,資本割の税額は,次のようになる。

　　資本割の税額
　　　＝資本等の金額×0.2＝(資本金又は出資金＋資本積立金)×0.2

11.2.4　財政赤字と地方債

　地方財政法第5条は,原則として**地方債**の発行を禁止している。地方債の発行は,公営企業(水道・ガス・交通事業など)の財源とする場合,出資金・貸付金の財源とする場合,地方債借換の財源とする場合,臨時に災害復旧事業を行う場合,土地(文教・厚生・消防・土木などのための用地)の購入財源とする場合などに使途が限定されている。事業収益から償還財源が確保される場合や,事業の効果が後世代に便益を及ぼすものに限定して,世代間の公平性を確保することが必要であると考えられているからである。地方財政法では,原則として経常的な支出を賄うための赤字地方債の発行は禁止されているが,**特例法**によって,歳入欠陥を埋めるためなどの目的で地方債を発行しており,平成

13-18年度においては，地方交付税の不足財源をまかなうため，臨時財政対策債（赤字地方債）を発行している。

地方公共団体が地方債を発行する場合，総務省が毎年度策定する**地方債計画**がその指針とされる。地方債計画は，国の財政投融資計画と関連して策定されるもので，地方公共団体の予算編成の指針の一つとなる。地方債発行には，都道府県及び政令指定都市では総務大臣の許可が，市町村では都道府県知事の許可が必要であったが，地方分権一括法により許可制は2005（平成17）年度で廃止され，2006（平成18）年度から**事前協議制**へと移行した。これによって、地方公共団体は総務大臣や県知事の同意を得なくても，協議さえ行えば，地方債を発行できるようになった。しかし，同意を得た地方債のみが地方債計画に計上され元利償還費の財源保障がえられる仕組みとなっているため，実質的には許可制に近い制度であるとも言える。

地方債の発行残高は，2006（平成18）年度末には204兆円に達した。歳入総額に占める**地方債依存率**は，2006（平成18）年度の地方財政計画では12.1％となっており，地方財政は極めて厳しい状況となっている。歳出面でも，**公債費負担比率**（公債費が歳出に占める割合）が高く，2006（平成18）年度予算では16.0％となり，財政硬直化が深刻となっている。このように財政が逼迫し，硬直化が進む中で，地方財政の改革と地域経済活性化の必要性が認識されることになった*。

＊　現在，地方債の累積によって，**公共投資**のあり方を根本的に見直そうという動きが始まっている。バブル経済が崩壊して以来，公共投資が景気浮揚の中心的手段として活用され，特に地方圏において公共事業依存が高まり，また大規模な減税政策が併用されたため，その財源として地方債が累積し，地方財政が危機的状況に陥った。景気対策として国の後押しで，地方が地方単独事業を増加させ，加えてバブル崩壊により税収が落ち込み，また減税政策が実行されたため，地方債依存の度合いが上昇し，「交付税特別会計」借入金が増大したことが原因となっている。

　問題の根本には，景気対策として公共事業に依存するという方法の有効性に関する是非があり，また地方間の産業構造や生産力格差に起因する経済格差を公共事業によって解決しようとする手法の是非がある。公共事業の役割を一概に否定することは適当ではないが，地域間の格差（根本的には生産性の格差）を公共事業によって解消することは困難であろう。経常的に公共事業に依存しなければ地域経済が成り立たないという状況が改善されない限り，好不況にかかわらず，問題の解決は↗

11.3 地方財政の効率性と公平性

地方自治と効率性

　地方公共財の効率的な供給や効率的な資源配分の実現と，地方自治（自主財源による独自サーヴィスの提供）とは，表裏の関係にある。地方政府が，各々独自の財源に基づき地域ニーズを反映した公共サーヴィスの提供を行えば，財政資源の効率的な配分が促進される。地域住民が，自らの必要とする公共サーヴィスの種類と質と量を選択し，それに必要な費用（租税）を自己負担するという原則が徹底されれば，受益と負担は結合され，財政支出規模と租税負担水準を適正なレベルに収斂させていく力が働くことになるだろう。したがって，地域独自の自主財源の比率を高め，地域住民のニーズに基づいた公共財を供給することによって，画一的な公共サーヴィスから脱却していくことが重要になる。しかし，この場合，各地域で供給されるサーヴィスの種類や質や量に相違が生じることになり，租税負担にも地域格差が生じる。

　ところで，公共サーヴィスには，地域の差異を問わずすべての国民に機会均等とナショナル・ミニマムを保障するという公平機能も要求される。国民には，機会の平等や最低限の生活が保障されねばならないからである。この場合，地域の財政力格差にもかかわらず，全国的に均一のサーヴィス提供が求められる。地方政府がこのような機能を担うためには，財政力格差を是正し，財源を保障する何らかの財政調整が必要となる。現在の地方交付税は，このような機能を果たすものとして導入された。

　しかし，地域住民の負担感が伴わない地方交付税による公共サーヴィスの提供は，地域住民に**モラル・ハザード**を生み出す。またナショナル・ミニマムを超えるあらゆる格差を是正することも同様であろう。地方交付税の財源保障機能は，地方政府の財政責任を希薄化させ，効率的な財政運営を阻害するという

↘おぼつかない。結局，各地域の創意と工夫によって地域の経済活性化をはかる以外に根本的な対策はないので，根気強く長期的視点から，地域のイニシアティブによる活性化策を支援する取り組みが重要になる。

副作用を伴う。それは，地方政府の自立的な政策運営能力を劣化させ，財政支出を肥大させる要因ともなる。

　財政調整を要する全国均一の公共財の供給は，国民に機会均等を保障し，再挑戦可能な環境を整えるうえで必要不可欠な最小限度に限定する必要がある。均質の教育水準や公的年金などの社会保障の必要性を満たす機会均等の保障は，中央政府（国）による画一的な公共サーヴィスになじむ性格のものであり，外部効果や規模の経済が働くため，国が担当することが適切であり，本来，地方自治や分権的な地方政府にはなじまない性質を持っている。いずれにせよ，地方政府は，全国一律の公平性を保証する国の出先機関的な機能を必要最小限に縮小し，自主財源を持ち自己責任をとりうる自立した地方政府へと変貌することが求められている。それは，公平を重視する立場から，地方ニーズを反映した効率性を重視する政策運営への変化であるといってよい。

　地方分権への大きな流れは，グローバリゼーションと少子・高齢化を契機として一気に加速した。効率性を追求しながら，世代間の負担公平を進めていかねばならないという時代の要請に，地方政府も対応せざるを得なくなった。地方の自立を進め地方自治の内実を強化するという流れと，グローバリゼーションの進行の中で効率性を追求する流れとが結合して，地方財政改革への大きなうねりを作り出しているということができよう。地域住民の地域に密着したニーズに応える公共サーヴィスを，サーヴィスから便益を受ける全住民が広く公平に負担するという負担分任や，公共財の便益を直接受ける住民が自己負担するという受益者負担の原則を活かした効率的な仕組みに転換していくことが課題となっている。ナショナル・ミニマムや公平性の保障，自治体の破綻や深刻化する過疎問題などへの取り組みと一体となった施策を，工夫することが重要である。

国庫補助金の効果と税源移譲

　現在，国から地方へ大規模な財源移転が行われている。財政の効率性を問題とすれば，同額の財源移転を行う場合，使途の特定されていない一般財源のほうが，使途の特定された特定財源よりも，地域住民の享受できるサーヴィス（効用）水準は向上する。

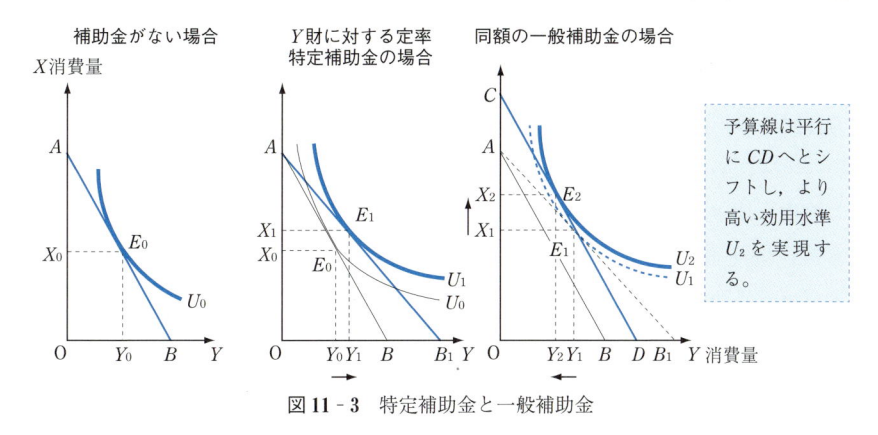

図11-3　特定補助金と一般補助金

（補助金がない場合／Y財に対する定率特定補助金の場合／同額の一般補助金の場合）

予算線は平行にCDへとシフトし、より高い効用水準U_2を実現する。

　ある地方政府が、図11-3のように、X、Yという2種類の公共サーヴィスを供給しており、住民の当初の予算制約線ABが、地域社会の無差別曲線U_0と点E_0で接しているとして、政府が行う特定補助金と一般補助金の効果を比較してみよう。

　いま、Y財に対する一定率の特定補助金が交付されれば、Y財の供給コストは低下し、予算制約線はAB_1へとシフトする。住民の最適な消費点は、より高い無差別曲線U_1との接点E_1へと移動する。政府が補助を与えたY財の消費量は増加し、X財の消費量X_1も通常は増加する。これに対して、一般補助金が交付される場合には、住民の消費予算が増大したのと等しい効果をもたらすので、予算制約線は平行にCDへとシフトする。特定補助金と一般補助金の額が同額の場合には、一般補助金の予算制約線CDは、特定補助金の最適消費点E_1を通る。したがって、最適消費点は、CDとより高い無差別曲線U_2が接するE_2へ移動する。Y財に対する特定補助金と比較すれば、Y財の消費量は減少するが、X財の消費量はX_2へと増加する。E_2点は、住民の自由な選好に基づく公共財X、Yのより満足度が高い組合せU_2を反映している。したがって、一般補助金による最適消費点E_2のほうが、特定補助金による最適消費点E_1よりも、高い効用水準を実現する。このように、使途を特定された特定補助金は、政府の政策目的達成（Yの消費拡大）の観点からは効果が大きい。しかし、使途に制限のない一般補助金は、地域住民のニーズに基づく自由

331

な選択を反映するため，特定補助金よりも高い便益を生み出す。

ただし，特定補助あるいは一般補助を問わず，国から地方への補助金は，地方住民の負担感を伴わない。これに対して，地方政府が自ら租税を徴収して住民ニーズに応じた公共サーヴィスを提供する場合には，地域住民が受益と負担の関係を認識することができるため，いわゆるライベンシュタインの「X－効率性」（同じ条件でも人々の意欲や努力によって効率性が高まる）が作用し，より効率的である。したがって，地方への税源委譲は，税収中立性を前提とすれば，国から与えられる補助金よりも一層効率的であり，また地方の自主性を高めるので行政効率の向上も期待できよう。

> ***check*** 税源移転と税収中立性
>
> 日本の交付税制度の下では，**税源移譲**は，必ずしも地方にとって**税収中立**（改正前後で税収額に変化が生じないこと）を保証するものではない。例えば当初，国税収入が100億円，交付税率が32％，国庫補助金が18億円であったとする。地方は，交付税32億円（100×0.32）と国庫補助金18億円の合計50億円の収入を国から得ている。ここで，国庫補助金を廃止して，その全額を地方に税源移譲する場合を考えると，18億円分についての増減はなく，地方税収となる。しかし国税収入自体が税源移譲によって82億円(100−18)に減少するため，地方が受け取る交付税額は，26.4億円(82×0.32)へと5.6億円減少することになる。この場合，税収減によって，地方財政の効率化を促す作用が働くと考えられるが，何らかの税源補償措置がとられない場合には，地方のサーヴィス低下，あるいは税負担の増加を引き起こす要因ともなりうる。

効率的な地方公共財の供給

地方政府は，上下水道や公園などのように地域住民の生活に密着し，便益が一定の地域に限定された公共サーヴィスの供給に主要な役割を果たしている。各地域で必要とされる公共サーヴィスの水準や供給量については，地方政府のほうが地域の実情に通じており，中央政府よりも情報量が豊富である。したがって，中央政府が一律に公共財の質と量を決定して供給するよりも，地域のニーズにあった公共財の供給を，地域が選択し責任を持って決定するほうが，住民の便益を高め，効率的である。**オーツの地方分権定理**である（W. E. オーツ

図11-4 中央政府による一律供給が生み出す非効率

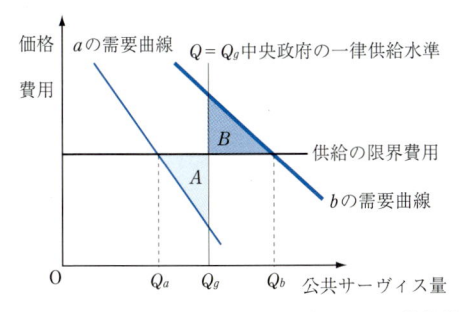

（右側注記：公共サーヴィスに対する需要の低い a 地方は Q_a を望み，需要の高い b は Q_b を望むが，中央政府が一律に Q_g を供給すれば，a 地方は過大消費，b 地方は過少消費となり，それぞれ A, B の厚生損失が生み出される。）

[1997]『地方分権の財政理論』第一法規出版参照）。

図11-4は，ある公共サーヴィスに対する需要が低い a 地方と，需要が高い b 地方に，中央政府が一律にその中間レベルのサーヴィス供給を行った場合に生じる資源配分上の非効率を示している。もしサーヴィスが個別に供給された場合には，a 地方は Q_a を消費し，b 地方は Q_b を消費する。この場合，中央政府がその中間の Q_g 水準で一律にサーヴィスを供給すると，a 地方では過大消費を強制されるため限界費用が限界便益を上回り，三角形 A に相当する厚生損失が生じ，b 地方では過小消費を強制されるため限界便益が限界費用を上回り，三角形 B の厚生損失が生じてしまう。したがって，地域間の**スピルオーバー**（他地域への便益流出による外部効果）がないとすれば，地方ごとに公共サーヴィスに対する需要が異なり，また地方政府が住民の公共財に対する選好を十分把握している限り，各地方が分権的にサーヴィス供給を行うほうが，一律供給に較べて経済的厚生が高まることになる。

地方公共財の効率的な供給に関しては，**ティブー仮説**（「足による投票」）という考え方も興味深い（C. Tiebout [1956], "A Pure Theory of Local Expenditure", *Journal of Political Economy*, 64 参照）。かりに，a 地方に住む人で Q_b を望む人は b 地方へ移動し，b 地方に住む人で Q_a を希望する人は a 地方に移動することができれば，地方サーヴィス供給の効率性は格段に向上するはずである。したがって，人々が自分の希望にあった地域サーヴィスを提供する地方を選択して自由に移動できる条件が保障されている場合，各地方が地方公共財の供給水準と税負担の水準を提示して競争し，人々は自分が最適と考える地域に自由に移

り住むという行動をとれば，効率的な資源配分が達成可能となる。「足による投票」効果が働けば，地方公共団体間の競争が誘発されるため，国が一律に公共財を供給する場合に較べて，資源配分はより効率的になる。しかし，ある地方政府の公共サーヴィス供給は，多かれ少なかれ他の地方に影響を及ぼす外部性を持っており（スピルオーバー効果が働き受益と負担の不一致を生み出す），地方間の競争も完全ではないため，パレート効率性を実現することは困難である。また実際には職業上の理由や移動コストなどによって，人々が自由に居住地を移動することは困難であるため，「足による投票」が作用する余地は少ないと考えられる。ただし，地方レベルでの公共財の供給と税負担の水準が，国民の選択の対象となりうることを示した点は，地方分権の経済的意味を考える上で重要であるといえよう。

地方公共財を効率的に供給するためには，地域の公共サーヴィスから便益を受けている全住民が，その費用を広く公平に負担することが重要であり，逆に住民の評価を公共サーヴィスの種類，量，質に反映させることが重要である。そのことが非効率な支出を抑制する。住民が地方公共財のコストと便益との繋がりを強く意識することが重要になる。各地域の住民のニーズに応じた公共サーヴィスを効率的に供給する仕組みが整えば，各地域の特性が活かされることになる。負担分任や受益者負担（応益）原則は，地方自治の原則にとっても，地方公共財の効率的な供給にとっても，極めて重要な要素であるということができよう。

11.4 地方分権と構造改革

地方分権一括法

2000（平成12）年4月，**地方分権一括法**が施行され，地方自治の確立に向けて，新たな一歩が踏み出された。第1に，国から地方への**機関委任事務**が廃止された。都道府県知事や市町村長が，国の包括的な指揮・監督を受けて国の業務を行う機関委任事務は，都道府県事務の8割以上，市町村事務の4-5割を占めるとも言われ，地方公共団体が国に従属している証拠であるとして批判さ

れてきた。機関委任事務の廃止によって，国が直接執行する事務，国から法律に基づいて委託を受ける法定受託事務，自治体が自己の判断で仕事を実施する自治事務に分割され，地方の裁量権が拡張された。

　第2に，福祉施設数や職員の配置などに関する**必置規制の緩和**や，身分上は国家公務員であるが知事の指揮監督を受けるという変則的な**地方事務官制度が廃止**され，地方分権に向けた制度が整備された。

　第3に，**課税自主権が拡大**され，法定外普通税を条例によって新設する場合，総務大臣（旧自治大臣）の許可制から事前協議制に改められ，法定外目的税の新設も可能となった。環境保全などの財源も自前で確保できる道が開かれた。また従来，標準税率を下回る税率設定は可能であったが，その場合には地方債発行が禁止されるという規定であったため，事実上禁止されていた。税率の設定は，事実上禁止から総務大臣の許可制へ改められた。地方債の発行も，2006年度からは，総務省の許可制から事前協議制に改められた。

　さらに2002（平成14）年6月に閣議決定された「経済財政運営と構造改革に関する基本方針 2002」において，**国庫補助負担金，交付税（地方交付税），税源移譲を含む税源配分のあり方を三位一体で検討**する方針が打ち出された。地方行財政改革を推進するために，国庫補助負担金を縮小する。交付税は，財源保障機能全般を見直すが，地方間の財政力格差を是正する必要性は残るので，縮小の程度を検討する。また国庫補助負担金が縮小されても地方が引き続き実施する必要がある事業については，国が財源を地方に移譲するとされた。

　こうした**権限の地方委譲**により，国と地方公共団体とが対等な関係で役割分担を行うという仕組みが創出され，地方分権への第一歩が踏み出された。

　地方分権には，その受け皿となる地方公共団体の行財政基盤の強化が大きな課題となる。徹底した地方行政改革を実行して組織の効率化を図り，他方で**規模の経済性**を発揮できるよう**市町村合併**を促進する措置がとられた。地方自治体の数を3276（2000年6月現在）から，1000程度を目標にして大幅に減少させる「平成の大合併」が推進され，2007年3月末には1804に減少した。そして多数の零細市町村を温存してきた地方交付税制度の抜本的改革（廃止も視野に入れた）が進められている。

国の権限と事務を地方に委譲し、十分な自主財源を配分することなしには、地方分権の実はあがらない。国からの交付税や補助金に依存した体質から脱皮し、地域住民から自前の税収を調達し、住民のニーズに沿った行政サーヴィスを提供し、住民の受益と負担の関係を明確にすることは、地方自治の健全な発展にとって根幹となる。

地方構造改革の意味

地方分権には、国に対して地方政府（自治体）が財政的・行政的に自立していること、地方政府が住民の意思を反映したサーヴィスを提供し、受益に見合った負担を住民に求めることが必要である。地方政府は、自主財源と意思決定権を持ち、自立的行政能力を備え、自己責任をとれる主体となり、住民が受益に見合った負担（地方税）を明確に意識できるように情報開示を進め、住民は、負担分任と受益者負担の原則を認識し、自己責任で意思決定に参加し、行動することが重要である。

全国一律の公共サーヴィスを基本とするナショナル・ミニマムが、すでに相応の水準に整備されているとすれば、その面では中央政府（国）が地域間の財政調整を行う必要性は低下する。ただし、財政力格差は依然として存在するため、全国民に最低限の機会均等を保障する全国一律の公共サーヴィスを供給するための財政調整の必要性は残っているといえよう。

現在、グローバリゼーションの進行で、民間部門の生産性を上昇させ活力を維持するために、中央政府と地方政府をあわせた公共部門全体のスリム化と効率化を進めることが大きな課題となっている。しかし他方では、急速な少子・高齢化のインパクトにより、財政需要が膨張することは不可避な状況となりつつある。このような中で、国民が安心して生活できる地域社会を創造するには、世代間の負担不均衡を是正しながら、地域の住民ニーズに沿った地方公共サーヴィスを、効率的に供給することが重要課題となる。そのためには、国民の生活に密着したサーヴィスを提供する地方政府が、自ら意思決定を行い、責任を負う体制を作りだしていくことが重要である。また効率的な公共サーヴィスを供給するためには、住民が受益と負担との対応関係を明確に認識する体制を整え、負担分任意識を高めることが必要となる。地方政府が、自主財源（住民の

自己負担）により，住民の選択するサーヴィスを供給するという体制が整備されれば，地方政府の財政規律が働き，公共サーヴィスの効率的供給が促進される。しかし，負担分任や受益者負担の原則によって，低所得者の負担が加重され，公平性が過度に犠牲にされることがないように，十分な配慮を行う必要もある。

　地方分権化の流れは，グローバリゼーションと少子・高齢化社会の進行という環境条件の下で，地方政府が，自立性と効率性を追求しながら，世代間の負担公平を進めるという課題の一翼を担った動きであるということができる。この動きは，地方自治を確立するという地域社会の目標とも合致して，大きな流れとなっているということができよう。

練習問題

1. 国と地方の財政機能における役割分担について説明しなさい。
2. 地方財政計画について説明しなさい。
3. 地方財政計画における，歳入と歳出の主要項目について，説明しなさい。
4. 地方交付税の仕組みについて説明しなさい。
5. 次の地方歳入を，自主財源と依存財源，一般財源と特定財源に分類すると，依存財源であり同時に特定財源であるのはどれか。
　　手数料，地方税，地方交付税，国庫支出金，地方譲与税，地方債
6. 国庫支出金と地方譲与税の性格の違いについて説明しなさい。
7. 地方債の特徴について，説明しなさい。
8. ティボーの「足による投票」について説明しなさい。
9. 国と地方の財政関係を，国から地方への資金の流れに沿って説明しなさい。

練習問題解答のポイント

第1章
1. 民間部門では，市場で価格のシグナルによって取引が行われるため，個々人ごとに便益と費用の関係が明確に表れ，効率的な資源配分が自動的に達成される。政府部門は，社会全体の利益を実現するための権力による行政活動であるため，個々人の受益と負担の関係が明確に現れず，効率的資源配分を自動的に達成する力は働かない点を確認すること。
2. 本文図1-11参照。均衡取引量は，$b-aQ=d+cQ$ から $Q=(b-d)/(a+c)$。総余剰は，三角形 E_0FG の面積であるから，底辺 $(b-d) \times$ 高さ $(b-d)/(a+c) \times \dfrac{1}{2} = (b-d)^2/2(a+c)$ となる。
3. ある財市場が均衡する条件は，限界便益 MB（限界効用 MU）＝価格 P（限界収入 MR）＝限界費用 MC。この条件のもとで社会的総余剰（消費者余剰＋生産者余剰）は最大になり，パレート効率的な資源配分が達成されることを確認すること。

第2章
1. 資源配分機能（効率的な資源配分を目標とした財政活動），経済安定機能（経済の安定化を目標とした財政活動），所得再分配機能（経済格差を是正し公正な所得配分を実現する財政活動）の要点を把握すること。
2. スミスの「安価な政府」論は，政府の役割を必要最小限にすることで経済効率を高めることを主張したものである。これに対してワグナーの「経費膨張の法則」は，社会の進歩とともに国家の機能は必然的に増大するとして，財政経費の膨張の意義を評価した。ピーコック＝ワイズマンの「転位効果」は，財政経費が階段状に不連続的に膨張するという点を指摘したものである。
3. パレート効率性達成の有無，企業に発生する赤字の有無を中心として説明すること。限界費用価格規制ではパレート効率性が確保されるが，限界費用と平均費用の差額に対応する赤字が必ず発生し，財政保障が必要になる。平均費用価格規制は，独立採算を可能にし赤字が発生しないため財政保障は必要ないが，パレート効率性は達成されない。

4. 私的生産費用と社会的生産費用とを明確に区別し，私的生産費用で生産した場合の被害額を明確に把握すること。その上で，課税前後の余剰の増減を確認すること。
5. 政府の価格政策が導入される前の総余剰を確認し，次に価格政策導入後の生産者余剰，消費者余剰，政府補助金額を確認して総余剰の変化を把握する。
6. ローレンツ曲線で平等・不平等がどのように示されるかを確認し，不平等の程度とジニ係数との関連を整理する。ローレンツ曲線が対角線から離れるにしたがって，またジニ係数が1に近づくにしたがって，不平等は大きくなる。

第3章

1. 単一性原則。
2. 予算単年度主義の例外は継続費・国庫債務負担行為，会計年度独立の原則の例外は繰越明許費である。
3. 権限付与の範囲（後年度にわたる支出権限があるか否か），債務負担の期限（具体的な予算期限があるか否か），対象経費（対象に限定があるか否か）について，比較して論じることがポイントである。
4. 本予算が成立しない場合に組まれるのが暫定予算であり，予期できない災害や経済状況の変化に対応して，議会の議決をへて本予算を変更するのが補正予算である。予備費は，内閣の責任で支出できるが，国会の事後承認を必要とする。
5. 予算の内容は，予算総則，歳出歳入予算，継続費，繰越明許費，国庫債務負担行為の5つから構成されることを明確にし，その各々の内容を明確にすること。
6. 予算編成では，概算要求―財務省原案―政府予算案作成のプロセスを押さえ，予算成立までは内閣の国会への予算提出―衆議院の予算先議権―参議院と意見が異なる場合（両院協議会，予算の自然成立）という流れを把握し，決算上の余剰が生じた場合はその2分の1を下回らない額を公債償還財源に充当する点を押さえること。
7. 郵便貯金・年金積立金の資金運用部への預託義務が廃止され金融市場で自主運用され，財投機関の資金調達は，市場を介した財投機関債，政府保証債，財投債資金による融資などによって供給されることになった。また財政投融資の原資は，財政融資・産業投資・政府保証の3つとなった。
8. 国会の議決を必要とするのは，一般会計予算，特別会計予算，政府関係機関予算である。認可法人や独立行政法人は，国会の議決は必要ない。

第4章

1. ①政府支出乗数は，$\dfrac{1}{(1-c)} = \dfrac{1}{(1-0.8)} = 5$ であるから，10増加する。
   ②均衡国民所得は，$Y = 0.8(Y-T) + I + G = 0.8(Y-30) + 30 + 30$

移項して整理すれば，$0.2Y=36$　　$Y=180$　　となる。
　　完全雇用国民所得は 200 であるから，減税で国民所得を 20 増加させればよい。租税乗数は，$\dfrac{c}{(1-c)}=\dfrac{0.8}{(1-0.8)}=4$ であるから，減税額は 5 となる。
　③均衡予算乗数は 1 である。したがって，国民所得は 15 増加する。

2. まず IS 曲線を求めると，
　　$Y=C+I+G=0.8(Y-50)+80-r+27=0.8Y-40+80-r+27$
　　　→　$0.2Y=67-r$　　$Y=335-5r$　　　　　　　　　　　　　　　　　　（1）
　次に LM 曲線を求めと，
　　$\dfrac{M}{P}=L$
　　　→　$300=Y-2r$　　$Y=300+2r$　　　　　　　　　　　　　　　　　　（2）
　したがって，実物市場と金融市場が同時に均衡化する国民所得と利子率は，（1）（2）の交点となる。（1）（2）より $r=5$　$Y=310$。①均衡国民所得は 310，利子率は 5。
　この経済において，政府支出が 27 から 48 へと 21 だけ増加すれば，財市場での均衡は，
　　$Y=0.8Y-40+80-r+48$
　　　→　$0.2Y=88-r$　　$Y=440-5r$　　　　　　　　　　　　　　　　　　（3）
　金融市場の均衡は，もとのままの $Y=300+2r$（2）である。
　したがって，（2）（3）より　$r=20$　　$Y=340$　　となる。
　②国民所得は 310 から 340 へと 30 だけ増加する。

3. 国民所得の均衡は，$Y=C+I+G+(X-E)$
　　　　　　　　　　　　　$=c(Y-T)+I+G+X-mY$
　　$(1-c+m)Y=-cT+I+G+X$
　　　→　$\dfrac{\Delta Y}{-\Delta T}=\dfrac{c}{(1-c+m)}=\dfrac{0.8}{(1-0.8+0.3)}=1.6$
　　　　　$\dfrac{\Delta Y}{\Delta G}=\dfrac{1}{(1-c+m)}=\dfrac{1}{(1-0.8+0.3)}=2$

　減税の乗数は 1.6，政府支出乗数は 2 となる。また輸入の増加は，$\Delta E=0.3\Delta Y$ となる。したがって，①20 兆円の減税は，$20\times1.6=32$ 兆円の国民所得増大と，$0.3\times32=9.6$ 兆円の輸入増加をもたらし，②20 兆円の政府支出増大は，$20\times2=40$ 兆円の国民所得増大と，$0.3\times40=12$ 兆円の輸入拡大を生み出す。

4. 税収を考慮しない乗数は，$\dfrac{1}{(1-c)}=\dfrac{1}{(1-0.8)}=5$
　税収を考慮した乗数は，$\dfrac{1}{\{1-c(1-t)\}}=\dfrac{1}{\{1-0.8(1-0.25)\}}=2.25$

$$\alpha = 1 - \frac{2.25}{5} = 0.5$$

5. 固定相場制の場合，中央銀行は為替レートを維持する義務に縛られるため，国内利子率を国際水準に固定せざるをえず，金融政策は無効となる。財政政策は，通常，利子率を上昇させクラウディング・アウト効果を伴うが，中央銀行が利子率を元の水準に固定する政策を実行するためクラウディング・アウトは発生せず，財政政策の国民所得拡大効果はさらに強力となる。変動相場制の場合，中央銀行は為替レートを維持する義務がない。金融緩和政策は，利子率を低下させるので，国内投資を拡大するという効果に加えて，為替レートを減価させて純輸出を拡大するという効果が加わり，強力な国民所得拡張効果を発揮する。逆に，財政拡大政策は，利子率を上昇させ，投資を抑制すると同時に，為替レートを増価させ純輸出を削減するので，国民所得拡大効果を発揮しない点を押さえる。
6. 海外利子率が上昇すると，$BP=0$ 曲線は，上方にシフトする。海外利子率上昇によって，資本が流出するため，国際収支は赤字となり，為替レートは減価圧力を受ける。中央銀行は固定相場を維持するために，外国通貨を売って，自国通貨を買う（通貨収縮）政策を実行せざるを得ない。その結果，通貨供給が減少し，LM 曲線が左上方へシフトして，国内利子率が海外利子率と等しくなるよう調整される。新しい均衡点では，国内利子率が上昇し，国民所得は減少する。

第5章

1. ケインジアンは，短期的には多かれ少なかれ価格は硬直的であるから，裁量的財政政策は生産と雇用拡大に有効であると主張する。これに対してマネタリストは，「自然失業率」は資本や技術，労働市場の構造などによって決まるので，総需要管理政策は，短期的な効果を発揮するとしても長期的には無効であり，経済に不確実性をもたらすとして，通貨供給量を一定に保つ k ％ルールを主張した。合理的期待形成論者は，人々が政府の政策に対して利用可能な情報を動員して合理的期待を形成するので，裁量的政策は短期的にも長期的にも無効であると主張した。予期されない政策変更のみが効果を持つことになる。リアル・ビジネス・サイクル論は，経済循環過程を通じて経済は常に均衡状態にあるとし，短期的な経済変動は，需要不足ではなく，技術進歩などの供給サイドの実物的ショックによって引き起こされたものであるから，総需要管理政策は意味をなさないことになる。
2. 供給面を重視し，労働や企業投資のインセンティブを高め，生産活動を活性化しようとするもので，減税や規制緩和，小さな政府の実現を主張した。レーガノミクスで採用されたが，「双子の赤字」を生み出した。ラッファー曲線は，減税すれば税収は

かえって増大するという主張の根拠として使用された。
3. 議会制民主主義の下では、「ハーヴェイ・ロードの仮定」は成り立たず、ケインズ的拡張政策を採用すれば公共部門を肥大化させ、財政赤字を拡大させると批判し、均衡予算原則を主張した。
4. 認知ラグでは、財政政策でも金融政策でも同じであるが、決定ラグや実行ラグは財政政策のほうが大きく、金融政策のほうが小さい。しかし、波及ラグは、財政政策のほうが小さく、金融政策のほうが大きい。

第6章

1. 排除不可能性と非競合性を持つ。国防などが代表例。
2. 人々の私的財と公共財の限界代替率の総和が、私的財と公的財との限界変形率に等しくなるよう、公共財の供給量を決定する点がポイントである。
3. リンダール均衡は、受益者負担の原則に基づき、各人の公共財に対する選好に応じた租税負担率を割り振ることによって、公共財の供給量を決定する方式であり、サミュエルソンの条件を満たすが、「ただ乗り」問題が発生する。
4. 社会的総便益は、

$$TB = \frac{4}{(1+0.2)} + \frac{4}{(1+0.2)^2} + \frac{4}{(1+0.2)^3} = 3.33 + 2.78 + 2.31$$

$$= 8.42 \text{（億円）}$$

となり、総費用9億円を下回るので、プロジェクトは実施すべきではない。

5. 公共財の最適供給量は、社会全体の限界便益（各人の限界便益の和）が、公共財供給の限界費用と一致する点（$P_A + P_B = MC$）で与えられる。$P_A + P_B = 4 - Q + 8 - 2Q = 12 - 3Q$, $MC = 6$ であるから、$12 - 3Q = 6$　$Q = 2$。最適供給量は2。

第7章

1. 一般会計歳出は、国債費、地方交付税などの経費と、国が政策的に使用する一般歳出とからなる。一般歳出の中では、社会保障関係費、公共事業関係費、文教科学振興費、防衛関係費の支出が大きい。近年、国債費と社会保障関係費とが著しい膨張を遂げた反面、公共事業関係費が大きく削減されている。
2. 目的別分類とは産業経済費・教育文化費など行政サーヴィスの基本目的にしたがった固定的分類であり長期的な歴史的傾向を把握するのに有用であり、経済性質別分類とは経常支出・資本形成・移転支出に分類したもので国民所得統計に利用される。主要経費別分類は社会保障関係費・国債費・公共事業関係費などのように重要施策別に分類したものであり、使途別分類とは人件費・物件費・補助費などに分類され、経費

使用の効率性を見るうえで有用である。
3. 積立方式では私的な貯蓄が公的な貯蓄に置き換わるだけであり，世代間の所得移転は発生しない。賦課方式では，現役世代の保険料で退職世代の年金を直接賄うため世代間で所得移転が発生する。人口構成の少子・高齢化が進む場合，世代間の負担不公平の問題が深刻化する点を押さえる。
4. 日本は，1990年代には，先進諸国の中では，米国と並んで，GDPに占める一般政府支出の比率が極めて低く，社会保障給付支出が相対的に低いという特徴を持っていた。ただし，日本は，政府固定資本形成の比率が極めて高い点で際立っていた。欧州大陸諸国は，社会保障給付支出が高く，一般政府支出の対GDP比率も高かった。しかし，2000年代には，欧米諸国では，そろって一般政府支出のGDP比率が低下し，社会保障給付支出が削減されたのに対して，日本では社会保障給付支出が急増し，一般政府支出の対GDP比率は上昇している。ただし，政府固定資本形成は，公共事業の圧縮に伴って，低下している。

第8章

1. 政府の公共サーヴィスから受ける便益にしたがって租税を負担すべきであると考えるのが応益説であり，納税者の支払能力（担税力）に応じて負担すべきであるとするのが応能説である。応益説は受益者負担の原則に適い，応能説は納税義務説と結びついている。
2. スミスの4原則（公平，明確，便宜，徴税費最小）は納税者の便宜に重点を置き，ワグナーの4大原則（財政政策，国民経済，公正，税務行政）は政府の税収確保と社会的公正を重視した古典的租税原則である。これに対してマスグレイブの租税条件は，中立，経済の安定と成長，公平（水平・垂直），徴税費最小に重点をおいた現代の租税原則を示したものであり，経済機能と公平とのバランスを重視している。
3. 公平，中立，簡素の3大原則が重視されている。公平には，担税力が等しいものは等しい負担を負うべきであるという水平的公平と担税力が高い者は高い負担を負うべきであるという垂直的公平とがあり，中立とは民間経済の資源配分に影響を及ぼさないことである点を押さえる。
4. 直接税（所得税）は，垂直的公平に優れており，きめの細かい個人的配慮が可能であり，景気の自動安定機能を果たすが，労働のインセンティブを阻害する。間接税（消費税）は，水平的公平に優れており，税収は安定し，労働のインセンティブを阻害しないが，負担が逆進的になる点を押さえる。
5. シャウプ勧告は，間接税を整理し（一般消費税は認めない），所得税を柱とした直接税中心の税制を目指した。包括的な課税ベース（キャピタル・ゲインには全額課

税）の下で負担の公正を重視し，青色申告制度など税務行政の民主化が目指された。法人税では，法人擬制説にたち配当に対する二重課税の調整を行い，また高所得者の純資産に富裕税を創設することが勧告された。地方については，地方自治の強化という観点から，市町村税として住民税を充実し，固定資産税を創設して市町村財源とし，道府県では事業税を廃止し，付加価値税を導入してその財源とした。また財源保障の目的から地方財政平衡交付金制度の導入が勧告された。

6. 昭和20（1945‐55）年代に，キャピタルゲインが非課税となり包括的な課税原則が崩れ，富裕税は廃止された。付加価値税は，1度も実施されないまま廃止され，道府県には事業税が与えられた。また地方財政平衡交付金制度は日本独自の地方交付税制度へと変更された。その後，租税特別措置が拡充されていったが，1987‐88年には抜本的な税制改革が行われた。所得税の税率引き下げと簡素化，法人税の段階的引き下げ（配当軽課制度の廃止），相続税・贈与税の引き下げ，消費税の創設が行われた。

7. 1年間の給与・配当など各種の所得を合計して収入金額を求め，そこから必要経費（サラリーマンは給与所得控除）を差し引いて年間所得を求める。年間所得から各種の所得控除（基礎控除，配偶者控除，扶養控除，配偶者特別控除）を差し引いて課税所得を算出し，超過累進税率を適用して所得税額を求め，そこから税額控除を差し引く。

8. 日本では，法人実在説に基づいて課税が行われていたが，シャウプ勧告によって法人擬制説の考え方が導入された。現行法人税は，転嫁と負担の実態が不明確なこともあり，実在説と犠牲説に基づく措置が併存しており，整理されていない。法人擬制説によれば，法人の企業活動によって得られた利益は株主に帰属し，利益に対する課税は株主の負担になる。法人税は，株主が負担する所得税の一部が前払いされたものとみなされる。したがって，株主の所得税納入額を計算する場合には，法人税額分を控除し，二重課税の調整を行う必要が生じる。それが法人税と所得税の統合問題である。統合には，法人所得（配当・内部留保）をすべて株主に帰属させて株主の所得を計算し，そこから法人税を控除するフル・インテグレーション方式と，配当のみを株主所得に帰属計算するインピュテーション方式とがある。フル・インテグレーション方式は実施されるには至っていないが，インピュテーション方式はEUのモデルとなっている。日本では，配当控除制度などによって税額控除する方式が採用されているが，調整が十分であるとはいえない。

9. 日本の消費税は，帳簿方式をとり，帳簿に記載された売上げ額から仕入れ額を差し引いた差額に税率を掛けて納税する。EU型の付加価値税がインボイスにより仕入れ税額が正確に把握できるのに対して，帳簿方式は正確性に問題があり，また免税点制度や簡易課税選択制度などが設けられているため，課税の中立性が阻害され，益税な

どの問題も発生している。
10. 欧州諸国は消費課税，米国は個人所得課税に重点をおいているが，日本は消費と個人所得にバランスよく課税し，また法人（所得）税の割合が高いという特徴を押さえる。また直間比率で見ると，直接税の比率は米国が際立って高く，日本がこれにつぐが，欧州諸国では低下し，独国では間接税の比率の方が高くなる。

第9章

1. 課税前の均衡では，需給が均衡し，$Q_D=Q_S=Q$ となるから，
 $200-2Q=3Q+50$　　$Q=30$ となり，これを代入すると $P=140$ となる。
 従量税の課税後には，供給曲線は，税額50円だけ上方シフトするので，次のようになる。
 $P=3Q_S+50+50=3Q_S+100$
 需要曲線には変化がないので，課税後の需給の均衡では，
 $200-2Q=3Q+100$　　$Q=20$ となり，これを代入すると $P=160$ を得る。
 (1)課税の結果，消費者の価格は20円上昇するので，財1単位当りの消費者の負担額は20円となり，残額の30円は生産者が負担することになる。負担額は，消費者400円，生産者600円となる。(2)課税前の総余剰 $=150\times30\times\frac{1}{2}=2250$，課税後の総余剰 $=100\times20\times\frac{1}{2}=1000$，税収 $=50\times20=1000$。したがって，超過負担は，$2250-1000-1000=250$ となる。

2. 課税前の均衡では，$180-Q=60+2Q$　　$Q=40$，したがって $P=140$ である。10％の課税後の供給曲線は，$P_{S'}=(1+0.1)(60+2Q)=66+2.2Q$。課税後の均衡では，$180-Q=66+2.2Q$　　$Q'=35.625$　　$P'=144.375$ となる。したがって，生産量は $Q-Q'=4.375$ 低下し，価格は $(P'-P)/P\times100=3.125％$ 上昇する。

3. 需要曲線がより非弾力的であり，供給曲線がより弾力的であるほど，租税のより大きな部分が消費者の負担となり，逆に需要曲線がより弾力的であり，供給曲線がより非弾力的であるなら，より大きな部分が生産者の負担となる。市場のなかで，弾力性の小さい側に，税の負担がより多く割り振られる。

4. 超過負担の大きさは，需要の価格弾力性に依存している。一定額の税収を得るうえで，定額税は超過負担を発生させないが，定額税の採用ができない場合，超過負担を最小（家計の効用を最大）にする次善の方法は，需要の価格弾力性が大きい財には低い税率，価格弾力性の小さい財には高い税率を設定することである。各財の税率は，各財の価格弾力性に反比例するように設定すべきであるという逆弾力性のルールが，ラムゼーのルールである。公平性の点で問題が残る。

5. ベンサムは，社会的厚生はすべての個人の効用の合計に等しいとした。通常，所得

の限界効用は逓減するので，政府は所得をより平等化するように再分配し，社会全体の効用を最大化すべきだということになる。ロールズは，社会で最も経済状態の悪い人々の経済的厚生に配慮した政策を採用すべきだと主張した。

6. 負の所得税は，フリードマンらによって提唱されたものである。一定額の生活保護基準額が保障される公的扶助は，勤労者の労働意欲を低下させるという欠陥を持っているため，課税最低限以下の所得者に対して差額の一定割合を保障し，労働を増やせば所得も増大するという仕組みにして，所得税制と公的扶助制度の統合を目指したものである。ただし，財政支出（給付）の総額は，公的扶助よりも増大する。

7. 単年度で消費支出課税と所得課税を比較すれば，所得税のほうが水平的公平を図るうえで適切であるが，長期のライフ・サイクルで考えれば支出税のほうが水平的公平を図るうえで優れている。また所得税は労働インセンティブに負の効果を及ぼし，貯蓄に対しては二重課税されるので資源配分に歪みをもたらすが，支出税は資源配分に対して中立であるという点を押さえる。

第10章

1. 1990年代，先進各国はケインズ型の財政政策運営から脱却し，財政収支改善に成功したが，日本のみは大規模なケインズ型の財政政策を実行したため，財政赤字が大幅に拡大した点を押さえる。

2. 財政硬直化，財政信認低下，クラウディング・アウト，資本蓄積抑制による自然産出量水準の低下，所得再分配への負の効果，世代間不公平などについて，要点を押さえる。

3. プライマリー・バランスが赤字であるということは，「租税等収入」から「公債費以外の財政支出」を差し引いた額がマイナスになるということである。そして，プライマリー・バランス均衡回復が財政破綻回避のために重要なステップである点を押さえる。

4. 強制性や調達コスト，収入の短期多収性の有無，負担の長期分散性や貯蓄に与える効果などの点で，違いを明確にする。

5. 人々が長期的な視点で合理的行動をとる場合には，現在割引価値で評価すると，租税と公債に違いがなくなることがポイントである。リカードは同一世代内での効果，バローは世代を超えた効果を問題としている点で異なる。

6. 各論者が，公債の負担を論じる場合，何を基準としているかがポイント。ラーナー（民間の利用可能な資源の減少），ボーエン等（生涯消費の減少），モディリアニ（資本蓄積の減少），ブキャナン（支払いの強制性）などを明確に把握した上で説明すること。

7. 「建設国債の原則」と「市中消化の原則」の内容を明確にし，その例外規定として「特例公債」（赤字公債），日銀の「乗換え」，政府短期証券の日銀引き受けなどについて，押さえる。
8. 10年利付国債は，シ団発行方式で発行されるが，その他のすべての国債は公募入札方式で発行される。償還は60年ルールで100分の1.6の定率繰入，一般会計の剰余金の2分の1を下回らない額の繰入，予算措置による繰入によって行い，不足分は借換債の発行で賄う。
9. 利子費用最小化と経済安定という目的は，二律背反になる点を押さえる。
10. 特例国債が発行されたのは，1965（昭和40）年度補正予算（赤字国債に相当する歳入補填債），1975（昭和50）年度から1989（平成元）年度の期間，1994（平成6）年度から2008年現在であり，1990（平成2）年から1993（平成5）年度には赤字国債発行はゼロであった。建設国債の発行は1966（昭和41）年に始まり，2008年現在まで継続的に毎年発行されている点を押さえる。
11. バブル崩壊後の経済対策などにより一旦景気は回復に向かい，1997年政府は財政構造改革法を制定して財政再建に取り組むことにしたが，性急な増税策などの結果，景気が悪化したため財政構造改革法を凍結し，再び景気対策を最重視する政策に転換し，財政赤字が拡大した。そこで小泉内閣で2010年代初頭にプライマリー・バランスを回復するという長期的目標を掲げ財政構造改革に取組むという，ジグザグのコースを辿った点を押さえる。

第11章

1. 一般に，国は一国全体にかかわる所得再分配や経済安定機能に重点をおき，地方は住民生活に密着した地方公共サーヴィス供給などの資源配分機能に重点をおいた役割分担を行っている。ただし，国防・外交などの純粋公共財の供給は国が行い，また所得再分配や経済安定機能では，地方も大きな役割を果している。
2. 地方財政計画は，翌年度の地方公共団体の普通会計の歳入歳出総額純計の見積額を示したものであり，毎年国（内閣）が策定し，国会に提出し，一般に公開される。地方交付税額の決定，国家財政と地方財政の整合性の確保，地方の行財政運営の指針として使用される。
3. 歳入の主たるものは，地方税，地方交付税，国庫支出金，地方債の4項目，歳出の主たるものは一般行政費，給与関係費，投資的経費，公債費の4項目。
4. 国税のうち，所得税，法人税，酒税，消費税，たばこ税の一定割合を，財政力指数（基準財政収入額と基準財政需要額の差を指数化したもの）に応じて，国が交付するのが地方交付税であり，使途の制限はない。

5. 国庫支出金, 地方債。
6. 国庫支出金は, 社会保障・公共投資・教育などに使途が指定されているのに対して, 地方譲与税は, 特定の使途を指定していない一般財源である点が, 異なる。
7. 地方債の発行は, 公共事業などその効果が後世代に便益をもたらすものに使途が制限されている。原則として赤字地方債の発行は禁止されているが, 財源不足が深刻化する場合には, 特例法によって臨時財政対策債などが発行される。
8. 地方公共財は, 地方のニーズに応じて供給され, 便益が狭い地域に限定される。そこで人々が自己のニーズに照らして居住する地方を選択する「足による投票」が行われれば, 地方間の競争が生じ, 効率的な資源配分が達成される可能性を示した点を押さえる。
9. 国から地方への主要な資金の経路を整理することがポイントとなる。地方譲与税は, 国税として徴収されるが, 一般会計には計上されず, 直接に「交付税及び譲与税配布特別会計」(交付税特別会計) に計上され, 地方の普通会計に移転される。一般会計からは, 地方交付税交付金 (国税の一定割合) が交付税特別会計に繰り入れられ, 地方交付税として地方普通会計に移転される。また国庫支出金は, 一般会計から直接地方の普通会計に移転される点を押さえる。

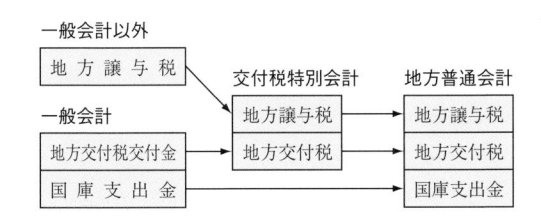

一般会計以外	交付税特別会計	地方普通会計
地方譲与税	地方譲与税	地方譲与税
一般会計	地方交付税	地方交付税
地方交付税交付金		
国庫支出金		国庫支出金

主要参考文献

　財政学に関する文献は膨大な数にのぼる。本書は，それらの文献に直接・間接に依存しているが，詳細なリストは割愛した。以下にあげる文献は，本書を執筆するうえで，主として依拠した基本的文献であり，読者が基礎的な力を養うのに有用と考えられるものを掲げ，原則として専門論文や研究書などは除いている。外国語文献については，邦訳のあるものは，邦訳書［発行年］のみを掲げている。

1．本書全体に関するもの
　　スティグリッツ［2003］『公共経済学［第2版］上・下』東洋経済新報社。
　　R. A. マスグレイブ・P. B. マスグレイブ［1983］『財政学 I. II. III』有斐閣。
　　マスグレイブ［1961］『財政理論 I. II. III.』有斐閣。
　　シャウプ［1973］『財政学⑴⑵』有斐閣。
　　U. K. ヒックス［1962］『新版　財政学』東洋経済新報社。
　スティグリッツ［2003］は，財政理論を厚生経済学やミクロ経済学的側面から理解するうえでの基本的文献であり，最もまとまっている。マスグレイブ［1983］は，マスグレイブ夫妻による理論と実際問題の両面に目配りの効いたバランスのよい標準的な財政学のテキスト。マスグレイブ［1961］は，財政機能を資源の効率的配分，所得の適正再分配，経済安定に整理して，厚生経済学的な流れの中で財政学を体系化した古典的業績。シャウプ［1973］は，シャウプ勧告を行ったカール・シャウプが，制度と理論の両面から財政に接近した分析的テキストであり，とくに租税論に優れており，現代の税制の基本的問題点を整理するうえで，極めて有用である。ヒックス［1962］は，イギリス財政を題材としながら，税制や財政政策や財政制度のあり方を論じた優れたテキスト。
　このほか多くの優れた日本の財政学のテキストがある。さしあたり一貫した視点からコンパクトにまとまっているものをあげれば，スタンダードなテキストとして貝塚啓明［1996］『財政学（第2版）』東京大学出版会，井堀利宏［2001］『財政（第2版）』岩波

書店，財政学批判に立脚したテキストとして佐藤進・関口浩［1998］『財政学入門（改訂版）』同文館，福祉国家論に立脚したテキストとして林健久［2002］『財政学講義（第3版）』東京大学出版会，伝統的財政学のテキストとして木村元一［1958］『近代財政学総論』春秋社などを挙げることができる。

また貝塚啓明・石弘光・野口悠紀雄・宮島洋・本間正明編［1991］『シリーズ現代財政（全4冊）』有斐閣は，現在の財政が直面する諸課題を包括的に取り上げて検討しており，とくに日本の財政問題を考えるうえで有益である。

財政理論を深く学びたい読者には，スミス［1981］『諸国民の富』岩波書店，リカード［1972］『経済学および課税の原理』（リカードウ全集第1巻）雄松堂書店，ケインズ［1969］『雇用・利子および貨幣の一般理論』東洋経済新報社，ピグー［1953—1955］『厚生経済学』（全4冊）東洋経済新報社など，現在の財政理論の源流となった古典をじっくり読むことを薦めたい。

2．第1-3章に関するもの

1の諸文献以外に，ロバート・ギルピン［1990］『世界システムの政治経済学』東洋経済新報社。国家と市場との関係を国際関係のなかで論じた名著であり，グローバル化が進行する現在の国際社会のなかで，国家や国家の政策を理解するうえで有用。財政学との関連で市場の基本的機能を学習するには，N. グレゴリー・マンキュー［2000］『マンキュー経済学I ミクロ編』東洋経済新報社，ハル R. ヴァリアン［2000］『入門ミクロ経済学』勁草書房が有用。より厳密な理解のためには，同ヴァリアン［1984］『ミクロ経済分析』勁草書房。財政学の発展過程については，大川政三・小林威編［1983］『財政学を築いた人々——資本主義の歩みと財政・租税思想』ぎょうせい参照。予算制度や予算原則については，木村元一［1958］，小林武［1992］『予算と法（改訂版）』新日本法規出版，佐藤・関口［1998］，林［2002］参照。また『図説　日本の財政』東洋経済（各年度版）では，新しく改正された予算に関する制度の解説や歳出予算の重点について，財務省官僚によるコンパクトな説明がなされている。財政投融資については，財務省理財局『財政投融資レポート』（各年版）参照。

3．第4-5章に関するもの

マスグレイブ［1961］のほか，財政政策に関するマクロ理論については，マンキュー［2003］『マクロ経済学I. II. （第2版）』東洋経済新報社，ドーブッシュ＝フィッシャー［1998］『マクロ経済学上・下（改訂版）』CAP出版，ブランシャール［1999］『マクロ

経済学上・下』東洋経済新報社参照。マンキュー［2003］は，価格が伸縮的な「長期」の古典派的な世界から価格が硬直的な「短期」のケインズ的な世界へと理論を展開しており，歴史的な財政理論の発展過程と対応して理解を整理するうえで有用である。ブランシャール［1999］は，短期と長期の中間領域である中期を意識的に取り上げ，期待の役割を重視した説明が行われている。さらに厳密な理解のためには，デビット・ローマー［1998］『上級マクロ経済学』，日本評論社が有用。この他，開放経済体制下での財政金融政策の効果については，マンデル［2000］『国際経済学（新版）』ダイヤモンド社，クルーグマン・オブストフェルド［2000］『国際経済（改訂5版）』エコノミスト社参照。

4．第6-7章に関するもの

公共財の理論については，柴田弘文・柴田愛子［1988］『公共経済学』東洋経済新報社，スティグリッツ［2003］参照。コースの定理やアローの不可能性定理に興味がある読者は，コース［1992］『企業・市場・法』東洋経済新報社，アロー［1977］『社会的選択と個人的評価』日本経済新聞社，官僚行動については Niskanen［1971］および Thomas E. Borcherding (ed.) [1977], *Budgets and Bureaucrats: The Sources of Government Growth*, Duke University Press 参照。主要支出の動向については『図説　日本の財政』が概括的な説明を行っており有用である。

5．第8-9章に関するもの

税制については，『図説　日本の税制』（各年度版）財経詳報社参照。財務省官僚によって書かれた日本の租税制度についての解説書であり，細部まで書かれている。

租税理論については，マスグレイブ［1961］，マスグレイブ夫妻［1983］，シャウプ［1973］，貝塚［1996］，マンキュー［2000］，スティグリッツ［2004］の他，宮島洋［1986］『租税論の展開と日本の税制』日本評論社，佐藤進・伊東弘文［1988］『入門租税論』三嶺書房，木下和夫編［1996］『租税構造の理論と課題』税務経理協会参照。税制改革の方向性については，貝塚啓明・石弘光・野口悠紀雄・宮島洋・本間正明編［1990］『税制改革の潮流』有斐閣参照。

6．第10章に関するもの

財政赤字の現実的な問題点や国債の概要については，『図説　日本の財政』参照。公債負担をめぐる諸説については，貝塚［1996］および J. M. Ferguson (ed.) [1964], *Public Debt and Future Generations*, University of North Carolina Press 参照。ケイン

ズ政策に対する公共選択論からの批判については，J. M. ブキャナン・R. E. ワグナー [1979]『赤字財政の政治経済学』文信堂参照。

7．第11章に関するもの

地方財政については，総務省編『地方財政白書』，『図説　地方財政データブック（平成17年度版）』学陽書房，林健久編 [2003]『地方財政読本　第5版』東洋経済新報社，林宜嗣 [1999]『地方財政』有斐閣参照。

8．その他

財政の詳細なデータは，財務省『財政統計』（各年度），『財政金融統計月報』などが利用できる。そのほかに，財務省や内閣府総務省のウェッブ・サイトには，財政に関する資料・統計が整備されている。財政学の学習・研究には有用であり，大いに活用することを薦めたい。

あとがき

　本書は，財政学の講義の積み重ねの中から生まれたものである。財政学は，実践的な意味合いの強い学問である。現実の財政問題について，考え，判断し，意思表示するための土台を提供する，という役割を担っているからである。著者は，財政教育に携わる者として，財政問題を分析する上で必要となる基幹的内容を受講者にわかりやすく提供することは，重要な社会的責務であると考えている。

　財政学の講義には，経済以外の分野の受講生や社会人の受講生が参加することも珍しくない。経済分野以外の受講者だけを対象とした講義の機会もある。やる気をもって参加した受講生の学習意欲を活かすには，講義と受講者の理解レベルに大きなギャップが生まれないよう説明を工夫し，また受講者のニーズにも応えなければならない。受講者からの制度や理論についての質問や，講義の構成と内容についての意見や要望を整理し，講義に反映させるという作業は，極めて煩雑である。だが，それは受講者の目線に立って講義の内容を点検する機会となり，講義の改良を促す動力となった。

　こうして実践的でわかりやすい講義を手探りする中で，経済の基礎理論と財政学の専門領域とを結合した説明が有効であり，「どうしてそうなるのか」というプロセスを明確に説明することが重要であり，講義の全体と各部の議論の流れを明確にし，その流れの中で「わかった」と納得できることが理解を確かなものにする近道である，ということが次第にわかってきた。その意味で，本書は，教育現場で，実践的な財政学と受講者のニーズに応えるわかり易い財政学を模索した試行錯誤の産物であるということができる。もちろん，テキストとしてまとめるにあたって，読者が本書一冊だけで財政学の標準的な内容を独習し修得できるように構成と内容を一新した。とくに重要ポイントでは，議論の流れを明確にし，論理の道筋を丁寧に説明するように心がけた。

　著者の能力的な制約に加え，国家の政策構想や政策革新プロセスの研究に沈溺していることもあって，財政学の基幹的な内容を要約し，有機的な編成に整

理し，限られた紙数で説明するという作業は，容易ではなかった。現実との対応関係に留意しつつ，実践的でわかりやすい財政学を目指し，また正確な説明になるよう精一杯努めたつもりであるが，なお残されている説明不十分な点などについては，読者の御指摘をまって改定し，よりよいテキストになるよう努力していきたいと考えている。

　著者をこのような新たなチャレンジへと誘い，そして本書完成へのあらゆる助力を惜しまれなかったミネルヴァ書房編集部の堀川健太郎氏に感謝したい。

　　2008年1月8日

　　　　　　　　　　　　　　　　　　　　　　　　　　　　室　山　義　正

索　引
（＊は人名）

ア　行

IS 曲線　103, 107
青色申告制度　221
赤字公債　68, 291
アメリカ大恐慌　41
＊アロー，K.　161
安価な政府　40, 206
依存財源　324
一時借入金　70
一括税（入頭税）　252
一般会計　72
一般行政費　312
一般財源　316, 324
一般歳出　167, 168
一般不可能性定理　161
一般物件費　195
一般補助金　331
移転支出　166, 266
移用　71
医療・介護支出　171
医療費控除　225
印紙税　214
インデクセーション　59
インピュテーション方式　230
インフォームドコンセント　183
インボイス　235
売上高最大化仮説　232
AD-AS 分析　126
AD 曲線　126
益税　237
LM 曲線　104-108
円高　112
円安　112
応益説　40, 205
欧州安定成長協定　285

応能原則　41
応能説　205, 207
大きな政府　61
＊オーツ，W. E.　332
　　――の地方分権定理　332

カ　行

買いオペレーション　300
海外利子率水準　114
会計検査院　76
会計年度独立の原則（時間的限定性）　67, 69
外形標準課税　322, 326
外国債　292, 297, 298
介護保険　170
概算要求基準　75
外部監査　83
外部経済　45
外部効果（外部性）　35, 44, 45, 146
外部費用　46, 47
外部不経済　45
下院優越原則　66
科学技術振興　190, 192
価格政策　57
価格のシグナル　3, 13
確定拠出年金制度　173
貸付資金説　89
可処分所得　87
課税
　　――自主権　335
　　――主体　213
　　――所得　225
　　――標準　216
　　――ベース　207, 213
　　――要件　323
価値財（メリット財）　148

357

合算総合課税　274
寡婦控除　224
貨幣供給（マネーサプライ）　104, 106
貨幣需要　104-106
貨幣の中立性　90, 130
貨幣保有需要　105, 110
下方硬直性　91
借換債　299
＊カルドア　207
為替レート　112, 116, 118-120
款　70
簡易課税選択制度　237
環境問題　10, 45
関税自主権　219
間接金融方式　280
間接税　215, 219
完全雇用　89, 132
完全情報　10
完全性の原則　66
完全統合（フル・インテグレーション）
　230
官房学　39
簡保資金　81
官民競争入札（市場化テスト）　203
議会の議決（投票）　53
機会の平等　36, 56, 265
議会民主制　39
基幹税　60
企業　87
　──投資　89
　──年金　173
議決科目（立法科目）　70
起債充当率　313
基準財政収入額　314
基準財政需要額　314
規制　10
　──緩和　53, 61, 139
基礎控除　224
基礎年金　171, 180
期待形成　141

揮発油税　185, 213, 215
規模の経済性　335
義務教育国庫負担金　189, 190
義務的経費　166, 319
逆進的な課税　255
逆転現象　317
キャッシュ・フロー法　276
キャップ制　78, 285
キャピタルゲイン　222
給与関係費　312
給与所得控除　225
教育科学　169
教育振興助成　190
教育費　319
供給　13
　──曲線　20, 23, 246
　──の価格弾力性　245, 246
共済組合　73, 182
共済年金　171
行政科目　70
競争　9
　──原理　192
　──市場　89
　完全──　10
京都議定書　200
均一税　255, 262
均衡
　──国民所得　93, 106
　──取引量　24
　──予算　97
　──予算原則　137
　──予算主義　60
　──利子率　106
近代の土地所有制度　219
近代民主主義国家　39
均等犠牲説（最小犠牲説）　264
均等割　322
金融緩和　106
金融政策　107, 115, 119, 120, 122
勤労学生特別控除　224

索引

国直轄事業負担金　319
組合保険　182
クラウディング・アウト　90, 108, 116, 130, 287
クラブ財　149
繰越明許費　70, 72
クロヨン　211, 227
景気安定化政策　60
景気浮揚政策　62
経済安定　2, 4, 41, 42, 79, 146, 210
経済厚生の損失　47, 48
経済性質別分類　166
経済成長率　178
形式税率　217
継続費　69, 70, 71, 195
経費膨張の法則　41
契約機能の賦与　72
軽油取引税　320
ケインズ
＊──, J. M.　41
　──革命　41, 60
　──の世界　129, 130
　新しい──派　138
k％ルール　137
結果の平等　56
決算　66
　──原則　66
　──調整資金　77
　──報告書　76
限界
　──効用　28
　──収入　20, 21, 50
　──消費性向　92, 94
　──税率　97, 217
　──代替率　30-32, 34, 150, 151, 153, 258
　──変形率　32-34, 150, 151, 153
　──輸入性向　98, 99
限界費用　19-22, 28, 50, 156
　──価格規制　52
　──曲線　23, 156

限界便益　14
　──評価　156
検査報告書　77
原資　82
減税　61, 62, 139, 140
　──政策　95, 107
建設公債　291
建設国債　68, 185, 291, 305
源泉徴収制度　227
源泉分離課税　222
原則課税　227
原則非課税　227
限定性の原則　67
厳密性の原則　67
項　70
公害　10
公開性の原則　67, 68
公共サーヴィス　203, 205, 208
公共財　6, 44, 146
　──の供給　44
　──の理論　43
　準──　148
　純粋──　44, 148, 194
公共事業　62, 168, 169, 187
　──費　168, 185
公共選択論　138
公共投資基本計画　187, 188
公債　2, 7, 40, 62
　──依存体質　82, 284
　──残高　289
　──発行　40, 283
　──限度額　70
　──の不発行主義　68
　──費　312, 328
厚生年金　171
公正の原則　209
構造改革論　43, 53
公的医療保険制度　181
公的年金制度　171
公的扶助（生活保護）　55, 170, 266

359

高度成長期　186
後年度負担　195
交付国債　299
交付税　335
公平
　──性　54, 261
　──性の観点から問題　255
　──の原則　207, 208
　垂直的──　209, 211, 216, 236
　垂直的不──　233
　水平的──　209, 211, 216, 236
後方支援活動　196
公募入札方式　299
功利主義　263, 264
効率
　──性　54, 222, 255, 261, 263
　非──　13, 43
合理的期待仮説　135
高齢化　61, 187
　少子・──　56, 62, 168
コースの定理　49
国債
国債市場特別参加者制　300
　──償還　300
　──財源　77
　──整理基金特別会計　300
　──費　168
　──引き受け　80, 81
　──募集引受団引受方式（シ団引受方式）
　　299
国際収支　111, 120, 123
国際平和協力活動　196
国税　213, 234
国内均衡　120, 121
国内需給　123
国内投資　116
国内利子率　116
国防サーヴィス　147
国民皆保険　169, 181
国民経済上の原則　209

国民健康保険　182, 183
国民所得　103, 105, 119, 126
　──拡大効果　110, 115
　──水準　120
国民年金　171, 172
国民負担率　217
国民皆年金　169, 171
国立学校特別会計繰入　190
個人事業税　322
個人住民税　324
個人所得課税　218
個人向け国債　300
国家有機体説　41
国庫委託金　317
国庫債務負担行為　70, 72, 195
国庫支出金　314, 316, 319, 320
国庫負担　172, 317
国庫補助金　317
＊コップ, D. H.　297
固定為替相場　115
固定資産税　213, 214, 219, 222, 234, 320, 324
固定相場　114, 115, 118
古典派　40, 89, 129, 130
コレット＝ヘイグの命題　255
混雑現象　148

サ 行

＊サージェント, T.　135
歳計剰余金　77
財源調達　41, 207
歳出化経費　195
歳出予算　70
財政
　──赤字　2, 7, 43, 61, 62, 137, 140, 283, 285, 303
　──運営の基本原則　68
　──規律　82
　──構造改革　62, 306
　──硬直化　62, 287
　──錯覚　137

索引

——支出　6
——収入　1
——上の十分性　209
——政策　6, 107, 110, 116, 118-120, 123, 209
——単年度主義の原則　69
——投融資　79, 80, 82, 83
——の資源配分機能　4
——法　68
——民主主義の原則　65
——融資資金特別会計　82, 83
——力格差　311, 312
——力指数　317
財投機関債　82, 83
歳入予算　70, 75
財の相対価格　112
財の同質　13
財務省（主計局）　75
——原案　75
——証券　70, 299
財務諸表　84
＊サイモンズ　207
——の定義　274
裁量的財政政策（フィスカル・ポリシー）　41, 58, 60, 90, 91, 138
雑損控除　225
サッチャリズム　61
サプライサイド・エコノミクス　139
サミュエルソンの条件　152, 155
産業投資　82
——特別会計資金　81
サンセット方式　78
暫定予算　74
参入退出自由　13
参入率　315
三位一体改革　190
GNP 1％枠　195
シーリング　75, 78
事業税　213, 214, 222, 320
事業特別会計　73

事業評価　188, 193
事業別予算　78
資金運用特別会計　73
——部　80-82
資源配分　28, 44, 51
——機能　40, 42, 79
——の補完　2
効率的——　6, 10
自国通貨価値　112
事故繰越　72
事後評価　188
資産効果　110
資産純増の利　207
自主運用　82
自主財源　213, 324, 325
支出税　208, 215, 275
支出負担行為実施計画　76
市場　9, 13
——価格　22
——機能　10
——の補完機能　12
——均衡価格　24
——経済　5, 39
——の失敗　35, 53, 146
事前議決の原則　68
事前協議制　323, 328
事前性の原則　67
市中消化　68, 110, 291
市町村
——合併　335
——税　213, 220, 221, 320
——民税　213, 214, 222, 320, 322
失業対策　170
失業保険　58
実効税率　217, 229
実質為替レート　111, 112
質的限定性　67
実物市場　106
私的財　44
自動安定化機能（ビルト・イン・スタビライ

361

ザー)	58, 60, 99, 216
自動車税	213, 214, 320
ジニ係数	54≒55
死荷重	50, 58
支払段階(支出行為)	76
支払能力(担税力)	207
シビル・ミニマム	265
資本蓄積	273, 298
市民革命	39
シャウプ勧告	221
社会資本整備	80, 81, 185, 188
社会政策的考慮	41, 209
社会的不平等の是正	263
社会福祉	170
社会保険費	170
社会保障	42, 55, 60, 62, 168-170
——関係費	167, 170, 319
——給付(移転支出)	92, 96, 201-203
収益配分額	327
収益率	177
就学援助	55
従価税	240, 241
衆議院の優越	66, 76
私有財産制度	9
重商主義	39
修正賦課方式	179
収入の十分性	210
自由放任(レッセフェール)	40
住民税	213
従量税	240, 241
受益者負担	79, 208
主管別	70
酒税	213, 220, 314
*シュタイン	40
需要	13
——曲線	14, 246, 253
社会的——	156
——支出	88
——の価格弾力性	245, 246
純海外投資	111

純損益	228
純輸出	111, 116, 118-120
障害者控除	224
生涯消費	272
生涯所得	208, 272
小額貯蓄利子	222
乗数効果	93, 94
消転	215
譲渡所得全額課税制度	221, 222
消費	88, 207, 213
——課税	57
——型付加価値税	235
——財	88
——残余曲線	152
——資金	87
——支出	207, 208
——主権	206
——余剰	18, 25, 239, 240, 242
——税	181, 213, 214, 216, 223, 234, 235, 314, 323
——の排除不可能性	44
——の非競合性	44
情報公開法	83
情報の非対称性	44, 183
所管別分類	166
食の安全性	201
食糧管理特別会計(食管会計)	201
所得	87, 207, 213, 274
——格差	10
——課税	57, 256, 260
——効果	252, 258
——控除	224, 225, 262
——再分配	2, 4, 10, 36, 42, 54, 146
——税	58, 60, 213, 214, 216, 220, 222-225, 314
最適——	277
——弾力性	59
——割	322
恒常——	208
人件・糧食費	195

索引

人口高齢化　183
人口増加率　177, 178
申告納税制度　221
申告分離方式　227
新正統派　297
信認　143
信用のアベイラビリティ　141
出納整理期間　70
スウェーデン方式　180
スタグフレーション　59, 61
＊スティグリッツ　210
スピルオーバー　333
＊スミス, A.　40, 206, 207
　　――の租税原則　208
税額控除　225
成果主義　193
生活関連インフラ　186
生活保護費　170
成果目標　188
税源移譲　335
制限税率　323
税源配分　335
政策金融　79, 81
政策コスト分析　84
政策無効の命題　136
生産　87, 88
　　――拡大　130
　　――効果　120
　　――可能曲線　32
　　――基盤整備　186
　　――者余剰　20, 25, 239, 240, 243
セイの法則　90
政府　87, 174
　　――開発援助（ODA）　199
　　新ODA（――）大綱　199
　　――関係機関　72, 73
　　――管掌保険　182
　　――規制　139
　　――系金融機関　84
　　――研究開発費　193

　　――購入　88, 89
　　――最終消費水準　201
　　――支出　6, 94
　　――乗数　94
　　――総固定資本形成　186, 201
　　――短期証券　299
　　――の失敗　43, 53
　　――保証債　81-83
税務行政上の原則　209
セーフティ・ネット　265, 267
セカンド・オピニオン　183
世代会計　288
世代間の公平　212, 216
世代間の不公平　291
世代間の負担不均衡　223, 278
絶対王政　39
ゼロ・シーリング予算　78
ゼロ・ベース予算　78
前段階税額控除方式　235
総額明示方式　195
総供給　88, 129
操業停止点　23
総計予算主義　66, 68, 69
総合累進課税　221
総需要　88, 126
増税　107
相続時清算課税制度　233
相続税　213
増分主義　75
総余剰　25, 28, 46, 240, 243
贈与税　213
測定単位　315
租税　1, 7, 87, 88
　　――義務説　209
　　――原則　208
　　――再生産説　40
　　――乗数　96
　　――特別措置　222
　　――の負担者　213
　　――負担率　217

363

──法律主義　66
損益分岐点　22

タ行

代替効果　252, 258
多数決原理　159
ただ乗り（フリー・ライダー）　43, 155, 206
脱税動機　228
たばこ税　213, 314
単一性の原則　66
短期国債　299, 301
単純累進税率　220
単年度主義　67
単峰型　159, 160
弾力性　246, 251
　　非──　246
地域保険　182
小さな政府　11, 61, 91, 203
地価税　213, 234
地球温暖化　189, 200
地租　219
地方委譲　335
地方公営企業　318
地方公共財　149, 310
地方公共団体　213
地方交付税　213, 222, 312, 314, 320
地方債　320, 327
　　──依存率　328
　　──計画　328
　　──の引き受け　80, 81
地方財政　7
　　──計画　312, 318
　　──平衡交付金制度　222
地方自主財源　221
地方事務官制度　335
地方消費税　213, 214, 320, 323, 324
地方譲与税　314-316
地方税　213, 234, 320, 324
　　──法　320
地方道路税　214

地方独立財源　221
地方分権化　54, 311, 334
中位投票者定理　159
中央銀行　116
中央省庁等改革基本法　82
中期国債　299
中期防衛力整備計画　194
中小企業基本法　200
中立性　209, 210, 212, 216, 222
超過税率　323
超過負担　212, 243, 260
超過累進課税　217, 224, 225, 233
長期国債　299, 301
長期プライムレート　80
徴税費最小の原則　208
超長期国債　299
帳簿方式（前段階取引高控除方式）　237
直接金融方式　280
直接税　215, 220, 221, 275
貯蓄　87, 103, 106
直間比率　216, 218, 223
賃金率　258
通貨供給量（マネー・サプライ）　108
積立方式　56, 173, 175, 179
定額税（一括固定税）　97, 260, 261, 263
ティボー仮説（足による投票）　333
＊デービス, R. G.　297
テロとの戦争　285
転位効果　42
転嫁　215, 231, 243, 295
ドイツ正統派財政学　207
等価定理（中立命題）　298
導関数　16
東西冷戦　42
投資　88, 103, 106
　　──財　88
　　──税額控除　138
　　──的経費　312, 319
投票　43, 159, 160
道府県税　213, 221, 320

索引

道府県民税　213, 214, 320, 322
登録免許税　214
トーゴーサン　211
特殊法人　73, 80
　──等改革基本法　84
独占　35, 44, 146
　──企業　50
特定口座制度　227
特定財源　185, 215, 324
特定補助金　331
特別会計　72, 73
特別交付税　314
独立行政法人　74, 84
独立採算　52
特例加算　313
特例公債　68
特例国債（歳入補填債）　305, 306
都市計画税　213, 214, 320
土木費（国土保全開発費）　319
トレードオフ　212, 266, 302

ナ 行

内国債　292, 297, 298
ナショナル・ミニマム　310
二重価格制度　57
二重課税　207, 221, 229, 275
二重負担　179
＊ニスカネン　161
日米安保再定義　197
日米構造協議　187
二部料金制　52
日本銀行　73
ニューディール政策　60
入湯税　213
抜け穴（益税）　223
年金　171, 173
　──制度　57, 179
　──積立金　82
　──不払い問題　173
年貢　219

年度内消化　69
納税　205
　──義務説　207
能力説　207
ノン・アフェクタシオンの原則　67

ハ 行

ハーヴェイ・ロードの仮定　137
配偶者控除　224
配当控除制度　221, 233
パブリックコメント　77
バブル経済　187
パレート効率性（パレート最適）　28, 35, 51, 52, 149, 155
＊バロー，R.　298
　──の中立命題　296
＊ピーコック　42
ピグー的政策　48
非自発的失業　41, 91
ビバレッジ報告　61
非募債主義　305
費用・便益分析　157
被用者保険　182
標準的地方税収見込み額　315
費用対効果分析　188
費用負担率　155
ビルト・イン・スタビライザー（自動安定化機能）→自動安定化機能
比例所得税　97, 260
部　70
フィスカル・ドラッグ　101
フィスカル・ポリシー　→裁量的財政政策
＊フェルドスタイン　139, 208
付加価値
　──型消費税　223
　──税　221, 222, 234
　──割　327
不確実性　44, 143
賦課方式　56, 173, 174, 176
＊ブキャナン，J. M.　137, 298

365

福祉元年　170
複式予算　78
福祉国家　42
福祉目的税　181
府県税　220
不交付団体　315
双子の赤字　140
負担分任の原則　322
普通交付税　314
普通税　214, 323
　法定——　323
　法定外——　323
物価水準　126, 130, 132, 133
物価スライド制度　170
復活折衝　75
物件費　195
物品税　220
不動産取得税　320
負の所得税　267, 268
負の誘因効果　259
富裕税　221, 222
扶養控除　224
プライマリー・バランス（基礎的財政収支）
　　284, 288, 290, 306
ブラケット・クリープ　59
＊フリードマン, M.　136
不良債権化　82
フルコスト（マークアップ）原理　231
文教及び科学振興費　168
分類所得税　220
pay-as-you-go 原則　285
平均費用価格規制　52
平均費用曲線　23
便益評価　14
便宜の原則　208
＊ベンサム, J.　263
防衛　10, 168, 169
　——関係費　168, 195
　——計画の大綱　194
　——予算　194, 195

貿易赤字　140
包括財政調整法（OBRA93）　285
包括的所得　207, 221, 274
法人
　——擬制説　221, 229, 233
　——事業税　322, 324
　——実在説　229, 233
　——住民税　324
　——所得課税　218
　——税　60, 213, 214, 220, 223, 228, 314
＊ボーエン, W. G.　297
保健衛生　170
保険料収入額　173
保険料負担水準　180
補助事業　185, 319
補正係数　315
補正予算　74

マ 行

マーシャル＝ラーナーの条件　114
マクロ経済スライド方式　180
＊マスグレイブ, R. A.　42, 209
マスグレイブ＝ミラーの指標　99
マネタリスト　136
マンデル＝フレミング・モデル　111
見えざる手　40
＊ミル, J. S.　263
民営化　53, 84
民間活力導入　53
民生費　→社会保障関係費
無差別曲線　29, 30
無知のベール　264
明確の原則　208
明許繰越　72
名目為替レート　112
名目賃金下方硬直性　138
「明瞭性」の原則　67
免税点制度　237
目　70
目的税　206, 214, 323

目的別分類　166, 319
＊モディリアニ，F.　298
モラル・ハザード　266, 267, 329

ヤ行

有価証券　222
有効需要　60, 110
郵便貯金　82
ユニバーサルサービス　84
予算　1, 65
　――最大化仮説　161
　――事前承認原則　66
　――執行　76
　――消化主義　78
　――制約式　29
　――総則　70
　――提案権　75
　――の自然成立　76
　――配分　75
預託金利　80
予備費　74
4条公債　68

ラ行

ラーナー，A.　297
ラグ
　決定――　142
　実施――　142
　政策――　142
　タイム――　137, 142
　認知――　142
　波及――　142
ラッファー曲線　139
ラムゼー・ルール（逆弾力性命題）　254, 277
リアル・ビジネス・サイクル論　136
利益説　→応益説

＊リカード，D.　298
　――の中立命題　293
利潤　20
　――最大化行動　231
利子率　103, 105, 116, 117, 176
利付国債　299
流通税　214
流動性選好　104-106
流動性の罠　109, 141
流用　71
両院協議会　76
量的限定性　67
臨時財政対策債（赤字地方債）　313
＊リンダール　206
　――均衡　155
累進課税制度　55
累進税率　55, 217, 261, 263, 274
＊ルーカス，R.　135
レーガノミクス　61, 140
レーガン税制改革　274
老人医療費無料制度　170
老人保健　182, 183
労働供給　256
老年者控除　224
＊ロールズ，J.　264
　――主義　264
ローレンツ曲線　54

ワ行

＊ワイズマン　42
＊ワグナー，R. E.　137
＊ワグナー，アドルフ　41, 207
　――の租税原則　209
割引現在価値　157
割引国債　299
割引率　158
　社会的――　158

《著者紹介》

室山義正（むろやま・よしまさ）

1949年　生まれ。
　　　　東京大学大学院経済学研究科修了。経済学博士（東京大学）。
　　　　九州大学大学院経済学研究院教授を経て，
現　在　拓殖大学国際開発研究所教授。
著　書　『近代日本の軍事と財政』東京大学出版会，1984年。
　　　　『日米安保体制』上・下，有斐閣，1992年。
　　　　New Perspectives on Policy Planning and Analysis,
　　　　Kyusku University Press, 2001（共著）。
　　　　『米国の再生』有斐閣，2002年。
　　　　『松方財政研究』ミネルヴァ書房，2004年。
　　　　『松方正義』ミネルヴァ書房，2005年。
　　　　Policy Analysis in the Era of Globalization and Localization,
　　　　Kyushu University Press, 2006（共著）。
　　　　ほか。

Minerva ベイシック・エコノミクス
財政学

2008年2月28日　初版第1刷発行　　　　　　　検印廃止

定価はカバーに
表示しています

著　者　　室　山　義　正
発行者　　杉　田　啓　三
印刷者　　後　藤　俊　治

発行所　株式会社　ミネルヴァ書房
　　　　607-8494　京都市山科区日ノ岡堤谷町1
　　　　　　　　　電話代表　(075)581-5191番
　　　　　　　　　振替口座　01020-0-8076番

©室山義正，2008　　冨山房インターナショナル・藤沢製本

ISBN 978-4-623-05148-9
Printed in Japan

MINERVA ベイシック・エコノミクスシリーズ

初級から中級レベルを網羅するテキスト
A5版・並製・平均280頁・2色刷り

監修　室山義正

マクロ経済学	林　貴志 著
ミクロ経済学	浦井　憲・吉町昭彦 著
財政学	室山義正 著
金融論	岡村秀夫 著
国際経済学	岩本武和 著
社会保障論	後藤　励 著
日本経済史	阿部武司 著
西洋経済史	田北廣道 著
経済思想	関源太郎・池田　毅 著
制度と進化の経済学	磯谷明徳・荒川章義 著
経済数学（微分積分編）	中井　達 著
経済数学（線形代数編）	中井　達 著
統計学	白旗慎吾 著
ファイナンス	大西匡光 著

ミネルヴァ書房
http://www.minervashobo.co.jp/